OJOS VENDADOS

*Estados Unidos y el negocio de la corrupción
en América Latina*

Diseño de tapa: María L. de Chimondeguy / Isabel Rodrigué

Traducción del inglés: Marina Oppenheimer

ANDRÉS OPPENHEIMER

OJOS VENDADOS

*Estados Unidos y el negocio de la corrupción
en América Latina*

EDITORIAL SUDAMERICANA
BUENOS AIRES

PRIMERA EDICION
Marzo de 2001

SEGUNDA EDICION
Marzo de 2001

Publicado bajo acuerdo de Plaza & Janés, España.

IMPRESO EN LA ARGENTINA

*Queda hecho el depósito
que previene la ley 11.723.*
© *2001, Editorial Sudamericana S.A.*®
Humberto Iº 531, Buenos Aires.

www.edsudamericana.com.ar

ISBN 950-07-2009-4

PRÓLOGO

Este libro puede ser leído como una novela, pero todos los nombres y acontecimientos que aparecen en las páginas siguientes son reales, producto de una investigación que llevó cuatro años e incluyó más de 300 entrevistas en 5 países. Su objetivo es relativamente sencillo: demostrar que el cáncer de la corrupción está tan avanzado en las democracias emergentes de América Latina, que difícilmente podrá ser extirpado —o por lo menos detenido— sin medidas drásticas de ayuda por parte de Estados Unidos y Europa.

Hasta el momento, el debate sobre la corrupción en Latinoamérica se ha centrado casi exclusivamente en los funcionarios públicos que han acumulado fortunas fabulosas a costa de sus países. La corrupción es vista como un problema de las naciones en desarrollo, como las devaluaciones y el agua sucia. Pero pocos han hablado de la otra cara de la moneda: el papel de las corporaciones multinacionales y los gobiernos de los países industrializados en los escándalos de corrupción que han sacudido a la región. Es hora de analizar el tema y buscar soluciones consensuadas que ayuden a todos.

Ya sea en la Argentina, México, Colombia, Perú, o en la misma España, existe un consenso cada vez mayor de que la corrupción se ha convertido en uno de los principales frenos al desarrollo económico. Las reformas económicas de libre mercado en muchos casos no se han traducido en una mejora palpable en el nivel de vida de la gente, especialmente de los trabajadores y las clases medias, porque en muchos países los funcionarios públicos y sus amigos en el mundo empresarial las han implementado en beneficio propio. En muchos países de la región el "amiguismo", las conexiones políticas y regalos se han convertido en las claves del éxito económico, en lugar de la modernización de las empresas y el riesgo empresarial. Ha llegado la hora de hacer valer el capitalismo sin amiguismo.

La lucha contra la corrupción no es sólo un imperativo moral sino económico. En países donde los contratos se consiguen con sobornos y no por medio de una competencia abierta entre las empresas, los que pagan el precio son los ciudadanos comunes. Estos últimos terminan pagando un costo más alto por obras públicas de menor calidad y servicios estatales menos eficientes por no haber sido licitados al postor más competente.

Lo más perjudicial es que la corrupción está generando un escepticismo generalizado sobre la Justicia, que se traduce en una masiva evasión impositiva, la fuga de capitales y un freno a las inversiones domésticas y extranjeras. Si los gobernantes y sus amigos en el sector privado roban, ¿para qué vamos a pagar impuestos? Si la Justicia deja impunes a los criminales, ¿para qué vamos a invertir nuestro dinero en el país? No es casual que el secretario de Comercio norteamericano William M. Daley relatara que "en un viaje reciente, le pregunté a quince empresarios cuál era el mayor obstáculo con el que se topaban cuando hacían negocios con los mercados emergentes. El ochenta por ciento me contestó: la corrupción".

Las instituciones financieras internacionales están llegando a la conclusión de que hay una relación directa entre la corrupción y el crecimiento económico. Según los estudios de Paolo Mauro, economista del Fondo Monetario Internacional (FMI), el producto bruto nacional de los países afectados por la corrupción baja casi medio punto anual. En diez años, esta pérdida suma un cinco por ciento de la tasa de crecimiento, es decir miles de millones de dólares que podrían ser invertidos en la educación o en proyectos de infraestructura. Mauro probablemente se quedó corto, porque no tomó en cuenta efectos secundarios de la corrupción que se derivan de la falta de confianza en el sistema de Justicia, como la evasión de impuestos y la fuga de capitales. Si se tomaran en cuenta estos factores, los estudios de Mauro serían ampliamente superados por el análisis de un sindicalista argentino que, sin haber realizado los sesudos cálculos de los economistas del FMI, llegó a la conclusión de que "este país se arreglaría si todos dejamos de robar por dos años".

Mi énfasis sobre la necesidad de acciones drásticas de los países ricos para ayudar a reducir la corrupción no debería ser entendido como un intento de proyectar culpas hacia fuera de América Latina. No cabe duda de que son los países latinoamericanos los que tienen la mayor responsabilidad en esta lucha, y que son ellos los que deben adoptar nuevas leyes superando conflictos

8

de intereses, exigiendo mayores rendiciones de cuentas y sistemas de pesos y contrapesos para evitar la impunidad. Sin embargo, aunque uno sea optimista y piense que estas medidas serán adoptadas e implementadas debidamente, tal vez no alcanzarían. La lucha contra la corrupción no será ganada en el futuro próximo sin cambios en las leyes de Estados Unidos y Europa para imponer mayores controles a sus corporaciones multinacionales y bancos. ¿De qué sirve adoptar leyes contra la corrupción si quienes roban al Estado pueden esconder sus fortunas impunemente en bancos internacionales? ¿De qué sirve imponer castigos más severos a quienes reciben sobornos si los países sedes de las grandes multinacionales no toman medidas para frenar a quienes los ofrecen? La única manera de empezar a detener el robo en gran escala de los fondos públicos latinoamericanos y el creciente escepticismo sobre las políticas de libre mercado será que los países ricos se unan más activamente a la lucha contra la corrupción.

Tampoco debería interpretarse este libro como un ataque a las corporaciones multinacionales. Por el contrario, creo que las multinacionales son beneficiosas para América Latina, por razones que van mucho más allá de las habitualmente esgrimidas, como la creación de fuentes de trabajo y la mayor competitividad. Me adhiero a la respuesta de George McGovern, el candidato demócrata de las elecciones presidenciales norteamericanas de 1972, cuando hace poco le comentó a un entrevistador que "las corporaciones multinacionales tienden a acercar al mundo... A veces se las critica por no tener bandera. Pero, bueno, si consideramos que el nacionalismo ha sido la base de la mayor parte de los conflictos internacionales en los últimos cien años, quizás después de todo no sea tan malo el que no tengan bandera".

Actualmente, cuando Estados Unidos y América Latina están negociando la creación de un libre mercado hemisférico, los países latinoamericanos deberían tomar como una de sus banderas principales el exigir a Washington D.C. una mayor colaboración en la lucha contra la corrupción. Éste será un debate clave del siglo XXI. De un lado estarán los países latinoamericanos y otras naciones en desarrollo, respaldados por políticos y empresarios norteamericanos que ya se han percatado de que la corrupción en las economías emergentes tiene un impacto negativo sobre los intereses de largo plazo de Estados Unidos y Europa. Del otro lado estarán las cámaras corporativas y bancarias norteamericanas y europeas, que tratarán de postergar los controles más rígidos y preservar el *statu quo*. Ambos bandos cuentan con poderosos voceros.

Pero luego de entrevistar a los más altos funcionarios del Departamento de Estado, el Departamento del Tesoro y legisladores claves del Congreso norteamericano, así como también algunos líderes empresariales que miran más allá del corto plazo, creo que los países latinoamericanos tendrán aliados de mucho peso político. Como podrán ver en las páginas de este libro, aunque se tratara de una lucha sumamente recia, soy optimista sobre sus resultados. El problema será de *timing*, o sea, si estas reformas llegarán a tiempo para rescatar a las economías de mercado de América Latina de su propio descalabro.

Mi interés por el rol de las corporaciones multinacionales en los escándalos de sobornos y lavado de dinero comenzó al principio de la década del noventa, cuando la lucha contra la corrupción se convirtió —como los derechos humanos en los años setenta, y el medio ambiente en los ochenta— en la *cause célèbre* de los grupos de derechos civiles alrededor del mundo. Tal como se esperaba, gran parte de la prensa se sumó a esta lucha con entusiasmo. Muchos de nosotros hemos dedicado años a escribir largos trabajos de investigación sobre los fabulosos depósitos de Raúl Salinas de Gortari en Suiza, o sobre las cuentas secretas de funcionarios argentinos, mexicanos o venezolanos en bancos norteamericanos y europeos. Pero el énfasis siempre estaba puesto sobre los funcionarios corruptos.

A mediados de los años noventa, instituciones como el Banco Mundial y el FMI, que hasta ese momento ni siquiera se animaban a hablar del problema de la corrupción por miedo a ofender a sus países miembros, se sumaron a la lucha. Aunque tímidamente en un comienzo, condicionaron sus préstamos a la responsabilidad de los gobiernos en el manejo de los dineros públicos y sus esfuerzos por reducir la corrupción.

A medida que crecía el debate sobre el tema en Estados Unidos —especialmente después de los gigantescos escándalos de corrupción en Rusia— ganó terreno en Washington D.C. la idea de que el gobierno de Estados Unidos debía hacer algo contra la corrupción en las democracias emergentes.

Hacia fines de la década del noventa, el gobierno del presidente Bill Clinton, a instancias del entonces vicepresidente Al Gore, decidió dar un paso contra la corrupción mundial. Con ese propósito organizó en 1999 la primera conferencia internacional de gobiernos para tratar el tema. Los objetivos del Foro Global para la Lucha contra la Corrupción de Gore consistían en llegar a un acuerdo internacional sobre cómo combatirla. Apenas me enteré de la conferencia, reservé un pasaje a Washington D.C. y me registré para asistir a la reunión.

Fue un evento sorprendente, tanto por lo que se dijo como por lo que no se escuchó en sus sesiones. El Foro Global reunió a delegaciones de 89 países, cuyos representantes llegaron en una helada mañana de febrero al auditorio Loy Henderson del Departamento de Estado. Había fácilmente 1.000 personas, entre funcionarios gubernamentales, académicos y espectadores de todo el mundo. Frente a la audiencia, sentados a una larga mesa, el vicepresidente Gore y la secretaria de Estado Madelaine Albright se dirigirían al público. Detrás de ellos estaban las banderas de todos los países participantes, y un gigantesco cartel azul y blanco colgado de la pared decía: "Foro Global para la Lucha contra la Corrupción".

En la audiencia, además de los representantes de los gobiernos invitados, había burócratas de las oficinas anticorrupción del Banco Mundial, el FMI y otras instituciones financieras multinacionales, académicos pioneros en la nueva rama de los estudios económicos internacionales, consultores privados en busca de clientes entre los funcionarios extranjeros participantes y funcionarios públicos activos o retirados que simplemente estaban interesados en el tema, como el ex ministro del Interior argentino José Luis Manzano.

En los pasillos, me topé con un joven que distribuía ejemplares de *Corrupción y cambio*, un libro prologado y copatrocinado por Arsenio Farell Cubillas, el contralor general y zar anticorrupción de México, quien según informes de prensa había estado preso por un soborno durante su juventud y a quien los opositores del Partido Revolucionario Institucional que gobernaba el país acusaban de tener un historial sumamante dudoso en la lucha que ahora supuestamente encabezaba desde el gobierno. El Foro Global era, sin lugar a dudas, una verdadera torre de Babel.

El gobierno de Estados Unidos había enviado a la reunión a sus "pesos pesados" políticos con la esperanza de dar un empujón inicial a Gore —el presidente de la conferencia— en su incipiente campaña para las elecciones presidenciales de noviembre de 2000. Entre los oradores, además de Albright, estaba la fiscal general Janet Reno, y el secretario del Tesoro Bob Rubin. En cambio, como para demostrar sus dudas sobre la ofensiva anticorrupción de Estados Unidos, los europeos habían enviado delegaciones de tercer y cuarto nivel. Francia envió a su embajador en Washing-

11

ton, François Bujon De L'Estaing, quien estuvo ausente la mayor parte de la reunión, y España a su embajador alterno. A su vez, la delegación alemana estaba encabezada por el segundo subsecretario del departamento criminal del Ministerio de Justicia.

Varios gobiernos de la Unión Europea, especialmente los franceses, veían con desconfianza la conferencia. La consideraban una forma de presión de Estados Unidos contra sus países y sus corporaciones internacionales. Desde hacía mucho tiempo, algunos países europeos veían con nerviosismo los esfuerzos de Estados Unidos para que los miembros de la Unión Europea implementaran un tratado internacional que habían firmado poco tiempo atrás, y que los comprometía a prohibir los sobornos de sus corporaciones multinacionales a funcionarios extranjeros.

Estados Unidos había aprobado una ley en ese sentido a finales de la década del setenta, tras un escándalo de corrupción de la Lockheed Corp., pero los países europeos nunca habían adoptado leyes semejantes. De hecho, Francia y algunos de sus vecinos todavía daban a sus corporaciones reducciones impositivas por las "comisiones" que pagaban en el exterior para obtener contratos. Con su habitual pragmatismo, los franceses consideraban los sobornos como "costos operativos" de sus empresas en el extranjero. Esta situación había llevado a las grandes corporaciones norteamericanas a poner el grito en el cielo, diciendo —con razón— que estaban en desventaja. ¿Cómo podían competir con firmas europeas que podían pagar sobornos, y hasta recibían beneficios impositivos por hacerlo?, decían. En los últimos años, las multinacionales norteamericanas habían ejercido cada vez más presión sobre el gobierno de Estados Unidos para que hiciera algo al respecto.

Gore abrió las deliberaciones enfatizando sobre la enorme concurrencia, señalando que la sala —donde se veían túnicas africanas, vestimentas indígenas y trajes occidentales— se asemejaba a una asamblea de las Naciones Unidas. "Como evidencia del creciente interés por la lucha contra la corrupción, déjenme decirles que, si bien esperábamos representantes de cuarenta países, hemos recibido la visita de delegados de ochenta y nueve naciones", comenzó diciendo.

Sin embargo, a medida que transcurrió la mañana, no pude dejar de sorprenderme por el hecho de que el Foro Global se refería sólo a un tipo de corrupción: la oficial. El mismo subtítulo de la conferencia, pintado en letras enormes detrás del podio, lo decía todo: "Para la protección de la integridad de los funcionarios judiciales y de seguridad". El comunicado de prensa de la Casa Blanca, asimismo, calificaba a la reunión como "la primera de este tipo" en la historia, y citaba a Gore diciendo que "ningún tipo de corrupción es más dañina que la corrupción de los funcionarios de gobierno". Y en su discurso de esa mañana el vicepresidente volvió a insistir en que el gobierno norteamericano se comprometía a empezar "una nueva era de cooperación internacional en la lucha contra la corrupción oficial". ¿Y la lucha contra la corrupción propiciada o facilitada por el sector privado?, me preguntaba yo, sentado en la audiencia. El vicepresidente no se refirió en ningún momento al papel de las multinacionales o los bancos internacionales en el problema.

Cuando Gore terminó su discurso, noté que los dos primeros funcionarios extranjeros en la lista de oradores —los vicepresidentes de la Argentina y Bolivia— estaban sentados en la punta de sus asientos, ansiosos por tomar el micrófono. El vicepresidente argentino Carlos Ruckauf, cuyo gobierno estaba afrontando en ese momento un gigantesco escándalo de sobornos pagados por IBM y otras corporaciones multinacionales a funcionarios estatales, inició su ponencia sacudiendo al auditorio con una palabrota que probablemente nunca había sido escuchada públicamente en el magno salón del Departamento de Estado, y que dejó mudos por algunos instantes a los intérpretes simultáneos. Dijo que había llegado el momento de "dejar atrás los tiempos en que los presidentes de Estados Unidos pensaban que los gobernantes corruptos de países amigos eran hijos de puta, pero nuestros hijos de puta", dijo Ruckauf, con todas las letras.

Acto seguido, mientras los espectadores tragaban saliva y se miraban preguntándose si habían escuchado bien, Ruckauf continuó diciendo que era necesario atacar la corrupción en sus dos extremos. "Es cierto que existen funcionarios oficiales que aceptan sobornos; pero también es cierto que existen ejecutivos que los pagan", dijo. "Está muy bien exigir que los países del Sur combatan la corrupción. Pero los países del Norte también tienen que hacer algo con aquellos que pagan sobornos". Gore y Albright se cruzaron una mirada, entre interesados e intrigados por lo que acababan de escuchar.

Minutos después, Jorge "Tutto" Quiroga Ramírez, el joven vicepresidente de Bolivia, volvió sobre el tema. Sus palabras tuvieron mayor impacto que las de Ruckauf entre los funcionarios norteamericanos en la sala: Quiroga hablaba perfecto inglés —había estudiado ingeniería industrial en Texas A&M University, obtenido una maestría en administración de empresas de St. Edwards

University en Austin, y había trabajado durante siete años para la IBM en Texas— y era uno de los funcionarios latinoamericanos más estimados en Estados Unidos. Además, era conocido en Washington D.C. como un nuevo líder en la causa contra la corrupción en América Latina. No era coincidencia que, esa mañana, había sido el único funcionario extranjero mencionado por Gore en su discurso. Quiroga se había hecho conocer en las instituciones financieras internacionales de Washington D.C. ofreciendo a su país para experimentar nuevos "sistemas de integridad pública", el nuevo término de la burocracia internacional para la lucha contra la corrupción.

Quiroga inició su discurso con su historia favorita: el 31 de julio de 1991, pocos días antes de asumir su puesto, había recibido la sorpresa de que Transparency International —el grupo independiente con sede en Berlín dedicado a combatir la corrupción internacional— había calificado a Bolivia como el segundo país más corrupto del mundo, después de Nigeria. Otros países que habían salido en el Índice de Percepción de la Corrupción de Transparency International como México, Colombia y la Argentina, habían puesto el grito en el cielo. Pero Quiroga hizo lo contrario: tomó el teléfono, llamó a Transparency e invitó al grupo a que viniera a Bolivia e hiciera sugerencias concretas sobre cómo combatir la corrupción.

Algunos meses después de la visita, y con una serie de propuestas concretas en la mano, Quiroga se había dirigido al Banco Mundial, al Banco Interamericano de Desarrollo y a otras instituciones internacionales, para que financiaran un plan anticorrupción en Bolivia. Así, lanzó un ambicioso programa de 200 millones de dólares para reducir la corrupción en su país, que de ser exitoso podría ser usado como ejemplo por otras naciones.

Ahora, dos años después, con la mirada de los expertos sobre el experimento boliviano, Quiroga se sentía con la autoridad moral para rebatir el discurso de Gore. Después de hablar sobre el programa anticorrupción de Bolivia, dirigió su mirada hacia el entonces vicepresidente norteamericano y sugirió que Transparency International diera un paso más allá de su índice de países corruptos. "Quisiera ver que Transparency International hiciera también un ranking de empresas multinacionales corruptas: existe una lista de países, pero no una lista de empresas", dijo Quiroga.

Gore, que presidía el debate, pareció sorprendido por la idea. ¿Había algún representante de Transparency International en la sala?, preguntó. ¿Podía alguien del grupo contestar la inquietud

14

del vicepresidente boliviano?, volvió a preguntar, mirando hacia uno y otro lado del salón. Jeremy Pope, director ejecutivo de Transparency International, estaba fuera de la sala en ese momento. Ante el silencio de los presentes, Gore dijo: "Creo que se trata de una sugerencia excelente". Luego agregó: "Quizás haya una razón práctica para no hacerlo; pero si [Transparency International] no lo hace, quizás alguna otra organización pudiera hacerse cargo del proyecto".

Hermosas palabras, pero estaban desviando el debate hacia tópicos no incluidos en la agenda. De manera que Gore volvió de inmediato a centrar el diálogo en lo que, pocos minutos antes, había calificado como el aspecto "más dañino" del problema: la corrupción oficial. Y de allí en más, el Foro Global prácticamente no volvió a mencionar el rol de los países ricos y sus multinacionales en el combate a la corrupción. Al cierre de la conferencia, la declaración final del Foro Global se refirió exclusivamente al combate de la corrupción gubernamental y a la convocatoria de un segundo Foro Global, a realizarse en Holanda en 2001.

Al día siguiente, ni *The Washington Post* ni ningún otro periódico norteamericano de importancia mencionaron el breve intercambio de opiniones sobre el rol del sector privado en la lucha contra la corrupción. Así fue como las sugerencias de Ruckauf y Quiroga quedaron enterradas entre los cientos de proyectos de estudio dejados para futuras reuniones. Como dicen en México, se le dio "un carpetazo" al asunto.

Sin embargo, la idea siguió dándome vueltas en la cabeza. ¿Por qué no hacer una lista de las corporaciones multinacionales más corruptas, o para ser más exactos, de las percibidas como más corruptas? ¿Acaso no había llegado el momento de que nosotros, los periodistas, que tan valientemente investigábamos la corrupción oficial, dedicáramos algunas de nuestras energías a investigar la corrupción del sector privado?

Después de todo, en la economía global, varias corporaciones multinacionales ya eran mucho más poderosas que los países donde operaban. A juzgar por la lista de Fortune 500, de las quinientas empresas multinacionales más grandes, los ingresos mundiales de Walmart eran de 119 mil millones de dólares, o sea mayores que el producto bruto de 92 mil millones de México. IBM, con ingresos de 79 mil millones, superaba ampliamente el producto bruto de la Argentina, de 55 mil millones de dólares anuales. La General Electric, con ingresos de 91 mil millones anuales, tenía entradas tres veces más grandes que las de Colombia. ¿Estaba bien que los periodistas dedicáramos tanta energía a investigar a los gobiernos y tan poca a las corporaciones?

Cuanto más le di vuelta al asunto, más me convencí de que no había ninguna razón práctica, más allá de la falta de imaginación o la autocensura motivada por razones comerciales, para la confección de un Índice de Percepción de Empresas Multinacionales. Dicho índice no tendría por qué ser menos objetivo que el de países: en ambos casos, Transparency International se basaría en las encuestas Gallup de profesionales y empresarios en cada país. Si la encuesta era lo suficientemente confiable como para medir la reputación de países, debería poder hacer lo mismo con la reputación de las empresas.

Cuando encontré al director ejecutivo de Transparency International en un pasillo de la conferencia y le pregunté por qué su grupo no hacía un índice de corrupción corporativa, se mostró reacio a la idea. Pope era un abogado neozelandés que había trabajado durante años en el Secretariado del Commonwealth en Londres, y que se había desempeñado en varios países africanos antes de unirse en 1993 a Peter Eigen, ex funcionario del Banco Mundial, para fundar Transparency International. Muchos lo consideraban como una de las voces más conservadoras dentro de la organización. Al día siguiente del Foro Global, sentados con más tiempo en una de las salas del hotel Carlton de Washington, Pope me argumentó que una lista de corporaciones corruptas sería un proyecto demasiado arriesgado.

"¿Por qué habríamos de hacer eso?", me preguntó. "Para serle muy honesto, nos echaríamos encima una demanda judicial gigantesca, y ¿qué ganaríamos? ¡Nada!" Pope explicó que si Transparency International se dedicaba a atacar a las empresas multinacionales, "crearíamos una situación en la que no podríamos tener un diálogo con ellas. Y lo que queremos es tener comunicación y convencerlas de que cambien. Lo otro sería ir detrás de titulares efectistas."

Meses después, y bajo presiones de otros directivos de Transparency International, la organización finalmente publicó un índice de corrupción en el sector privado, pero se trató de un proyecto tímido e insulso. La lista no mencionaba empresas por su nombre, sino los sectores en que se desempeñaban y los países que más tendían a protegerlas. El ranking estaba basado en una encuesta Gallup de 770 ejecutivos de empresa, abogados, contadores y banqueros de 14 países y mostraba que las empresas de construcción y los exportadores de armas tendían a ser las más propensas a sobornar funcionarios gubernamentales, seguidas por las empresas petroleras.

Obviamente, el nuevo índice de Transparency International no le quitó el sueño a nadie. Al momento de entrar en imprenta este libro, la lista de percepción de empresas multinacionales más corruptas seguía siendo una asignatura pendiente, no sólo para Transparency International, sino para cualquier otro grupo cívico o empresa periodística independiente.*

¿Es iluso pedir que Estados Unidos y los países de la Unión Europea tomen medidas para ayudar a combatir la corrupción internacional? No lo creo en absoluto, y son cada vez más los altos funcionarios norteamericanos y europeos que piensan de la misma manera.

En primer lugar, hay un consenso cada vez mayor entre ellos de que la corrupción está minando los principales objetivos de los programas multilaterales de asistencia para los países en desarrollo. ¿Tiene sentido que los contribuyentes norteamericanos y europeos paguen miles de millones de dólares en préstamos al FMI y al Banco Mundial para que funcionarios corruptos se roben los dineros públicos? Muchos norteamericanos se hicieron esa pregunta cuando el gobierno de Estados Unidos le extendió un paquete de garantías de emergencia de 20 mil millones de dólares a México tras el colapso de su economía en 1995. En ese mismo año, se supo que Raúl Salinas de Gortari y otros miembros de la elite política mexicana habían hecho depósitos de cientos de millones en sus cuentas secretas en el exterior. Sin medidas contra la corrupción, ¿qué garantías había de que el gigantesco préstamo de emergencia de Estados Unidos no terminara en cuentas secretas de Suiza o Luxemburgo?

En segundo lugar, cada vez más expertos coinciden en que la corrupción no sólo está saboteando las reformas económicas de América Latina, sino también sus instituciones democráticas. ¿Cómo puede el gobierno argentino convencer al pueblo de que

---

* Me pregunto también si las donaciones de empresas multinacionales a Transparency International tuvieron algo que ver con la decisión del grupo de no hacer un índice de empresas corruptas. Si bien Transparency International a nivel mundial está financiada en gran medida con fondos de desarrollo de los gobiernos norteamericano y europeo, la sucursal de Estados Unidos del grupo depende en gran parte de donaciones de Exxon, General Electric, IBM, General Motors, Lockheed Martin, Honeywell, Merck, Motorola, Pfizer y Westinghouse, según puede observarse en su página de internet.

pague impuestos y apoye dolorosas reformas económicas cuando a diario aparecen en la prensa nuevos casos de corrupción? ¿Y qué sentido tiene que Estados Unidos gaste miles de millones de dólares anuales para promover la democracia en el mundo si los gobiernos electos se desmoronan por escándalos de corrupción?

Finalmente, cada vez más funcionarios de Estados Unidos están llegando a la conclusión de que el tráfico de drogas y todas las demás formas del crimen organizado perderían mucho de su poder si los criminales no pudieran depositar sus fondos en los bancos norteamericanos y europeos. Y nada combatiría con mayor eficacia la corrupción, el tráfico de drogas y los secuestros que regulaciones bancarias que prohibieran que el dinero sucio ingresara en los sistemas bancarios de las principales economías del mundo.

¿Y qué hay del argumento de que los delincuentes siempre van a poder ocultar su dinero en refugios bancarios del Caribe, o algún otro rincón del mundo? Se trata de un argumento débil. Como ya está ocurriendo, Estados Unidos y Europa pueden coaccionar a los paraísos fiscales para que se acoplen a las nuevas regulaciones bancarias internacionales, bajo riesgo de sanciones.

Tal como lo señaló Kenneth J. Rijock, un ex lavador de dinero que ahora colabora con los servicios antidrogas de Estados Unidos, "cinco días después de interrumpir los vuelos de American Airlines a estos países [caribeños] e impedir que nuestros turistas los visiten, van a estar golpeándonos la puerta para preguntarnos cómo hacer para sanear sus instituciones financieras". En otras palabras, el gran obstáculo para combatir la corrupción no es una imposibilidad técnica, sino la falta de voluntad política.

Los principales protagonistas de este libro, como el lector podrá constatar, no son ni presidentes ni políticos de renombre sino funcionarios de nivel medio de agencias de justicia o investigadores parlamentarios que deben llevar adelante la lucha contra la corrupción todos los días. A veces, como se verá más adelante, estos funcionarios constatan con amargura que sus investigaciones no van a ningún lado, a menudo por órdenes superiores. Después de entrevistar a más de cincuenta agentes de las agencias de justicia norteamericanas —incluyendo el FBI, la DEA y el Servicio de Aduanas— encontré en varios una cierta frustración por no poder ver coronados sus esfuerzos. Aunque la gran mayoría me aseguró con total honestidad que sus investigaciones no habían sufrido interferencias políticas y que, en general, el sistema de justicia de Estados Unidos funciona, algunos me dijeron que sus investigaciones habían quedado truncas por leyes contra la corrupción demasiado porosas. También, cuando les comenté que me proponía escribir un libro sobre el rol de las empresas multinacionales en la lucha contra la corrupción, muchos me dijeron que sería injusto concentrarse en las multinacionales norteamericanas, porque tienden a ser mucho más limpias que sus contrapartes europeas o asiáticas. Muchos empresarios latinoamericanos me dijeron lo mismo. Mi respuesta a todos ellos fue la misma: "Tienen razón". La única causa por la que decidí escribir sobre firmas norteamericanas como Citibank o IBM era porque, al estar sujetas a las leyes antisoborno o antilavado de dinero, su rol en los escándalos de corrupción en América Latina había sido investigado por las agencias de gobierno de Estados Unidos, y por lo tanto había más información disponible sobre ellas.

La gran pregunta detrás de buena parte de este libro es si incluso Estados Unidos, el país que lleva la delantera en la lucha anticorrupción, debe ajustar sus leyes aun más para combatir la corrupción internacional. En momentos de escribirse estas líneas, hay tres proyectos de ley en el Congreso de Estados Unidos que darían un paso importantísimo en ese sentido, aunque su aprobación no será fácil. Si Estados Unidos da un paso adelante, probablemente Europa no tarde mucho en seguirlo, y entre ambos podrán presionar conjuntamente a los refugios financieros caribeños para que se ajusten a nuevas normas internacionales destinadas a combatir la corrupción. Por el momento, es necesario empujar a Washington D.C. a que dé el paso para que los demás lo sigan. Ojalá este libro sea una contribución para lograrlo.

ANDRÉS OPPENHEIMER
Miami, febrero de 2001

LIBRO I

Capítulo 1

EL SEÑOR DE LOS CIELOS

Juan Miguel Ponce Edmonson, el jefe de la Interpol de México, estaba sentado en su oficina meneando la cabeza entre asombrado y divertido mientras leía la copia de un fax que acababa de aterrizar en su escritorio. Se trataba de un documento insólito: una carta de recomendación de Citibank a Amado Carrillo Fuentes, el narcotraficante más buscado del mundo. Carrillo Fuentes, el jefe del cartel de Juárez, era mejor conocido como el Señor de los Cielos por haber revolucionado el contrabando aéreo de drogas: había sido el primero en comprar viejos aviones comerciales Boeing 727 para llevar grandes cargamentos de cocaína a los Estados Unidos, en lugar de utilizar las pequeñas avionetas que hasta entonces utilizaban los narcotraficantes. La fecha del fax del Citibank indicaba que el Señor de los Cielos había recibido su carta de recomendación pocos meses antes, en junio de 1997.

Todavía hoy, varios años después, los funcionarios antinarcóticos de todo el hemisferio se preguntan con perplejidad cómo el jefe del cartel de Juárez pudo haber recibido una carta de referencia de uno de los bancos más prestigiosos de Estados Unidos. Para la fecha en que el Señor de los Cielos había recibido el fax, ya era una figura harto conocida. En marzo de 1996, Thomas A. Constantine, jefe de la Administración de Estados Unidos contra las Drogas (DEA), lo había calificado como "el más poderoso cabecilla del tráfico de drogas mexicano". Y México ya en ese entonces superaba a Colombia como el principal país de tránsito para la droga que ingresaba en Estados Unidos. Según declaraciones del mismo Constantine, el jefe del cartel de Juárez era objeto en ese momento de veintiséis investigaciones de la DEA en Estados Unidos y México, y ya había sido acusado de tráfico de drogas en las Cortes de Miami y Dallas. A fines de 1996 y comienzos de 1997, mucho antes de recibir su ya famosa carta de recomendación, los artículos periodísticos sobre el Señor de los Cielos en Estados

23

Unidos y México ya habían pasado de las páginas policiales a las primeras planas.

Ponce, un hombre macizo de 52 años con una larga trayectoria en los Servicios de Inteligencia y Seguridad mexicanos, confiesa que no pudo evitar una sonrisa al notar que el fax de Citibank había sido enviado a Chile, y que se refiriera al Señor de los Cielos con el seudónimo que el narcotraficante utilizaba en América del Sur. El jefe de la Interpol de México, abogado de profesión y policía de vocación, ya estaba desde hacía varios meses sobre la pista del jefe del cartel de Juárez en Sudamérica. Había estado siguiendo sus pasos en Chile, la Argentina, Uruguay, Brasil y Cuba.

El Señor de los Cielos había tenido que salir de México a la carrera después de que el director de la DEA lo calificara como el narcotraficante más importante de México. El gobierno mexicano había multiplicado sus esfuerzos para arrestarlo, entre otras cosas porque los legisladores de línea dura del Congreso norteamericano estaban exigiendo que el gobierno de Clinton descalificara a México en su evaluación anual sobre la cooperación de países en la guerra contra las drogas. Según los "duros" del Congreso de Estados Unidos, el gobierno mexicano no había puesto el empeño necesario para atrapar al Señor de los Cielos.

Ante la amenaza de la descertificación, los funcionarios mexicanos —o por lo menos algunos de ellos— empezaron a buscar al jefe del cartel de Juárez en todo el país. Casi habían logrado arrestarlo el 5 de enero de 1997, cuando agentes del gobierno irrumpieron de pronto en la ceremonia de casamiento de su hermana en el norteño estado de Sinaloa. Sin embargo, el narcotraficante había logrado huir pocos minutos antes por una puerta trasera, aparentemente alertado por un comandante militar de la zona que lo había llamado a su celular.

Semanas después, en febrero de 1997, el Señor de los Cielos había sido nuevamente noticia de primera plana cuando fue arrestado el mismísimo zar antidrogas del gobierno mexicano, el general Jesús Gutiérrez Rebollo, bajo cargos de que vivía en una residencia propiedad del jefe del cartel de Juárez y recibía dinero del narcotraficante. La noticia del arresto de Gutiérrez Rebollo dio la vuelta al mundo. Se trataba de un hecho sin precedentes: el jefe del cartel de Juárez, el nuevo rey de la cocaína, era tan poderoso que hasta se daba el lujo de tener al zar antidrogas del gobierno mexicano —un general condecorado por la DEA y miembro del gabinete del presidente Ernesto Zedillo— a su servicio.

Algunas semanas más tarde, en abril de 1997, la policía mexicana nuevamente había estado a punto de atrapar al Señor de

24

los Cielos cuando llevó a cabo una redada en lo que se suponía era la residencia de su hijo de 20 años. La policía había comenzado a investigar la mansión después de que el joven encargara un Mercedes Benz blindado de 250 mil dólares y pusiera la dirección de su residencia en los papeles de compra. Si bien el joven no se encontraba en la casa en el momento del operativo policial, estaba cada vez más claro para su padre que su captura y la de su familia era una cuestión de tiempo. Necesitaba desaparecer del mapa lo antes posible. De manera que decidió enviar un equipo de avanzada a otros países de América Latina para que le buscaran nuevos refugios y nuevas bases de operaciones. Primero se estableció en Cuba. De allí, atraído por las oportunidades de negocios en otros países, se mudó a América del Sur.

Cuba, qué linda es Cuba

El Señor de los Cielos había hecho su primer viaje exploratorio a Cuba en 1995, cuando tenía 43 años, quizás anticipando que en algún momento tendría que huir de México. Utilizando un pasaporte falso a nombre de Juan Arriaga Rangel, el mismo que utilizaría luego en América del Sur, el jefe del cartel de Juárez viajó a La Habana el 18 de agosto de ese año, acompañado de un nutrido séquito que incluía a su hijo, su médico personal y varios ayudantes. Los narcotraficantes mexicanos se alojaron en el hotel Nacional de La Habana y muy pronto atrajeron la atención de la policía secreta castrista, según informaciones confidenciales suministradas por el régimen cubano a la Procuraduría General de la República de México.

Según Mariano Herran Salvatti, el zar antidrogas del gobierno mexicano, la policía secreta cubana había comenzado a observar al Señor de los Cielos "porque estaba gastando muchísimo dinero, y había contratado a una empresa de seguridad personal en La Habana". La policía secreta cubana había tomado fotografías del visitante mexicano, pero el gobierno cubano luego diría que no tenía idea de que se trataba del célebre Señor de los Cielos.

Según documentos confidenciales enviados por el gobierno cubano a la Procuraduría mexicana, cuyas copias obran en mi poder, el Señor de los Cielos realizó por lo menos cuatro viajes a Cuba entre 1995 y 1997, y se movió en círculos del "sector turístico" de La Habana, donde era conocido como "el patroncito". En una carta confidencial fechada el 22 de septiembre de 1997, escrita en respuesta a un pedido de información del gobierno mexicano, el jefe de la Dirección de Control de Procesos Penales de Cuba, José Candia Ferreyra, señaló que "el comportamiento observado durante su permanencia en nuestro país se correspondió con el de un turista de elevada solvencia económica, dedicándose a visitar centros nocturnos, restaurantes y otros lugares de interés".

A partir de 1996, el Señor de los Cielos "sostuvo relaciones amorosas" con una ciudadana cubana llamada Marta Venus, "de la cual no tenemos elementos que evidencien que supiera la verdadera identidad de Carrillo Fuentes", continuaba diciendo la carta del fiscal cubano. "En abril de 1997, mostró interés por conocer los términos y requerimientos que debían cumplir los extranjeros para establecer negocios en la zona franca de El Mariel, sin que haya concretado ninguna operación", afirmaba la carta del régimen cubano.

Cuando la carta del gobierno cubano llegó por valija diplomática a México pocos días después, los funcionarios mexicanos reaccionaron con escepticismo. Obviamente, concluyeron, el gobierno cubano les estaba ocultando información al decir que el Señor de los Cielos no había tenido actividades comerciales en la isla. La dictadura de Fidel Castro, que ya había sufrido un escándalo internacional de narcotráfico que terminó con el fusilamiento de cuatro altos oficiales cubanos en 1989, no quería permitir otro revés que pudiera alimentar las crecientes versiones de que gran parte de las inversiones extranjeras que estaban llegando a Cuba eran lavado de dinero del narcotráfico.

México tenía información de que el Señor de los Cielos había hecho grandes negocios en Cuba: la Procuraduría mexicana recibió informes de la DEA de que el jefe del cartel de Juárez había establecido dos empresas en Cuba, llamadas respectivamente Peter Lever, y Hermes o Lehner. Y por el testimonio de prisioneros del cartel de Juárez, el gobierno mexicano sabía que el Señor de los Cielos se había alojado en una casa de protocolo del gobierno cubano en La Habana, ubicada o en la calle 2, número 302, del barrio de Vedado, o en la calle 2, entre la 15 y la 17, del Vedado.

Cuando el gobierno de Cuba ridiculizó oficialmente las versiones que comenzaban a circular en México sobre la presencia del Señor de los Cielos en una casa de protocolo en La Habana, el procurador mexicano Jorge Madrazo volvió a insistir sobre el asunto ante el gobierno cubano. En una carta confidencial fechada el 26 de diciembre de 1997, Madrazo le señalaba diplomáticamente a Cuba que México tenía motivos para creer que el Señor de los Cielos estaba alojado en una casa de protocolo, y que estaba haciendo negocios en Cuba con sus empresas. Como pidiendo que no lo tomaran por ingenuo ni se escaparan por la tangente, Madrazo incluyó las direcciones de las casas en el Vedado, así como el nombre de las empresas, pidiendo información concreta acerca de las mismas.

La respuesta de Cuba vino tres meses después, en otra carta confidencial firmada por el fiscal general de Cuba, Juan Escalona Reguera, el mismo que había mandado fusilar al general de división Arnaldo Ochoa y otros tres altos oficiales cubanos en 1989, supuestamente por haber realizado operaciones de narcotráfico sin conocimiento de Castro. La carta de Escalona, fechada el 26 de marzo de 1998, y nunca revelada hasta ahora, contenía informaciones más específicas que en algunos casos contradecían los desmentidos anteriores de Cuba: Escalona admitía ahora tácitamente que el Señor de los Cielos se había alojado en una residencia oficial para huéspedes extranjeros, aunque parecía aducir que Cuba no sabía que se trataba del jefe del cartel de Juárez.

En su carta, Escalona señalaba que el Señor de los Cielos había hecho cuatro viajes a Cuba bajo el nombre de Arriaga Rangel. En el primer viaje, en 1995, había viajado con su hijo y otros tres mexicanos, y el grupo se había "vinculado a colombianos, cuatro brasileñas y cuatro nacionales debidamente identificados: dos prostitutas y santeras, un bailarín del cabaret Tropicana y un babalawo [santero], que también trabaja en dicho cabaret".

Respecto de las direcciones de las viviendas que le había enviado el procurador mexicano, Escalona escribió: "Puedo confirmarle que la dirección de la calle 2 número 302 en el Vedado corresponde a instalaciones del Ministerio del Interior. La dirección de calle 2 entre 15 y 17 Vedado, casa con reja roja, frente a la Villa Salud, corresponde a un albergue para extranjeros de la propia Villa del Ministerio de Salud Pública". Agregaba que "la firma colombiana Peter Lever no aparece registrada en nuestro país. La firma colombiana Lehner opera en Cuba desde 1994, dedicada a la carpintería de aluminio y cristalería".

El gobierno mexicano concluyó que si bien Cuba estaba reconociendo más que antes, todavía ocultaba lo más importante. Según los investigadores mexicanos, el Señor de los Cielos había registrado la empresa Peter Lever en La Habana a través de testaferros, y la empresa realizaba operaciones de lavado de dinero entre Colombia, Nicaragua y Suiza. Pero los investigadores no podían hacer mucho más sin la colaboración de las autoridades cubanas. "Cuba era una vía de escape, y una vía de reciclar capitales y mandarlos a terceros países", me señaló en una entrevista Herran Salvatti, el zar antidrogas del gobierno mexicano, con obvia frustración por no haber podido llegar más lejos en la investigación sobre las actividades del Señor de los Cielos en la isla.

Si vas para Chile

Desde Cuba, el jefe del cartel de Juárez había enviado un grupo de avanzada a Chile, la Argentina y Brasil, con instrucciones de que prepararan el terreno para que la plana mayor de su organización pudiera mudarse hacia alguno de los tres países. Según el gobierno mexicano, envió a Carlos Colin Padilla a Brasil, Manuel de Jesús Bitar Tafich a Chile, y a Jorge Iñíguez a la Argentina. La primera escala del jefe del cartel de Juárez fue Chile, la estrella económica de América Latina, que ofrecía leyes atractivas para inversores extranjeros. El Señor de los Cielos llegó por primera vez a Chile a fines de 1996, y durante los cuatro meses siguientes se dedicó a crear una base comercial en ese país y sus vecinos.

Su hombre en Chile, Bitar Tafich, era un viejo amigo originario de Torreón, México, y había llegado a Santiago de Chile algunos meses antes para contratar asesores financieros y abogados bien conectados que le pudieran ayudar a crear el marco legal de las futuras empresas comerciales del cartel. A comienzos de 1997, entre viajes de Chile a la Argentina y Uruguay, y con la ayuda de una carta de recomendación del Citibank que luego crearía un revuelo internacional, el Señor de los Cielos volvió a Chile, decidido a expandir sus inversiones en ese país.

Siempre viajando con el nombre de Juan Arriaga, el jefe del cartel de Juárez, acompañado de su ayudante Bitar Tafich, fue a visitar a Errázuriz a su oficina. En declaraciones posteriores, Errázuriz afirmó que el Señor de los Cielos solicitó sus servicios para llevar a cabo dos negocios de dos millones de dólares cada uno en el ramo de bienes raíces y de hotelería. Durante esa visita el jefe del cartel de Juárez se enteró de que, bajo la reglamentación bancaria chilena, necesitaba una carta de recomendación para registrar sus inversiones en el Banco Central de ese país y hacer negocios con instituciones financieras chilenas.

La recomendación de Citibank

Conseguir una carta de referencia no fue un gran problema para el Señor de los Cielos. En efecto, pocos días después de su reunión con Errázuriz, el recién llegado señor Arriaga logró que

Citibank le extendiera una cálida carta de recomendación. El documento llevaba la firma de Fernando Maturana, quien había sido durante mucho tiempo jefe del Departamento de Banca Privada de Citibank en Chile, y que recientemente había sido ascendido a la misma posición en México. La carta, fechada el 4 de junio de 1997, estaba destinada a Alejandro Ventura Cohen, propietario de una agencia de cambios de Santiago y ex cliente y amigo de Maturana. Ventura Cohen le había pedido al ejecutivo de Citibank que llevara a cabo una averiguación de antecedentes del supuesto inversor mexicano y que, si todo estaba bien, le mandara un fax afirmando que se trataba de un inversor legítimo. Maturana así lo hizo, y en cuestión de pocos días le mandó al cambista el fax solicitado.

La carta de recomendación de Maturana, según una copia que llegó a mis manos, decía que el supuesto señor Arriaga —cuyo apellido estaba escrito equivocadamente Arriagada, un nombre más común en Chile— "vive en una ciudad llamada Gómez Palacio, [en el estado mexicano de] Durango, y es conocido como algodonero y ganadero". Más abajo decía que, si bien no era cliente de Citibank, Arriaga "es percibido como un cliente mediano para los bancos del lugar. Tiene un crédito vigente con Banamex por su rubro agrícola, pero su principal banco es Bancomer". Más abajo, la carta señalaba que "su hijo está en el negocio del aire acondicionado con representación de una empresa del exterior. Es también una persona conocida". La carta terminaba diciendo que Arriaga "es efectivamente un ganadero conocido en su ciudad".

El mayor narcotraficante del mundo difícilmente podría haber conseguido una mejor recomendación. "Para nosotros la carta [de Maturana] bastaba y sobraba como evidencia de que estábamos ante un empresario legítimo", señalaría más tarde Jaime Ventura Cohen, hermano y socio de Alejandro Ventura Cohen, alegando que tras recibir el fax de uno de los mayores bancos del mundo ni sospechó que podía estar tratando con el rey del narcotráfico. Con la luz verde del Citibank, los hermanos Ventura Cohen cambiaron por efectivo 500 mil dólares en cheques de viajero de un paquete de dos millones de dólares adquiridos por el cartel de Juárez en México. Y como para no desaprovechar la oportunidad, el Señor de los Cielos al poco tiempo mostraría el fax de Maturana como una tarjeta de presentación ante las autoridades chilenas y posibles socios comerciales. ¿Qué mejor carta de presentación podía tener que una referencia bancaria de Citibank?, decía el inversionista Arriaga a sus interlocutores.

En rigor, se trataba de una carta sumamente inusual. "¿Por

qué motivo un banco privado extendería una recomendación a un individuo que ni siquiera había sido cliente del mismo?", preguntó Ron Noble, un ex alto funcionario de la Secretaría del Tesoro de Estados Unidos, después de que la noticia de la recomendación fuera publicada a mediados de 1997 por *The Wall Street Journal*. "Es una acción riesgosa, que coloca al banco en una situación de peligro por las posibles derivaciones de su recomendación", agregó.

Roach entra en escena

En Washington D.C., algunos comenzaron a interesarse en el peculiar fax de Maturana. En un pequeño cubículo en el primer piso del edificio Russell del Congreso norteamericano, Robert L. Roach, un investigador del Subcomité Permanente de Investigaciones del Senado, también había estado —como Ponce en México— siguiendo de cerca los pasos de algunos mexicanos sospechosos de haber invertido millones de dólares malhabidos en grandes bancos norteamericanos. Más precisamente, Roach estaba trabajando en una investigación sobre la división de Banca Privada de Citibank. Cuando recibió una copia del fax de recomendación del ejecutivo del Citibank al Señor de los Cielos, su primera reacción había sido de similar asombro.

Los hermanos Ventura Cohen, los dueños de la agencia de cambios de Chile donde el Señor de los Cielos y sus ayudantes habían cambiado sus cheques de viajero, contactaron al Subcomité del Senado norteamericano y bombardearon a Roach con llamadas telefónicas para pedir su ayuda. El gobierno norteamericano había congelado la cuenta que los Ventura Cohen tenían en el Citibank de Nueva York, por donde pasaban los cheques de viajero del Señor de los Cielos, y los cambistas chilenos querían demostrar su supuesta inocencia. Según ellos, habían trabajado con el Señor de los Cielos porque recibieron una buena referencia de él por parte de Maturana. Si había un culpable en el caso, era Citibank, decían. "Si el banco me dice que el individuo es una buena persona ¿qué quieren que haga? ¿Que sea Sherlock Holmes?", me preguntó Jaime Ventura Cohen años después, en una entrevista telefónica, repitiendo la queja que había elevado al Senado norteamericano.

Abogado de profesión, Roach habría de jugar un rol cada vez más importante en las investigaciones sobre el Citibank. Era un hombre delgado, de rostro juvenil, con un grueso mechón de pelo negro sobre la frente y anteojos sobredimensionados, que aparentaba menos de sus 45 años. Parecía sacado de una película de Hollywood: un investigador idealista, incansable y recto. Vestía trajes baratos y llevaba una mochila al hombro en lugar de los sofisticados maletines de cuero utilizados por la mayoría de sus colegas.

Estaba en constante movimiento. Su escritorio —uno de los cuatro cubículos de la Oficina 193 del edificio Russell del Senado— estaba inundado de papeles. En el piso se veían varias cajas de cartón repletas de legajos. Sobre la mesa, al lado de la foto de su mujer e hijos, había un retrato del presidente John F. Kennedy. De una de las paredes colgaba una copia enmarcada del discurso inaugural de Kennedy. En uno de los estantes, había una ardilla de paño, probablemente dejada allí por uno de sus niños, contemplando el desorden que reinaba a sus pies. En sus horas libres, hacía de entrenador de lucha libre en la escuela de sus hijos.

Roach había completado sus estudios doctorales en ciencias políticas, trabajando durante varios años como asistente de un legislador. Luego, había ingresado en la Universidad de Georgetown para estudiar abogacía. Después de graduarse, hubiera podido seguir los pasos de la mayoría de sus colegas y trabajar para un bufete privado, donde podía ganar el doble de los casi cien mil dólares anuales que recibía como investigador del Subcomité del Senado. Durante un tiempo, había sucumbido a esa tentación y trabajado en un bufete de abogados. Pero su paso por el mundo corporativo fue efímero. "La práctica privada me aburría", me confesó en una ocasión. "En cambio, lo que hago ahora me encanta. El otro trabajo que me gustaría hacer es el de fiscal federal. Pero las limitaciones de un fiscal son mucho mayores que las de un investigador parlamentario".

Roach era un hombre de principios, hasta en los más pequeños detalles. En una ocasión, cuando estábamos en la cafetería del Senado y me disponía a pagar dos cafés que habíamos sacado de la máquina, Roach rechazó amablemente mi invitación. "Perdoname, pero en el Subcomité tenemos un reglamento que no nos permite aceptar ninguna invitación", me explicó con una sonrisa. Lo miré asombrado y le respondí que yo también, como reportero de un periódico norteamericano, estaba sujeto al mismo tipo de reglamento, pero que lo hacía a un lado cuando se trataba de un café de setenta y cinco centavos de dólar. "Perdóname", insistió nuevamente, pero con firmeza. "No te ofendas, pero no puedo".

Tras recibir las quejas de los hermanos Ventura Cohen de haber sido injustamente castigados por tratar con un inversor mexicano que el mismo Citibank había recomendado, Roach deci-

31

dió enviar una carta al banco pidiendo información sobre el caso. Eventualmente, le extendió una invitación al mismo Maturana para que prestara testimonio a puertas cerradas ante el Subcomité. Roach y sus colegas querían saber qué había detrás de la historia del aval de Maturana a Carrillo Fuentes.

La explicación del banquero

¿Cómo podía ser que un alto funcionario de Citibank hubiera escrito una carta de recomendación al mayor narcotraficante del mundo? Quizás había sido un error estúpido, o el resultado de una averiguación de antecedentes apresurada por parte del banco. De lo que no parecía haber dudas es que se trataba de un traspié que ponía en evidencia las limitaciones de los esfuerzos de Estados Unidos por combatir el narcotráfico, las dificultades de los bancos internacionales para impedir ser utilizados por los narcotraficantes y la hipocresía de las afirmaciones que estaba haciendo el gobierno de Estados Unidos de que los bancos mexicanos eran los principales culpables del lavado de dinero de las drogas.

Por cierto, no se trataba del único resbalón del Citibank en América Latina en los años noventa. El nombre del banco ya había salido a relucir en varios escándalos de corrupción internacional y de tráfico de drogas, a tal punto que varios investigadores del Congreso norteamericano se estaban planteando si esto era una consecuencia natural del gigantesco tamaño del banco, o un síntoma de que sus reglamentos internos —similares a los de otros grandes bancos norteamericanos— no estaban siendo acatados.

El nombre de Citibank había salido a relucir en ese contexto desde mediados de los noventa, tras divulgarse la noticia de que el banco había aceptado jugosos depósitos de Raúl Salinas de Gortari, el hermano del ex presidente mexicano Carlos Salinas, en Nueva York y Suiza. A juicio de los investigadores suizos, dichos fondos provenían de la droga. De hecho, Raúl Salinas nunca había podido probar fehacientemente el origen de su cuantiosa fortuna. Además, el escándalo provocado por los fondos de Raúl Salinas había puesto en evidencia otros depósitos millonarios de varias familias de políticos mexicanos, como la de Carlos Hank González, ex alcalde de Ciudad de México, un hombre que había logrado escalar de la pobreza más absoluta a una riqueza alucinante a pesar de haber trabajado la mayor parte de su vida como empleado público, ganando sueldos que apenas bastaban para llevar una vida normal de clase media.

Roach y sus colegas del Subcomité de Investigaciones del Senado, así como Ponce y sus colaboradores en México, se estaban preguntando si Citibank se había convertido en un banco favorito de los políticos que buscaban ocultar dineros malhabidos. Cuando interrogaron a Maturana separadamente en Estados Unidos y México, el banquero aseguró que todo había sido un error lamentable. Según su testimonio, el ejecutivo del Citibank había recibido en mayo de 1997, tras su traslado a México, una llamada telefónica de su antiguo cliente Alejandro Ventura Cohen. Este último le comentó que un empresario mexicano quería comprarle una de sus casas en Chile, y que él —Ventura Cohen— estaba buscando referencias del comprador y de Casa de Turismo Regis, la agencia que había emitido los cheques del viajero con los que el visitante mexicano planeaba hacer la compra. "Le prometí que trataría de hacer las averiguaciones del caso y que le mandaría un fax con cualquier información que pudiera conseguir", dijo Maturana a los investigadores mexicanos, según una transcripción de su testimonio en México. Maturana dijo que, acto seguido, le había pedido a sus asistentes que se ocuparan del tema, y al poco rato fue informado de que la agencia de turismo no era cliente de Citibank, pero que seguramente se desempeñaba como subsidiaria de una casa de cambios más importante.

Según Maturana, sus asistentes le recordaron que una de las empleadas de la oficina de Citibank era originaria de Durango, y conocía a mucha gente en la ciudad de Gómez Palacio. Posiblemente ella podría obtener información de los bancos del lugar, le dijeron. "Días más tarde, [la empleada] me dijo que el señor Arriagada era un ganadero conocido en esa ciudad, que tenía una línea de crédito en Banamex y que su banco principal era Bancomer", dijo Maturana a los investigadores mexicanos, deletreando mal otra vez el alias del traficante. "Una vez obtenida esa información, le dicté un fax a mi secretaria para que se lo enviara al señor Ventura".

"¿Pero había verificado Maturana la veracidad de la información provista por sus asistentes?", preguntaron los investigadores mexicanos. "No, porque no se trataba de una información crucial", respondió. ¿Y había tratado de averiguar el nombre de la empresa de aire acondicionado que supuestamente manejaba el hijo de Arriaga? "No, no creo", contestó nuevamente el banquero. O sea que, en el mejor de los casos, la investigación de antecedentes de Arriaga realizada por el gerente de Citibank se había basado en información de tercera mano proveniente de una empleada menor del banco.

Más aun, según me reveló un investigador mexicano bien empapado en el caso, la empleada del banco más tarde dio respuestas confusas cuando se la llamó a testificar sobre el incidente. Según los investigadores mexicanos, la mujer, preocupada por la posibilidad de perder su trabajo, dijo que no podía recordar exactamente lo que había ocurrido. De la misma manera, funcionarios de Banamex y Bancomer negaron en sus declaraciones a la prensa tener cuentas o líneas de crédito a nombre de ninguna persona llamada Juan Antonio Arriaga o Juan Antonio Arriagada.

Pero Maturana no perdió su puesto a raíz de su peculiar carta de recomendación. Los investigadores mexicanos y de Estados Unidos que entrevisté parecían convencidos de que el banquero no tenía la menor idea de quién era Arriaga, y sólo estaba tratando de complacer a un antiguo cliente. "Su historia nos pareció creíble", me señaló uno de los miembros del Subcomité de Investigaciones del Senado norteamericano, tras el interrogatorio de Maturana a puertas cerradas en el Senado. Un funcionario mexicano involucrado en la investigación del caso coincidió, aunque con una pequeña variante: "Los banqueros están bajo tanta presión para complacer a sus clientes y cumplir con sus metas corporativas anuales que firman casi cualquier cosa".

Sin embargo, al margen de la probable inocencia del ejecutivo de Citibank, los investigadores norteamericanos y mexicanos me citaron la carta de referencia del banco como un ejemplo perfecto de la facilidad con la que los traficantes de drogas —o cualquier criminal de cuello blanco— podían aprovecharse de los servicios bancarios internacionales para abrirse camino en el mundo de los negocios legítimos. El sistema bancario internacional no les ponía trabas demasiado difíciles de vencer.

La Argentina, un refugio ideal

El nombre de Citibank volvería pronto a las primeras planas, esta vez en conexión con las actividades del Señor de los Cielos en la Argentina. Pero ahora no se trataba de un fax que podía ser consecuencia de un error, sino de dos cuentas de Citibank que habían sido utilizadas por el cartel de Juárez para lavar millones de dólares provenientes de la droga y transferirlos a Buenos Aires. El jefe del cartel de Juárez quería hacer grandes negocios en la Argentina. A juzgar por la cantidad de dinero transferido y el número de emisarios despachados hacia ese país, la Argentina parecía ser su tierra prometida.

Se trataba de un refugio ideal. En primer lugar, los barones de la droga eran prácticamente desconocidos por los argentinos y, por ende, era improbable que la policía los acosara allí. En segundo lugar, las leyes argentinas sobre inversiones extranjeras y lavado de dinero eran sumamente porosas. Tercero, los traficantes estaban fascinados con las tierras de la pampa argentina. Como la mayoría los narcotraficantes, el Señor de los Cielos había nacido y vivido la mayor parte de su vida en el campo. Los únicos negocios legales que le entusiasmaban eran la ganadería y la agricultura, las únicas actividades comerciales —además del tráfico de cocaína— en las que podía vanagloriarse de tener algún conocimiento. Además, la Argentina ofrecía sofisticados servicios financieros para realizar transacciones internacionales, lo que le permitía utilizar el país como una base de operaciones para la compra de propiedades en Uruguay, Chile y Brasil.

De manera que más de un año antes de visitar personalmente la región, el Señor de los Cielos ya había comprado, a través de sus lugartenientes, varias propiedades rurales. Cuando finalmente viajó a la Argentina en 1996, lo hizo a todo lujo y dispuesto a comprar todo lo que pudiera. Pasó la Navidad y el Año Nuevo de 1996 en una suite del hotel Hyatt de Buenos Aires, la misma habitación que había ocupado Madonna durante su estadía en nuestro país.

El jefe del cartel de Juárez se dedicó a comprar automóviles y ropa de lujo a diestra y siniestra. No era un comprador que perdiera mucho tiempo buscando los mejores precios: como un niño en una juguetería, bajaba de su suite del Hyatt, salía a caminar por los alrededores y compraba lo que se le antojara en el momento. Así fue como el Señor de los Cielos compró varias camionetas 4x4 último modelo en una agencia Toyota a dos cuadras del hotel, y realizó todas sus ofertas para comprar estancias en una agencia de bienes raíces que también estaba a pocos metros de allí. "No eran compradores sofisticados: simplemente bajaban del Hyatt, salían a caminar, y compraban todo lo que encontraban a un radio de cinco cuadras del hotel", me señaló un investigador del equipo de Ponce, que había seguido los pasos del jefe del cartel de Juárez en Buenos Aires.

De compras en Uruguay

Igual que lo habían hecho en Chile, los jefes del cartel de Juárez se esforzaron por contratar abogados y contadores con excelentes conexiones políticas en todos los países a los que iban, y utilizaban sus servicios para adquirir mansiones en los mejores vecindarios de cada ciudad. Así fue como, en un breve viaje de la Argentina a Uruguay poco después del fin de año, Carrillo Fuentes se enamoró de Punta del Este, el balneario uruguayo donde veranea una buena parte de la clase alta argentina y uruguaya. Tras contratar al prestigioso bufete de abogados Posadas, Posadas y Vecino —dirigido entre otros por el ex ministro de Economía y senador uruguayo Ignacio de Posadas— para representarlos en Uruguay, los narcotraficantes mexicanos adquirieron el chalet "Holiday", en Punta del Este, por 550 mil dólares.

La residencia era propiedad de Danilo Arbilla, el director de *Búsqueda*, la revista de noticias más prestigiosa de Uruguay, quien pronto asumiría como presidente de la Sociedad Interamericana de Prensa (SIP). Arbilla había comprado el chalet a mediados de los años noventa por 515 mil dólares. Arbilla nunca había llegado a conocer a los mexicanos: en el momento de la venta, se encontraba en Estados Unidos, y había vendido la casa por teléfono a través de su agente de bienes raíces. Si bien los investigadores concluyeron que ni Arbilla ni los abogados habían tenido motivo para sospechar de que se trataba de una compra que los narcotraficantes estaban haciendo para lavar su dinero, no pudieron dejar de preguntarse si el Señor de los Cielos estaba escogiendo a sus abogados y vendedores de propiedades en función de su posición social, para quizás tratar de chantajearlos en el futuro. Arbilla asegura que jamás se topó con ninguno de los mexicanos, ni antes ni después de la venta, y que todo había sido una trágica casualidad que le podía pasar a cualquier persona al vender un bien.

A su regreso de Uruguay y después de transcurrir algunas semanas en la Argentina, el Señor de los Cielos y su séquito de más de veinte personas —incluyendo su esposa Sonia y su médico personal— viajaron a la provincia de Mendoza, en la región oriental del país, donde el narcotraficante inició trámites para comprar un centro comercial. Desde allí, el grupo cruzó la cordillera de los Andes, llegando a la capital chilena el 3 de marzo de 1997.

Como era su costumbre cada vez que llegaban a un país, los narcotraficantes se lanzaron a una orgía adquisitiva. Sin perder tiempo, adquirieron catorce camionetas con tracción delantera, un flamante BMW 740 blindado para el jefe, y un Porsche convertible para su esposa. Poco después, compraron seis residencias de lujo en la capital chilena, y alquilaron otras dos en Viña del Mar por cerca de 10 mil dólares mensuales cada una. Posteriormente, el grupo se reunió con funcionarios chilenos para obtener una licencia para la construcción de un centro comercial de seis millones de dólares en Melipilla, en las afueras de Santiago. El Señor de los Cielos se sentía a sus anchas en Sudamérica. Fue personalmente a la oficina de inversiones extranjeras, en el décimo piso del Ministerio de Economía de Chile, para firmar la documentación necesaria para sus futuras inversiones.

Sólo su muerte, a las pocas semanas, puso fin a la ola de inversiones del jefe del cartel de Juárez en América del Sur. Desde Chile, había viajado a Cuba el 6 de junio a ver a su novia Marta Venus, y de la isla había tomado un vuelo a México. Sería su último viaje: el 4 de julio de 1997, el Señor de los Cielos moriría en Ciudad de México durante una cirugía estética general para cambiar radicalmente su fisonomía.

El hombre del cartel en la Argentina

Las inversiones del Señor de los Cielos en Chile y Uruguay habían sido relativamente pequeñas comparadas con la estructura económica que estaba montando en la Argentina. El cabecilla del cartel de Juárez había decidido poner a uno de sus hombres de mayor confianza a cargo de sus operaciones en la Argentina. Se trataba de Eduardo González Quirarte, quien se instaló en Buenos Aires junto con sus padres, esposa e hijos. González Quirarte no era ningún desconocido en México: estaba sindicado desde hacía tiempo como el contacto entre el Señor de los Cielos y el general Gutiérrez Rebollo, el zar antidrogas del gobierno mexicano cuyo arresto había conmovido al país y al mundo.

Haciéndose pasar por un empresario mexicano y utilizando el nombre de Francisco Mora, el lugarteniente del Señor de los Cielos contrató en la Argentina a banqueros, agentes de bienes raíces y abogados con los mejores contactos en esferas políticas, con miras al posible traslado de la sede central del cartel de Juárez a la Argentina. En los meses que siguieron a la llegada de González Quirarte al país, el cartel de Juárez invirtió más de 60 millones de dólares en la Argentina, según estimados de la Interpol de México. De acuerdo con estimaciones de la Secretaría de Inteligencia del Estado (SIDE) de la Argentina, el monto subió a 130 millones en el curso de un año.

Después de la muerte del Señor de los Cielos, González Quirarte y sus colaboradores decidieron radicarse permanentemente en la Argentina, donde adquirieron las mejores estancias en la provincia de Buenos Aires, varias residencias en la ciudad de Mar del Plata, y donde empezaron a tejer una red de contactos políticos y comerciales del más alto nivel. "El mejor de los escenarios es que vinieron a la Argentina pensando que era un buen lugar para escaparse de las autoridades norteamericanas y mexicanas", me señaló Fernando de Santibañes, el jefe de la SIDE, en una entrevista sobre el caso. "En el peor de los casos, vinieron a organizar un proyecto político".

El jefe de la agencia de Inteligencia argentina no sabía a ciencia cierta en cuál de los dos escenarios creer. Lo cierto era que entre los socios comerciales del cartel de Juárez en la Argentina se encontraban varias figuras que se movían en las más altas esferas políticas del país. Pero Santibañes ignoraba si era una mera coincidencia o un plan cuidadosamente elaborado para infiltrar la elite política argentina.

Ponce descubre una pista

Ponce, el director de la Interpol mexicana, había descubierto la presencia del cartel de Juárez en Sudamérica casi por casualidad. Pero como suele ocurrir con muchas investigaciones policiales, ésta habría languidecido para siempre en algún archivo si no hubiera sido porque un investigador tomó un interés especial en el caso. En esta ocasión, había sido el propio Ponce quien siguió personalmente las huellas del Señor de los Cielos en el cono sur con un entusiasmo inusual.

Un hombre de mediana estatura, de barba y bigotes, Ponce ya era una leyenda en los círculos de inteligencia de México y Estados Unidos, no sólo por su eficacia como investigador sino también por sus frecuentes rabietas, que tenían a sus colaboradores en un estado de pánico permanente. Abogado y veterano agente de Seguridad del gobierno mexicano, Ponce se movía como pez en el agua en las altas esferas del gobernante Partido Revolucionario Institucional (PRI) de México, especialmente entre los dirigentes de la vieja guardia que asumían con orgullo el mote de "dinosaurios". Su padre había sido un general del Ejército, ministro de Defensa, y uno de los fundadores del PRI, que en vida se ufanaba de tener el carnet de afiliación No. 5 del partido oficial mexicano durante siete décadas. Entre sus padrinos políticos en el PRI estaban algunos de los más duros de la vieja guardia del partido.

Con todo, Ponce era un bicho raro entre los funcionarios de seguridad nacional mexicanos: un abogado-policía cosmopolita, que hablaba inglés perfectamente —lo había aprendido de joven en Estados Unidos— y era socio del exclusivo Club de Banqueros de la capital mexicana, donde comía varias veces por semana con altos personajes de la política de su país. Al mismo tiempo era un hombre de acción que conducía personalmente, pistola en mano, sus operativos policiales. Ya fuera en su trabajo o en reuniones sociales, no se despegaba de su pistola Walther de 10 milímetros, que siempre llevaba escondida en la cintura, debajo del cinturón.

Tras arrestar a algunos de los fugitivos más conocidos del país, Ponce debía vivir rodeado de guardaespaldas. En Ciudad de México, se desplazaba en un Lincoln Continental blindado del año 1998, con dos escoltas dentro del auto y una ametralladora AK-47 debajo del asiento trasero. Tampoco se trataba de cualquier automóvil: había sido el último automóvil del Señor de los Cielos en México. Después de su muerte, el gobierno lo había confiscado, y Ponce lo había pedido para su uso personal. Ahora lo exhibía como un trofeo, con una sonrisa pícara, ante los funcionarios de Inteligencia de otros países que lo visitaban en México.

Respetado y temido a la vez, lo cierto era que Ponce era visto por sus jefes en la Procuraduría General de la República (PGR), el equivalente mexicano a la fiscalía general de Estados Unidos, como un hombre clave para resolver investigaciones internacionales, al punto de que había sobrevivido tres décadas en varios cargos. Parte de su supervivencia profesional se debía a que se había convertido en una especie de memoria institucional dentro de los círculos de Inteligencia. Mientras las mayoría de los agentes del sistema de seguridad mexicano eran nombrados por los ministros de turno y despedidos por sus sucesores —y normalmente se llevaban a sus casas todos los archivos confidenciales que pasaban por sus escritorios— Ponce siempre era reasignado a algún nuevo puesto. Sus jefes habían incluido algunos de los personajes más cuestionados y de los más honestos de la fauna que circuló por las agencias de Inteligencia del país. A pesar de su cercanía con la vieja guardia del PRI, el primer procurador general de un partido opositor, Antonio Lozano Gracia, del Partido Acción Nacional (PAN), lo había convertido en uno de sus colaboradores más cercanos. Y lo mismo había sucedido con el sucesor de Lozano Gracia, Jorge Madrazo, a fines de la década del noventa. Los procuradores generales de México iban y venían, pero siempre parecían terminar apoyándose en Ponce.

En los últimos años, Ponce había adquirido cierta prominencia pública como investigador internacional del gobierno mexicano. Había estado a cargo de las oficinas de la PGR en Los Ángeles,

California, y luego en Madrid, y había sido mencionado en la prensa mexicana como uno de los hombres claves en el descubrimiento de los más de 100 millones de dólares depositados por Raúl Salinas de Gortari en sus cuentas del Citibank. Poco después, Ponce había arrestado al fugitivo más buscado de México: el ex banquero y generoso contribuyente del PRI, Carlos Cabal Peniche, acusado de un gigantesco desfalco bancario. Las investigaciones de Ponce le habían ganado un artículo de primera plana en *The Wall Street Journal*, en que se relataba su persecución internacional de Cabal Peniche, hasta su arresto en Australia.*

Para quienes lo conocían más de cerca, no era sorprendente que el jefe de la Interpol mexicana se dedicara con tanto ahínco a seguir los pasos del Señor de los Cielos en la Argentina. Ponce conocía la Argentina como pocos de sus colegas: de joven, había hecho estudios de posgrado en la Universidad de Belgrano y un doctorado en Ciencias Penales en la Universidad de Buenos Aires. En 1980, se había desempeñado como cónsul mexicano en Buenos Aires, y casado con una elegante joven argentina. Desde entonces, la pareja mantenía un departamento en Buenos Aires y viajaba varias veces al año para ver a la familia, los amigos y los contactos de Ponce en los servicios de Inteligencia argentinos. En verano, la pareja solía venir de México, Europa, o donde se encontrara, para pasar las vacaciones en Punta del Este. Para el jefe de la Interpol de México, la Argentina era como su segunda patria.

La peculiar historia de cómo Ponce descubrió la presencia de los jefes del cartel de Juárez en Sudamérica comenzó en 1996, cuando recibió un llamado de rutina de un colega de la Scotland Yard de Londres. Ponce lo había conocido en conferencias internacionales sobre asuntos policiales a las que ambos habían asistido. El policía inglés lo había llamado por un incidente aparentemente trivial: el robo a una turista mexicana en Londres. Al parecer, la víctima, una mujer de unos sesenta años, había hecho una gran escena en el hotel Ritz de Londres al descubrir que alguien le había robado la cartera —con su pasaporte, el de su marido y unos 80 mil dólares en cheques de viajero de American Express— mientras estaba tomando el té en el apacible restaurante del hotel.

* Posteriormente, el 24 de agosto de 2000, Ponce aparecería nuevamente en las primeras planas al arrestar en México a Ricardo M. Cavallo, alias "Sérpico", el ex represor del gobierno militar argentino de la década del setenta, que se desempeñaba como director de la Agencia de Licencias Automotrices Renave en Ciudad de México. La captura de Cavallo había sido pedida por la Justicia española para su extradición a España.

El gerente de relaciones públicas del Ritz estaba anonadado. En sus muchos años de servicio jamás había ocurrido un incidente parecido en el venerable hotel londinense, le había dicho a la Scotland Yard. Otro ejecutivo del Ritz, el gerente general, le había expresado más tarde a la policía inglesa que se trataba de un caso muy raro, porque la seguridad del hotel era muy buena: nunca antes un carterista había logrado llegar hasta el restaurante del hotel y escaparse con su botín.

El colega de Ponce de Scotland Yard quería saber si era común que una turista mexicana llevara en la cartera la nada despreciable suma de 80 mil dólares en cheques del viajero. ¿Era un caso que merecía ser investigado más profundamente o un asunto de rutina?, preguntó el policía inglés.

"¿Cómo se llama la turista?", preguntó Ponce.

"Victoria Quirarte de González", contestó el británico, batallando con las consonantes de la lengua española.

El nombre le sonó familiar a Ponce. Inmediatamente lo asaltó la sospecha de que la turista que llevaba tanto dinero podía estar relacionada con la familia González Quirarte, del cartel de Juárez. Tras pedirle unos días al policía británico para hacer unas averiguaciones, Ponce solicitó a sus ayudantes que le trajeran el legajo de los González Quirarte. No tardó en confirmar su sospecha: doña Victoria era la madre de Eduardo González Quirarte, uno de los principales lugartenientes del Señor de los Cielos.

A los pocos días la Interpol de México, con la ayuda de la Scotland Yard, empezó a seguirle el rastro a los cheques de viajero. Ponce quería averiguar dónde habían sido comprados, por quién, y para qué tipo de compras habían sido utilizados. En menos de una semana, los investigadores descubrieron que los cheques de viajero robados en el Ritz de Londres formaban parte de un paquete de dos millones de dólares en cheques de viajero de American Express, que la familia González Quirarte había comprado en Ciudad de México.

Acto seguido, Ponce se puso en contacto con American Express para obtener los números de serie de los cheques. Una vez que los obtuvo, empezó a rastrear el recorrido de los cheques que ya habían sido canjeados por dinero en efectivo. Así fue como Ponce descubrió, para su sorpresa, que además de las compras que doña Victoria había hecho en Londres, muchos de los cheques habían sido entregados como pago de automóviles Mercedes Benz y departamentos de lujo en Chile y la Argentina. Lo que es más, cuando los investigadores comenzaron a descifrar quiénes habían firmado los cheques, se toparon con nombres muy conocidos para ellos.

41

En la Argentina, varios de los cheques habían sido firmados por Iñíguez, un ex policía judicial federal de México de 39 años, con un largo prontuario por sus vínculos con el cartel de Juárez. Según su expediente, durante su época con la policía judicial federal de México había usado su puesto para proteger a distribuidores de marihuana en Jalisco. Iñíguez también era un hombre conocido para las agencias antidrogas de Estados Unidos: en 1991, había sido arrestado en California y luego condenado en un caso de contrabando de casi 400 kilos de marihuana. Después de pasar un tiempo en la cárcel, se había unido al grupo del Señor de los Cielos, como uno de sus guardaespaldas y ayudantes para lo que fuera. La firma de Iñíguez y otros miembros del cartel en los cheques de viajero canjeados en la Argentina y Chile había sido la primera señal para la policía mexicana de que los cabecillas del cartel de Juárez estaban merodeando por América del Sur.

Misión en Chile

A comienzos de 1997, Ponce y dos de sus agentes viajaron silenciosamente a Chile para seguir el rastro del Señor de los Cielos a partir de los cheques de viajero que habían sido canjeados en ese país. La policía mexicana había sabido por un informante que el jefe del cartel de Juárez se encontraba en Chile, pero en ese momento no se tenían datos sobre el lugar o bajo qué nombre. No sabiendo por dónde empezar, los agentes mexicanos decidieron seguir una pista aparentemente frívola, pero que había dado buenos resultados en anteriores investigaciones en México: la pasión del Señor de los Cielos por el juego del billar.

Desde hacía unos meses los agentes mexicanos venían notando que todas las casas de refugio del Señor de los Cielos en México tenían mesas de billar. Los policías mexicanos supusieron que si el narcotraficante había comprado residencias en Chile, lo más probable es que hubiera comprado algunas mesas de billar.

"Era un fanático del billar", me relató Ponce tiempo después. "Habíamos confiscado ya unas cincuenta casas de Carrillo Fuentes en México, y en todas ellas encontramos mesas de billar". Era un pasatiempo lógico para un fugitivo de la Justicia tan conocido internacionalmente, que debía pasar largos períodos encerrado en su casa con sus guardaespaldas. Según Ponce, "a falta de una idea mejor, empezamos averiguando quién vendía buenas mesas de billar en Santiago".

Había sólo dos comercios en Santiago de Chile que vendían

mesas de billar profesionales. Ponce y uno de sus agentes los visitaron, y hablaron con sus dueños en busca de alguna información. Según Ponce, los policías llevaron la conversación a que los mexicanos eran excelentes jugadores de billar. Uno de los vendedores hizo un gesto de asentimiento, mencionando que precisamente hacía poco tiempo le había vendido cuatro mesas de billar a un mexicano. "¿En serio?", preguntaron los policías mexicanos. Sin dejar escapar la oportunidad, el asistente de Ponce comentó que le encantaría conocer a otros mexicanos con quienes jugar al billar en Chile. Los vendedores dijeron que no recordaban el nombre del comprador. Lo único que recordaban era el barrio privado de Santiago donde habían entregado la mesa. Ya era una pista para seguir.

En cuestión de horas, Ponce y su ayudante estaban en ese barrio preguntando dónde vivía una familia mexicana. Así lograron descubrir uno de los varios refugios del Señor de los Cielos en Santiago. Tras una guardia de veinticuatro horas diarias, ya con la policía chilena alertada, los agentes mexicanos lograron determinar quiénes entraban y salían de la casa, y las placas de sus automóviles. "Eso nos permitió conocer los nombres falsos que estaban usando los narcotraficantes. A partir de ahí, todo fue más sencillo: pudimos averiguar sus entradas y salidas de Chile, y adónde iban. De esa manera, pudimos seguirles el rastro a Argentina, Uruguay y Chile y Brasil", recuerda Ponce.

Por curiosidad, le pregunté a Ponce si había pedido permiso al gobierno chileno para realizar sus primeras investigaciones en ese país, o si lo había hecho a escondidas. El policía mexicano respondió que su visita a Chile fue acordada con funcionarios chilenos, y que estaba en contacto diario con ellos para intercambiar información sobre el caso. Pero agregó que había hecho sus primeras averiguaciones solo, junto con sus ayudantes mexicanos, porque quería adelantar el caso. ¿Era legal que un policía extranjero se pusiera a interrogar gente en Chile?, pregunté. Ponce se encogió de hombros con una sonrisa: "Seguro: no hay nada de malo en hacer preguntas sin alterar el orden. Tú puedes hacer preguntas públicas a quien quieras: el que quiere te contesta, y el que no quiere no".

Las estancias de Bordeu y Dagnino Pastore

Mientras Ponce y sus agentes les seguían los pasos al Señor de los Cielos en Chile, los enviados del cartel de Juárez a la Argentina estaban montando sus empresas en ese país a toda máquina. González Quirarte, Iñíguez y otros miembros del cartel de Juárez compraron algunas de las mejores estancias, con la ayuda de un entusiasta vendedor de bienes raíces argentino, Nicolás Di Tullio. Para el deleite de los lugareños en la provincia de Buenos Aires, los mexicanos se gastaron una fortuna en equipos agrícolas, camiones y todo tipo de lujos.

Una de sus mayores adquisiciones fue la estancia Rincón Grande, de cinco millones de dólares, en uno de los campos mejor ubicados del país. Se trataba de un lote de la estancia La Peregrina, de mil cien hectáreas, que incluía un hermoso lago rodeado de colinas a sólo 28 kilómetros del balneario de Mar del Plata. La Peregrina pertenecía desde hacía mucho tiempo a la familia Bordeu, uno de cuyos miembros, Juan Manuel Bordeu, fue famoso como corredor de automóviles.

González Quirarte se había propuesto convertir Rincón Grande en una propiedad de lujo. Tras comprar la estancia, invirtió 400 mil dólares en la remodelación del casco principal, la construcción de una piscina, un sauna y en la decoración del interior. Como buen mexicano y amante de los colores fuertes —y como síntoma de la poca preocupación que tenía por llamar la atención— mandó pintar la tranquera de color fucsia, instaló mármol negro en los pisos de la entrada y, para los patios interiores, hizo traer de México bancos de hierro forjado. Tiempo después, cuando la policía argentina junto con agentes de la Interpol mexicana inspeccionaron el lugar, encontrarían 250 trajes de los mejores diseñadores europeos, docenas de pares de botas de cocodrilo, víbora y lagarto, así como monturas de cuero y plata tasadas en miles de dólares cada una. Asimismo, para poder llegar a Mar del Plata sin perder tiempo, González Quirarte había mandado pavimentar el camino que iba de la puerta del casco de la estancia hasta la ruta principal. Una vez terminada la pavimentación, los mexicanos podían ir de compras o a cenar a la ciudad en cuestión de minutos.

En Mar del Plata, González Quirarte había comprado tractores y maquinaria agrícola por valor de 1.1 millones de dólares, así como 16 camionetas de doble tracción para los agradecidos peones de la estancia, quienes hasta ese entonces se habían movilizado a caballo. Para los comerciantes de los alrededores de Rincón Grande, acosados por la recesión económica, la llegada de los mexicanos fue como un maná del cielo. Según creían algunos de ellos, estaban presenciando los primeros beneficios de la economía global de la que tanto habían escuchado, pero cuyas inversiones habían tardado tanto en llegar a la provincia de Buenos Aires.

Para los jefes del cartel de Juárez, Rincón Grande tenía una excelente ubicación estratégica. Mar del Plata, con una población flotante de casi cincuenta mil personas por fin de semana, muchas de ellas turistas extranjeros, era una ciudad ideal para que los narcotraficantes mexicanos no levantaran muchas sospechas. Asimismo, varios hoteles y empresas comerciales pertenecían a las obras sociales de poderosos gremios del partido peronista, que podían ofrecer importantes conexiones políticas. Y Mar del Plata se había convertido en un centro bancario relativamente sofisticado desde los Juegos Panamericanos de 1995, que ofrecía servicios bancarios para realizar transacciones con cualquier lugar del mundo. Además, la ciudad había construido para los Panamericanos un aeropuerto internacional y una red telefónica ultramoderna. Para el cartel de Juárez, era un excelente lugar para invertir y hacer negocios.

Además de Rincón Grande, los mexicanos compraron la empresa El Espejo, propietaria de varias estancias valoradas en un total de cinco millones de dólares en Coronel Dorrego, otra de las mejores zonas agrícolas del país. El director y copropietario de El Espejo era el ex ministro de Economía argentino José Dagnino Pastore, quien junto a su mujer, Irene Lipka, era también el principal accionista. Cuando fue llamado por un juez argentino a declarar sobre la venta de sus campos a los narcotraficantes mexicanos, en una citación que no fue divulgada a la prensa, Dagnino Pastore dijo que le había vendido su propiedad a un estanciero de la zona, y que nunca había escuchado hablar sobre los mexicanos. Según el ex ministro, su esposa Irene había heredado la estancia de su padre veinte años atrás, y la familia había decidido venderla porque su rendimiento no era satisfactorio. El comprador fue Raúl O. Marinone, un veterinario y estanciero de Coronel Dorrego. Pero Dagnino Pastore señaló en su testimonio reservado que no tenía idea de que Marinone estaba comprando para otro. De acuerdo a investigadores judiciales argentinos, Marinone trabajaba junto con Di Tullio, el agente de bienes raíces de González Quirarte.

Una vez establecidos en Mar del Plata, los miembros del cartel de Juárez hicieron buenas migas con allegados a Diego Ibáñez, el difunto líder del sindicato petrolero de Mar del Plata. Juntos se abocaron al proyecto de construir un edificio de departamentos en el balneario de Playa Grande, y a remodelar el histórico hotel Tourbillon, para convertirlo en un moderno hotel de cinco estrellas. Los enviados del cartel de Juárez también se compraron un departamento de lujo en La Recoleta, uno de los barrios más caros de Buenos Aires. Pagaron 305 mil dólares por un departamento en la Avenida Alvear, y gastaron otras decenas de miles de dólares en su decoración interior. Por un tiempo, el departamento sirvió de residencia a González Quirarte. Posteriormente, tras la huida del narcotraficante, la policía encontraría en el lugar más de cien botellas de tequila de varias marcas, así como un cargamento de latas de chiles picantes importadas de México. A pesar de su enamoramiento de la Argentina, los mexicanos sufrían de nostalgia.

Por su parte, Iñiguez, el ex oficial de la policía judicial mexicana convertido en guardaespaldas del Señor de los Cielos, había preferido vivir en Las Cañitas, un barrio que se puso de moda en años recientes. Iñiguez era uno de los pocos integrantes del cartel de Juárez que viajaba por América del Sur bajo su nombre verdadero. Cuando policías argentinos y mexicanos fueron a buscarlo a su departamento, se toparon con el encargado del edificio, que llevaba una camisa de cowboy tejano. "Me la dio Jorge, el mexicano que vive arriba", les dijo el portero a los policías. Pero Iñiguez ya se había esfumado.

Otro de los mexicanos que compraba a lo grande en Buenos Aires era un gigantón de dos metros de altura llamado Jaime Martínez Ayón, de unos 47 años, que según funcionarios norteamericanos y mexicanos se desempeñaba como contador del cartel. Martínez Ayón viajaba frecuentemente a la Argentina, y a menudo visitaba potenciales socios comerciales junto con Iñiguez, manteniendo informado de todo a González Quirarte. Al igual que Iñiguez, Martínez Ayón viajaba bajo su nombre verdadero. Cuando funcionarios de la Procuraduría General de México lo interrogaron cinco años después, Martínez Ayón negó saber que estaba trabajando para el cartel de Juárez.

Según él, había sido contratado por un tal Guillermo Ochoa, que ya había fallecido, para administrar sus propiedades en la Argentina. Los investigadores mexicanos no le creyeron una palabra. Cuando le preguntaron si había guardado sus recibos de salario o constancias de gastos de viaje a Guillermo Ochoa, Martínez Ayón dijo que no. Los policías mexicanos no se extrañaron: según ellos, los narcotraficantes arrestados siempre buscaban algún muerto en el periódico a quien endilgarle todos los cargos que la Justicia trataba de presentar contra ellos.

¿Sabía el gobierno argentino que los cabecillas del cartel de Juárez habían llegado al país y estaban comprando propiedades a diestra y siniestra? Si las autoridades argentinas no lo sabían después de algunos meses, no era porque no les hubiesen avisado. Según cables de la Interpol de México que me fueron mostrados por el gobierno mexicano, ellos habían alertado a la Policía Federal Argentina sobre la presencia de González Quirarte en Buenos Aires desde el 16 de junio de 1997, dos semanas antes de la muerte del Señor de los Cielos. A partir de ese momento, México bombardeó a las autoridades argentinas con pedidos de ayuda para localizar a los narcotraficantes mexicanos en el país.

Uno de los cables, fechado el 26 de julio, dice así: "Sabemos que González Quirarte estableció su base en la Argentina". El gobierno argentino, sin embargo, respondió que no podía hallar ni el rastro del traficante, y continuaba diciendo públicamente que la Argentina se distinguía de otros países latinoamericanos por no ser un refugio para los carteles de la droga. Luego del primer cable de la Interpol de México, los mexicanos enviaron un segundo cable el 4 de julio, el día de la muerte del Señor de los Cielos durante su operación de liposucción general en un hospital de la Ciudad de México.

El cable estaba catalogado de urgente, y la Interpol pedía que los aeropuertos argentinos fueran puestos en estado de alerta para arrestar a cualquier miembro del cartel de Juárez que intentara abandonar el país. Los policías mexicanos pensaban que quizás se produciría un cónclave de la plana mayor del cartel de Juárez en algún lugar de México, para evaluar cómo se manejarían los negocios tras la muerte del jefe de la organización.

Otros cables de la Interpol, fechados el 12, 22 y 26 de julio, revelan que México entregó a las autoridades argentinas los nombres de otros traficantes mexicanos que, se sospechaba, estaban viviendo en la Argentina, y pidió que se investigaran unos veinte números de teléfono de Buenos Aires a los que —según se había establecido por escuchas telefónicas— estaban llamando miembros del cartel de Juárez desde México.

Sin embargo, las autoridades argentinas no hicieron mucho, ya fuera por falta de interés o porque no tomaron muy en serio los pedidos de cooperación. A los ojos de los funcionarios mexicanos, el gobierno argentino o era ineficiente o sospechosamente lento en sus investigaciones. Quizás, sospechaban, la dejadez del gobierno de Menem se debiera a que si los narcotraficantes mexicanos habían invertido tanto dinero en la Argentina como lo sospechaba la Interpol, el país quedaría expuesto como un refugio de los carteles de la droga, cosa que no le convenía en absoluto a su dirigencia política.

Las sospechas de la policía mexicana estaban bien fundadas. Algunos años después, una gigantesca investigación de Estados Unidos revelaría que el cartel de Juárez había ingresado en la Argentina mucho más dinero del que había empleado para la compra de las estancias y los autos de lujo. ¿Cómo lo descubrieron? Porque los investigadores norteamericanos le venían siguiendo el rastro al cartel de Juárez en la Argentina desde hacía tres años. Ya en 1995, mucho antes de que Ponce descubriera los cheques de viajero canjeados en la Argentina, agentes encubiertos del Servicio de Aduanas de Estados Unidos habían advertido que los traficantes mexicanos estaban enviando dinero de la venta de drogas en Chicago y Los Ángeles a dos cuentas del Citibank en Nueva York, y de allí a varias cuentas en la Argentina. Muy pronto, los investigadores norteamericanos descubrirían la verdadera dimensión de las conexiones económicas y políticas de los narcotraficantes mexicanos en la Argentina. Las sorpresas de la investigación recién empezaban.

Capítulo 2

LAS CONTRIBUCIONES POLÍTICAS

En efecto, el jefe de la Interpol de México no era el único que estaba siguiendo las huellas del cartel de Juárez en la Argentina. Sin que él lo supiera, el Servicio de Aduanas de Estados Unidos venía llevando una gigantesca operación encubierta en México desde 1995, que le permitió a los agentes norteamericanos rastrear la pista del dinero de los narcotraficantes mexicanos a Venezuela, Chile y la Argentina. Los agentes de Aduanas venían investigando silenciosamente desde agosto de 1997 varias transferencias bancarias sospechosas a Buenos Aires, aunque no les dijeron una palabra a las autoridades argentinas ni mexicanas hasta casi un año después.

La investigación de tres años del Servicio de Aduanas de Estados Unidos, que fue bautizada como la Operación Casablanca, fue dada a conocer al mundo el 18 de mayo de 1998, casi un año después de la muerte del Señor de los Cielos. El anuncio fue hecho por la secretaria de Justicia norteamericana Janet Reno y el secretario del Tesoro Robert Rubin en una conferencia de prensa conjunta en Washington D.C., en la que ambos calificaron la investigación como la mayor de su tipo en la historia. El operativo arrojó montañas de evidencia sobre las actividades del cartel de Juárez en seis países.

La Operación Casablanca, como su nombre lo sugiere, parecía sacada de un guión de Hollywood. Haciéndose pasar por financistas de la Emerald Empire Corp., una empresa ficticia de Los Ángeles creada por el Servicio de Aduanas de Estados Unidos para atraer a los barones de la droga, sus agentes encubiertos ofrecieron a miembros de los carteles de Juárez y de Cali lavar millones de dólares de la droga en el sistema bancario norteamericano a cambio de una comisión del tres por ciento. Así, los agentes encubiertos habían lavado más de 56 millones de dólares de los narcotraficantes colombianos y mexicanos en varios bancos mexi-

49

canos y norteamericanos, mientras filmaban cada uno de sus contactos con los traficantes.

El cartel de Juárez había acudido a la Emerald Empire Corp. porque necesitaba intermediarios para lavar su dinero sucio. Los barones de la droga recibían millones de dólares en efectivo de sus distribuidores de cocaína en varias ciudades de Estados Unidos, la mayor parte en billetes pequeños, y guardaban el dinero en sus escondites. Pero no podían depositar el dinero en bancos norteamericanos, porque las leyes de Estados Unidos requerían que todo depósito en efectivo mayor de 10 mil dólares estuviera acompañado de una explicación detallada del origen del dinero. Así que, entre 1995 y 1998, los agentes encubiertos del Servicio de Aduanas se pusieron en contacto con unos 26 gerentes de nivel medio de doce bancos de Tijuana, Guadalajara y otras grandes ciudades de México. Acto seguido, llevaron el dinero en efectivo de Estados Unidos a México por vía terrestre, lo depositaron en bancos mexicanos, y desde allí empezaron a transferir los fondos del cartel de Juárez al sistema bancario internacional.

Por lo general, los agentes encubiertos norteamericanos giraban el dinero desde México a una cuenta que el Servicio de Aduanas había abierto en Bank of America de Los Ángeles, con el conocimiento y la cooperación del banco. Luego, los agentes encubiertos esperaban las instrucciones de los jefes del cartel de Juárez sobre el lugar donde enviar los fondos. Así fue como, a lo largo de tres años, estas transferencias bancarias permitieron que las autoridades norteamericanas pudieran identificar quiénes estaban recibiendo los dineros de la droga y en qué países vivían.

Se trataba de una investigación financiera sofisticada y de largo plazo, pero que terminó abruptamente el 16 de mayo de 1998, en circunstancias que luego provocarían una agria disputa entre los propios agentes norteamericanos. Ese día, después de recibir órdenes de arrestar al mayor número posible de cabecillas del cartel de Juárez y poner punto final al operativo, los agentes norteamericanos invitaron a los jefes del cartel a una fiesta de fin de semana en el hotel Casablanca, cercano a Las Vegas. El objetivo era inducir a los traficantes a cruzar la frontera, y arrestarlos en territorio norteamericano. El plan funcionó, dando la razón a quienes habían argumentado que los narcotraficantes se resistían a todo, menos a una fiesta.

Sin la menor sospecha, varios cabecillas del narcotráfico aceptaron la invitación y llegaron al hotel a bordo de limusinas rentadas para viajar más cómodos. Durante la cena, los agentes encubiertos les dieron buenas noticias: les contaron que habían logrado abrir nuevas cuentas en bancos de primer nivel de Estados Unidos, lo que les permitiría lavar enormes sumas de dinero. Para celebrar el evento, los norteamericanos invitaron a todos a dirigirse a un sitio cercano para "pasar un buen rato". Los mexicanos aceptaron gustosos. En la jerga de los narcotraficantes, "pasar un buen rato" significaba visitar un burdel de la zona, donde cada uno podría escoger la mujer que más le gustara.

Veinte minutos más tarde, mientras los narcotraficantes brindaban con whisky en el interior de sus lujosas limusinas y se preparaban para una noche de juerga, la alegre caravana se topó con una valla policial y todos los visitantes del cartel de Juárez fueron arrestados. Horas después, la policía arrestó a 14 gerentes de bancos mexicanos en Estados Unidos que habían aceptado depósitos de los traficantes. En el momento en que Reno y Rubin llamaron a conferencia de prensa en Washington para anunciar los resultados de la Operación Casablanca, los agentes federales ya habían arrestado a 112 personas, y los fiscales habían presentado cargos contra 26 banqueros y tres bancos mexicanos —Bancomer, Banca Serfin y Banca Confía— por lavado de dinero.*

La Operación Casablanca

La Operación Casablanca fue noticia en todo el mundo, pero sólo en referencia a la participación de los bancos mexicanos en el lavado de dinero. En su conferencia de prensa en Washington, Reno y Rubin se concentraron exclusivamente en México, y no dijeron mucho sobre los bancos norteamericanos, ni sobre las conexiones argentina, uruguaya y chilena. Y México atrajo aun más la atención del caso cuando, inmediatamente después de la conferencia de prensa, el gobierno mexicano protestó enérgicamente por no haber sido informado de las actividades encubiertas que los agentes norteamericanos habían realizado en territorio mexicano. La protesta formal de México generó un conflicto diplomático entre los dos países, en que el gobierno mexicano afirmaba que su soberanía había sido violada por los agentes norteamericanos.

Lo que la prensa ignoraba era que dentro de la montaña de

---

* Dos de los bancos mexicanos, Bancomer y Banca Serfin, se declararon culpables y accedieron a pagar 14.6 millones de dólares en multas. Banca Confía logró llegar a un acuerdo mediante el cual el gobierno de Estados Unidos confiscó 12.2 millones de dólares de los depósitos del cartel, a cambio de retirar los cargos penales contra el banco.

legajos judiciales de la Operación Casablanca había documentos que mostraban que grandes sumas de dinero del cartel de Juárez habían ido a parar a dos cuentas de Citibank en Nueva York. Las cuentas estaban a nombre de una compañía argentina y habían sido utilizadas para transferir millones de dólares del cartel de Juárez a Di Tullio, el agente de bienes raíces que había contratado González Quirarte en Buenos Aires. Quizás, el hecho de que el gobierno de Clinton se limitara a acusar a los bancos mexicanos no fue un acto de pura hipocresía: en rigor, las transferencias del cartel a la Argentina a través de Citibank involucraban sólo una fracción de la fortuna que había sido girada por los agentes encubiertos norteamericanos a México y otros países. Cabe la posibilidad de que ésa fuera la razón por la que Reno y Rubin no se habían referido a ellas en su conferencia de prensa.

Pero lo cierto es que la conexión argentina de la Operación Casablanca ponía en evidencia uno de los aspectos más significativos —y que habían pasado más inadvertidos— de la investigación: cómo los carteles mexicanos de la droga estaban utilizando a los grandes bancos norteamericanos de Nueva York para mover su dinero. Aunque pocos repararan en ellos, la Operación Casablanca demostró que Estados Unidos no era un mero observador distante en la trama del lavado de dinero del narcotráfico, como podía haber concluido cualquiera basándose en lo que informaban los grandes periódicos de Estados Unidos.

¿Cómo funcionaban las transferencias de dinero? Los agentes encubiertos del Servicio de Aduanas lo descubrieron en 1997, cuando los jefes del cartel de Juárez les encargaron que depositaran el dinero de las ventas de cocaína en Chicago en dos cuentas de Citibank en Nueva York, a nombre de Casa de Cambio y M.A. Bank, respectivamente. Las instrucciones de los narcotraficantes eran que el dinero fuera depositado allí y se pusiera como destinatario de los fondos a Di Tullio. A diferencia de lo que ocurría con la cuenta del Bank of America en Los Ángeles, Citibank no había sido prevenido por el gobierno de Estados Unidos que estaba siendo utilizado en una operación encubierta de lavado de dinero, según funcionarios norteamericanos. Para Citibank, se trataba de una transacción rutinaria con un banco corresponsal, una de las millones de transacciones de este tipo que los grandes bancos realizan todos los días. Como el dinero ya había ingresado en el sistema bancario norteamericano, a juicio de Citibank no requería demasiadas investigaciones sobre su origen, como era el caso de cuando un nuevo cliente extranjero quería girar fondos a Estados Unidos.

Mientras que los agentes encubiertos de Estados Unidos seguían las instrucciones de sus jefes del cartel de Juárez, expertos en finanzas del Servicio de Aduanas en Los Ángeles seguían la pista de cada transacción. En los doce meses que siguieron al primer giro, los agentes encubiertos transfirieron más de 3,9 millones de dólares del cartel de Juárez a la cuenta número 36137631 de la Casa de Cambio en Citibank de Nueva York, y más de 7,7 millones de dólares a la cuenta 36111386 del M.A. Bank Ltd., también en Citibank de Nueva York.*

Luego, el dinero fue transferido de Nueva York a Di Tullio en la Argentina, tal como lo habían exigido los barones de la droga. Los investigadores norteamericanos no tardaron mucho en descubrir que M.A. Bank Ltd. tenía como dirección la casilla de correo 707 de West End Road, Gran Caimán, y que no era más que un buzón postal. El supuesto banco no tenía ni oficinas ni empleados en las Islas Caimán. Más bien, tenía todo el aspecto de ser un frente para una operación comercial basada en Montevideo, Uruguay, otro paraíso fiscal con estrictas leyes de secreto bancario. En cuanto a Di Tullio, los agentes norteamericanos no tenían la menor idea de quién era.

¿Quién es Di Tullio?

El 8 de julio de 1998, los agentes del Servicio de Aduanas de Estados Unidos pidieron a la Argentina información sobre Di Tullio. A través de canales oficiales, Roberto "Bobby" Fernández, el agente del Servicio de Aduanas a cargo de la Argentina, con base en Uruguay, le envió una carta a la sucursal del servicio de Inteligencia argentino, SIDE, en Uruguay, destinada a las oficinas centrales en Buenos Aires. Dos días después, la carta llegó por correo diplomático al cuartel central de la SIDE, frente a la Casa de Gobierno en Buenos Aires.

En la carta, cuya copia llegó a mis manos algunos meses después, se informaba que el gobierno de Estados Unidos había descubierto dos cuentas sospechosas en la sucursal neoyorquina de Citibank, a nombre de Casa de Cambio y M.A. Bank, y que fondos de dudoso origen que habían pasado por esas cuentas fueron

---

* Los 11,6 millones detectados por el Servicio de Aduanas representan menos del diez por ciento de los 130 millones que según cálculos de los servicios de Inteligencia argentinos invirtió el Señor de los Cielos en este país. El resto habría ingresado a la Argentina por otros bancos y en maletines.

transferidos a nombre de un tal Nicolás Di Tullio. "No tenemos más información sobre Di Tullio en este momento. Sólo sabemos que está vinculado a las cuentas que recibieron depósitos provenientes del narcotráfico", decía la carta del Servicio de Aduanas.

La SIDE se puso manos a la obra, iniciando una investigación que los agentes argentinos bautizaron como "White Horse".*

La primera parte del pedido de cooperación norteamericano solicitaba información sobre las dos instituciones bancarias, y era fácil de responder: tanto Casa de Cambio como M.A. Bank formaban parte de una casa matriz llamada Mercado Abierto S.A., una financiera y casa de cambio con tres oficinas en el corazón bancario de Buenos Aires. La empresa había sido fundada en 1983, y tenía corresponsalías bancarias con Citibank, Morgan Guaranty Trust Co., Swiss Bank Corp. y MTB Bank.

La segunda parte del pedido de cooperación, que solicitaba información sobre Di Tullio, resultó más complicada: los agentes de la SIDE pasaron varios días tratando de localizar a un Nicolás A. Di Tullio, de 68 años. Cuando finalmente lo localizaron, resultó ser un conductor de colectivos de la Línea 60, que nunca había hecho un viaje al extranjero, y cuyo único antecedente policial era una acusación por lesiones del año 1955, probablemente interpuesta por algún peatón lastimado por el vehículo. Definitivamente, el Di Tullio de marras no tenía el perfil de un sofisticado lavador de dinero a escala internacional.

Pocos días después, los agentes del servicio de Inteligencia argentino encontraron otro Nicolás A. Di Tullio, de 66 años, que se dedicaba a negocios de bienes raíces. Esta vez, los agentes habían dado en el clavo. Se trataba del hijo de Damián Di Tullio, un empresario que décadas atrás había fundado una importante compañía de bienes raíces, y que se había declarado en bancarrota en una de las tantas crisis económicas de la Argentina. Tras el colapso de la empresa familiar, Nicolás Di Tullio se había lanzado a trabajar por su cuenta.

En los últimos años, Di Tullio se había declarado en quiebra varias veces. En 1998, su historial comercial incluía nada menos que doce declaraciones de bancarrota, según averiguaron los in-

---

* ¿Por qué eligieron el nombre "White Horse"? Según funcionarios de la SIDE, porque la pesquisa derivaba de la "Operación Casablanca", que los agentes argentinos habían relacionado con la famosa película "Casablanca" de Humphrey Bogart. En la película, Bogart dijo algunas de sus frases más memorables detrás de una botella de whisky marca "White Horse", y los agentes argentinos, a falta de una idea mejor, le habían puesto ese nombre a la carátula de su investigación.

vestigadores argentinos. Sus problemas con las autoridades habían comenzado en 1995, cuando ya tenía varias quiebras en su haber, y el Banco Central le había prohibido abrir nuevas cuentas bancarias. Pero si bien sus antecedentes comerciales eran dudosos, no eran terriblemente inusuales en un país como la Argentina, donde las fortunas —y las bancarrotas— se hacían y deshacían constantemente, al compás de la inestabilidad económica de los años setenta y ochenta. Con estos datos en mano, los agentes de la SIDE enviaron la información al Servicio de Aduanas de Estados Unidos, pero no la compartieron con los mexicanos, según los funcionarios argentinos y norteamericanos que participaron en la investigación.

Di Tullio recurre a Ducler

Siguiendo el rastro de Di Tullio, los agentes norteamericanos y argentinos empezaron a desentrañar la complicada red de conexiones comerciales y políticas del cartel de Juárez en la Argentina y Uruguay. Así fue como descubrieron que, en 1997, Di Tullio había conocido a Iñíguez, el ex policía mexicano que fue el primero en cambiar en la Argentina cheques del viajero de los narcotraficantes, y a su socio Martínez Ayón, el gigante sospechado de ser el contador del cartel de Juárez. Según documentos oficiales de la investigación de Estados Unidos, los narcotraficantes mexicanos se habían acercado a Di Tullio, pidiéndole su ayuda en la adquisición de propiedades en la Argentina. Di Tullio le habría respondido a Iñíguez que lo ayudaría con gusto, ofreciéndose como su agente de bienes raíces en la Argentina. Cuando los miembros del cartel de Juárez le hicieron entender a Di Tullio que necesitaban traer su dinero al país "de una manera discreta", Di Tullio inmediatamente pensó en su viejo amigo Aldo L. Ducler, uno de los tres dueños de la financiera Mercado Abierto, y sus subsidiarias M.A. Casa de Cambio y M.A. Bank.

Ducler, el asesor de Palito Ortega

Ducler era una figura conocida en los círculos bancarios y políticos argentinos. Economista, de 58 años, se había desempeñado como secretario de Hacienda a principios de los ochenta, durante el mandato del general Leopoldo Galtieri. Anteriormente, en la década del setenta, había ocupado varios puestos oficiales en el Ministerio de Economía del gobierno militar, incluido el de subsecretario de Planeamiento. Tras el retorno de la democracia en 1983, Ducler había pasado a ser miembro del directorio de Jabón Federal, una importante fábrica argentina de jabones. Luego de que Jabón Federal se declaró en quiebra en 1991, se había unido a varios otros ejecutivos de la empresa y ex compañeros de gobierno para comprar Mercado Abierto S.A., una financiera fundada ocho años antes*. Los agentes argentinos no pudieron resistir la tentación de bromear sobre el pasado de Ducler en Jabón Federal: si resultaba culpable de estar moviendo dinero para los narcotraficantes mexicanos, nadie podría culparlo de incoherencia laboral, ya que habría transcurrido toda su carrera en el rubro del lavado.

Mucho tiempo después del cierre de Jabón Federal, Ducler seguía siendo un economista y banquero respetado en círculos financieros. En 1998 fue director de la Cámara Argentina de Comercio y, lo que es más importante, se había convertido en un asesor clave del candidato a vicepresidente por el partido gobernante, Ramón "Palito" Ortega. A pesar de que Ortega y sus más altos colaboradores trataron posteriormente de minimizar el papel de Ducler en la campaña, dos de los principales funcionarios de la misma me confirmaron en privado que Ducler era "el principal asesor económico" y "un alto funcionario" del equipo del candidato a vicepresidente.

Según los investigadores norteamericanos y argentinos, tras entablar contacto con los narcotraficantes mexicanos a través de Iñíguez, Di Tullio llevó a cuatro de ellos a la oficina de Ducler. ¿Quiénes eran los mexicanos? Según los investigadores, entre ellos estaban dos de los narcotraficantes más buscados del mundo: el Señor de los Cielos y su lugarteniente González Quirarte. Citando como fuente el testimonio de testigos presenciales, los fiscales norteamericanos me contaron algunos detalles de la reunión. Según los investigadores norteamericanos, Ducler se opuso a que Iñíguez abriera una cuenta bajo su propio nombre en M.A.

---

* Miguel Iribarne, economista, presidente de Mercado Abierto S.A. y M.A. Bank, había sido funcionario del Ministerio de Economía durante catorce años antes de llegar a ser subsecretario de Economía en 1982. Iribarne había presentado su renuncia el 9 de diciembre de ese año, junto con el secretario de Hacienda Ducler, según reportó la agencia noticiosa oficial Télam el 11 de diciembre de 1982. A su vez, Héctor Scacerra, vicepresidente de Mercado Abierto S.A. y de M.A. Bank, había sido director del Banco Nacional de Desarrollo, y ocupado varios puestos administrativos en los Ministerios de Economía y de Interior hasta 1983.

Casa de Cambio por miedo a atraer la atención de los agentes anti-narcóticos norteamericanos.

En cambio, Ducler sugirió que fuera Di Tullio, que no tenía antecedentes de delitos de narcotráfico, quien abriera una cuenta en M.A. Casa de Cambio. Esto permitiría que el dinero de los mexicanos fuera transferido a nombre de Di Tullio y que éste se lo devolviera a los mexicanos en la Argentina, o bien comprara propiedades para ellos con esos fondos. Lo importante era que el nombre de Di Tullio no despertaría sospechas. Poco después, Ducler abrió una cuenta a nombre de Di Tullio y el dinero de los mexicanos empezó a fluir.

Agentes encubiertos registran todo

En los meses que siguieron a la reunión en la oficina de Ducler, los agentes encubiertos de la Operación Casablanca habían recibido órdenes del cartel de Juárez de depositar cada vez mayores sumas de dinero en la cuenta número 36137631 de la sucursal neoyorquina de Citibank. La cuenta cambiaba de titular cada dos meses. Entre agosto de 1997 y marzo de 1998, había sido registrada sucesivamente bajo los nombres de M.A. Casa de Cambio, Cambio García Navarro Ramaglio, Junquera S.A., Financiera Estarey y finalmente M.A. Bank, entre otros. Pero los analistas financieros del Servicio de Aduanas, con base en Los Ángeles, pronto llegaron a la conclusión de que todos los nombres pertenecían a una sola empresa. Según documentos de la investigación del Servicio de Aduanas, los nombres de la cuenta cambiaban, pero el número de cuenta seguía siendo el mismo.

En mayo de 1998, cuando se anunció públicamente la Operación Casablanca y se arrestaron a los miembros del cartel de Juárez en Las Vegas, los agentes antinarcóticos norteamericanos confiaban tener suficientes pruebas de que por lo menos parte de las transferencias de dinero a la Argentina provenía del narcotráfico. Un investigador financiero de la Oficina de Apropiación y Confiscación de Bienes del Servicio de Aduanas en Los Ángeles, el agente especial Stephen M. Perino, había armado un organigrama de las transferencias de dinero del cartel de Juárez a la Argentina.

Sobre la base de los datos acumulados por los agentes encubiertos en los últimos años, la oficina del Servicio de Aduanas de Los Ángeles solicitó esa misma semana una orden judicial del juez James W. McMahon, de California, para congelar las dos cuentas de Citibank en Nueva York. Los agentes antidrogas no querían que, tras el anuncio de la Operación Casablanca en Washington, los narcotraficantes transfirieran el dinero. El juez ordenó el congelamiento del dinero en cuestión, aunque ni el juzgado ni el Servicio de Aduanas dieron a conocer el hecho.

Ponce no se queda atrás

En Ciudad de México, Ponce y sus agentes de la Interpol de México no tardaron en enterarse de las transferencias de divisas del cartel de Juárez a la Argentina. Leyendo cuidadosamente los expedientes públicos de la Operación Casablanca, los agentes de la Interpol mexicana descubrieron en junio de 1998 las referencias a los giros del cartel de Juárez a las cuentas de M.A. Bank de Citibank en Nueva York, y desde allí a la Argentina. El nombre de las cuentas y su destinatario en la Argentina figuraban en la acusación del gobierno de Estados Unidos a los banqueros mexicanos imputados en la Operación Casablanca.

Empeñado ahora en ganarles de mano a los agentes de Estados Unidos, Ponce se dedicó de lleno a investigar qué había detrás de la conexión Ducler-Di Tullio. Ya tenía carta blanca del gobierno mexicano para darle máxima prioridad al tema. Madrazo, el procurador general mexicano, había autorizado a Ponce zambullirse de lleno en la investigación. El gobierno mexicano todavía estaba resentido por el hecho de que los agentes encubiertos norteamericanos habían operado en México sin avisar al gobierno mexicano durante la Operación Casablanca.

Los funcionarios mexicanos no sólo veían una afrenta a la soberanía nacional, sino también una violación de compromisos bilaterales de intercambio de información. Además, el gobierno mexicano veía la posibilidad de recuperar los millones de dólares que el cartel de Juárez había invertido en la Argentina y otros países de América del Sur. Y veían el caso como una buena oportunidad política para mostrarle al mundo que, a pesar de su imagen de corrupción y tolerancia del narcotráfico, México se tomaba muy en serio la persecución de los barones de la droga, y que las redes del narcotráfico se extendían a países mucho más allá de las fronteras mexicanas.

Asimismo, el caso le permitía a México poner los reflectores sobre Citibank, que ya había acaparado la atención pública por aceptar los depósitos dudosos de Raúl Salinas. Tal como observaban los funcionarios mexicanos, la conexión argentina del cartel de Juárez era un buen recordatorio de que, contrariamente a lo que se había informado al anunciarse la Operación Casablanca, los bancos norteamericanos eran tan susceptibles como los mexicanos a ser utilizados para lavar dinero de la droga.

Los mexicanos se quejan

Tras conseguir los expedientes judiciales de la Operación Casablanca que mencionaban las cuentas de M.A. Bank en Citibank de Nueva York, y las transferencias de dichas cuentas a Buenos Aires, Ponce les pidió a las autoridades argentinas datos específicos sobre el destino final del dinero. Como se trataba de dinero de la droga mexicana, argumentaba el jefe de la Interpol de México, su país tenía todo el derecho de rastrearlo y confiscarlo.

Una vez más, como cuando había enviado los cables sobre la presencia de los narcotraficantes mexicanos en la Argentina, no encontró mucha cooperación del gobierno argentino. "No sé si fue por falta de recursos, por incompetencia, o por miedo a revelaciones potencialmente incómodas, pero los servicios de Inteligencia argentinos siempre jugaron a no colaborar en este caso", me señaló Ponce en una de las entrevistas que le hice en Ciudad de México. "Siempre había una excusa, una vuelta; los datos que pedíamos no podían ser localizados o encontrados, nada cerraba".

¿Acaso el motivo era que Hugo Anzorreguy, el director de la SIDE, era un estrecho colaborador del presidente Menem y no quería que se llegara más a fondo en las investigaciones sobre la conexión de los narcotraficantes con Ducler? ¿Estaba tratando de obstaculizar una investigación que podría sacar a luz conexiones entre los barones de la droga y figuras importantes del partido de gobierno? Cuando le formulé estas preguntas a Ponce, se limitó a responder con una sonrisa.

Anzorreguy niega haber hecho nada para obstaculizar la investigación mexicana. Lo que ocurrió, me dijo en una entrevista posterior en Buenos Aires, fue que los servicios de Inteligencia argentinos ya habían llegado a un acuerdo con las autoridades norteamericanas para cooperar con ellas en la investigación sobre Di Tullio, Ducler, y los demás argentinos que habían estado relacionados con los narcotraficantes mexicanos. "Nosotros teníamos un pedido de colaboración de Estados Unidos para buscar información sobre algunas personas que ellos estaban investigando", me explicó el máximo jefe de espionaje argentino, refiriéndose a la carta que había recibido el 8 de julio de 1998 de Bobby Fernández, del Servicio de Aduanas de Estados Unidos en Montevideo. "La práctica habitual en estos casos es que no se puede recibir un pedido de cooperación de un país y luego compartir la información con otro. Lo que les dijimos a los mexicanos es que ya teníamos un pedido de colaboración de Estados Unidos. Por eso los de Interpol de México nos tienen tanta rabia, porque estábamos trabajando con los yanquis".

El repentino silencio de Washington D.C.

Pero justo cuando los agentes de Estados Unidos, la Argentina y México estaban iniciando una carrera para ver quién localizaba antes la fortuna del cartel de Juárez en la Argentina y la confiscaba, la investigación norteamericana se desinfló abruptamente. Según señalan funcionarios argentinos, a mediados de 1998, poco después de la solicitud de información sobre las cuentas de Casa de Cambio y Di Tullio, Estados Unidos dejó de pedir más información sobre el caso. De hecho, entre el anuncio de la Operación Casablanca en mayo de 1998 y el momento en que los investigadores argentinos volvieron a saber de sus colegas norteamericanos en abril de 1999, pasaría casi un año. Los agentes de Inteligencia argentinos no sabían cómo explicarse el silencio de Washington, y de la oficina del Servicio de Aduanas en Los Ángeles.

Lo que ocurrió en Estados Unidos en ese lapso todavía hoy es motivo de una agria disputa interna entre uno de los principales investigadores de la Operación Casablanca y sus jefes. La polémica se centra en si el gobierno de Clinton mandó frenar o no la investigación sobre las actividades del cartel de Juárez en la Argentina para no perturbar las relaciones con Menem, su mejor aliado en América del Sur.

William F. Gately, el número dos en la jerarquía del equipo del Servicio de Aduanas que realizó la Operación Casablanca, está convencido de que hubo presiones políticas para detener la investigación. Cuando lo entrevisté tras su renuncia al Servicio de Aduanas en 1999, Gately, un ex militar que había pasado muchos años investigando casos de narcotráfico para el Servicio de Aduanas, me señaló que el gobierno de Clinton había frenado la investigación porque "no querían sacar cosas a la luz que pudieran tener un impacto sobre la situación política argentina". ¿Cómo podía probarlo?, pregunté. "A mí me dijeron en la sede central del Servicio de Aduanas [en Washington D.C.] que la razón por la que no podíamos seguir adelante con la investigación de esas cuentas era que uno de los individuos involucrados en ellas era un personaje importante en la campaña de un político argentino, y que no debíamos interferir en ese proceso", respondió Gately.

¿De manera que el gobierno de Estados Unidos tenía pruebas en sus manos, y no hizo nada con ellas durante un año? "Así es", señaló Gately, agregando que había renunciado al Servicio de Aduanas en señal de protesta, luego de quejarse a sus jefes de que la Operación Casablanca había sido concluida antes de tiempo por consideraciones políticas. Pocos meses después de renunciar, el 24 de marzo de 1999, Gately presentó su testimonio ante el Comité de Reforma y Supervisión del Gobierno de la Casa de Representantes. Según me comentó después Gately, aunque no mencionó la conexión argentina en su testimonio ante el Congreso, fue su comparecencia allí lo que probablemente impulsó a Estados Unidos a reanudar la investigación del cartel de Juárez en la Argentina.

En su testimonio ante el Congreso, Gately había dicho que la investigación de la Operación Casablanca los había llevado a sospechar que un alto funcionario del gobierno mexicano estaba involucrado con el narcotráfico, y que el gobierno de Clinton había ordenado abortar la pesquisa antes de que los agentes de Aduanas pudieran probarlo. Según Gately, la Operación Casablanca había sido frenada justo antes de una reunión que se estaba por realizar entre agentes encubiertos norteamericanos y un hombre al que los narcotraficantes llamaban "el General". Gately creía que "el General" no era otro que el Secretario de Defensa de México, general Enrique Cervantes Aguirre.

"Hay por lo menos 15 cintas de audio y video de reuniones y conversaciones" entre varios banqueros, dos miembros del cartel de Juárez y un agente encubierto del Servicio de Aduanas, señaló el ex investigador norteamericano. Las reuniones tenían por propósito transferir 1.15 millones de dólares provenientes de la venta de drogas del presunto "General" y otros de sus compatriotas, dijo Gately. Cervantes Aguirre y el gobierno mexicano negaron categóricamente la historia de Gately. En cuanto a la Argentina, Gately me dijo posteriormente que "cuando mencioné en mi testimonio al Congreso que importantes pistas habían sido ignoradas, además de lo que había ocurrido en el caso de los mexicanos, empezaron a averiguar qué había pasado".

Las denuncias de Gately tocaron una fibra sensible en el Servicio de Aduanas. Cuando le pregunté al respecto a su ex jefe en Los Ángeles y a un vocero del Servicio de Aduanas en Washington D.C., reaccionaron airadamente, negando con vehemencia que la investigación del "General" mexicano o la conexión argentina hubieran sido interrumpidas por razones políticas. John E. Hensley, el jefe del Servicio de Aduanas en Los Ángeles durante la Operación Casablanca, me dijo que sus agentes nunca habían llegado a concretar la famosa reunión con el "General", y que su departamento había llegado a la conclusión de que toda la historia sobre Cervantes Aguirre había sido inventada. No era inusual que los narcotraficantes adujeran tener contactos políticos para impresionar a potenciales socios, y éste podía ser uno de esos casos. A su vez, Dean Boyd, vocero del Servicio de Aduanas en Washington D.C., me señaló que Gately "nunca elevó quejas a nadie aquí con respecto a la conexión argentina".

¿Pero no era un hecho indiscutible que la investigación sobre la conexión argentina había sido interrumpida por casi un año?, le pregunté a Boyd. De ninguna manera, contestó Boyd. Lo que ocurrió fue que los fondos de los que Estados Unidos tenía evidencias concretas que habían ido directamente de la venta de drogas a la Argentina —1.8 millones de dólares— eran apenas una pequeña parte de los 65 millones que se habían confiscado de cuentas bancarias de México, Colombia, Venezuela, Italia y otros países. Luego de que el gobierno norteamericano congeló todas estas cuentas bancarias en 1998, la prioridad del Servicio de Aduanas fue juntar las evidencias y encontrar los mejores testigos para ser presentados en los juicios contra los banqueros mexicanos y los tres bancos mexicanos, señaló Boyd.

"Estamos hablando del mayor caso de lavado de dinero de la historia", explicó Boyd. "Los agentes del Departamento Penal [del Servicio de Aduanas] estaban inundados de trabajo, y los de la parte civil tenían que lidiar con peticiones de todos estos bancos, que estaban exigiendo que se descongelaran las cuentas. Si hubiéramos querido frenar el proceso en la Argentina, no habríamos confiscado el dinero en 1998".

Paren todo, que hay elecciones

Dejando de lado quién dice la verdad sobre si la investigación de la conexión argentina fue retrasada por un año por presiones políticas, nadie duda de que por lo menos una parte de la demora se debió a razones del calendario político argentino. Entre fines de agosto y comienzos de septiembre de 1999, el Servicio de Aduanas había decidido enviar un nuevo equipo de investigadores a la Argentina para juntar más información sobre Di Tullio y Ducler, pero la embajada de Estados Unidos en Buenos Aires solicitó que dicha investigación se realizara unos tres meses después, tras las elecciones presidenciales argentinas del 24 de octubre de 1999. El Servicio de Aduanas acató el pedido, sin protesta.

Hensley, el jefe del Servicio de Aduanas en Los Ángeles, me señaló que le había pedido en agosto de 1999 a Fernández, el agente de Aduanas establecido en Montevideo, que se reuniera con funcionarios de la embajada norteamericana en Buenos Aires para programar la misión. Se trataba de que la embajada norteamericana ayudara a obtener un permiso del gobierno argentino para que los agentes visitaran la Argentina. Según Hensley y otros dos funcionarios de Estados Unidos cercanos al caso, Fernández señaló durante la reunión que el Servicio de Aduanas, junto con agentes de otras agencias norteamericanas, querían venir a investigar la conexión del Mercado Abierto.

El pedido de Fernández causó reacciones encontradas entre los funcionarios norteamericanos presentes en la reunión, que inmediatamente recordaron que uno de los titulares del Mercado Abierto era Ducler, un colaborador de la campaña del candidato peronista Eduardo Duhalde, y asesor aun más cercano del candidato a vicepresidente, Ortega. Al finalizar la reunión, los funcionarios de la embajada norteamericana en Buenos Aires pidieron que el Servicio de Aduanas postergara la investigación hasta después de las elecciones presidenciales de octubre.

"Lo que nos dijeron fue que Duhalde probablemente sería derrotado, pero que no podíamos correr el riesgo de ser acusados de interferir en el proceso electoral", recuerda Hensley. La embajada, que según las regulaciones del Departamento de Estado tenía el derecho de aprobar o vetar la visita de los investigadores del Servicio de Aduanas, aseguró que cooperaría plenamente con la investigación del Servicio de Aduanas, pero después del 24 de octubre. "La creencia generalizada en la embajada era que si venían los agentes de Estados Unidos a Buenos Aires antes de las elecciones y se filtraba la noticia del objetivo de su visita, Duhalde sería derrotado sin lugar a dudas, y sus seguidores hubieran acusado a los Estados Unidos de interferir en el proceso electoral", me confirmó un funcionario del Departamento de Estado meses más tarde. "Estaba en juego la estabilidad del proceso electoral y la relación entre Argentina y Estados Unidos".

Los jefes del Servicio de Aduanas acataron la decisión. "No me gustó, pero lo aceptamos: estas cosas pasan todo el tiempo", me comentó Hensley después. Una postergación de algunas semanas no haría mella en una investigación de cuatro años, y no era inusual que los servicios de Inteligencia acordaran con el Departamento de Estado los tiempos de sus misiones investigadoras, indicó Hensley. Fernández, el enviado del Servicio de Aduanas, me señaló que la embajada "nunca nos pidió que detuviéramos las ruedas de la Justicia".

Los mexicanos van a Mar del Plata

La repentina paralización de la pesquisa no pasó inadvertida para Ponce y sus colegas en la Interpol de México, que sospechaban que el gobierno de Menem estaba obstaculizando la investigación, quizás con la connivencia de funcionarios norteamericanos. Para sacarse las dudas, a fines de 1999, Ponce decidió viajar personalmente a la Argentina y seguir la investigación allí. En vista de que sus relaciones con el servicio de inteligencia oficial, SIDE, se habían enfriado, se puso en contacto con la Policía Federal.

En la Argentina, con ayuda de la Policía Federal, Ponce obtuvo registros de llamadas telefónicas que mostraban conversaciones entre los cabecillas del cartel de Juárez y sus socios comerciales en la Argentina, así como también fichas de inmigración que demostraban que Ducler había hecho por lo menos un viaje a Cancún en 1998. También habían recogido algunos testimonios sobre reuniones entre Ducler, Di Tullio y los barones de la droga mexicanos, tanto en México como en la Argentina, afirma Ponce.

En un allanamiento a la estancia Rincón Grande, en las cercanías de Mar del Plata, en diciembre de 1999, Ponce y los agentes de la Policía Federal interrogaron a varios de los trabajadores del lugar, y pudieron enterarse por medio de uno de ellos de que Ducler y Di Tullio habían estado allí por lo menos en una oportunidad. Los interrogatorios a los trabajadores de la estancia, la mayor parte peones, fueron filmados por la policía. Las videocintas, que posteriormente tuve la oportunidad de ver, incluían una larga entrevista con la ama de llaves de la estancia, una mujer cuarentona, según ella analfabeta, que parecía sorprendida por la repentina desaparición de sus patrones mexicanos y por la inesperada llegada de la policía. Los dueños de la estancia, explicó la mujer, habían desaparecido de la noche a la mañana, dejando todo en su lugar, como si hubieran ido al centro de Mar del Plata para regresar en unas horas.

La mujer agregó que los mexicanos tenían alguien en Buenos Aires que les "mandaba dinero", y con quien en algún momento habían discutido por "cuestiones de dinero". Cuando los policías le mostraron una foto de Ducler, la mujer inmediatamente contesto que "Sí, ése". Más adelante, la mujer les confió a los investigadores que los dueños de la estancia —González Quirarte y sus padres— le habían prestado el campo a Ducler el 28 de enero de 1998 para que éste festejara allí su cumpleaños. La fiesta había sido enorme. Ducler había invitado a más de sesenta amigos, la mayoría de ellos miembros del Club Mar y Pesca de Mar del Plata. "Cuando [Ducler] fue a México, le dieron permiso para que hiciera la fiesta aquí", explicó la empleada. Cuando la policía le preguntó quién le había dado el permiso, ella contestó que habían sido el padre de González Quirarte y doña Victoria.

¿Doña Victoria? Al escuchar ese nombre, Ponce no pudo evitar una sonrisa. El mundo es chico, pensó. Doña Victoria, de la hacienda Rincón Grande, era la misma Victoria del hotel Ritz de Londres, cuya denuncia a Scotland Yard por un robo de cheques de viajero había alertado a la policía mexicana por primera vez sobre la presencia de los cabecillas del cartel de Juárez en Chile y la Argentina.

Tras el allanamiento de Rincón Grande, Ponce se había dirigido directamente a la oficina de un juez de Buenos Aires y, sin decirle una palabra a Anzorreguy ni a otros funcionarios del gobierno de Menem, presentó una denuncia oficial en representación del gobierno de México para recuperar los bienes del Señor de los Cielos en la Argentina. El jefe de la Interpol mexicana estaba convencido de que Di Tullio y Ducler habían actuado conjuntamente como testaferros del cartel de Juárez, y que por lo tanto los bienes que habían manejado debían ser devueltos a México. "Ellos sabían perfectamente bien con quiénes estaban tratando. Tenemos más de cien carpetas con todo tipo de información para probarlo", me comentó tras su viaje a Buenos Aires, en su oficina de Ciudad de México.

Desde ese momento, el sistema judicial argentino empezó a moverse. "La investigación no empezó en serio sino hasta fines de 1999, cuando presentamos una rogatoria internacional ante las cortes argentinas, y la Policía Federal entró en acción", afirmó Ponce. Un juez argentino accedió a la solicitud de México y dio por abierta la investigación. Anzorreguy, el jefe del servicio de Inteligencia argentino, SIDE, coincide en que la denuncia del gobierno de México fue el punto de partida de la investigación del caso, pero señala que antes de eso su agencia no podía hacer nada. "Los norteamericanos nos habían pedido datos específicos de individuos y empresas, pero sin aclararnos de qué se trataba", me señaló. "Nosotros no habíamos podido ir ante un juez a solicitar una investigación porque no teníamos los antecedentes del caso".

Ducler: "Absolutamente falso"

El financista argentino Ducler, a su vez, asegura que ignoraba que estaba tratando con barones de la droga. Un día después de que el periodista argentino Joaquín Morales Solá divulgó en el periódico *La Nación* el 2 de diciembre de 1999 que la empresa financiera de Ducler, Mercado Abierto, estaba bajo investigación por lavado de dinero, Ducler publicó una carta abierta en el mismo periódico bajo el título: "Mercado Abierto S.A. no lava dinero". Ducler también le señaló a *La Nación* en una entrevista que, "si hubo lavado, lo hicieron los bancos norteamericanos. Yo no recibo dinero de México ni de Colombia, sino de bancos de primera línea de los Estados Unidos. El primer contacto con los traficantes lo tienen esos bancos, y no nosotros".

Algunas semanas después, le pregunté a Ducler acerca de sus reuniones con los cabecillas del cartel de Juárez. En su aviso pago del 3 de diciembre de 1999 en *La Nación*, el financista argentino no había mencionado estas reuniones, y en la única entrevista que concedió en ese momento dijo que no podía recordar si alguna vez se había topado con los mexicanos, porque "las operaciones inmobiliarias son comunes en [compañías] financieras y bancos". Cuando le pregunté al respecto, recordándole las aseveraciones de las policías argentina y mexicana de que se había reunido varias veces con miembros del cartel de Juárez, me contestó: "Absolutamente falso".

Sin embargo, más adelante en la misma entrevista telefónica, Ducler admitió que "una vez Di Tullio los trajo a mi oficina, para presentármelos". Pero Ducler aseguró que en todo momento creyó que estaba frente a hombres de negocios legítimos de México. Según fuentes policiales argentinas y mexicanas, Ducler había declarado a los investigadores que los mexicanos se habían presentado como importantes accionistas de Televisa, la mayor cadena televisiva de México, que según ellos acababan de vender el 30 por ciento de las acciones de la empresa y planeaban hacer grandes inversiones en la Argentina.

"La primera vez en mi vida que escuché hablar del cartel de Juárez y de todo este tema de drogas, narcotráfico y lavado de dinero fue en mayo de 1998, cuando el Servicio de Aduanas de Estados Unidos nos notificó que se estaba llevando a cabo una investigación", me señaló Ducler. "Nuestras operaciones se limitaban a transferir fondos desde Nueva York a Buenos Aires para un conocido cliente local que, durante muchos años, había trabajado en el negocio de bienes raíces".

En cuanto a Di Tullio, tampoco admitía haber hecho nada ilegal, según su propio testimonio a los investigadores de Estados Unidos y a la policía argentina. Di Tullio adujo que creía que sus clientes eran legítimos inversores mexicanos, y que nunca había sospechado que estaba tratando con el mismísimo Señor de los Cielos. Los investigadores norteamericanos y argentinos reaccionaron con escepticismo. Di Tullio no sólo tenía una larga foja de acusaciones de delitos financieros, sino que también parecía estar amparándose en una laguna legal, que sin duda lo favorecía.

Según la ley argentina de lavado de dinero de 1989 —que la embajada norteamericana estaba presionando por cambiar, por considerarla una invitación al delito— no era un crimen hacer negocios con narcotraficantes si uno no tenía "conocimiento o sospecha" sobre el origen ilegítimo del dinero. Para los investigadores de Estados Unidos, la Argentina y México, la vaguedad de la ley le daba carta blanca a todo aquel que quisiera negociar con traficantes de drogas. Y, según decían, Di Tullio le estaba sacando el máximo provecho a las lagunas de la ley. ¿Quién podría probar que tenía "conocimiento" o "sospechaba" que estaba comprando estancias con dinero de la droga?

El informe del agente Perino

Un documento interno del Servicio de Aduanas de Estados Unidos indica que los agentes norteamericanos tenían serias dudas sobre los alegatos de inocencia de algunos de los implicados. El informe, de 40 páginas, había sido escrito por Perino, el agente especial que había estado rastreando el flujo del dinero desde su oficina de Los Ángeles. El detallado informe, escrito tras una visita de una semana de Perino a la Argentina en junio de 1999, incluía una fascinante descripción del lenguaje corporal de sus interrogados. Perino se había entrevistado con Di Tullio y varias otras personas relacionadas con el caso. Sus conclusiones llevarían al Servicio de Aduanas a sospechar, como Ponce, que Di Tullio no sólo había actuado como vendedor de bienes raíces, sino también como testaferro de los mexicanos, y socio de ellos en por lo menos una empresa.

Perino, quien se había desempeñado como investigador del Servicio de Aduanas de Los Ángeles desde 1989, realizó su visita a la Argentina con Debra Bonasconi, agente especial de la Reserva Federal de Estados Unidos. Si bien el gobierno argentino había dado su visto bueno para el viaje, la prensa no fue notificada, ni se enteró de la visita. El 25 de junio de 1999, los dos enviados norte-americanos interrogaron a Di Tullio durante cinco horas en el estudio de Saint Jean & Maggio, en un tercer piso con vista al río de un elegante edificio de Puerto Madero.

Según el informe oficial de Perino, la entrevista comenzó a las diez de la mañana. El clima en la sala del estudio de abogados difícilmente podía ser más tenso. Además de los investigadores norteamericanos, Di Tullio y sus abogados, también estaban presentes dos abogados de Mercado Abierto, quienes habían organizado la reunión. Al lado de Di Tullio estaba Gerardo Chávez, el representante del Servicio de Aduanas en Buenos Aires, quien actuó de intérprete.

Como era de suponer, Di Tullio empezó su defensa refiriéndose a sus cuarenta años de experiencia como agente de bienes raíces, durante la cual según dijo había tratado con cerca de 50 mil clientes, muchos de ellos extranjeros. Sus negocios, dijo, se concentraron en la venta de campos a inversionistas norteamericanos, alemanes e italianos. En 1997, continuó diciendo Di Tullio, se le había acercado Iñíguez con el propósito de comprar tierras. En su segundo encuentro con él, Iñíguez le había dicho que representaba a dos inversores mexicanos, de nombres Smith y Arriaga.

Di Tullio continuó diciendo que en los meses siguientes había comprado seis campos para su nuevo cliente, con dinero proveniente de los Estados Unidos. Para dichas operaciones acordó una comisión del tres por ciento, dijo Di Tullio. ¿Podía mostrar el contrato firmado con sus clientes mexicanos?, preguntó Perino. Según el informe del agente norteamericano, "Di Tullio contestó que no tenía un contrato, ni otros papeles", y que todos sus acuerdos con ellos habían sido "verbales". "Según Di Tullio, no es costumbre en Argentina hacer un contrato [con un vendedor de bienes raíces] por escrito. Las partes involucradas en este tipo de operaciones se dan su palabra de honor", escribió con obvia incredulidad el agente de Aduanas.

Preguntado sobre las transferencias del Citibank, "Di Tullio insistió en que no tenía nada que ver con el dinero que venía de Estados Unidos, ni con las transacciones de bienes raíces en sí mismas", escribió Perino. Pero si Di Tullio realmente no tenía nada que ver con las inversiones mexicanas, ¿por qué aparecía su nombre en las transferencias de Citibank a Casa de Cambio?, preguntó Perino. Di Tullio respondió que "el dinero no era suyo. Era de Jorge Iñíguez".

Perino, obviamente confundido, volvió a la carga. Si el dinero no era de Di Tullio, ¿por qué había abierto una cuenta a su nombre para recibir las transferencias?, preguntó. Él contestó que le había ofrecido a Iñíguez abrirle una cuenta en un banco que conocía bien, y que era de su confianza. En su informe, Perino escribió que "Di Tullio se mostró visiblemente agitado en ese momento de la reunión, hablando rápidamente y moviéndose con nerviosismo". Éste siguió diciendo que le había ofrecido esa cuenta a Iñíguez "como un servicio" a un cliente nuevo.

Hmmm. ¿Acaso no tenía Iñíguez una cuenta bancaria propia?, preguntó Perino. "Di Tullio dijo que Iñíguez tenía una cuenta en un banco, el Banco General de Negocios", escribió el agente de Aduanas en su informe. ¿Por qué necesitaba Iñíguez una cuenta en otro banco, entonces? "Di Tullio contestó que él prefería manejar sus negocios personalmente... a través de un banco donde los funcionarios le eran conocidos", sigue diciendo el informe de Perino.

Perino no se dio por vencido. Acto seguido, preguntó: "Si el dinero de la cuenta bancaria no era suyo, ¿por qué se puso como beneficiario?". "Di Tullio contestó que Mercado Abierto no le hubiera abierto una cuenta a un desconocido [como Iñíguez]. De manera que Aldo Ducler le había abierto una cuenta a él". Nuevamente, "Di Tullio empezó a agitarse, a moverse, y a hablar sin parar", anotó el agente norteamericano en su informe. Di Tullio siguió explicando que le había presentado Iñíguez a Ducler, "pero como se trataba de un extranjero", Casa de Cambio no le había querido abrir una cuenta. Fue por eso que decidieron abrir la cuenta a nombre de Di Tullio, explicó el interrogado.

Más adelante en la reunión, cuando se le preguntó sobre Euro-America Finance, una empresa que aparecía en los recibos de su cuenta bancaria, Di Tullio explicó que se trataba de una compañía registrada en Curaçao, fundada por Iñíguez y Martínez Ayón, y en la que él mismo figuraba como director. Asimismo, Di Tullio admitió ser director de una segunda compañía registrada en Curaçao, llamada Solutions for Management and Support N.V. ¿Cuál era el objetivo comercial de Euro-America Finance?, quiso saber el investigador norteamericano. Di Tullio contestó que esa empresa le permitía evadir impuestos en la Argentina. Según el informe de Perino, Di Tullio había dicho que "de otra manera, tendría que haber declarado el dinero en el Banco Central" y que "puesto que el dinero era de Iñíguez y no suyo, no había querido tener que pagar los impuestos correspondientes".

Después de cinco horas de interrogatorio, Perino le preguntó una última vez a Di Tullio sobre Solutions for Management and Support, empresa que también figuraba como miembro del directorio de Euro-America Finance. "Ante esta pregunta, Di Tullio nuevamente se mostró visiblemente inquieto, y dijo que tanto Martínez Ayón como Iñíguez eran los accionistas", escribió Perino. "En ese momento, Pablo Maggio, representante legal de Di Tullio, interrumpió el diálogo, visiblemente enojado, con el rostro colorado, y hablando en un tono de voz estridente", escribió Perino. Maggio señaló que la pregunta era "improcedente", puesto que su cliente ya había explicado que el objetivo de estas empresas era no tener que pagar impuestos. El representante legal de Mercado Abierto también intervino en ese momento, alegando que ese tema ya había sido cubierto.

"Hasta ese momento, el tono de la entrevista no había sido antagónico", señaló Perino en su informe. "Durante todo el interrogatorio, Maggio había dicho muy poco, y sólo hacia el final, cuando se le preguntó a Di Tullio si había ayudado a alguien a lavar dinero, levantó la voz y se mostró visiblemente irritado". Cuando los jefes de Perino en Los Ángeles leyeron el informe, les pareció poco creíble que Di Tullio hubiera trabajado para sus clientes mexicanos sin un contrato formal, o algún otro documento que fijara su relación comercial por escrito. Y tampoco tomaron muy en serio la versión de Di Tullio de que el dinero que recibía de Nueva York no le pertenecía.

Todo parecía indicarles que Di Tullio no sólo había abierto una cuenta en Casa de Cambio para recibir fondos para la adquisición de tierras, sino que también era socio de las compañías de Curaçao que habían sido abiertas en esa misma época por los barones de la droga. La conclusión a la que llegaron los jefes de Perino era que Di Tullio estaba muy lejos de ser una víctima inocente de una operación de lavado de dinero.

Las contribuciones de campaña

Lo que Ponce nunca reveló a la prensa hasta este momento era que había confiscado documentos en México que, según él, demostraban que el cartel de Juárez había hecho grandes contribuciones financieras a la campaña de 1999 de Duhalde y Ortega. En total, los documentos reportaban donaciones de más de un millón de dólares en efectivo a la campaña, señaló el jefe de la Interpol de México. "En realidad, Duhalde no sabía nada sobre el origen del dinero", me dijo Ponce. "Cuando se enteró, se puso furioso".

No era para menos: la prensa argentina había estado siguiendo desde hacía mucho tiempo rumores de que el candidato presidencial peronista tenía conexiones con el mundo de la droga desde su época de intendente de la ciudad de Lomas de Zamora a comienzos de los años ochenta. Los rumores se habían hecho insistentes después de que Duhalde firmara en 1989 un decreto nombrando al ciudadano sirio Ibrahim al Ibrahim, un pariente de la esposa de Menem, asesor especial del Servicio de Aduanas en el Aeropuerto Internacional de Ezeiza, de Buenos Aires.

Cuando, posteriormente, la prensa española vinculó a Ibrahim con una red de lavado de dinero, y el sirio fue despedido de su puesto en Ezeiza, Duhalde declaró que había firmado el decreto bajo órdenes de Menem, mientras éste se encontraba en una gira en el exterior. Todo parecía indicar que Duhalde decía la verdad —Ibrahim era el ex marido de Amira Yoma, directora de Audiencias de la Presidencia, y por lo tanto mucho más cercano a Menem que al propio Duhalde—, pero el episodio seguiría siendo sacado a relucir por la prensa durante años, convirtiéndose en una pesadilla para Duhalde.

El candidato peronista había estado tan preocupado por el tema de las drogas que ya en 1981 escribió un libro sobre el tema. En *Los políticos y la droga* Duhalde se quejaba de la indiferencia de los políticos con respecto al flagelo de las drogas, y pedía a los hombres públicos que convirtieran la lucha contra las drogas en una de sus máximas prioridades. Posteriormente, creó la Fundación Pueblo de la Paz para jóvenes drogadictos. Más tarde, en la década de los noventa, ya en su puesto de vicepresidente del país, Duhalde participó en varias conferencias internacionales sobre la lucha contra el narcotráfico. Ahora que sus discursos en estas conferencias aparecían destacados en su trayectoria, la noticia de una contribución del cartel de Juárez a su campaña electoral podía constituir un golpe devastador a sus aspiraciones políticas.

Se trataba de una situación sumamente espinosa. Según Ponce, entre los documentos confiscados en México a miembros del cartel de Juárez, había datos comprometedores, como detalles de todas las transacciones de los narcotraficantes en la Argentina. Uno de estos documentos era una lista de pagos hechos por Ducler en la Argentina, y que este último había reportado a los mexicanos, que incluía una mención de "un millón de dólares para la campaña de Ortega", aseguró Ponce. Otro de los informes financieros mencionaba el pago de 400 mil dólares para el vehículo de campaña de Duhalde, cifra que luego fue reducida a 200 mil dólares tras la protesta de los narcotraficantes mexicanos, que pusieron el grito en el cielo por lo elevado del gasto.

"Era una rendición de cuentas que los testaferros argentinos enviaron al cartel de Juárez", señaló Ponce. "Ahí dice: 'Gastamos

71

tanto para la adquisición de tal propiedad, tanto para los vehículos, tanto para la campaña'. Esto demuestra que estamos hablando de donaciones directas del cartel de Juárez [a la campaña Duhalde-Ortega] a través de sus testaferros argentinos", agregó Ponce. Asimismo, por lo menos un integrante del cartel de Juárez había dicho a la policía mexicana que Ducler y su grupo habían exagerado gastos y realizado pagos no autorizados. Un testimonio de cuatro hojas que según la policía mexicana había sido hecho por un informante del cartel, cuya copia me fue mostrada, mencionaba el pago de "100 mil dólares para [la] campaña política" y agregaba que "en el estado bancario que se presentó, se autoriza 260 mil dólares para este concepto". Tanto Duhalde como Ortega negaron categóricamente en entrevistas separadas en Buenos Aires que hubiera habido aportes del financista argentino, o del cartel de Juárez, a la campaña presidencial peronista de 1999.

Según uno de los investigadores mexicanos, Duhalde se había enterado de que habían ingresado fondos del cartel mexicano en su campaña, y le había ordenado a Ortega que devolviera el dinero de inmediato. Preocupado por que los servicios de Inteligencia de Menem —que estaba tratando de sabotear la campaña de Duhalde— documentaran cualquier reunión sospechosa para utilizarla contra Duhalde, Ortega viajó a Israel con una escala en Roma, en una misteriosa gira de cuatro días en agosto de 1999. La gira, que llamó la atención de los analistas políticos por tratarse de una interrupción de la campaña de Ortega, apenas tres meses antes de las elecciones, fue anunciada como una invitación de una institución judía para dar un discurso en Israel.

La prensa argentina especuló que el otro objetivo del viaje había sido consultar al rabino Daniel Vitron, un líder espiritual al que sus seguidores le asignaban poderes de clarividencia. Varios artículos periodísticos en esos días señalaban que Ortega estaba deprimido por su escasa popularidad en las encuestas, y había decidido consultar a Vitron sobre cómo inyectar nuevas energías en su letárgica campaña electoral. Posteriormente, Ortega trató de acallar esos rumores, diciendo que había viajado a Tierra Santa "porque necesitaba un descanso", y que su encuentro con el rabino había sido uno de los tantos encuentros previstos a lo largo de su viaje por invitación del Congreso Judío Mundial.

Sin embargo, según el investigador mexicano, que pidió no ser identificado, el objetivo de toda la gira había sido el de devolver el dinero sucio sin que nadie se diera cuenta. "Hubo una reunión en Roma entre Ortega, Ducler y miembros del cartel", me aseguró el investigador. "El dinero fue devuelto, y Ducler se enojó sobremanera. Ahí fue cuando las relaciones entre Ortega y Ducler se volvieron tirantes", señaló.

Ponce dijo que transmitió esta información sobre las donaciones del cartel al nuevo gobierno argentino de Fernando de la Rúa. En una reunión privada con un alto funcionario del Ministerio del Interior de De la Rúa, le había dicho que se trataba de un asunto político interno de la Argentina, y que le tocaba al nuevo gobierno argentino decidir si darlo a conocer públicamente o mantenerlo en secreto. "Yo les dije, 'esta bronca es de ustedes. Mi bronca es otra: recuperar el dinero del cartel de Juárez para el gobierno mexicano'", recuerda Ponce. El gobierno de De la Rúa mantuvo la información en secreto, quizás para sacarla a la luz en un momento políticamente más ventajoso. Cuando le pregunté a De la Rúa sobre el tema en una entrevista en Buenos Aires a fines de 2000, me dijo que nunca se había enterado durante la campaña electoral sobre la presencia del cartel de Juárez en la Argentina, o sobre la conmoción interna que el tema había causado en la campaña Duhalde-Ortega. "Me enteré cuando se hizo público, cuando salió en los diarios", meses después de su victoria electoral, dijo el presidente.

Ducler también me negó categóricamente haber hecho aportes a la campaña de Ortega, antes o después de que este último se uniera a la campaña de Duhalde. En una entrevista telefónica, me dijo que su participación en la campaña de Ortega había sido "una cosa marginal", y que su rol se había limitado al de "un simple asesor, y ni siquiera uno importante" del candidato a vicepresidente. Cuando volví a preguntarle si había contribuido aunque fuera una suma pequeña a la campaña Duhalde-Ortega, me contestó: "No. Cero".

Sin embargo, Ducler era más que un asesor "marginal" de Ortega, según recuerdan el propio Duhalde y los principales encargados de su campaña. Aunque Duhalde niega que Ducler hubiera contribuido con fondos a su campaña, el ex candidato peronista se sintió suficientemente preocupado sobre la presencia de Ducler en el equipo de su compañero de fórmula como para ordenar "que le avisen a Ramón que este hombre está cuestionado", para que fuera separado de la campaña de inmediato. Según recuerda Duhalde, había dado la orden después de recibir noticias inquietantes sobre Ducler de su jefe de campaña, que tenía buenas relaciones con la embajada de Estados Unidos.

Julio César "Chiche" Aráoz, el jefe de campaña presidencial de Duhalde, recuerda que se enteró por funcionarios de la embajada norteamericana de que la financiera de Ducler estaba siendo investigada por lavado de dinero, y que inmediatamente le pidió información al respecto a Anzorreguy, el jefe de la SIDE, el servicio de Inteligencia del gobierno. Cuando éste le confirmó los rumores, Aráoz le pasó la información a Duhalde.

"Duhalde no sabía nada", me señaló Aráoz. "Cuando se lo dije, se enojó muchísimo. Para nosotros, que algo así surgiera en el medio de la campaña electoral era un golpe mortal. Por eso le dije a Ortega que teníamos que sacar a Ducler de la campaña lo antes posible".

Algunos días después, en octubre de 1999, Aráoz le solicitó al financista que pasara por su oficina, en la sede del partido peronista, y le pidió que se retirara de la campaña. Ducler protestó, diciendo que estaba cooperando con las autoridades norteamericanas, y que no había hecho nada de malo. "Yo le dije: 'Lo siento, pero no podemos correr ningún riesgo'", recuerda Aráoz.

Para la campaña de Duhalde, no había mucha duda de que Ducler era una figura importante en el equipo de Ortega. "Era un tipo muy cercano a Palito, el número dos de su equipo económico, y uno de los recaudadores de la campaña de Palito antes de que se unieran las dos campañas", me señaló Alberto Fernández, el director de la "Fundación Duhalde Presidente", encargada de la recaudación de fondos de la campaña de Duhalde. Según Fernández, era probable que Ducler hubiera recaudado fondos para la campaña de Ortega a través de la Fundación Sudamericana, una fundación registrada en 1983 que Ducler había presidido durante muchos años, domiciliada en la Avenida Córdoba 315 de Buenos Aires —la misma dirección que figuraba en la investigación policial como una de las oficinas de Ducler— y en la que participaban varios amigos de Ortega.* "Era una fundación para la campaña presidencial de Palito... Cuando se unieron las dos campañas, y "Chiche" Aráoz nos dijo que había problemas con Ducler y unos mexicanos, decidimos no aceptar nada que viniera del lado de Palito", me señaló Fernández. "Palito no trajo un centavo a la campaña de Duhalde. Si hubo dinero raro, entró en la campaña de Palito antes", afirmó el ex tesorero de Duhalde.

En una tensa entrevista que le hice en Buenos Aires en octubre de 2000, Ortega rechazó toda posibilidad de que Ducler hubiera contribuido a su campaña, antes o después de que se uniera a

* Según fuentes con acceso al registro oficial de la Fundación Sudamericana, su directorio a mediados de la década del ochenta tenía a Ducler como presidente, Nicanor Villafañe como vicepresidente, Fernando Basílico como secretario, y Julio Oyanarte, Oscar A. Vicente, Esteban Takacs, Oscar Camilión y Miguel Iribarne como consejeros.

Duhalde. "En mi campaña, los aportes ingresaban a la Fundación Ortega. Cuando empecé con Duhalde, la gente de Duhalde pasó a manejar los aportes, a través de la Fundación Duhalde Presidente", señaló. "De todas maneras, te lo juro por Dios, Ducler nunca tuvo una relación de intervenir activamente en la campaña, ni de hacer absolutamente ningún aporte". En cuanto a la presunta reunión secreta con Ducler en Roma, Ortega dijo: "Eso es una novela china. Cuando viajé a Israel, el avión hizo trasbordo en Roma, pero no lo vi. Nunca me lo encontré a Ducler fuera del país, ni en Roma ni en la China".

¿Quién decía la verdad? Si Ducler no había contribuido directamente a las campañas de Duhalde y Ortega, había tres posibilidades: o lo había hecho a través de la Fundación Sudamericana, y los fondos se habían utilizado "en negro" para pagar gastos de campaña que no estaban bajo el escrutinio de los auditores electorales, o había engañado al cartel de Juárez cobrándole contribuciones a la campaña Duhalde-Ortega que no había hecho, o que no había hecho ninguna de las dos cosas, pero alguien en la cadena de contactos mexicanos había pasado una cuenta de "un millón de dólares para la campaña de Ortega" y el pago para el Duhalde-móvil en la contabilidad interna del cartel de Juárez. Lo que no había duda, según el jefe de la Interpol mexicana, es que se habían encontrado esas anotaciones en posesión de miembros del cartel de Juárez. "Ahí están los papeles", me dijo Ponce, al ser confrontado con las tres posibilidades.

Estados Unidos: Ducler y Di Tullio "sabían"

Aunque su caso no era tan claro, los fiscales de Estados Unidos tampoco creían mucho en la historia de Ducler de que había sido engañado en su buena fe por los mexicanos. En una querella civil presentada en una corte de Los Ángeles en febrero de 2000, más de dos meses después de que Ducler publicase su carta abierta en *La Nación* diciendo que "Mercado Abierto S.A. no lava dinero", el fiscal Alejandro N. Mayorkas declaró que al transferir fondos de Citibank Nueva York a la Argentina, tanto Ducler como Di Tullio sabían perfectamente con quiénes estaban tratando.

Sobre la base de la investigación del Servicio de Aduanas y el informe de Perino sobre su viaje a la Argentina, los fiscales concluyeron —como la Interpol de México— que "tanto Ducler como Di Tullio e Iñíguez sabían que las cuentas serían utilizadas para transferir dinero de la droga de Estados Unidos a la Argentina". La

75

demanda de confiscación de patrimonio presentada por el gobierno norteamericano para quedarse con los 1.8 millones congelados en la cuenta de M.A. Casa de Cambio en Citibank de Nueva York revelaba también que "el nombre de Di Tullio fue utilizado para ocultar la naturaleza, el origen y la titularidad de los fondos". El fiscal Mayorkas añadía que: "Ducler estaba al tanto de la verdadera naturaleza y del origen de los fondos, o sea, la venta de drogas. Al abrir la cuenta, Ducler intencionalmente dejó a un lado los controles internos y los procedimientos habituales requeridos para abrir una cuenta en M.A. Casa de Cambio".

Cuando le pregunté a los fiscales norteamericanos qué evidencia tenían de que Ducler sabía realmente con quiénes había estado tratando, me contestaron que se basaban en la investigación del Servicio de Aduanas, y que tenían testimonios para probarlo. "Incluso tenemos un testigo que estaba presente en la reunión entre los mexicanos y Ducler en la oficina de este último", me contestó uno de los fiscales, sin dar mayores detalles.

Algunos meses después, el 13 de junio de 2000, los fiscales norteamericanos llegaron a un acuerdo con los abogados de Ducler por el cual el gobierno de Estados Unidos confiscó 1.2 millones de dólares de los fondos congelados de M.A. Casa de Cambio en Citibank, y dejando los restantes 605 mil dólares en manos de la financiera argentina. El acuerdo, tras meses de negociaciones después de que Mercado Abierto-Casa de Cambio presentara una demanda para recuperar el dinero que se le había congelado, señalaba que "ambas partes concuerdan en que hubo razones suficientes para la confiscación de los fondos", pero que el gobierno de Estados Unidos no elevaría cargos civiles adicionales contra Casa de Cambio. Más adelante, el acuerdo dejaba "constancia" de que "en la contención" de Mercado Abierto y su subsidiaria Casa de Cambio siempre habían actuado de buena fe y que nunca habían sabido que los fondos provenían de la venta de drogas. En otras palabras, ambas partes hacían a un lado sus diferencias sobre si Casa de Cambio había cometido un delito y acordaban que Estados Unidos se quedara con una parte del dinero.

En Buenos Aires, Ducler celebró el convenio como un triunfo legal. En un aviso pago fechado el 28 de julio de 2000 y publicado en *La Nación*, Ducler adujo que el convenio firmado el mes anterior "implica el reconocimiento y aceptación por parte de Estados Unidos" de que los directivos de Mercado Abierto "siempre actuaron en cumplimiento de las normas legales aplicables y con absoluta buena fe", y de "la inexistencia en todo momento de conocimiento o sospecha alguna por nuestra parte del supuesto origen ilícito de los fondos". Lo que es más, afirmaba el aviso pago de Ducler, el fiscal norteamericano Steven R. Welk, el subordinado de Mayorkas que llevaba el caso, había escrito una carta a su abogado agradeciéndole la ayuda de Mercado Abierto-Casa de Cambio en la investigación, un gesto que "sería impensable si el gobierno de Estados Unidos no tuviera la convicción de haber tratado con personas de bien que nada tienen que ver con el lavado de dinero".

Cuando llamé a Welk, se mostró sorprendido por la interpretación que le estaban dando al convenio en Buenos Aires. Según me explicó en una larga entrevista telefónica, el convenio sólo decía que Estados Unidos tomaba nota de la contención de inocencia de Mercado Abierto-Casa de Cambio, algo muy distinto a un reconocimiento de dicha inocencia. El convenio no significaba que el gobierno norteamericano se hubiera retractado de sus acusaciones iniciales, me aseguró. Se trataba de una acción civil, en la cual —a diferencia de las demandas criminales— el gobierno de Estados Unidos no estaba interesado en la culpabilidad o inocencia de los implicados, sino meramente en confiscar los fondos. "Si la pregunta es si el gobierno de Estados Unidos cree en los cargos que presentó en la demanda, la respuesta es que sí", me dijo Welk.

Cuando los funcionarios del Departamento de Justicia se enteraron tiempo después del aviso pago de Ducler, se pusieron rojos de ira, según un funcionario de Estados Unidos. El 26 de diciembre de 2000, el Departamento de Justicia norteamericano envió una carta confidencial al Ministerio de Justicia argentino, donde expresaba en términos durísimos el descontento del gobierno norteamericano. El documento de tres hojas, que no se dio a conocer hasta ahora, dejaba entrever también la preocupación de Estados Unidos por la posibilidad de que el juez Canicoba Corral aceptara la versión de Ducler sobre lo que se había firmado en el convenio.

La carta, firmada por John E. Harris, el director interino de la Oficina de Asuntos Internacionales del Departamento de Justicia, era una respuesta a una misiva de Canicoba Corral, en la que se pedía información sobre el convenio. Según la carta de Harris, "el convenio firmado no constituye un acuerdo por parte de Estados Unidos de que los demandantes [Mercado Abierto-Casa de Cambio] no hayan cometido actos ilícitos, o que los demandantes no hayan tenido conocimiento culposo de los actos ilegales" que les había imputado Estados Unidos. El convenio sólo significaba "que las dos partes 'acordaron estar en desacuerdo' sobre ese tema..." y "no es evidencia de que Estados Unidos haya exonerado a las subsidiarias de Mercado Abierto o sus responsables, o que el

77

gobierno de Estados Unidos piense que las alegaciones en su demanda de confiscación de fondos no hayan sido ciertas".

Finalmente, Harris señalaba que el convenio "no otorga inmunidad a ninguna de las partes [corporaciones o individuos] respecto de potenciales cargos criminales" que podía presentar el gobierno norteamericano. Estados Unidos "no hizo ninguna promesa en absoluto respecto de futuras investigaciones o cargos relacionados a la conducta criminal", decía la carta. Y en sus párrafos finales, como para desvirtuar lo que se decía en el aviso pago del director de Mercado Abierto, el Departamento de Justicia decía que la misiva de Welk al abogado de Ducler había sido "meramente una carta de cortesía de un abogado a otro" tras la firma del convenio, y que "nada en esa carta tenía la intención o podría ser racionalmente interpretado como una disculpa" del gobierno de Estados Unidos. "Esperamos que las anteriores explicaciones le sean útiles", concluía la carta, enviada con copias al FBI y a la DEA.

La pregunta del millón: ¿Y los bancos de Estados Unidos?

En otro rincón del gobierno de Estados Unidos, el caso recién comenzaba. Una de las aseveraciones de Ducler había llamado poderosamente la atención de Roach y sus colegas en el Senado, en Washington D.C., que comenzaban a interesarse por el tema. Los funcionarios del Congreso se habían quedado intrigados con la aseveración de Ducler de que "si hubo lavado, lo hicieron los bancos norteamericanos", y que él había recibido los dineros de la droga de "bancos norteamericanos de primera línea".

Roach, el incansable investigador del Subcomité de Investigaciones Permanente del Senado, había estado siguiendo el caso con especial interés desde mediados de 1999, cuando tropezó con el tema de M.A. Casa de Cambio durante sus investigaciones sobre las operaciones de Citibank en América Latina.

Lo que le interesaba más a Roach era la posible responsabilidad de Estados Unidos en el caso. Si los fiscales estadounidenses habían establecido que la financiera de Ducler había aceptado dinero de la droga, ¿no había que plantearle las mismas preguntas a Citibank, que después de todo era el que había recibido los fondos en primer lugar? ¿Acaso el banco norteamericano no tendría que haber sido el primero en tener que cuestionar el origen y el destino del dinero? ¿Cuál era la relación entre Citibank y M.A. Casa de Cambio?, se preguntaban Roach y sus colegas del Subcomité del

Congreso. Sin duda, el caso planteaba inquietantes preguntas sobre el sistema de corresponsalías bancarias, que a diferencia de otros sectores de la industria bancaria no parecía estar sujeto a demasiados controles. Poco tiempo después, el Subcomité decidió investigar el caso a fondo, y ordenar a Citibank que le entregara toda la documentación interna del banco sobre el caso.

Capítulo 3

LOS BANCOS FANTASMAS

Roach, el investigador del Senado norteamericano, se había enterado del caso de Mercado Abierto a través de Ponce durante una visita a México a mediados de 1999. En ese momento, Roach estaba investigando los millonarios depósitos de Raúl Salinas, el hermano del ex presidente Carlos Salinas, en Citibank. Al llegar a México, el investigador norteamericano había pedido ayuda al gobierno mexicano para interrogar a los funcionarios que habían participado en la investigación de las cuentas secretas de Raúl Salinas en el extranjero, y el nombre de Ponce había sido uno de los primeros que le habían dado. Antes de su nombramiento como jefe de Interpol, Ponce había sido uno de los agentes internacionales de la procuraduría mexicana que habían descubierto los fondos del hermano del presidente en Suiza.

Sentado en el despacho de Ponce en las oficinas de Interpol en el centro de Ciudad de México, a pocos metros de la Avenida Reforma, Roach recibió una exposición detallada de la ruta del dinero de Raúl Salinas. Luego, hacia el final de la entrevista, Ponce· le señaló a su visitante que el caso de Raúl Salinas no era el único de su tipo, en el que grandes cantidades de dinero de origen cuestionable habían pasado por Citibank. Había otro caso muy interesante, en el que Ponce estaba trabajando ahora, donde también aparecía Citibank. Según continuó explicando Ponce, el Citibank había estado girando millones de dólares del cartel de Juárez a un banco llámado Mercado Abierto en la Argentina.

A medida que Ponce hablaba, crecía el interés de Roach. ¿Dinero del cartel de Juárez?, repreguntaba el norteamericano, con las cejas levantadas, como para cerciorarse de que había escuchado bien. Ponce enfatizó que lo que estaba contando no era una especulación de la policía mexicana, sino de un caso bien documentado incluido en la causa de la Operación Casablanca en Estados Unidos. Y mientras hablaba, Ponce iba sacando de su escritorio copias de los expedientes judiciales norteamericanos sobre el caso, y entregándolos a su sorprendido visitante.

"Le conté mucho de lo que sabía sobre el caso de Mercado Abierto y M.A. Bank, porque quería interesarlo en cooperar con nosotros", recuerda Ponce. Aunque Roach ya había escuchado rumores vagos sobre el caso, nunca había sospechado que había datos tan concretos como nombres de narcotraficantes y números de cuentas en el Citibank. Al regresar a Washington, Roach presentó el tema en una reunión de trabajo con sus supervisoras —Linda J. Gustitus, jefa del equipo de asesores de la minoría demócrata del Subcomité del Senado, y Elise J. Bean, la número dos del equipo—, y obtuvo la luz verde para investigar el caso. Acto seguido, Roach incluyó varias preguntas sobre el M.A. Bank y Casa de Cambio en los cuestionarios que estaba enviando a Citibank para las audiencias públicas del Senado sobre el caso Raúl Salinas-Citibank, programadas para noviembre de 1999.

Sin embargo, Citibank tardó más de lo previsto en contestar las preguntas sobre M.A. Bank y Casa de Cambio. Cuando finalmente lo hizo, ya faltaban pocos días para las audiencias del Senado, y el Subcomité no tuvo tiempo para procesar la información y convocar a testigos. "Decidimos esperar un tiempo, e incluir el caso en una futura audiencia pública sobre corresponsalías bancarias", recuerda Roach. De cualquier manera, se trataba de dos casos diferentes: mientras que los depósitos de Raúl Salinas eran regulados por leyes para la banca privada, los fondos de M. A. Bank y Casa de Cambio que habían pasado por Citibank se regían por reglamentos para las relaciones interbancarias. De manera que el Subcomité decidió realizar una audiencia separada sobre corresponsalías bancarias en un futuro próximo.

"Corresponsales" sin oficinas

Roach era todo un experto en Citibank. Dentro del equipo de asesores del senador Carl Levin, un demócrata liberal de Michigan, en la minoría del Subcomité de Investigaciones del Senado, se había especializado en el banco neoyorquino durante las audiencias sobre Raúl Salinas y la banca privada norteamericana. En los primeros meses del año 2000, habiendo finalizado estas audiencias, había empezado a bombardear a los abogados de Casa de Cambio y Citibank con preguntas sobre los giros bancarios del cartel de Juárez.

Ahora, el Subcomité estaba tratando de determinar si las le-

81

yes norteamericanas sobre corresponsalías bancarias no eran demasiado laxas, y si no era necesario cambiarlas para incluir exigencias más estrictas sobre las reglas de "Conoced a vuestro cliente". Bajo los reglamentos existentes, los bancos debían averiguar sobre el origen de los depósitos privados, pero no parecían hacer muchas preguntas sobre los fondos provenientes de otros bancos, incluidos muchos bancos fantasmas.

Los investigadores del Subcomité sospechaban que no sólo Citibank sino todos los grandes bancos norteamericanos aceptaban sin problemas corresponsalías bancarias con "bancos" extranjeros de dudosa procedencia. En muchos casos estos "bancos" no tenían oficinas ni personal, sino que eran meras placas de metal en las oficinas de abogados en paraísos bancarios caribeños, y eran usados por evasores de impuestos, funcionarios corruptos y traficantes de drogas para transferir fondos sin tener que pasar por los controles que se aplicaban a las cuentas personales.

¿Cómo podía ser que la ley norteamericana exigía que los bancos hicieran averiguaciones sobre el origen de cualquier depósito mayor de 10 mil dólares en efectivo en una cuenta personal, y no exigía algo parecido para depósitos de 10 millones de dólares —o cualquier otra cifra— depositados en cuentas de estos supuestos "bancos corresponsales"?, se preguntaban los investigadores. ¿Se estaban aprovechando los narcotraficantes y los funcionarios corruptos de una laguna de enormes proporciones en las leyes norteamericanas?

Para los investigadores del subcomité, el caso de Mercado Abierto y sus subsidiarias parecía sacado de un libro de texto: según habían averiguado, no había ningún edificio del M.A. Bank en las Islas Caimán, y su dirección allí era la casilla de correo número 707 en Grand Cayman. Quizás había llegado el momento de sacar a luz esta aparente omisión en las leyes norteamericanas, y exigir que los grandes bancos como Citibank tomaran mayores precauciones para asegurarse de que los bancos que aceptaban como corresponsales fueran legítimos y no fantasmas. Durante todo el año 2000, Roach dedicó gran parte de su tiempo a la investigación de Mercado Abierto, mientras que las audiencias públicas sobre el caso se postergaban hasta el año 2001 por desavenencias dentro del Senado sobre la fecha y la duración de las mismas.

"Jefe de Interpol de México, en apuros"

En la Argentina, mientras tanto, el caso contra Ducler se estaba desinflando: el juez encargado del caso, Rodolfo Canicoba Corral, había emitido órdenes de captura contra Di Tullio y Ángel Salvia, otro de los empresarios que habían adquirido estancias para los miembros del cartel de Juárez, pero no había presentado cargos de lavado de dinero contra el financista de Casa de Cambio. Gracias al testimonio de un arrepentido —un hombre que trabajaba para Salvia— se había podido determinar que Salvia y Di Tullio "eran los jefes y organizadores de la banda" mexicana en la Argentina, me dijo el juez en una entrevista en su oficina.

Según Canicoba Corral, los movimientos de dinero del cartel de Juárez incluidos en la causa de la Operación Casablanca de Estados Unidos no eran prueba suficiente de que el origen de los fondos que habían pasado por Casa de Cambio fuera ilícito. El juez había pedido más pruebas a Estados Unidos, y se quejaba de que no estaba recibiendo ninguna respuesta por parte de las autoridades norteamericanas. Funcionarios de la lucha antidrogas del gobierno argentino, en cambio, decían privadamente que el juez estaba siendo demasiado benévolo con Ducler, con quien según decían le unía una vieja amistad del Club Mar y Pesca de Mar del Plata. Meses antes, Canicoba Corral le había quitado el caso de lavado de dinero a la Policía Federal Argentina, y había nombrado su propio perito contable para estudiarlo. Los funcionarios policiales argentinos que habían seguido la investigación por tres años estaban furiosos con el juez.

Canicoba Corral, quien al principio de la investigación había autorizado a Ponce a realizar interrogatorios en la Argentina, se había vuelto sumamente crítico del mexicano. Según el juez, Ponce se había extralimitado en sus funciones al hacer interrogatorios de corte policial con uso de intimidación en la Argentina. Los agentes antidrogas de la policía argentina, a su vez, me señalaron que aunque no era un secreto para nadie que Ponce montaba fácilmente en cólera, había interrogado a testigos como acompañante de la gendarmería y la Policía Federal Argentina, y que nunca había recurrido a la violencia física ni verbal.

En octubre de 2000, al llegar a la Argentina en uno de mis viajes, me encontré con un titular del periódico *La Nación* que decía: "El jefe de la Interpol de México, en apuros". El subtítulo señalaba: "Lo investigan por sus interrogatorios". Según comenzaba diciendo el artículo: "El jefe de la Interpol de México, Juan Miguel Ponce Edmonson, está en la mira de la Justicia argentina". Dos

83

mujeres vinculadas familiarmente con empleados del Señor de los Cielos en la Argentina habían acusado a Ponce de haberlas interrogado "con modos que al parecer no se corresponden con la forma en que debía actuar un policía, y menos un uniformado extranjero que no tiene jurisdicción para operar por su cuenta en el país", decía el periódico, citando fuentes judiciales.

Intrigado por las posibles consecuencias de la acusación, llamé a Ponce a México, y su secretaria me pasó con su celular. Resultó ser que Ponce también estaba en Buenos Aires en ese momento, tomando café en la City porteña, probablemente a pocas cuadras de donde me encontraba yo. Preguntado sobre el artículo de *La Nación*, rió alegremente: "No hay ningún problema. Es una táctica de la defensa para desviar la atención". Según Ponce, no sólo viajaba con pasaporte diplomático y autorización para cooperar con las autoridades argentinas, sino que había hecho todos sus interrogatorios en calidad de acompañante de policías argentinos. Además, acababa de concertar una comida en el restaurante Piegari con el propio secretario de Seguridad Interior de la Argentina, Enrique Mathov. "¿No quieres venir?", preguntó.

Horas más tarde ese mismo día, el 18 de octubre de 2000, mientras la prensa argentina especulaba sobre la posible detención de Ponce si ponía el pie en territorio argentino, me encontré comiendo ravioles con salsa de tres quesos en el Piegari con Ponce, Mathov y dos funcionarios de la embajada de México en la Argentina. Ni Mathov ni sus jefes habían encontrado mérito en la denuncia de las dos mujeres. "¿No te dije?", me preguntó Ponce a la salida. "No hay problema".

Roach interroga al Citibank

En Washington D.C., mientras tanto, Roach estaba haciendo progresos en su investigación. Había leído el informe confidencial del agente Perino del Servicio de Aduanas, en el que se señalaba que M.A. Bank no tenía una licencia para operar en territorio argentino. Para Roach, se trataba de un dato fundamental: sugería que Citibank había realizado transacciones de corresponsalía bancaria con un banco que de hecho no existía.

Perino se había entrevistado el 23 de junio de 1999, a las 11 de la mañana, con dos altos funcionarios del Banco Central de la Argentina, Manuel R. Domper y Alicia López. Tras la entrevista de una hora, el agente norteamericano había escrito en el informe a sus superiores que aunque Casa de Cambio S.A. tenía oficinas en

Buenos Aires, "M.A. Bank Ltd. no tiene licencia para operar como institución bancaria en la Argentina". Más adelante, su informe señalaba que los funcionarios del Banco Central "no tienen información ni legajos sobre M.A. Bank".

A mediados de 2000, Roach se reunió con el embajador argentino en Washington D.C., Guillermo González, y le pidió una declaración oficial del Banco Central confirmando que M.A. Bank no tenía licencia para operar en la Argentina. González prometió solicitarlo. Mientras tanto, el Subcomité del Senado comenzó a interrogar a funcionarios del Citibank sobre su relación de corresponsalía con el M.A. Bank.

En un interrogatorio a puertas cerradas con los miembros del Subcomité, los funcionarios de Citibank manifestaron su sorpresa ante las preguntas de los investigadores del Senado sobre la Operación Casablanca. ¿Qué se suponía que debía haber hecho Citibank al recibir dinero que ya había entrado al sistema bancario norteamericano? Lo que es más, ¿acaso creían los investigadores que Citibank tendría que haber dudado del dinero proveniente de una institución prominente como Bank of America? Los bancos ya tenían bastantes problemas para hacer cumplir las reglas de "Conoced a vuestro cliente" en los casos de depósitos personales en la banca privada. ¿Acaso los investigadores estaban sugiriendo que los bancos también debían investigar a los clientes de sus clientes?

Martín López, jefe del departamento de corresponsalía bancaria de Citibank en la Argentina, se había presentado a dar su testimonio en compañía de cuatro abogados. Según fuentes cercanas al caso, durante la audiencia admitió no saber demasiado sobre la cuenta de M. A. Bank, así como de no haber sido informado por sus supervisores de Nueva York de la razón por la cual los fondos de dicha cuenta habían sido congelados en 1998. Cuando se le preguntó sobre Ducler y sus socios, López señaló que no había razón por la cual no mantener relación de corresponsalía bancaria con ellos: todos ellos eran gente de buena reputación, con carreras públicas distinguidas, y que se habían desempeñado por décadas en el área de las finanzas.

Días después Roach pidió hablar con el jefe de López, o con alguien en Nueva York con mayor jerarquía dentro del banco. El 15 de junio de 2000, Héctor Norena, gerente de corresponsalías bancarias radicado en Nueva York, se presentó a dar testimonio, también rodeado por un tropel de abogados de Citibank. Si bien los miembros del Subcomité se negaron a dejarme saber lo que ocurrió entre esas cuatro paredes, una fuente bien informada me comentó que los investigadores no quedaron muy convencidos con las explicaciones que recibieron.

Al parecer, la delegación del Citibank no había dado una respuesta clara sobre si la sede central del Citibank en Nueva York había realizado averiguaciones sobre M. A. Bank antes de establecer una relación de corresponsalía bancaria, por ejemplo enviando a alguien a visitar las oficinas de M. A. Bank en las Islas Caimán. Según una fuente cercana a la investigación, después de repetir varias veces que Citibank había aceptado la relación con M. A. Bank de las Islas Caimán basándose en la buena reputación de Casa de Cambio en la Argentina, Norena consultó con sus abogados y señaló que no se había podido ubicar al empleado de Citibank a quien se le había encomendado esa verificación.

Pero lo que más intrigó a los investigadores del Senado fue que Citibank no hubiese cerrado la cuenta de M.A. Bank luego de que el juez de California ordenase en mayo de 1998 congelar los 11.6 millones de dólares que se sospechaba venían del cartel de Juárez. Los investigadores del Senado, tras examinar el estado de cuenta que habían pedido al Citibank, concluyeron que 304 millones de dólares pasaron por las cuentas de Casa de Cambio y M.A. Bank en el Citibank de Nueva York durante el año y medio siguiente a la orden del juez californiano. ¿No debería el banco haber cerrado estas cuentas tras la orden del juez?, se preguntaban los investigadores. ¿O por lo menos suspender los movimientos bancarios a través de ellas hasta que se aclarase la situación?

Con el correr de los meses, los investigadores norteamericanos, argentinos y mexicanos comenzaron a examinar con una lupa los movimientos bancarios que se habían realizado a través de esas cuentas en 1998 y 1999. Lo que encontraron generó sospechas de que quizás las cuentas habían servido de conducto a mucho más dinero sucio que el que había detectado la Operación Casablanca. Una parte importante de los 300 millones de dólares que habían pasado por las cuentas de Nueva York habían ido a parar a dos cuentas del Citibank en Uruguay, a nombre de dos empresas llamadas South Pacific Trade y Clunan.

Para los investigadores norteamericanos, era la primera vez que escuchaban los nombres de tales empresas. Pero los reguladores bancarios argentinos ya habían escuchado de South Pacific Trade: era una de las varias empresas que habían sido vinculadas al lavado de dinero en la Operación Chimborazo, una de las mayores investigaciones antidrogas llevadas a cabo por la Gendarmería Nacional Argentina.

La Operación Chimborazo

La Operación Chimborazo de la gendarmería argentina había tenido lugar entre enero de 1994 y junio de 1995, y había descubierto una compleja operación de lavado de dinero del cartel de Cali, Colombia. Uno de los cabecillas del cartel de Cali que residía en la isla de San Andrés, Colombia, había creado una red de empresas en Colombia, Estados Unidos, Chile, la Argentina, y varios paraísos fiscales caribeños, a través de las cuales transfería dinero del narcotráfico a bancos internacionales. Según reguladores bancarios y funcionarios de la gendarmería, una de estas empresas era South Pacific Trade.

De acuerdo con los datos de la gendarmería argentina, el nombre de esta empresa había aparecido por primera vez en su investigación tras una serie de allanamientos simultáneos en cuatro viviendas de Buenos Aires el 18 de octubre de 1994, en una acción autorizada por el juez federal Carlos Liporaci. Un informe confidencial de la investigación señala que en una de estas viviendas se secuestró documentación que avalaba transacciones ordenadas por South Pacific Trade con la empresa South American Exchange, de Colombia, que también aparecía como una de las que lavaban dinero para el cartel de Cali.

Como era de esperar, South Pacific Trade, la compañía que había recibido enormes cantidades de dinero a través de las cuentas de Mercado Abierto en el Citibank de Nueva York, era una sociedad anónima. La empresa fue registrada en diciembre de 1988 en la Inspección General de Hacienda de Montevideo, Uruguay, con un mandato "para realizar y/o administrar operaciones comerciales e industriales" de todo tipo. Y sus propietarios eran dos escribanos de Montevideo, que probablemente habían transferido las acciones a los verdaderos dueños de la empresa a los pocos minutos de constituirla. Bajo las leyes uruguayas, era prácticamente imposible averiguar quiénes eran los actuales propietarios de la empresa.

Según fuentes del mercado de cambistas y operadores financieros de Buenos Aires, no se podía descartar que South Pacific Trade no fuera una empresa en sí, sino una "cuenta de paso" de una casa de cambio para mover dinero de cientos de clientes de una manera anónima. Este procedimiento permitía a los bancos internacionales eludir cargos de estar contribuyendo a la evasión de impuestos de sus clientes: en lugar de recibir los depósitos directamente, los recibían a través de cambistas. "Los bancos tienen sus agentes que hacen este trabajo en Uruguay, donde la evasión fiscal no es delito", me explicó un importante operador financiero argentino. "El cambista no sabe quién es el dueño del dinero. El único que lo sabe es el banco".

Ya se tratara de una empresa creada para lavar dinero del narcotráfico o de una simple "cuenta de paso" en Uruguay, lo cierto es que South Pacific Trade había recibido decenas de millones de dólares de las cuentas de Mercado Abierto-Casa de Cambio y M.A. Bank en el Citibank de Nueva York. Cuanto más escarbaban los investigadores de Estados Unidos, México y la Argentina, más agujeros negros encontraban en el sistema bancario internacional.

Dos legisladores viajan en secreto

En mayo de 2000, Roach recibió una visita inesperada en su pequeña oficina del Senado en Washington. Dos legisladores argentinos que se habían enterado de su investigación sobre lavado de dinero —Elisa Carrió y Gustavo Gutiérrez— lo habían llamado unos días antes desde Buenos Aires pidiendo una cita. Ofrecían traer información según ellos explosiva sobre Citibank y su subsidiaria, el CEI, en la Argentina.

Roach, que no tenía idea de lo que era el CEI, les había dicho que los recibiría con gusto, con dos condiciones: que mantuvieran su viaje en secreto —no quería que los legisladores utilizaran la cita para dar un golpe mediático— y que comprendieran que sería muy difícil incluir un nuevo tema en la audiencias públicas que el Subcomité estaba preparando. Ya tenían el caso de Mercado Abierto y de otros cinco bancos en Venezuela, el Caribe y Europa, y no daban más abasto. Sin embargo, Roach estaba interesado en saber si los legisladores sabían algo sobre el caso Mercado Abierto-Citibank que pudiera servirle para su investigación.

Pocos días después, los dos legisladores llegaban a Washington con un asesor contable, Luis Balaguer, y un intérprete contratado en Washington. Los visitantes no hablaban inglés, y ningún miembro del Subcomité hablaba español. Pero habían decidido viajar a Washington D.C. porque estaban en un punto muerto en sus propias investigaciones sobre el CEI, y necesitaban que algún organismo de Estados Unidos pudiera pedir documentación del Citibank a la que ellos no tenían acceso. Apenas se registraron en su hotel, Carrió, una mujer profundamente religiosa, preguntó en la conserjería dónde estaba la iglesia más cercana. A la mañana siguiente, antes de su reunión en el edificio Russell del Senado, fue a la iglesia a rezar. "Tomé la comunión", recuerda la diputada.

Minutos después, tras las introducciones de rigor, Carrió le entregó a Roach y a su jefa, Gustitus, una voluminosa carpeta, fechada el 5 de mayo de 2000, cuya introducción comenzaba diciendo que "venimos a poner en vuestro conocimiento las operaciones realizadas por el Citibank NA en la Argentina en sociedad con el banquero Raúl Moneta, y la complicidad del Banco Central de la República". Los legisladores argentinos, que habían llegado a las 11 de la mañana para lo que se suponía iba a ser una reunión que terminaría a la hora del almuerzo, terminaron hablando durante horas. A mediodía, los investigadores norteamericanos ordenaron sándwiches y bebidas gaseosas, para no interrumpir la sesión.

Los argentinos estaban volcando tanta información —entre datos concretos y especulaciones— que dejaron a los norteamericanos totalmente mareados. Lo que les quedó en claro a los anfitriones es que en 1992, en momentos en que el gobierno de Menem iniciaba un ambicioso plan de privatizaciones, Citibank había creado un consorcio llamado Citicorp Equity Investments (CEI), que luego se había pasado a llamar CEI Citicorp Holdings S.A. A partir de entonces, el CEI había hecho fabulosas inversiones en Telefónica de Argentina, Altos Hornos de Zapla, hotel Llao Llao, Frigorífico Rioplatense. Y algunos años más tarde, "cuando Menem puso en marcha su reelección", según decía el informe de los legisladores argentinos, el CEI se había volcado a comprar medios de prensa, entre ellos Telefé, Canal 9, Editorial Atlántida, Cablevisión, Torneos y Competencias y Radio Continental. El informe de los diputados argentinos sugería claramente que las adquisiciones eran —además de un negocio— parte de un proyecto político.

Según el informe de los legisladores visitantes, el Citibank inicialmente había poseído más del 60 por ciento de las acciones de CEI, "pero luego inexplicablemente fue cediendo su participación a favor de Moneta, quien pasó a presidir el CEI hasta el momento en que se fugó, cuando el juez Luis Leiva en junio de 1999 dictó su prisión preventiva por la caída de los bancos Mendoza y República, que él administraba". Los investigadores norteamericanos ya estaban dando cabezazos de agotamiento ante semejante avalancha de datos y nombres que jamás habían escuchado, cuando Carrió comenzó a centrar la conversación en un punto que les interesó.

Carrió señaló que los nuevos accionistas del CEI eran "sociedades constituidas en zonas de riesgo de lavado de dinero". Mencionó específicamente el Federal Bank Ltd., domiciliado en Nassau, Bahamas, representado por Carlos Basílico, y cuyo verdadero dueño creía que era Moneta. Federal Bank Ltd., al igual que M.A. Bank, era un banco que no tenía edificio ni oficinas en el país donde estaba registrado. Y sin embargo, al igual que M.A. Bank, tenía una cuenta en el Citibank de Nueva York por la que habían pasado cientos de millones de dólares en los últimos años.

"Esas transacciones en el Citibank de Nueva York, de alrededor de 100 millones mensuales, fueron objetadas por los inspectores del Banco Central de la República Argentina que investigaron al ex Banco República como sospechosas de provenir de lavado de dinero", dijo Carrió, según recuerdan tres de los asistentes a la reunión. Acto seguido, la diputada colocó sobre la mesa las copias de documentos internos del Banco Central de su país que según decía avalaban lo que acababa de decir. A pesar de las sospechas de los investigadores del Banco Central, concluyó, "los directivos del Banco Central encubrieron a los responsables".

Los investigadores del Congreso norteamericano se buscaron con la mirada, como preguntándose cuál era el meollo de la historia. "Perdón, pero no entiendo", le dijo uno de ellos a la diputada. "Para que haya lavado de dinero, tiene que haber un hecho ilícito. ¿Dónde está el hecho ilícito aquí?" El investigador explicó, a manera de ejemplo, que en el otro caso que estaban estudiando, la cuenta de M.A. Bank en Citibank había sido utilizada para transferir dinero del cartel de Juárez. ¿Qué evidencia había de que la cuenta de Federal Bank Ltd. en el Citibank había sido utilizada para transferir dinero sucio?

"¡Hay muchas!", contestó Carrió, la más locuaz del grupo, levantando la voz. Por ejemplo, estaba probado en los tribunales argentinos que se habían transferido a la cuenta del Federal Bank en Citibank un millón de dólares de los sobornos pagados por IBM para la obtención de un contrato estatal de 250 millones para la instalación de un nuevo sistema de computación en el Banco Nación, el mayor banco estatal del país. Los investigadores del Senado abrieron los ojos a más no poder. Nunca habían escuchado del escándalo IBM-Banco Nación, que desde hacía varios años era noticia en la Argentina, pero que no había repercutido en Estados Unidos. ¿Sobornos pagados por IBM? Y había más: el Federal Bank también tenía una cuenta del IFE Intercontinental Banque, de Uruguay, a cuyo número 360.79.953 habían sido girados otros 520 mil dólares de los sobornos de IBM. Los fiscales argentinos ya habían pedido al Departamento de Justicia de Estados Unidos información sobre estas cuentas.

Ahora sí, los investigadores del Subcomité comenzaron a interesarse en el caso. Si había un hecho ilícito, había lavado de dinero. Y cuando se retiraron los legisladores argentinos, decidieron que no descartarían nada incluyendo algunas preguntas sobre el CEI y el Federal Bank Ltd. en el próximo cuestionario que planeaban enviar a Citibank para las audiencias que estaban preparando sobre el caso Mercado Abierto-Citibank.

En los meses siguientes, bajo órdenes del Subcomité de Investigaciones del Senado, Citibank entregó copias de numerosos movimientos de dinero que había registrado la cuenta del Federal Bank Ltd. en los últimos años. Los documentos contenían revelaciones sorprendentes. La cuenta había sido utilizada para transferir decenas de millones de dólares a varias de las mismas compañías anónimas a las que M.A. Bank había estado transfiriendo fondos. Los investigadores norteamericanos se sorprendieron, por ejemplo, al ver varias transacciones con South Pacific Trade, la compañía que había sido investigada en la Argentina por la Operación Chimborazo; otras con Mercado Abierto, y con Compañía General de Negocios.

La sospecha de los investigadores es que estaban ante un tejido de compañías anónimas registradas en las Islas Caimán, Bahamas y Uruguay, que se transferían fondos constantemente entre ellas, poniendo cada vez más vallas de confidencialidad para esconder el origen del dinero, en lo que podían ser gigantescas operaciones de lavado de dinero o evasión fiscal.

Figueroa Alcorta, Mastracola, Becerra, Carballo

Para octubre de 2000, los investigadores del Senado ya habían recibido tantos documentos internos del Citibank sobre los movimientos de la cuenta denominada "Federal Bank Ltd." en Nueva York, que se sentían rebasados por tanta información. Su principal problema era que no sabían quiénes eran las personas y empresas argentinas cuyos nombres aparecían en los movimientos. Para tener una idea, comenzaron a preguntárselo a los legisladores argentinos, sin darles muchas explicaciones. Muy pronto, comenzó a circular entre los investigadores de Estados Unidos y la Argentina una lista de nombres. Por supuesto, no todos los que aparecían allí eran sospechosos: el hecho de que algún funcionario o empresario argentino hubiera depositado fondos en una cuenta extranjera no necesariamente implicaba un delito. Pero los investigadores querían saber si alguno de ellos había violado la ley, y si sus transacciones constituían lavado de dinero.

¿Quién era un tal "Alcorta", que había recibido un depósito de un millón de dólares en 1993? ¿Quién era Ricardo Handley, que había recibido una transferencia de 981 mil dólares en 1995? ¿Quién era Marcelo Sánchez, cuyo nombre aparecía en varias transferencias, incluida una de 212 mil dólares en 1993? ¿Y Enrique Petracchi, que había recibido un depósito de 580 mil dólares en 1998? ¿Y Vicente Mastracola, que figuraba en un traspaso de 179 mil dólares en 1996? ¿Y Carlos F. Carballo, que aparecía en un movimiento de 176 mil dólares en 1999? ¿Y Nicolás Becerra, que había recibido un depósito de 116 mil dólares en 1993? ¿Y quién era Alberto Kahan, o Kohan, cuya primera vocal de su apellido aparecía borrosa en las fotocopias? ¿Y Jorge Blanco Villegas? ¿Y Jorge Herrera Vegas? ¿Y Ricardo Carrasco? ¿E Isabel Santos? ¿Y qué cosa era Daforel, una compañía que había hecho varias transferencias, entre ellas una de 396 mil dólares en diciembre de 1994? ¿Y Forex?

Balaguer, el asesor contable de los diputados argentinos, viajó a Washington D.C. a fines de 2000 para ayudar a sus colegas norteamericanos a contestar estas preguntas. Tras examinar los documentos, Balaguer les comentó, a través de un intérprete, que en esa lista había de todo: algunos eran políticos y empresarios de buena reputación, otros sospechosos de corrupción, y otros hasta buscados por la Justicia.

¿Alcorta? Había un Gastón Figueroa Alcorta que era funcionario del gobierno de Menem, y que según la prensa argentina había recibido en su cuenta del Citibank en Nueva York una parte de los sobornos pagados por IBM o sus contratistas para ganar un gigantesco contrato del Banco Nación, informó el asesor legislativo argentino, según una persona que participó en la reunión. ¿Ricardo Handley? Había un Ricardo Handley que fue el presidente de Citibank argentina, y luego del CEI. ¿Marcelo Sánchez? Había un Marcelo Sánchez que era director del Banco de la Ciudad de Buenos Aires. ¿Enrique F. Petracchi? Había un Enrique Petracchi que era un juez de la Corte Suprema de Justicia. ¿Vicente Mastracola? Había un gremialista del mismo nombre que era un dirigente del gremio de los plásticos, y conocido como un incondicional de Menem.

¿Y quién era Carlos F. Carballo? Había un Carlos A. Carballo que había sido viceministro de Economía, y luego viceministro de Defensa durante el gobierno de Menem, y que tenía un hijo de nombre Carlos F. Carballo, continuó Balaguer, mientras los investigadores del Senado, abrumados por la avalancha de datos, tomaban nota de todo. ¿Nicolás Becerra? Había un Nicolás Becerra que era el actual procurador general de la Nación. ¿Alberto

Kohan? Había un Alberto Kohan que·fue el todopoderoso secretario privado del presidente Menem. ¿Jorge Blanco Villegas? Había un Jorge Blanco Villegas que era el presidente de la Unión Industrial Argentina. ¿Jorge Herrera Vegas? Había un diplomático del mismo nombre que había sido nombrado embajador argentino en Brasil en 1997.

Otros nombres hicieron levantar las cejas aun más a los miembros del Subcomité del Senado norteamericano. Cuando preguntaron quién era Ricardo Carrasco, se enteraron de que había un Ricardo Carrasco, nacido en Uruguay, que había sido jefe del Departamento de Banca Privada de Bank Boston en Nueva York, y que ahora era un fugitivo de la Justicia de Estados Unidos. Carrasco había desaparecido en Nueva York el 19 de febrero de 1998, cuando sus superiores buscaron para pedirle explicaciones por un dudoso préstamo de 62 millones de dólares a un cliente argentino. Poco después, el banco había demandado a Carrasco por 73 millones de dólares en préstamos irrecuperables, y el FBI comenzó a buscarlo por toda América Latina. Según el Bank Boston, Carrasco le había prestado el dinero a Oldemar Carlos Barreiro, un paraguayo naturalizado en la Argentina que se había acercado a Menem en la provincia de La Rioja alrededor de 1988, y que había sacado una revista promenemista con créditos del Banco de La Rioja. El Banco de La Rioja lo demandó poco después por no pagar sus deudas, y el Banco Central de la Argentina lo inhabilitó para operar en el mercado financiero argentino, pero Barreiro había logrado revertir la decisión del Banco Central y hacia fines de 1998 continuaba "su acto de [magia] Houdini con el sistema de justicia argentino, viviendo a lo grande", según señaló *The Boston Herald* el 19 de octubre de 1998. Los movimientos de la cuenta "Federal Bank Ltd." en el Citibank mostraban que Carrasco había utilizado esa cuenta frecuentemente en los últimos años, y había hecho depósitos por más de un millón de dólares en ella entre 1995 y 1997.

En cuanto a Isabel Santos, había una Isabel Santos que era nada menos que la viuda de Pablo Escobar, el narcotraficante colombiano que antes de su muerte había sido el capo del narcotráfico más buscado del mundo. Daforel, a su vez, era una compañía fantasma o una cuenta de paso muy conocida en la Argentina: había aparecido en los principales escándalos político-financieros de la Argentina en los últimos años, incluido el caso IBM-Banco Nación, el del tráfico de armas a Croacia y Ecuador, y el conocido como la "mafia del oro", por el cual funcionarios gubernamentales fueron implicados en un fraude de exportaciones ficticias de oro a

Estados Unidos. Forex, otra compañía misteriosa que aparecía en los movimientos de cuenta del Federal Bank Ltd., llevaba el mismo nombre de una financiera de Buenos Aires cuyos dueños habían huido de la Argentina en 1999 tras denuncias de fraude, según había reportado el diario *La Nación* el 6 de enero de 1999.

Los investigadores del Senado norteamericano analizaron detalladamente las informaciones del Balaguer. Algunas de las explicaciones del enviado de los legisladores argentinos no les sonaron demasiado convincentes. Balaguer decía, por ejemplo, que Isabel Santos era la viuda de Pablo Escobar, lo que —de ser verdad— indicaría que la cuenta del Federal Bank Ltd. en Citibank, al igual que las de Casa de Cambio y M.A. Bank, había sido utilizada para lavar dinero del narcotráfico. Sin embargo, Gustitus, la jefa de Roach, había sido informada por una fuente del Banco República que la Isabel Santos de la cuenta del Federal Bank Ltd. era otra señora con el mismo nombre, que vivía en Estados Unidos y no tenía nada que ver con la viuda del narcotraficante colombiano.

Balaguer protestó: había demasiadas similitudes, como el hecho de que Santos había comenzado a girar dinero a través de la cuenta del Federal Bank Ltd. en 1994, el mismo año en que había llegado a la Argentina la viuda del narcotraficante Escobar. Sin embargo, según un testigo presencial de la conversación, Gustitus aceptó la información de su fuente del Banco República, y el Subcomité del Senado resolvió en principio no ahondar demasiado en ese caso.

Pero hacia fines de 2000, los investigadores del Subcomité del Senado habían encontrado suficientes similitudes entre las cuentas de Casa de Cambio-M.A. Bank y la de Federal Bank Ltd. en el Citibank de Nueva York como para considerar incluir ambas en su investigación. En ambos casos, Citibank había aceptado cuentas de corresponsalía bancaria con "bancos" de paraísos fiscales caribeños que no tenían edificios ni oficinas, que tenían todo el aspecto de ser "bancos fantasmas", y que movían enormes sumas de dinero que en por lo menos algunos casos parecían provenir de actividades ilícitas.

Refiriéndose al M.A. Bank, al Federal Bank Ltd. y a otros dos bancos registrados en paraísos financieros del Caribe, el informe final del Subcomité, dado a conocer el 5 de febrero de 2001, diría que "ninguno de estos cuatro bancos fantasmas tenía oficinas donde llevaban a cabo actividades bancarias, y ninguno tenía un plantel de empleados. La ausencia de una oficina con presencia física y empleados ayudó a estos bancos fantasmas a evitar la supervisión de sus actividades, al hacer más difícil para los reguladores bancarios y otros monitorear sus actividades bancarias, inspeccionar sus archivos e interrogar a su personal". El informe de 59 hojas, titulado "Corresponsalías bancarias y lavado de dinero", concluyó que "la evidencia muestra que estos bancos tenían escasos o nulos controles administrativos o sistemas para detectar el lavado de dinero, y sin embargo manejaron millones de dólares en fondos sospechosos, compilando una trayectoria de actividades sospechosas asociadas con el narcotráfico, fraude financiero y otras conductas impropias".

En el caso de las cuentas de Casa de Cambio y M.A. Bank, habían sido utilizadas para mover fondos de la droga. En el caso de la cuenta del Federal Bank Ltd., había sido utilizada por South Pacific Trade, Daforel, Forex y otras compañías que estaban siendo investigadas en relación a varios delitos, incluidos los sobornos a funcionarios oficiales. La pregunta para Citibank, decían los investigadores del Senado, era si cualquier persona podía abrir una sociedad en las Islas Caimán, ponerle el nombre de un banco y abrir una cuenta de "corresponsalía bancaria" en Nueva York. ¿Qué estaba haciendo Citibank para evitar que los bancos fantasmas se aprovecharan de su sistema de corresponsalías bancarias para lavar dinero?

El misterioso banquero Moneta

Al examinar la documentación que habían requerido del Citibank, los investigadores del Subcomité del Senado se encontraron a fines de 2000 con un dato que les llamó la atención: Citibank había mentido a los reguladores bancarios argentinos sobre cuánto sabía acerca del Federal Bank Ltd. En efecto, cuando el Banco Central argentino le había pedido por escrito al Citibank información sobre quiénes eran los verdaderos dueños del Federal Bank Ltd., en medio del escándalo financiero a raíz del colapso de los bancos Mendoza y República del misterioso banquero Moneta, Citibank había respondido que "nuestros archivos no contienen información que podría permitirnos determinar la identidad de los accionistas del banco referido".

¿Cómo podía Citibank decir eso, cuando no era ningún secreto dentro del banco que la entidad denominada Federal Bank Ltd. de Bahamas pertenecía al grupo Moneta, el ex presidente de la subsidiaria del Citibank en la Argentina, CEI?, se preguntaron de inmediato los investigadores del Senado. Un informe interno del Subcomité que llegó a mis manos señaló que "Citibank envió esa respuesta al Banco Central [argentino] a pesar de tener clara información en sus propios archivos que identificaba a los dueños del Federal Bank".

El informe continuaba diciendo que cuando los investigadores del Senado le pidieron explicaciones sobre la carta a un gerente del Citibank a cargo de la cuenta "Federal Bank Ltd.", este último respondió que "pensábamos que el Banco Central [argentino] estaba maquinando algo" contra el Citibank o su cliente. Según el informe interno del Subcomité, "luego de discutir el tema más en detalle, el gerente de la cuenta dijo que ahora reconoce que Citibank debió haber respondido la carta 'de otra manera', y que Citibank 'debió haber hecho más'".

¿Una conspiración político-financiera?

Los legisladores argentinos, a su vez, iban mucho más lejos: no sólo veían negligencia de parte de Citibank, sino una gigantesca conspiración político-financiera, en la que involucraban al mismísimo presidente del Citibank, John Reed. Entre los cientos de documentos incautados por el Subcomité del Senado, decían, se había encontrado un memorando interno del Citibank indicando que Reed era amigo de Moneta, y que eso había avalado la relación del banco con el banquero argentino.

A su regreso de un segundo viaje a Washington D.C., donde se había reunido con el senador Levin el 13 de noviembre de 2000, Carrió me había señalado, refiriéndose a los dineros del Federal Bank, que "evidentemente, estábamos frente a una organización criminal, que producía el dinero proveniente de la evasión, del tráfico de armas, de la corrupción, giraba a través de la banca offshore, o sea el Federal Bank, se lavaba vía Citibank de Nueva York, y volvía para ser dirigido a inversiones". En otras palabras, dijo, "el Federal Bank y el Banco República fueron los bancos lavadores por excelencia del poder en la Argentina en los últimos diez años".

Moneta, sin embargo, se decía víctima del juez Leiva, al que estaban apoyando los dos legisladores que habían viajado a Washington. Según adujo el banquero en una larga entrevista telefónica, el juez había querido extorsionarlo, supuestamente pidiendo tres millones de dólares para no dictarle una orden de arresto. "Nos trató de sacar dinero, y yo me negué rotundamente", me aseguró. Tras ser acusado por Leiva de "subversión económica" por el cierre del Banco República en 1999, Moneta había pasado a la clandestinidad por siete meses. Luego regresó a la luz pública con un ejército de abogados para arremeter contra sus detractores y, según decía, tratar de limpiar su nombre.

Cuando le pregunté por Federal Bank Ltd., Moneta aseguró que "no soy dueño, ni director, ni gerente ni nada de ese banco", y agregó que "decir que Federal Bank Ltd. era lavador de dinero es una infamia". Según él, Federal Bank Ltd. era otro más de los 250 bancos corresponsales, que había tenido el Banco República en todo el mundo, que realizaba operaciones perfectamente legales. Y en cuanto a su presunta condición de testaferro de Menem o lavador de dinero del ex presidente, Moneta se describió como un amigo más: "Menem era un hombre que estaba abierto al diálogo con todo el mundo. Todos los empresarios de este país tienen una buena relación con Menem". Los defensores de Moneta, que no eran muchos, señalaban que lejos de ser un prestanombres, era un abogado y escribano que había hecho estudios de posgrado en Administración de Empresas en la Universidad de Stanford y en Harvard, y luego había hecho una fortuna como banquero y empresario.

Los investigadores del Senado norteamericano no tenían el tiempo ni los medios para investigar quién decía la verdad, aunque después de un año de estudiar el caso y revisar los documentos internos del Citibank estaban convencidos de que Moneta era el propietario del Federal Bank Ltd., según me señalaron Roach y Gustitus pocos días antes de terminar su informe. Por lo pronto, preferían concentrarse en el dato básico y que más les interesaba: el hecho de que Citibank había abierto una cuenta a un "banco" corresponsal que parecía no ser más que una placa de metal, y que movía cientos de millones de dólares de los que poco o nada se sabía.

Según concluiría el Subcomité en su informe final del 5 de febrero de 2001: "Los bancos de Estados Unidos, mediante las cuentas de corresponsalía bancaria de bancos extranjeros, han servido de canales para que ingrese dinero sucio en el sistema financiero norteamericano. Como resultado, han facilitado emprendimientos ilícitos, incluyendo el narcotráfico y fraudes financieros".

La explicación de Citibank

¿Qué decía Citibank a todo esto? Tras meses de insistencia, logré que Joseph "Joe" Petro, el director mundial de vigilancia antilavado de dinero del Citibank en Nueva York, me explicara en detalle la posición del banco respecto de las acusaciones de los investigadores del Senado. Según Petro, un ex agente del Servicio Secreto de Estados Unidos especializado en lavado de dinero, los investigadores legislativos tenían toda la razón del mundo en reclamar que los grandes bancos observaran estrictamente el principio de "Conoced a vuestro cliente". Pero una cosa era cuando había un cliente de carne y hueso, y otra cosa muy distinta cuando el dinero provenía de otro banco. ¿Qué podía hacer Citibank para averiguar sobre el origen de fondos que le llegaban de Bank of America, o algún otro banco corresponsal de buena reputación? "Ésta es un área muy difícil, porque no estás hablando de conocer a tu cliente sino de conocer al cliente de tu cliente", me señaló.

Tenía razón. Pero una cosa era recibir fondos del Bank of America, y otra muy distinta era recibir fondos de un banco fantasma registrado en Gran Caimán, repliqué. ¿Acaso no era responsabilidad de Citibank asegurarse de que sus "bancos" corresponsales fueran reales y legítimos, como decía el Subcomité del Senado en su informe final? Petro no accedió a referirse a ningún caso específico, pero otras fuentes familiarizadas con el tema me señalaron que Citibank había aceptado las cuentas de M.A. Bank y Federal Bank Ltd. porque estaban bajo la órbita de instituciones financieras reconocidas y de larga trayectoria comercial en la Argentina. Citibank había considerado que, de la misma manera en que aceptaba una cuenta de una filial del Bank of America en Bahamas, no podía dejar de aceptar una cuenta de Mercado Abierto en Gran Caimán. Según los abogados de Citibank, lo contrario sería discriminatorio hacia los países o los bancos de menor tamaño.

Pero según los investigadores del Senado, no era lo mismo. Había una diferencia fundamental: Bank of America o Chase Manhattan eran bancos que estaban sujetos a reguladores bancarios de Estados Unidos, que les imponían estrictos controles contra el lavado de dinero. Mercado Abierto o la empresa madre de Federal Bank, en cambio, no eran bancos sino instituciones financieras que no estaban sujetas a los controles más laxos. Las dos compañías financieras argentinas no estaban sujetas a inspecciones de los examinadores bancarios del gobierno argentino, sino a otros controles —más débiles— para empresas financieras, decían. Considerando esta diferencia, ¿no sería necesario que Citibank investigara a los "bancos fantasmas" antes de abrirles una cuenta?, le pregunté a Petro.

El alto ejecutivo del Citibank respondió que, hablando en términos generales, estaba de acuerdo. "Nosotros deberíamos conocer a nuestros clientes. Como institución financiera, deberíamos hacer el mismo tipo de averiguaciones con bancos corresponsales que hacemos con cualquier otro cliente". Concretamente, aunque la ley todavía no lo exigía, "deberíamos asegurarnos que estas instituciones son lo que dicen ser, y que sus funcionarios y registros sean reales". ¿Significaba eso que Citibank o cualquier otro banco de Estados Unidos debería cerciorarse de que los bancos de los paraísos fiscales no fueran fantasmas?, pregunté. "Sí", respondió.

Pero el jefe de controles internos antilavado de dinero del Citibank reconoció que no sería fácil imponer esta nueva cultura de un día al otro. Citibank, por su enorme tamaño, estaba más expuesto que la mayoría de los bancos a ser utilizado por bancos fantasmas para lavar dinero sucio. "Lo que estamos haciendo es tratar de educar a nuestra gente lo mejor que podemos. La realidad es que los banqueros no cobran su sueldo para vigilar que se cumplan las leyes: cobran su sueldo para hacer negocios. De manera que lo que se trata es que hagan ambas cosas", me señaló Petro. Y en eso se había progresado, dijo.

"Creo que los banqueros están reconociendo la importancia de combatir el lavado de dinero, y que están cada vez más dispuestos a rechazar dinero sospechoso, aunque sepan que los potenciales clientes van a cruzar la calle y depositar su dinero con la competencia. Para nosotros, éste es un enorme desafío, sin ninguna duda", agregó Petro. Las reservas del Citibank, sin duda, eran comprensibles. Y la mayoría de los investigadores norteamericanos con los que hablé me admitieron privadamente que Citibank estaba haciendo grandes progresos, aunque no tan rápido como ellos lo deseaban, o como el problema de la corrupción internacional lo requería.

El senador Levin responde

Para el senador Levin, el demócrata de Michigan que había impulsado las investigaciones del Subcomité sobre las corresponsalías bancarias, era necesario aprobar nuevas leyes que obligaran a los bancos norteamericanos a ejercer mayores controles. Levin era un hombre de 65 años con un mechón de pelo que peinaba de un extremo a otro de la cabeza y anteojos de lectura que llevaba a media nariz, lo que contribuía a darle un aspecto general de profesor distraído. Llevaba más de dos décadas en el Senado y tenía la reputación de un "duro" en el combate contra la corrupción. Había sido el artífice, entre otras, de la ley que protegía a los empleados gubernamentales que denunciaran fraudes en el servicio público y de las reformas para hacer más transparentes las contribuciones monetarias o regalos a miembros del Congreso.

En los últimos años, había volcado parte de su interés a los grandes bancos. En 1999, había encabezado la investigación legislativa sobre los depósitos de Raúl Salinas en Citibank, y sobre el lavado de dinero a través de la banca privada internacional. Las audiencias lo habían convencido de que, a pesar de todas las regulaciones existentes, los delincuentes internacionales todavía podían lavar dinero fácilmente a través de los bancos norteamericanos.

En noviembre de 2000, había ordenado una investigación sobre un emigrante ruso, Irakly Kaveladze, que registró dos mil corporaciones anónimas en Delaware para clientes rusos, y luego abrió cuentas para muchas de ellas en el Citibank de Nueva York y el Commercial Bank de San Francisco. La investigación reveló que los bancos norteamericanos habían abierto estas cuentas sin saber quiénes eran los verdaderos dueños de estas corporaciones, ni la procedencia de sus fondos. El Citibank de Nueva York había recibido depósitos de 800 millones de dólares en 136 de estas cuentas, y gran parte del dinero había sido transferido posteriormente al exterior. Tras la investigación, Citibank admitió, en una carta de 15 páginas, que "mirando hacia atrás, está claro que nuestros sistemas y procedimientos de control no fueron suficientes para detectar la naturaleza y tamaño de esta relación" con Kaveladze. "Considerando los adelantos en nuestros sistemas y procedimientos, estamos confiados en que podríamos detectar actividades cuestionables y tomar medidas más rápidamente si una situación similar ocurriera hoy en día".

Para Levin, el caso de los "bancos" argentinos con sede en paraísos fiscales que tenían cuentas de corresponsalía en el Citibank de Nueva York no era muy diferente. "El sistema [de controles] no funciona para nada", me señaló el senador en una entrevista. Aunque la oficina del Contralor de la Moneda de Estados Unidos había emitido un folleto de 100 páginas en septiembre de 2000 con "orientaciones" sobre cómo los bancos debían monitorear a sus bancos corresponsales, Levin estaba convencido de que pocos estaban siguiendo estas recomendaciones.

"No son obligatorias. Deberían ser obligatorias", me dijo el senador, agregando que ése era el propósito de un proyecto de ley que había presentado. "Es obvio que muchos bancos de Estados Unidos no están haciendo las averiguaciones necesarias cuando sus clientes son otros bancos. Y eso significa que estos últimos pueden hacer grandes depósitos de dinero y convertirse en correas de transmisión para el lavado de dinero. Entonces, nuestros bancos terminan ayudando, sin quererlo la mayoría de las veces, pero ayudando al fin, al lavado de grandes cantidades de dinero mediante el mecanismo de corresponsalías bancarias".

¿Cómo evitarlo? Muy fácil: obligando a los bancos norteamericanos a conocer mejor a sus bancos corresponsales, monitorear sus cuentas y no aceptar cuentas de "bancos" en paraísos fiscales que no están sujetos a regulaciones estrictas contra el lavado de dinero, dijo Levin. ¿Y quién se estaba oponiendo a su proyecto? "La industria bancaria", respondió el senador. "A la industria bancaria no le gusta la intromisión regulatoria del gobierno. Quieren la mayor libertad posible. También temen ser dejados en una posición de desventaja competitiva respecto a bancos de otros países, y ésa es una preocupación legítima".

Levin no tenía nada personal contra Citibank o contra la industria bancaria. "Los bancos legítimos no son gente que está involucrada en actividades criminales. Son gente que está tratando de hacer negocios como instituciones legítimas, y que no quieren ser puestos en una situación de desventaja", señaló. Era un dilema parecido al que se había discutido años atrás, cuando se habían prohibido los sobornos y las multinacionales norteamericanas argumentaron que se les haría difícil competir con empresas europeas que podían hacerlo, señaló Levin. Sin embargo, la ley antisobornos se había aprobado a fines de la década del setenta, y con el tiempo resultó ser un paso positivo.

¿Qué lo había motivado a interesarse en el tema de lavado de dinero de la corrupción?, le pregunté. "Es importante que no seamos hipócritas, porque estamos pregonando la lucha contra el lavado de dinero en todo el mundo, y hete aquí que tenemos un problema muy grande en casa. En segundo lugar, tendríamos que predicar con el ejemplo, ya que somos el país, o por lo menos uno de los países, cuyos bancos tienen mayores depósitos en todo el mundo. Si estamos seriamente comprometidos en erradicar el narcotráfico, la corrupción oficial, los sobornos a funcionarios públicos, el robo a los tesoros nacionales y todo eso, tenemos que imponernos los parámetros más altos".

Levin era un idealista, a quien algunos críticos calificarían de ingenuo, y otros de presumido. Sin embargo, tenía una reputación de hombre íntegro, y me dio toda la impresión de hablar con sinceridad. Cuando le volví a preguntar qué otra cosa lo había motivado a iniciar estas investigaciones, lo pensó unos segundos y dijo: "Supongo que tiene que ver con mi creencia de que deberíamos ser un país que realmente lucha por los valores más elevados de este mundo, como los derechos humanos, la libertad y la democracia. Fui entrenado a creer que deberíamos luchar por estos valores, y éste es uno de ellos: no deberíamos contribuir a que funcionarios corruptos, narcotraficantes o criminales de cualquier tipo se salgan con la suya, aquí o en cualquier parte del mundo".

LIBRO II

Capítulo 4

LOS ESCÁNDALOS DE IBM

Como la mayoría de sus colegas en el Congreso, Roach no sólo nunca había oído hablar de los escándalos de corrupción de la IBM en la Argentina, sino tampoco de los que se le habían imputado a la empresa en México y Perú. Recién se había enterado de los mismos en el año 2000, mientras investigaba las relaciones de corresponsalía bancaria de Citibank, cuando la diputada Carrió le había mencionado que IBM había pagado parte de sus sobornos a funcionarios argentinos por medio de cuentas en Citibank de Nueva York. En efecto, se habían transferido un millón de dólares de los sobornos del contrato de IBM a la cuenta del Federal Bank Ltd. en Citibank de Nueva York. Y también se estaba investigando el pago de otros 520 mil dólares de dichos sobornos a la cuenta del IFE Intercontinental Banque en el mismo Citibank de Nueva York.

En noviembre de 2000, Roach obtuvo la prueba que necesitaba para convencerse de que no se trataba de especulaciones de los legisladores argentinos: una copia del fax enviado por el juez argentino que estaba investigando el caso de IBM al Departamento de Justicia, en el que solicitaba ayuda para averiguar quién era el dueño de la cuenta del Federal Bank. El fax, fechado el 9 de septiembre de 2000, pedía información sobre la cuenta No. 3601-7146 del Citibank en Nueva York. Dicha cuenta había recibido el millón de dólares el 5 de octubre de 1994, y el juez sospechaba que el dinero era parte de los sobornos pagados por IBM o sus intermediarios para obtener un contrato de 250 millones de dólares con el Banco Nación. El juez argentino creía que dicha cuenta pertenecía a un funcionario argentino que había recibido el soborno, pero necesitaba que se levantara el secreto bancario sobre la cuenta para saber quién era.

Roach pronto se enteró de que había por lo menos media docena de escándalos que involucraban a IBM en la prensa latinoamericana. Por el momento, el Subcomité del Senado no podía dedicarse al tema, ya que tenía las manos llenas con la investigación sobre las corresponsalías bancarias. Pero Roach comenzó a juntar material sobre el caso IBM. No había duda de que el escándalo planteaba serios interrogantes sobre si IBM había violado las leyes antisoborno de Estados Unidos. Cuanto más información recibía, más sorprendido estaba de la poca cobertura que el caso había tenido en su país. Con razón o sin ella, IBM parecía haber convencido a quienes se habían interesado en el asunto de que las investigaciones latinoamericanas estaban motivadas políticamente y que no debían ser tomadas en serio en Estados Unidos.

Un historial de honestidad

De hecho, que una empresa con la imagen de IBM fuera acusada de corrupción era algo difícil de creer. La empresa siempre se había ufanado de ser un ejemplo de decencia corporativa. Su fundador, Tom Watson Sr., un cristiano devoto que había fundado la compañía en Nueva York en 1911, estaba tan obsesionado con el tema de la moralidad que había llegado incluso a prohibir el consumo de vino y licores no sólo en las comidas de trabajo, sino también en las fiestas de la empresa fuera de horarios de trabajo. Watson había insistido tanto en el tema de la ética empresarial que sus críticos lo acusaban a menudo de perder lucrativos contratos por negarse a pagar sobornos, o involucrarse en negocios dudosos. Pocas empresas norteamericanas tenían reglamentos internos tan espartanos como IBM.

"En los cincuenta y los sesenta existía algo así como una personalidad IBM: uno podía distinguir a los empleados de la IBM por cómo se vestían", me señaló Robert Sobel, un profesor de la Hofstra University y autor del libro *IBM: Coloso en transición*, publicado en 1981. "La gente de IBM no sólo tenía que vestirse de traje y corbata, sino que tenía que ser traje negro y camisa blanca. Era algo así como un uniforme. Además, tenían que ser delgados. A la empresa no le gustaban los gordos. Y, por supuesto, no se podía tomar alcohol".

Después del reinado de Tom Watson Sr., su hijo Tom Watson Jr. se hizo cargo del departamento de operaciones locales de la empresa, mientras que su hermano Dick, con el apoyo de un ejecutivo francés, tomó el mando de la división internacional. En los años ochenta, IBM se vio en aprietos ante la creciente competencia de los fabricantes de software, y en 1993 la empresa contrató a su primer presidente que venía de afuera. Se trataba de Louis V.

Gerstner, un ejecutivo que se había iniciado en la industria del espectáculo, y cuyo último trabajo había sido como presidente de RJR Nabisco. Al anunciarse su nombramiento en IBM, los más escépticos lo habían visto como un "vendedor de galletas" que inevitablemente se encontraría perdido en el mundo de la tecnología. Pero ocurrió todo lo contrario: en el lapso de unos pocos meses, Gerstner logró incrementar las utilidades y convertir nuevamente a IBM en una empresa pujante, principalmente mediante la eliminación de empleos y cambiando la estrategia de la compañía. Bajo Gerstner, IBM disminuyó su tradicional rol de proveedora de maquinarias de computación para convertirse en una empresa de servicios de computación.

Escándalo en México

Una de las primeras veces en que IBM se vio envuelta en un escándalo de corrupción en América Latina fue en México, en 1992. En noviembre de ese año, Kaveh Moussavi, representante de ventas de IBM con sede en Londres, se reunió en la recepción del hotel Nikko de Ciudad de México con tres hombres que se identificaron como funcionarios del gobierno. Según Moussavi, los funcionarios le exigieron un millón de dólares a cambio de que el gobierno le otorgara a IBM un contrato de 21 millones de dólares para un sistema de radar para controlar el tráfico aéreo. Moussavi dice que, acto seguido, fue a su habitación para llamar a sus superiores en IBM, mientras los tres visitantes lo esperaban abajo. Luego, al regresar a la recepción, cuando Moussavi les exigió pruebas de que eran funcionarios mexicanos —y no agentes encubiertos de México o Estados Unidos— los hombres se habían negado a mostrar sus credenciales y abandonaron el hotel. Tampoco volvieron a llamar en los próximos días.

Diez días después, la licitación fue cancelada, aparentemente porque ninguna de las firmas que se habían presentado reunía las especificaciones técnicas necesarias. Algunos meses después, el contrato fue otorgado a Thompson S.A., una empresa del gobierno francés, y a Alenia, una empresa italiana.

Furioso por haber perdido su comisión de venta, Moussavi le contó la historia al periódico *The Financial Times* en febrero de 1993, causando un escándalo internacional. IBM México, que tenía otros contratos lucrativos con el gobierno mexicano, emitió un comunicado negando que la corporación hubiera sido contactada por funcionarios mexicanos solicitando sobornos. En otra comunicación a las autoridades mexicanas, IBM México lamentó "la confusión y los problemas" causados al gobierno por dichas acusaciones.

Moussavi reaccionó con mayor enojo aún, diciendo que el funcionario de la IBM con el que él había hablado por teléfono, mientras los tres presuntos enviados del gobierno lo esperaban en la recepción del hotel, había sugerido que ofreciera pagar el soborno.

A medida que el conflicto entre Moussavi e IBM subía de tono, salían a la luz nuevos detalles que parecían indicar que si bien la empresa no ofrecía sobornos, tampoco denunciaba intentos de extorsión del gobierno.

Moussavi señaló que el 16 de diciembre de 1992 había recibido un fax de Roger Boyd, ejecutivo de IBM, diciendo que "estoy casi seguro de que la cancelación de la licitación fue instrumentada por alguna persona influyente que estaba buscando una forma de bajar el precio". Moussavi agregó que no había duda de que "IBM sabía que todo el proceso era altamente corrupto".

La historia causó revuelo en México porque parecía confirmar los rumores de que había una enorme corrupción en las altas esferas del gobierno de Carlos Salinas. Pero, al mismo tiempo, surgían varias preguntas espinosas. ¿Había decidido IBM hacer la vista gorda al contrato del sistema de radar de tráfico aéreo para no perder otros jugosos contratos gubernamentales en el futuro? ¿Era cierto que un funcionario de la IBM le había sugerido antes a Moussavi pagar el millón de dólares para ganar el contrato?

Según Moussavi, el funcionario de IBM con el que había tenido la conversación telefónica desde su cuarto del hotel Nikko le había dicho algo así como "pagalo... para facilitar las cosas, para allanar el camino, para que IBM tenga mejores posibilidades" de ganar la licitación. Robeli Libero, el gerente general de IBM para América Latina, negó la historia, diciendo que IBM nunca se prestaría a un plan de sobornos. Preguntado en el programa de televisión "60 Minutos" de la cadena CBS acerca de la presunta conversación telefónica relatada por Moussavi, Libero dijo que "podría haber sucedido como una conversación privada, pero yo nunca me había enterado del tema anteriormente".

Años después, en una entrevista telefónica desde Londres a fines de 2000, Moussavi me dijo que un funcionario del gobierno de Salinas posteriormente le había ofrecido 5 millones de dólares "para que me calle la boca", y que tras su negativa había sido objeto de amenazas de muerte. "Cuando Salinas se alejó del poder, dejé que el asunto pasara al olvido. Pero le puedo asegurar categóricamente que cada palabra, coma y apóstrofo que dije en ese entonces era absolutamente cierto".

En 1996, otro contrato de IBM en México acaparó los titulares de los periódicos. Esta vez se trataba de un acuerdo entre la empresa norteamericana y la Procuraduría General de México, por 26.6 millones de dólares para la compra de 2.100 computadoras y el entrenamiento del personal de la sede central del organismo y sus varias dependencias. En 1998, después de que el líder del Partido de la Revolución Democrática (PRD) de centro-izquierda Cuauhtemoc Cárdenas fuera elegido regente de la Ciudad de México y sus asesores empezaran a investigar las finanzas de la alcaldía, la nueva administración presentó cargos judiciales contra IBM y los ex funcionarios del Partido Revolucionario Institucional (PRI) que habían firmado el contrato durante la administración anterior de la ciudad.

"Descubrimos que el contrato no había sido sometido a licitación, y que los equipos tenían serios problemas" —me señaló Samuel Del Villar, el procurador general capitalino. "La gente iba a alguna de nuestras oficinas a denunciar un crimen y se encontraba con que el sistema se caía cuatro veces seguidas. A las víctimas de crímenes no les quedaba más remedio que irse y regresar otro día para hacer la denuncia". De acuerdo a Del Villar, un estudio del contrato había revelado que las computadoras habían sido sobrevaluadas, y que los funcionarios de la procuraduría capitalina no habían recibido el entrenamiento acordado. A raíz de la investigación, el 17 de junio de 1998, los agentes de Del Villar llevaron a cabo una muy publicitada redada a la sede central de IBM en México, expidiendo poco después órdenes de arresto contra tres altos ejecutivos de IBM México.

IBM negó los cargos, señalando que el contrato había sido aprobado no sólo por el anterior gobierno de la Ciudad, sino por una comisión especial del gobierno encargada de monitorear adquisiciones del Estado. En privado, funcionarios de IBM señalaron a los periodistas —y muchos mexicanos, sobre todo del sector privado, les dieron la razón— que detrás de la denuncia había intereses políticos. Cárdenas ya estaba preparando su candidatura presidencial por el PRD para las elecciones de 2000, y quería presentarse como un campeón en la lucha contra la corrupción. Sin duda, la oportunidad de investigar contratos dudosos del PRI con una multinacional norteamericana constituía una excelente plataforma para ganar votos en México.

Tras algunas semanas de forcejeos legales, Del Villar e IBM llegaron a un acuerdo en una reunión en la sala de conferencias de la Procuraduría General de la Ciudad de México el 21 de julio de 1998. Según dos funcionarios que participaron en la reunión, IBM había exigido que los términos del acuerdo de resolución del conflicto permanecieran confidenciales. Las dos partes redactaron un comunicado conjunto de cuatro párrafos, en el que señalaban solamente que "IBM y el Procurador General de Ciudad de México llegaron a un acuerdo para la modernización tecnológica de la institución". La declaración conjunta omitía el monto de la operación, señalando solamente que el objetivo era proveer "lo antes posible los equipos, programas y sistemas necesarios" para que la Procuraduría pudiera cumplir sus funciones.

Sin embargo, horas después, un sonriente Del Villar convocaría a una conferencia de prensa para anunciar que, según el acuerdo de resolución del conflicto con IBM, la empresa norteamericana le devolvería a la alcaldía 26.6 millones de dólares en productos y servicios, además de 11 millones de dólares adicionales en concepto de daños. "El monto total que IBM acordó pagarle a la oficina del procurador general asciende a 37.6 millones de dólares", señalaba un comunicado distribuido durante la conferencia de prensa.

¿Había violado Del Villar su compromiso de confidencialidad con IBM? Gastón Villegas, uno de los principales colaboradores de Del Villar, que había estado presente en la reunión con los ejecutivos de IBM, me respondió que "los términos de confidencialidad del acuerdo determinaban que ambas partes se abstuvieran de dar a conocer el contenido de dicho acuerdo, a menos que fuera necesario hacerlo por exigencias de trabajo". Del Villar me agregó, con una sonrisa pícara, que como funcionario público estaría violando la ley si se negara a responder preguntas sobre licitaciones públicas. "En nuestra posición de funcionarios públicos debemos asegurarnos de que el pueblo sepa lo que hacemos con su dinero", explicó. En otras palabras, el equipo de Del Villar había filtrado la noticia a periodistas amigos tras la reunión con IBM, invitándolos a preguntarle al procurador sobre los detalles del contrato. Y el procurador, tan apegado al cumplimiento de la ley, no había podido hacer otra cosa que divulgar todos los detalles del acuerdo.

Controversia legal en Perú

En esa misma época, la empresa norteamericana tenía una controversia legal en Perú y una serie de megaescándalos en la Argentina. En Perú, el problema se armó por un contrato de 12 millones de dólares del Registro Nacional de Identificación y Estado Civil (RENIEC) con IBM para la fabricación de un sistema de libretas electorales mecanizadas para los votantes peruanos. Según un informe confidencial de la Contraloría General de la República de Perú, que llegó a las manos del periódico *El Comercio*, RENIEC no había realizado una licitación pública para el contrato, y se lo había otorgado directamente a IBM. Lo peor, según la Contraloría, era que IBM había hecho las especificaciones del contrato para RENIEC, lo que de acuerdo con la investigación, creaba una "dependencia tecnológica" del estado peruano con la empresa. La Contraloría también había encontrado que el precio pagado a IBM era "significativamente superior" a lo que se debería haber pagado, y que había "indicios" de que directivos de IBM estaban involucrados en la maniobra dolosa. El escándalo llevó a la renuncia de los máximos directivos de RENIEC, uno de los cuales, según reportó la prensa posteriormente, había sido empleado de IBM por muchos años antes de entrar en el gobierno.

Los contratos argentinos

En la Argentina, donde IBM era la principal empresa proveedora de informática para el Estado, estallaron en esa época casi media docena de escándalos sobre contratos de la empresa con el gobierno nacional y gobiernos provinciales. Uno de ellos se centraba en un contrato de 30 millones de dólares entre IBM y la provincia de Mendoza, que un juez comenzó a investigar después de que un legislador mendocino denunciara en 1995 que no había sido ganado por licitación abierta, y que amigos del presidente Menem se habían beneficiado con el negocio. Un año después, otro juez argentino inició una investigación sobre un contrato de 28 millones de dólares entre el Banco de la Provincia de Santa Fe y la IBM. El juez inició la causa tras recibir quejas de que el sistema de computación del banco no funcionaba, y que el banco había perdido gran cantidad de expedientes. Posteriormente, en 1996, otro juez decidió investigar un contrato de 535 millones de dólares entre IBM y la Dirección General Impositiva (DGI), el organismo oficial encargado de la recolección de impuestos. Un equipo de expertos independientes había concluido que el costo del contrato no era "razonable", y que la multinacional había obtenido un provecho desmesurado del 32 por ciento —mucho más que lo usual en un contrato de ese tipo en cualquier parte del mundo— con el acuerdo. Además, fuentes judiciales señalaban que Juan Carlos

111

Cattáneo, subcontratista de IBM y hombre del círculo cercano al presidente Menem, aparecía entre los involucrados en varios de los contratos sospechosos entre organismos gubernamentales e IBM. Ante las crecientes sospechas de que algo raro estaba pasando, el Congreso argentino decidió el 22 de noviembre de 1996 nombrar una comisión especial para investigar todos los contratos de la multinacional norteamericana en la Argentina.

Pero ninguno de los contratos de organismos del Estado argentino con IBM causó tanto revuelo como el firmado por el Banco de la Nación Argentina, la institución bancaria más grande del país, por un monto de 250 millones de dólares, para modernizar el sistema de computación del banco estatal.

A diferencia de los otros contratos bajo la lupa de los investigadores, éste involucraba una muerte sospechosa, una serie de golpizas difíciles de explicar y una madeja de intrigas políticas que parecían sacadas de una película de suspenso. Era la primera vez en la historia reciente de América Latina que una investigación llevó a dos altos funcionarios gubernamentales a declararse culpables de recibir sobornos, y de confesar bajo juramento que habían aceptado el dinero de una importante empresa multinacional. Y el caso dio lugar a una sonada pulseada legal internacional entre la Argentina y Estados Unidos por establecer si altos ejecutivos de IBM en Nueva York habían aprobado los sobornos.

Golpiza a un periodista

La historia macabra —e insólita— del contrato entre Banco Nación e IBM se hizo evidente en la madrugada del 31 de julio de 1996, cuando el periodista Santiago Pinetta fue hallado inconsciente y golpeado en una calle de Buenos Aires. En su pecho, alguien había tallado con un objeto punzante las letras "IBM". El incidente había ocurrido tras una extraña seguidilla de aparentes ataques relacionados con el contrato de IBM con el Banco Nación, denominado Proyecto Centenario.

En una conferencia de prensa convocada horas después del incidente desde su cama de hospital, Pinetta declaró que la golpiza había sido una vendetta por sus constantes denuncias sobre el contrato, y su campaña —que ya llevaba dos años— para que se realizara una exhaustiva investigación judicial del mismo.

Pero la historia de Pinetta y el ataque callejero fueron recibidos con escepticismo por la prensa argentina. El gobierno tachó a Pinetta de impostor, señalando que su libro publicado de 1994 denunciando el Proyecto Centenario había sido prácticamente ignorado por la prensa, y que quizás Pinetta estaba buscando promocionarse. Las autoridades llegaron al extremo de sugerir que las heridas de Pinetta habían sido autoinfligidas. ¿En qué mente cabía, argumentaron, que una de las multinacionales más respetadas del mundo pusiera en peligro su reputación contratando sicarios para torturar a los que la criticaban?

Pinetta, sin duda, era un tipo extraño. Y sus motivos distaban de ser claros. Un periodista semi-retirado de 63 años, quien en algún momento había tenido que declararse en bancarrota, afirmaba haber invertido 24 mil dólares de su propio bolsillo en la publicación de su libro *La nación robada*. Según él mismo me aseguró en una entrevista, el libro sólo le había arrojado 250 dólares de ganancia.

Se trataba de un reportero que nunca había figurado entre las grandes estrellas del periodismo investigativo argentino, pero que sin embargo había logrado revelar jugosos detalles de un contrato gubernamental altamente sospechoso. ¿Pero por qué se había lanzado en una cruzada personal para impulsar la investigación del contrato, haciendo una denuncia ante una Corte federal en 1994? Los periodistas, por lo general, nos limitamos a hacer nuestras denuncias en los medios. ¿Era acaso Pinetta un simple instrumento de funcionarios de la vieja guardia del Banco Nación, que se oponían a una modernización que podría poner en peligro sus puestos?

Aunque las motivaciones de Pinetta dejaban muchas dudas, lo cierto es que ya mucho antes del ataque callejero —que pasó rápidamente al olvido en la Argentina— el contrato del Banco Nación con IBM denunciado por Pinetta tenía muchos aspectos llamativos. En primer lugar, el propio llamado a licitación del banco había sido peculiar. Cuando Banco Nación, después de casi un año de preparativos, se decidió a llamar a licitación para informatizar todas sus sucursales, le dio a las empresas interesadas apenas nueve semanas para preparar pliegos que requerían más de 1.000 páginas de documentos cada uno. Los requisitos fueron anunciados el 28 de octubre de 1993, y la fecha de entrega dispuesta para el 3 de enero de 1994, un lapso brevísimo para completar los requisitos. En círculos de la industria informática argentina, el comentario generalizado era que sólo IBM —de lejos la mayor empresa de informática del país, y una de las pocas en mantener una larga relación de trabajo con Banco Nación— podía cumplir con todos los requisitos en tan poco tiempo.

Luego estaban las sospechas sobre el monto de la licitación.

La propuesta en sobre cerrado y sellado que IBM presentó a Banco Nación el primer día hábil de 1994 era de 255 millones de dólares, una cifra curiosamente parecida al monto sugerido al Banco Nación —oficialmente en secreto— por la consultora internacional Deloitte & Touche. Tiempo después, algunos ejecutivos de Deloitte & Touche habían renunciado repentinamente a sus puestos para convertirse, de la noche a la mañana, en subcontratistas de IBM en el mismo Proyecto Centenario cuyas especificaciones habían ayudado a redactar.

Pero los aspectos dudosos del contrato no terminaban allí. Aun más extraño era el hecho de que IBM, que ganó la licitación sin dificultades y firmó el contrato con Banco Nación el 24 de febrero de 1994, luego subcontrató a una empresa prácticamente desconocida llamada CCR, por 37 millones de dólares, para llevar a cabo parte del proyecto. CCR tenía todas las características de una empresa ficticia: operaba en una oficinita de dos ambientes rentada por 600 dólares mensuales. Sólo había en ella un presidente y su secretaria, que compartían la única línea telefónica de la compañía. Sin embargo, a la empresa le fue de maravillas: en los meses que siguieron a la firma del contrato Banco Nación-IBM, CCR fue el primer subcontratista de IBM en ser pagado, a pesar de que todo parecía indicar que no había realizado ninguna labor.

Los investigadores argentinos no tardaron en descubrir que, en realidad, el misterioso subcontratista no era sino una pieza clave de una intrincada red de sobornos a través de la cual 21 millones de dólares de IBM terminaron en los bolsillos de los directores de Banco Nación que habían aprobado el contrato IBM-Banco Nación, y que tenían estrechos lazos con el gobierno menemista.

Los detalles del contrato no tardaron en conocerse, convirtiéndose rápidamente en uno de los mayores escándalos político-financieros de la Argentina. No sólo se vieron implicados funcionarios del gobierno, ejecutivos de IBM y directivos del Banco Nación, sino que pronto aparecería muerto —en un aparente suicidio que sus allegados sospechaban fue un asesinato— Marcelo Cattáneo, el intermediario que trabajaba para su hermano, Juan Carlos Cattáneo.

Pero, al margen de todos estos indicios de cosas turbias, también había serios interrogantes sobre el rol de la casa matriz de IBM en Armonk, Nueva York, y sobre la manera en que el Departamento de Justicia de Estados Unidos había manejado el caso. ¿Era posible que los ejecutivos de la casa matriz de IBM, quienes habían supervisado la licitación, no se hubieran dado cuenta de un sospechoso subcontrato de 37 millones de dólares, o sea el 15 por ciento del contrato total, con una empresa desconocida? Y ante la evidencia de que la sucursal argentina de una importante multinacional de Estados Unidos había realizado pagos cuestionables, ¿cómo podía ser que las autoridades norteamericanas no iniciaran una acción legal contra IBM por posible violación del Acta de Prácticas Corruptas en el Exterior, la famosa ley aprobada en 1977 que prohíbe a las empresas norteamericanas sobornar a funcionarios extranjeros?

¿Verdades o fantasías?

Fue precisamente un cable de una agencia noticiosa sobre el ataque callejero a Pinetta lo que primero atrajo mi interés en la historia del Banco Nación e IBM. En ese momento, funcionarios argentinos me aseguraron que el único objetivo de Pinetta era la autopromoción, y que su historia carecía de toda credibilidad. Cuando les preguntaba al respecto a funcionarios del gobierno norteamericano, me miraban con ojos de buey: jamás habían escuchado el nombre de Pinetta.

Pero aunque me pareció descabellado desde el primer momento —y sigo pensando de la misma manera— que IBM tuviera algo que ver con el ataque a Pinetta, no pude resistir la tentación de interesarme más a fondo en el Proyecto Centenario y el contrato Banco Nación-IBM.

En varios viajes durante los cuatro años siguientes a Buenos Aires, Washington y Nueva York, en que entrevisté a docenas de funcionarios argentinos y norteamericanos sobre el tema, mi curiosidad fue en aumento. Mientras más adelantaba la investigación, más preguntas surgían. ¿Estaba frente a otra fantasía político-financiera surgida en la Argentina, un país de aficionados a las teorías conspirativas? ¿O estaba frente a una historia verídica que revelaba la falta de voluntad de las autoridades estadounidenses por investigar un caso de corrupción en que aparecía como sospechosa una gigantesca multinacional de Estados Unidos?

Después de entrevistar a más de 50 personas que participaron en la investigación del caso, o que de una u otra forma conocían de adentro los detalles del mismo, empecé lentamente a armar el rompecabezas. Lo que encontré fue una intrincada historia de ambiciones desmedidas e impunidad rampante en la Argentina, desinterés por parte de las autoridades argentinas en llevar a cabo una investigación exhaustiva y leyes norteamericanas contra la corrupción extranjera que —aunque más avanzadas que las de ningún otro país— tenían enormes agujeros legales por los que podían escaparse quienes podían pagar un buen equipo de abogados. Todo empezó a desencadenarse a partir de las últimas horas del año 1993.

Capítulo 5

LA NOCHE DE AÑO NUEVO

Era el viernes de fin de año de 1993 y el centro de Buenos Aires estaba literalmente cubierto de papel picado. Siguiendo una vieja costumbre para despedir el año, miles de oficinistas habían arrojado desde las ventanas de sus edificios papeles recortados de sus memos internos y expedientes, que ahora yacían sobre las aceras. Otros se habían retirado más temprano de sus oficinas y ya estaban festejando el Año Nuevo, haciendo sonar las bocinas de sus automóviles como solían hacerlo después de las victorias de sus equipos de fútbol.

Sin embargo, dentro del rascacielos de IBM en el centro de la ciudad, que daba sobre el río de la Plata, la atmósfera era muy diferente. Los empleados seguían clavados en sus escritorios, trabajando a toda máquina. Los papeles, lejos de ser arrojados a la calle, eran circulados con extremo cuidado. La atmósfera reinante no era de celebración sino de excitación y nerviosismo.

En los pisos quince y dieciséis del moderno edificio de IBM, casi 60 personas —la mayoría empleados de IBM, y otros pertenecientes a compañías más pequeñas que esperaban ser subcontratadas por IBM— trabajaban en la terminación de los pliegos para la licitación de un contrato de 250 millones de dólares del Banco Nación, cuyo plazo de presentación vencía el lunes.

Casi 20 secretarias habían sido contratadas temporalmente para escribir a máquina las miles de páginas de la propuesta para la licitación, que debía ser presentada en la casa matriz de Banco Nación en la mañana del lunes. Varios de los empleados de IBM habían pasado la noche en la oficina. Otros se habían ido a sus casas para descansar algunas horas, y habían vuelto al trabajo. IBM estaba en una guerra contra el reloj para completar su presentación y ganar el jugoso contrato para instalar un moderno sistema de computación en la casa matriz del banco y sus 524 sucursales. Se trataba no sólo del contrato más lucrativo de IBM Argentina —equivalía al 70 por ciento de las ventas del año anterior—, sino que prometía ser el primer contrato en su tipo de IBM en toda América Latina.

Los funcionarios de la IBM iban y venían por los corredores del piso quince. Haciendo una excepción del riguroso código de vestimenta de la empresa —traje oscuro, camisa blanca y corbata de colores apagados—, la mayoría de los empleados vestía vaqueros. No era para menos: probablemente tendrían que trabajar todo el fin de semana, día y noche, y querían estar cómodos. "Estábamos muy nerviosos, como si estuviéramos en capilla antes de un examen", recuerda un ex funcionario de IBM que presenció la escena.

Martorana y Soriani, los "golden boys"

Para el presidente de IBM Argentina Ricardo Martorana, que ganaba 600 mil dólares anuales, y para su segundo, Gustavo Soriani, cuyo sueldo era de 430 mil dólares, el contrato con Banco Nación era un broche de oro en sus brillantes carreras empresarias. En ambos casos, se trataba de un trampolín para puestos de mayor jerarquía en la corporación: en el caso de Martorana, podía significar un ascenso a la gerencia general de IBM para América Latina, en la casa central de la corporación en Armonk, Nueva York.

Martorana, 51, un hombre de sonrisa amplia y un don natural para las relaciones públicas, ya tenía a su cargo la subregión comprendida por la Argentina, Chile, Uruguay y Paraguay. Soriani, a su vez, era un hombre alto y corpulento, de 46 años, que había empezado su carrera junto con Martorana a fines de la década del sesenta. Todo parecía indicar que si Martorana era transferido a la casa matriz, Soriani lo sucedería como presidente de IBM Argentina. Era un secreto a voces en la empresa que Soriani era el protegido de Martorana, y que la amistad entre ambos venía de muchos años atrás. Tanto era así, que Soriani había sido el testigo del casamiento de Martorana con Susana en 1989, y Martorana había sido el testigo del casamiento de Soriani con María Laura en 1991.

No cabía duda de que el contrato con Banco Nación convertiría a ambos en las estrellas del año del plantel de ejecutivos latinoamericanos de la corporación. El jugoso acuerdo comercial les aseguraría un puesto de honor en el Golden Circle, o el Círculo Dorado, la convención que IBM organizaba todos los años —en

Miami o en algún balneario europeo— para premiar a sus gerentes en todo el mundo que habían logrado las mayores utilidades.

Lo que es más, el gigantesco contrato con el Banco Nación representaba mucho más que un buen negocio: era el primer modelo en la región de la nueva estrategia global de la empresa, que bajo su nueva dirección se proponía dejar de ser únicamente una proveedora de maquinaria y software, y convertirse en la corporación líder de "soluciones de negocios", o servicios de programación, instalación y consultoría hechos a medida para cada empresa.

Por décadas, fiel a la letra M de sus iniciales, había sido líder indiscutida en el campo de maquinarias de computación. Pero en la década de los noventa, con el surgimiento de Dell, Packard Bell y una docena de computadoras personales de fabricación asiática —más baratas e igualmente eficaces—, la empresa norteamericana estaba atravesando por la peor crisis de su historia. Las acciones de IBM, que habían alcanzado 180 dólares a mediados de los años ochenta, habían bajado a 40 dólares en 1993. Las enormes pérdidas de la compañía, junto a una ola de despidos masivos, habían generado grandes titulares en los periódicos de Estados Unidos.

Era necesario un cambio de rumbo drástico, y los directores de la empresa tomaron la decisión de que además de fabricar computadoras, la empresa se volcaría hacia la producción de servicios. A los ojos del nuevo director de IBM, Gerstner, ésa era la única manera en que la empresa volvería a ser líder en una industria en que las máquinas sólo serían una parte del negocio. La licitación de Banco Nación le daba a IBM la oportunidad de ofrecer, por primera vez en América Latina, un paquete integral: computadoras, software y servicios. Si el contrato resultaba exitoso, me comentaría tiempo después Martorana en una entrevista, se convertiría en un modelo para futuros negocios de todas las subsidiarias de IBM en América Latina.

El problema era que IBM tenía poca experiencia en programas de software hechos a medida para cada cliente, de manera que la empresa se veía obligada a subcontratar los servicios de empresas menores que habían hecho estos trabajos con anterioridad. Tanto Martorana y Soriani, como sus jefes en Nueva York, eran conscientes de los peligros que corrían al comprometerse a realizar un trabajo nuevo, de la mano con empresas subcontratadas. "Para nosotros, era *terra incognita*", me diría luego Soriani.

Martorana y Soriani estaban de vacaciones de fin de año el fin de semana en que el equipo de IBM terminó de redactar la propuesta para el contrato con Banco Nación, pero siguieron de cerca la labor de sus subalternos. Ambos me aseguraron en entrevistas separadas que llamaron varias veces a la oficina a ver cómo andaban las cosas. Sin embargo, el hecho de que ninguno de los dos fuera a trabajar durante ese fatídico fin de semana, para supervisar el contrato más grande de la empresa, se prestaría luego a muchas especulaciones. Un funcionario norteamericano escéptico me preguntaría tiempo después si Martorana y Soriani no serían los autores detrás de bambalinas de lo que después se conocería como el escándalo IBM-Banco Nación, y que por eso se hubieran mantenido a una prudente distancia de la preparación de los pliegos.

Cuando les pregunté a los dos ejecutivos sobre esa posibilidad, la desecharon de entrada, señalando que no había razón alguna para que estuvieran presentes. Según ellos, eran sus gerentes y subgerentes quienes tenían los conocimientos técnico-financieros para redactar la propuesta. Lo único que Martorana y Soriani podían hacer era alentarlos y brindarles apoyo moral, agregaron.

Soriani, quien como vicepresidente y jefe de operaciones de IBM era el responsable directo del equipo a cargo de redactar la propuesta de la empresa para la licitación, se había tomado unos días de vacaciones en su casaquinta de Escobar, en los suburbios de Buenos Aires. Cerca de la medianoche del domingo, de regreso a la Capital y después de dejar a su esposa en su casa, Soriani había pasado por la oficina con una caja de refrescos y varias bolsas de papas fritas.

"La idea era darle apoyo moral al personal en un momento crítico", me dijo Soriani, en una de varias entrevistas a lo largo de cuatro años. "Hasta último momento, estábamos en la duda de si presentarnos o no a la licitación. Había un alto grado de ansiedad en la empresa. La dedicación de gerentes y empleados era tal que hasta los proveedores se quedaron a dormir en la oficina ese fin de semana. Ni siquiera salían a comer. No había tiempo para hacer todo lo necesario antes del lunes por la mañana".

Cuando le pregunté por qué ni él ni Martorana pasaron el fin de semana en la oficina en un momento tan crítico, Soriani se encogió de hombros: "En realidad, no había nada que hacer para nosotros. Además, IBM Nueva York había enviado a un funcionario para controlar la elaboración del contrato. Era el americano, no nosotros, quien tenía que dar la aprobación final".

"El americano"

"El americano", como lo llamaban sus colegas argentinos, era un asiático-americano que había llegado a Buenos Aires unos días antes de fin de año para supervisar los últimos detalles de la presentación del pliego para la licitación de Banco Nación. Su nombre era Steve B. Lew, y era un hombre de mediana estatura, de unos cincuenta años, y pelo incipientemente canoso, que se desempeñaba como gerente de programas de integración de sistemas de la casa matriz de IBM. Vivía en Los Ángeles, pero dependía de la gerencia de IBM para América Latina en la casa matriz de IBM en Nueva York, y pasaba gran parte de su tiempo supervisando proyectos en todo el mundo. Pasar el fin de año lejos de su familia no le había hecho ninguna gracia a Lew. Pero su jefe, Marcio Kaiser, no le había dado ninguna opción. Kaiser, un brasileño a cargo de operaciones de servicios de IBM en América Latina, le había pedido que se subiera al primer avión rumbo a Buenos Aires tras una teleconferencia tres días antes entre los gerentes regionales de IBM en Nueva York con los funcionarios de la empresa en Buenos Aires.

La teleconferencia había tenido lugar el miércoles 29 de diciembre. La comunicación había empezado a las once de la mañana hora de Nueva York —una de la tarde hora de Buenos Aires—, y se había logrado mediante un enlace de diez líneas telefónicas entre Nueva York, Los Ángeles y Buenos Aires. Participaron Kaiser y toda la plana mayor de la gerencia general de IBM para América Latina. Después de unos minutos de conversación, todos estuvieron de acuerdo en un punto: éste era un contrato de "alto riesgo" para IBM, y requería estrecha supervisión. Era necesario que Lew partiera cuanto antes rumbo a Buenos Aires.

¿Por qué era tan riesgoso el contrato? Porque bajo los términos de la licitación, IBM estaría a cargo de proveer y supervisar la maquinaria, los programas de software y la prestación de servicios al banco, y como el contrato era por un precio fijo, existía el riesgo de sobreprecios que tendrían que salir del bolsillo de IBM. Dado que IBM no tenía ni el personal ni la experiencia para llevar a cabo el proyecto por sí sola, tenía que contratar a varios proveedores de servicios, y según los términos del contrato tenía que hacerse responsable por la totalidad del acuerdo comercial. Es decir, si los subcontratistas se retrasaban en sus trabajos o se excedían en los gastos, era IBM quien debía hacerse cargo. Y el hecho de que IBM recibiría un precio fijo de parte de Banco Nación significaba que, si hubiera muchos costos imprevistos, la empresa hasta podría terminar perdiendo dinero.

De manera que los participantes en la teleconferencia acordaron que era necesario comprobar si los proveedores habían presentado precios realistas, y no estimados rebajados a propósito para asegurarse los subcontratos. Además, había que averiguar si los proveedores tenían el conocimiento técnico necesario para los servicios que estaban ofreciendo. Tal como lo explicaría Peter Rowley, el jefe de Kaiser, en su testimonio a puertas cerradas con investigadores de Estados Unidos en Washington D.C.: "Era un contrato a precio fijo, lo que siempre es un riesgo, y tenía plazos de entrega estrictos". La combinación de ambos factores "lo hacía un proyecto de alto riesgo", dijo Rowley, un australiano que ostentaba el cargo de jefe de operaciones nacionales de IBM en América Latina.

Los subcontratistas debían presentar sus costos finales a últimas horas de la tarde del miércoles en que se efectuó la teleconferencia. Así que al finalizar la conversación telefónica, la plana mayor de la empresa había decidido que los riesgos eran demasiado altos como para dejar que IBM Argentina tomara una decisión final sin ayuda de la casa matriz en Nueva York. IBM Armonk prefería tener un representante suyo en la escena.

Tras disculparse por arruinarle el fin de año, Kaiser le pidió a Lew que se marchara ese mismo día. Lew no se hizo rogar. Su vuelo llegó a Buenos Aires el jueves 30 de diciembre a las 6 de la mañana. Luego de registrarse en el hotel Sheraton, de cinco estrellas, a una cuadra del edificio de IBM, Lew descargó su equipaje, se duchó y se dirigió sin tardanza a la oficina.

Cavallo presenta su plan

El contrato que IBM se proponía ganar implicaba una labor gigantesca. Banco Nación era el banco más grande de la Argentina, con 524 sucursales en todo el país y una docena de oficinas en Estados Unidos y Europa. Fundado a fines del siglo XIX, el banco había sido siempre un símbolo de seriedad y estabilidad en un país en que los gobiernos iban y venían, donde la moneda nacional había cambiado muchas veces de valor —y de nombre— y donde grandes fortunas se habían hecho y desaparecido, pero donde ningún presidente había permitido que la principal institución bancaria del país se declarara en quiebra. Más de un siglo después de su fundación, Banco Nación todavía manejaba la mayor parte de las cuentas del gobierno argentino, y contaba con los mayores depósitos de todo el país.

Sin embargo, la edad del banco se estaba haciendo notar. Desde el punto de vista operativo, era una institución anticuada, que todavía funcionaba como una burocracia del siglo XIX. Muchas de sus oficinas no tenían computadoras, y las que tenían terminales no las habían interconectado. En general, los cajeros llenaban los formularios a mano, lo que hacía que algunas de las transacciones se perdieran en el camino y que numerosos clientes se quejaran de dinero faltante. A las cuatro de la tarde, al final de las operaciones bancarias del día, el presidente del banco no tenía idea del monto de los depósitos de la jornada. El nivel de depósitos diarios recién se sabía cuando las sucursales enviaban sus respectivas planillas a la casa matriz, y eso demoraba días. "Era un desastre: no éramos un banco, sino 525 bancos", me señaló un ex director del Banco Nación. En algunas oportunidades, los cheques eran acreditados por teléfono, o enviados por mensajeros, con todos los riesgos que ello implicaba.

Domingo Cavallo, el ministro de Economía graduado en Harvard que había logrado frenar la histórica hiperinflación argentina, se había empeñado en modernizar el Banco Nación con los últimos avances de la tecnología bancaria. Y tenía suma prisa en hacerlo. A Cavallo no sólo le preocupaba el atraso del banco, sino el impacto que estaba teniendo sobre la economía del país. En reuniones de gabinete, el ministro había insistido que la ineficiencia de Banco Nación era un obstáculo para la recuperación económica de la Argentina, porque generaba altas tasas de interés.

"Los costos operativos de los bancos eran muy elevados", recuerda Cavallo, señalando que el Banco Nación trasladaba esos costos a sus tasas de interés. Además, los bancos solían agregar varios puntos a la tasa de interés vigente para cubrir los préstamos incobrables, que eran muy frecuentes en la Argentina. El plan de Cavallo era informatizar el Banco Nación y sus sucursales a fin de que fuera posible medir la solvencia de sus clientes de acuerdo a su historia personal o a la de otros clientes similares, lo que ayudaría a reducir las tasas cobradas en todo el sistema bancario.

A principios de 1991, poco después de que el presidente Menem lo nombrara ministro de Economía, Cavallo puso al frente de Banco Nación a algunos de sus colaboradores más cercanos, como el respetado economista Aldo Dadone. Otro de sus seguidores que fue nombrado para un alto cargo en el banco era Alfredo Aldaco, un economista y diplomático de poco más de cuarenta años de edad, que había nacido en un hogar humilde —su padre había sido portero en el Ministerio de Relaciones Exteriores— y había llegado a convertirse en representante de ese Ministerio para las negociaciones comerciales con Brasil y otros países vecinos.

El nuevo equipo del Banco Nación no perdió el tiempo: apenas instalado, puso en marcha sus reformas para aumentar su productividad. Dos años después de haber tomado control del banco, los nuevos directivos habían despedido a miles de empleados, reduciendo la nómina en 400 millones de dólares, y también habían disminuido significativamente los costos operativos.

"Desde el primer día de nuestra gestión, y en particular a partir del lanzamiento de la convertibilidad, dimos una especial atención a la reforma de esa entidad [el Banco Nación] para adecuarla a los requerimientos del nuevo escenario económico", dijo Cavallo. Ahora, el objetivo era modernizar la tecnología informática del banco.

En un viaje a Canadá, a principios de 1993, Cavallo había visitado varios grandes bancos de ese país con la intención específica de estudiar sus sistemas de computación. Los bancos canadienses tenían casi mil sucursales cada uno, distribuidas a lo largo del inmenso territorio del país, lo que los hacía bastante parecidos a los argentinos. Y sin embargo, aun en las regiones más remotas de Canadá, las sucursales estaban conectadas entre sí las veinticuatro horas del día.

Cavallo recuerda que una reunión con el presidente del Bank of Nova Scotia lo había dejado profundamente impresionado. "Me explicó que diez años atrás habían decidido adoptar un sistema informático denominado Hogan, gracias al cual desde entonces... se habían alcanzado niveles de eficiencia nunca imaginados", recordó Cavallo años más tarde.

De regreso a Buenos Aires, el ministro pidió a los gerentes de Banco Nación que estudiaran la conveniencia de adoptar el sistema Hogan. En abril de 1993, una comisión de alto nivel del banco, presidida por uno de sus directores, Aldaco, partió rumbo a los Estados Unidos, Canadá y Europa con el propósito de inspeccionar instituciones bancarias que estaban usando ese sistema.

Junto a ellos iba un grupo de asesores técnicos de Deloitte & Touche, la firma de consultores contratada por el banco para supervisar la licitación. A una prudente distancia y parando en hoteles separados, viajaban funcionarios del equipo de marketing de IBM.

"Habíamos preparado ese viaje con extremo cuidado", recuerda Soriani, entonces director de operaciones de IBM Argentina. "Nuestra gente no paraba en los mismos hoteles que la delegación del Banco Nación, y sólo participaba en las reuniones del Banco Nación con los bancos locales cuando eran invitados por ambos". La misión de la gente de IBM era estar cerca de la delegación del Banco Nación para responder cualquier pregunta sobre posibles problemas de compatibilidad entre IBM y los programas de computación desarrollados por Hogan Systems Corp., de Dallas, Texas.

Pero, claro, la gente de IBM también quería hacer buenas migas con los funcionarios de un cliente de la magnitud de Banco Nación, agregó Soriani. "Éstos son viajes en los que uno se hace amigo de la gente. Los funcionarios públicos viajan con poco dinero, porque les dan muy pocos viáticos. Entonces, es una buena ocasión para llevarlos a cenar, o al teatro. La parte de entretenimiento de estos viajes es pagada por los proveedores, de manera que los funcionarios puedan quedarse con sus viáticos. Es una práctica común".

De regreso en Buenos Aires, la comisión de Banco Nación recomendó entusiastamente que se siguiera adelante con el proyecto, y que se contratara a una sola empresa para instalar todo el nuevo sistema de computación, y para entrenar al personal del banco para su uso. Cavallo estaba eufórico. Su gente en el Banco Nación le aseguraba que en el plazo de un año, la empresa ganadora de la licitación podría poner en marcha un sistema que tendría conectadas on line a las 524 sucursales del banco. "En sólo dos años, el banco habría de funcionar de una manera completamente distinta a la tradicional", recordó Cavallo.

Deloitte & Touche

Aunque Deloitte & Touche nunca atrajo tanta atención de la prensa como IBM en el caso del Banco Nación, su rol en el contrato entre IBM y Banco Nación también despertaría sospechas entre los investigadores. La gigantesca empresa consultora había sido contratada por Banco Nación en 1992 para asesorar a los funcionarios del banco sobre la mejor manera de informatizar la institución. En junio de 1993, después de acompañar a directivos del banco en su misión exploratoria a Canadá, España y otros países, Deloitte presentó su informe sobre las opciones de equipos más apropiados para las necesidades del banco. Luego, en julio de 1993, Deloitte fue contratada por Banco Nación para redactar las especificaciones de la licitación para contratar a la empresa que se haría cargo del proyecto.

Hasta ahí, todo bien. Pero, a fines de 1993, Deloitte presentó al banco una propuesta de pliegos para la licitación que dio lugar a murmullos en la industria. "En el ambiente de la informática se decía, ya entonces, que [el pliego] había sido hecho a la medida de IBM", fue el comentario de la revista económica argentina *Apertura*. Los directivos de IBM señalaban que semejantes sospechas eran inevitables, porque ninguna empresa informática en la Argentina tenía la capacidad técnica y experiencia de la multinacional norteamericana. En cualquier pliego para un contrato de tal envergadura, IBM tenía una ventaja natural sobre sus competidores.

Pero las sospechas de los más escépticos se vieron reforzadas cuando, tiempo después, se denunció en los juzgados y en audiencias del Congreso argentino que Roberto A. Oneto, uno de los directivos de Deloitte, había recomendado al Banco Nación que se pagara un máximo de 255 millones de dólares por el contrato de informatización del banco, una cifra que había resultado peculiarmente cercana a la ofrecida meses después por IBM. Banco Nación, según se supo, aceptó el consejo de Oneto.

Y los fiscales argentinos señalarían luego que los 250 millones de dólares ofertados por IBM para llevar a cabo el proyecto no parecían ser una casualidad, sino una cifra sospechosamente cercana al máximo que el Banco Nación se había propuesto pagar por el contrato. La conclusión inevitable de los fiscales era que un empleado de Deloitte había informado a los directivos de IBM sobre el máximo que el banco estaría dispuesto a pagar por el proyecto. Y en vista de que Oneto tenía buenas relaciones tanto con directivos de Banco Nación como con los de IBM —en el reducido mundo de la informática en Buenos Aires en la década del noventa todos conocían a todos— no podía descartarse un acuerdo bajo la mesa entre las tres partes, decían los fiscales argentinos.

En Nueva York, el director de la división legal internacional de Deloitte & Touche, Richard Murray, reaccionó con enojo cuando le pregunté si podría haber existido una filtración de información de Deloitte a la gente de IBM. Murray, que conocía el caso a fondo porque había asesorado a la defensa legal de la empresa en la Argentina antes de ser promovido a su cargo actual en Nueva York, me recalcó que "Deloitte no sólo niega haber hecho cualquier cosa inprocedente, sino que estamos orgullosos de la labor que hemos realizado en este proyecto". Murray agregó que no sólo no había habido una filtración de información privilegiada a IBM, sino que "el precio pagado por el banco [a IBM] resultó ser de hecho un precio favorable por la naturaleza del proyecto en ese momento". Murray concluyó diciendo que "este caso ha generado una enorme cantidad de artículos de prensa: un muy alto porcentaje de los mismos han sido confusos, o bien motivados por razones políticas, o bien simples habladurías".

El dilema de Steve Lew

Durante el fin de semana de Año Nuevo, a medida que se acercaba el plazo de presentación de los pliegos el lunes 3 de enero, Lew se enfrentaba con un dilema. El emisario de la casa matriz de IBM debía decidir si recomendar a sus jefes en Estados Unidos que autorizaran a IBM Argentina que se presentara a la licitación. Y tenía que tomar la decisión antes del lunes por la mañana. Lew sabía que debía asegurarse dos cosas: primero, que IBM Argentina tenía el personal adecuado para llevar adelante el proyecto y, segundo, que el contrato le dejaría a IBM un sobrante suficiente como para hacer frente a gastos imprevistos.

IBM ya había tenido malas experiencias con contratos de precio fijo en otras partes del mundo. A menudo, los proveedores ofrecían sus servicios a menor costo con el solo propósito de asegurarse los contratos, y después aducían gastos imprevistos de servicios o de equipos para cobrarle más a IBM. Si algo similar ocurría con el contrato de Banco Nación, IBM se vería obligada a pagar los costos adicionales, y el proyecto acabaría siendo desastroso.

En la mañana del viernes 31 de diciembre, Lew se reunió con los ejecutivos de IBM que estaban a cargo de los aspectos técnico-financieros del proyecto. Martorana y Soriani no estaban presentes, pero media docena de sus más estrechos colaboradores estaban sentados alrededor de la mesa.* Sobre ella había varios papeles, entre los cuales figuraba una lista de empresas que IBM planeaba subcontratar para llevar a cabo el Proyecto Centenario si ganaba la licitación. En el costado derecho de la lista figuraban montos estimados que IBM le pagaría a cada uno de sus subcontratistas.

---

* Entre los presentes estaban Juan Carlos Martínez, Gustavo Murman y Héctor Neira. Sus abogados no me concedieron entrevistas con ninguno de los tres, y dos de ellos nunca respondieron mis llamados. Críticos de IBM dicen que la empresa se aseguró de que se apegaran a la versión de la empresa, al pagarles los gastos legales derivados de su defensa en el caso Banco Nación-IBM. Un funcionario de IBM me confirmó que la empresa pagó sus gastos legales.

CCR: ¿Empresa invisible?

Cuáles exactamente eran las empresas que figuraban en esos papeles que circulaban en la mesa durante la reunión se convertiría en la pregunta clave una vez que estalló el escándalo IBM-Banco Nación. Según a quien uno quiera creer, Lew tuvo en sus manos en esa reunión un papel fechado el 29 de diciembre con una lista detallada de proveedores que IBM planeaba subcontratar para el proyecto, incluyendo un oscuro vendedor de software llamado "Capacitación y Computación Rural", o CCR. Según otra versión, en cambio, Lew no se enteró de la existencia de CCR sino hasta varios meses después de que IBM presentó su pliego para la licitación.

Según me dijo Soriani, sus colaboradores presentes en la reunión le aseguraron que el nombre de CCR se hallaba en la lista de dos páginas que circuló entre todos los que participaron de la reunión, incluyendo a Lew. Soriani incluso me facilitó una copia de la lista, fechada el 29 de diciembre. Según documentos del expediente judicial del caso, uno de los presentes en la reunión, Neira, dijo posteriormente en su testimonio ante el juez que la lista de proveedores de IBM, incluida CCR, había dado la vuelta a la mesa, y que "se le exhibieron en mi presencia a Steve Lew".* Asimismo, una auditoría interna de IBM Argentina en 1995 llegó a la conclusión de que el 30 de diciembre de 1993, los memorándum internos de IBM contenían una lista de proveedores "que incluían el contrato con CCR", y que "la oferta fue revisada y aprobada por Steve Lew".

Pero funcionarios de la casa matriz de IBM, así como los ejecutivos que sucedieron a Martorana y a Soriani en IBM Argentina, dijeron que dicha auditoría se había basado en un documento falso. Según ellos, la lista de dos hojas con los proveedores de IBM, que incluía CCR, había sido escrita tres meses después de la reunión de Lew con los gerentes de IBM Argentina, y Soriani había antedatado la fecha para hacer creer que había sido escrita durante la estadía de Lew en Buenos Aires.

En una declaración jurada hecha en México para el juzgado argentino, Lew aseguró que "en ningún momento con anterioridad

---

* Neira dijo que CCR figuraba en el papel que vio Lew, pero agregó que dicho documento no especificaba que CCR iba a proveer un programa alternativo para el caso de que el sistema Hogan no sirviera. Esto, aunque contradice la versión de Lew de que no sabía de la existencia de CCR en ese momento, podría explicar por qué Lew no cuestionó que IBM subcontratara a dos empresas para proveer el mismo servicio.

Robert "Bob" Roach, el investigador del Subcomité de Investigaciones del Senado que siguió las pistas del lavado de dinero en la Argentina y México: "La batalla contra el lavado de dinero de la corrupción recién empieza".

Robert Roach y Linda J. Gustitus en enero de 2001 durante la investigación del lavado de dinero del cartel de Juárez en EE.UU. y la Argentina.

Juan M. Ponce Edmonson, el jefe de la Interpol de México, en uno de sus viajes a Buenos Aires: "Los servicios de Inteligencia argentinos siempre jugaron a no colaborar en este caso".

El jefe de la Interpol de México en su despacho. Según él, habría serios indicios de contribuciones financieras de los carteles de la droga mexicanos a la campaña presidencial de Duhalde-Ortega en la Argentina, en 1999.

Arriba: Linda J. Gustitus (izquierda), la jefa del equipo de investigadores de la minoría demócrata en el Subcomité de Investigaciones del Senado, junto con sus asistentes Robert Roach (centro) y Elise J. Bean: el trío que hizo posible las audiencias sobre Citibank en el Senado.

A la derecha: El senador Carl Levin, del Subcomité de Investigaciones del Senado, cuyo equipo llevó a cabo las investigaciones: "Nuestros bancos terminan ayudando, sin quererlo la mayoría de las veces, al lavado de grandes cantidades de dinero".

Eduardo Duhalde y Ramón "Palito" Ortega, la fórmula del partido oficial en las elecciones de 1999. Según ambos, ningún dinero del cartel de Juárez ingresó en las arcas de su campaña electoral.

Arriba a la izquierda: El ex presidente de México, Carlos Salinas de Gortari. Según una grabación telefónica de su hermano Raúl Salinas calificada de auténtica por el gobierno mexicano en el 2000, la fortuna depositada en bancos suizos era del ex presidente, y los fondos "salieron del erario público".

Arriba a la derecha: Raúl Salinas de Gortari, cuyo arresto bajo cargos de homicidio sacó a la luz sus cuentas secretas en bancos internacionales que oscilarían entre 130 y 1.000 millones de dólares.

Abajo a la izquierda: Amy Elliott, la ejecutiva que manejó la cuenta de Raúl Salinas en el Citibank de Nueva York: nunca se enteró de los artículos periodísticos que denunciaban la presunta corrupción del hermano del presidente.

Abajo a la derecha: Carlos Hank Gonzalez, el ex regente de la Ciudad de México y uno de los patriarcas del Partido Revolucionario Institucional de México. Nacido en la pobreza, se convirtió en uno de los hombres más ricos de México.

A la izquierda: Antonio Lozano Gracia, ex procurador general de México, cree que la fortuna de Raúl Salinas ascendería a mil millones de dólares, de los cuales solo se han encontrado 200 millones hasta ahora.
Abajo a la izquierda: Jorge Madrazo, ex procurador general de México. Al igual que su antecesor, mantuvo en secreto la investigación al hijo del zar anticorrupción de México, Arsenio Farell Cubillas.
Abajo a la derecha: Arsenio Farell Cubillas, el contralor general y zar anticorrupcion de México, era uno de los patriarcas del PRI. ¿Estaba siendo investigado por los suizos?

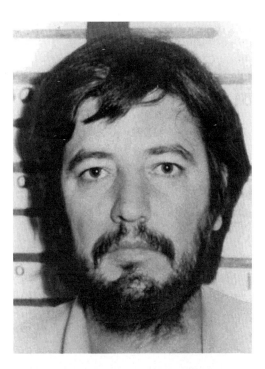

A la derecha: Amado Carrillo Fuentes, "El Señor de los Cielos", comenzó a buscar refugios fuera de México en 1995. Primero fue a Cuba, pero luego estableció su nuevo cuartel general en Chile, Argentina y Uruguay.
Abajo: El general Jesús Gutiérrez Rebollo, el zar antidrogas de México, en la primera comunión de su nieto, poco antes de ser arrestado por su presunta complicidad con El Señor de los Cielos.

Gustavo Soriani (izquierda) y Ricardo Martorana, el vicepresidente y presidente de IBM Argentina en sus buenos tiempos, en una cena de la corporación en Nueva York en 1993. Según un anterior presidente de IBM, eran "hombres brillantes, muy ambiciosos, y se creían los dueños del mundo".

El juez argentino Adolfo Bagnasco impulsó con entusiasmo la investigación a la sede central de IBM en EE.UU. por los sobornos del caso Banco Nación. Sin embargo, el Departamento de Justicia y los investigadores norteamericanos se preguntaban si el juez no tenía motivaciones políticas.

a la presentación de la oferta por parte de IBM Argentina fui informado de que CCR sería utilizada como empresa subcontratada o bajo cualquier otra relación contractual", o que IBM planeara comprar un software alternativo para el caso de que el Hogan no funcionara.

La afirmación de Lew fue esgrimida por la casa matriz de IBM en Nueva York como prueba contundente de que ningún ejecutivo de esa central tenía la menor idea sobre el aspecto más dudoso del proyecto: el pago de 37 millones de dólares —casi el quince por ciento del contrato total— a una empresa local llamada CCR, que según se supo después resultó ser una pantalla para canalizar millones de dólares en sobornos a los funcionarios del Banco Nación que habían otorgado la licitación a IBM.

¿Se hizo el distraído Lew? Y si no vio nada, ¿había ido a Buenos Aires con la consigna de no ver demasiado? Cuando lo conocí personalmente, años después, en una audiencia en Nueva York en la que declaró sobre el caso ante autoridades norteamericanas y argentinas, Lew me estrechó la mano y reconoció haber recibido e-mails que le había enviado solicitándole una entrevista. Pero cuando intenté preguntarle sobre el caso, los abogados de IBM que lo escoltaban inmediatamente cortaron la conversación, y me dijeron que Lew no podía hacer ningún comentario porque el caso todavía estaba en litigio. Lew, de traje azul oscuro, camisa blanca, asintió y me dijo con una sonrisa resignada: "Lo siento. Me gustaría poder ayudarlo, pero no puedo". Aunque no dijo más, su mirada parecía decir que personalmente le hubiera gustado responder a las sospechas que se habían tejido en la prensa sobre su actuación, pero que eso no cuadraba dentro de la estrategia legal de IBM. Lew seguía trabajando para IBM, y su defensa legal estaba en manos de la empresa.

Tanto la casa matriz de IBM como sus críticos coinciden en que Lew, durante su visita de fin de año a Buenos Aires, no cuestionó en ningún momento los 37 millones de dólares destinados a CCR. Pero eso podía significar varias cosas: que Lew se enteró del contrato con CCR pero nunca supo a qué estaba destinado el dinero, o que —como lo aseguraba él mismo— ni siquiera había sabido de la existencia de CCR hasta mucho tiempo después, cuando estalló el escándalo. Los directivos de la casa matriz de IBM en Nueva York aseguran que, a pesar de que Lew había sido enviado a la Argentina para supervisar la oferta, el enviado de Armonk, Nueva York, era técnico, y no de un experto en finanzas. Por lo tanto, decían, no había razón para que Lew analizara con una lupa los montos del contrato.

En entrevistas separadas en Buenos Aires, Martorana y Soriani se rieron de dicho argumento. ¿Cómo podía IBM decir que había enviado a un técnico para supervisar la redacción de un contrato que, tal como lo admitía la casa matriz, presentaba más que nada riesgos financieros?, preguntaron ambos. ¿Y cómo se le pudo escapar a Lew un detalle de 37 millones de dólares?

"Si el país central envía a su mejor inspector de zoológicos, ¿se le puede escapar la jaula del elefante?", preguntó Martorana. "Yo lo dudo severamente. Si recuerdas bien, la razón fundamental por la que mandaron a Lew era que no perdiéramos plata" debido a cotizaciones poco realistas por parte de los subcontratistas de IBM. "A lo mejor, los tipos de acá fueron tan vivos que lo emborracharon, o lo doparon, y el tipo no lo vio", prosiguió Martorana. "Yo no sé, pero la lógica me indica que [todo esto] es muy sospechoso".

La firma del contrato

Lo que nadie discute es que en esa reunión del viernes 31 de diciembre de 1993 entre Lew y los subgerentes técnicos y financieros de IBM Argentina surgió una decisión: revisar los detalles de la oferta durante el fin de semana, para asegurarse de que no hubieran costos adicionales en el futuro. De allí, Lew y sus colegas argentinos se encaminaron a sus respectivas oficinas para hacer nuevos cálculos, revisar las cifras y ultimar los detalles para la posible presentación de la oferta del lunes.

El viernes al mediodía, último día hábil antes del plazo para la presentación de la oferta, IBM Argentina envió un e-mail clasificado de alta prioridad —de los que dentro de IBM se clasificaban como "Hotcase", o "Caso Caliente"— a la casa matriz, solicitando autorización para presentar la oferta. La propuesta debía ser aprobada por IBM Nueva York a más tardar el lunes a la mañana.

El mensaje estaba titulado "IBM Confidencial", y fue enviado a las 12.35 pm. por Gustavo Murman, el ejecutivo del departamento financiero de IBM Argentina. En su primer párrafo, Murman escribió: "Sometemos el caso adjunto para su aprobación. Por favor envíen cualquier comentario o asunto relacionado lo antes posible. Gracias de antemano por su colaboración".

En la presentación de la oferta contenida en el e-mail, Murman señalaba que el proyecto consistía en "reemplazar, en veinticuatro meses, todos los sistemas de computación del Banco de la Nación Argentina, casa matriz y quinientas veinticuatro sucursales en todo el país", aclarando que Banco Nación "es uno de los mayores bancos del país, y... maneja gran parte de las cuentas del gobierno. En varias localidades, Banco Nación es el único banco. El banco se está transformando... y su propósito consiste en liderar la transformación de la industria bancaria en Argentina... Este contrato representa una oportunidad única para IBM: la de proveerle a Banco Nación en su totalidad los productos y servicios necesarios". A continuación, el mensaje mencionaba a varios de los principales proveedores de IBM para el proyecto, como Consad, Itron y Hogan Systems, pero no incluía a otros. CCR brillaba por su ausencia.

A las 8.25 de la noche de ese viernes, Lew y sus colegas argentinos recibieron de Nueva York la autorización esperada. En las oficinas de IBM en Buenos Aires, hubo aplausos y abrazos. Se estaba brindando no sólo por el Año Nuevo, sino por la esperanza de que IBM Argentina ganara el contrato más importante de su historia. A las 10 de la noche, la mayoría de los gerentes se fue a celebrar el fin de año con su familia y amigos. Sin embargo, más de una docena de ellos estaban de regreso en la oficina a las 7 de la mañana siguiente. Se quedarían allí durante todo el fin de semana, hasta las 5 de la mañana del lunes.

A media mañana del lunes, con ojeras de cansancio pero llenos de expectativas, Neira y otro ejecutivo de IBM se reunieron con los directivos del banco y se presentaron en una sala especialmente preparada en el Banco Nación para recibir las ofertas. IBM presentó oficialmente los pliegos cerrados con su oferta de llevar a cabo el proyecto por 250 millones de dólares. Un mes más tarde, Banco Nación anunció que la multinacional norteamericana había ganado la licitación.

El 24 de febrero de 1994, en una ceremonia donde reinaron las sonrisas, IBM y el Banco Nación firmaron el contrato para el Proyecto Centenario. Dos meses más tarde, Deloitte & Touche tendría su propio motivo de celebración: Banco Nación firmó un contrato de 6 millones de dólares con la empresa consultora para que supervisara la ejecución del contrato por parte de IBM y sus subcontratistas. El proyecto estaba en marcha.

Capítulo 6

LA CAÍDA DEL "GOLDEN BOY"

Martorana estaba en el apogeo de su carrera. Tras la firma del contrato con Banco Nación, su futuro parecía no tener límites. Pocos meses después, ese mismo año, Martorana lograría que IBM ganara un contrato aun más jugoso: un acuerdo comercial por 500 millones de dólares para modernizar el sistema de computación de la Dirección General Impositiva (DGI) argentina. Siempre sonriente, vestido con la mejor ropa, con el pelo un tanto más largo que lo usual en las más altas esferas empresariales —un vestigio de los años sesenta— Martorana era la personificación del ejecutivo exitoso. No sólo había llegado a la presidencia de IBM Argentina, sino que era una estrella en el mundo empresarial argentino, y un "golden boy" de la corporación a nivel internacional.

Estaba al mando de la subsidiaria de una de las principales multinacionales norteamericanas en un momento muy especial de la Argentina, en que el país se había acercado como nunca antes a Estados Unidos, y los funcionarios de las empresas norteamericanas eran vistos con más respeto que nunca por los argentinos. En sus casi veintisiete años de trabajo para IBM, Martorana había escalado de joven ingeniero electrónico en la ciudad de Rosario hasta ocupar el puesto número uno de la empresa a nivel nacional. Ahora sólo vestía trajes a medida, se movilizaba en un Alfa Romeo 164 de 50 mil dólares, y vivía en una casa de 500 mil dólares, con garaje para tres autos en el vecindario de Acassuso, a pasos del río de la Plata. Y como para ser fiel a la imagen del ejecutivo perfecto, Martorana corría todas las mañanas por el vecindario, para mantenerse en forma.

Sus empleados, en la oficina, a menudo bromeaban a sus espaldas por dos cosas que poca gente conocía fuera de IBM: su pasión por el psicoanálisis —veía a su terapeuta varias veces por semana, y a menudo trataba de convencer a sus amigos para que se hicieran miembros de la Escuela de Psicoanálisis de California—,

132

y su obsesión por la limpieza. En los pasillos del piso veinte del edificio de IBM, donde estaba su oficina con vista al río y gran parte de la ciudad, corría la voz de que las pastillas color naranja que Martorana tomaba todos los días eran de extracto de zanahoria, y servían para que su rostro estuviera siempre bronceado.

Por otro lado, sus ayudantes y secretarias estaban acostumbrados a que Martorana interrumpiera reuniones para lavarse las manos varias veces al día. En una ocasión, cuando se manchó la camisa mientras hablaba con una lapicera en la mano, Martorana trató infructuosamente de lavarse la mancha en el baño. "Cuando vio que la mancha no salía, se enojó tanto que nos dijo sorpresivamente que se iba a casa temprano. Pensamos que estaba bromeando, pero cuando nos dimos cuenta de que era en serio, nos quedamos boquiabiertos", recuerda Soriani, su número dos.

El predecesor de Martorana en el puesto de presidente de IBM Argentina, Víctor L. Savanti, quien se había jubilado de la empresa poco antes de cumplir los sesenta, los describe a ambos, Martorana y Soriani, como "hombres brillantes, muy ambiciosos, y que se creían los dueños del mundo". Ambos habían escalado posiciones juntos desde sus inicios en IBM en Rosario, aunque Martorana siempre había estado un paso más adelantado. Según me relató Savanti: "En una ocasión, llamé a Soriani a mi oficina para decirle que quería que hubiera más competencia entre los gerentes, y que a él le tocaba competir con Martorana por la promoción siguiente. Me contestó que a él no le molestaba seguir a las órdenes de Martorana".

La estrella de Martorana dentro de IBM había crecido tanto que en enero de 1995, once meses después de la firma del contrato con Banco Nación, el mismo Gerstner, presidente de IBM a nivel mundial, hizo una mención pública de su nombre. Ocurrió durante la reunión anual de altos ejecutivos de las filiales de la empresa en todo el mundo, destinada a fijar estrategias para el año entrante. Cerca de sesenta gerentes de las varias subsidiarias internacionales de IBM estaban en la conferencia, realizada en un lujoso hotel de Palisades, Nueva Jersey.

"El mío era uno de los mercados más pequeños de todos los que estábamos allí", me comentó Martorana tiempo después. La mayor parte de los demás gerentes eran de Estados Unidos y Europa. En la tarde del segundo día de la reunión, según recuerda Martorana, Gerstner pronunció un discurso sobre la nueva era de IBM. La empresa se había convertido en una corporación con demasiada falta de flexibilidad, pesada, de reflejos muy lentos, dijo Gerstner. Hacía falta ser "más competitivos", dijo una y otra vez el máximo ejecutivo de la empresa, utilizando frases como "Nos quieren tragar vivos" y "Tenemos que odiar ser derrotados" para despertar las energías de sus gerentes.

En un momento de su discurso, Gerstner sacó una tarjeta del bolsillo. "Podemos hacerlo", dijo. Leyendo de la tarjeta, señaló que existía un país en que IBM había logrado ganar las mejores calificaciones en casi todas las categorías: tenía el mayor nivel de satisfacción de clientes, el mayor nivel de satisfacción de sus empleados, había logrado una mayor participación en el mercado, crecimiento económico, y había ganado el premio a la empresa de mejor imagen en su país durante cuatro años consecutivos. Levantando la mirada, agregó: IBM Argentina.

"Ricardo, por favor, ponte de pie. Quiero que todos te vean", dijo el jefe máximo de la IBM, según recuerda Martorana. Entre los aplausos de sus colegas, el argentino se puso de pie. "Me puse todo colorado: no me lo esperaba. Entre los presentes, yo era uno de los menos importantes. Así y todo, me estaban poniendo como modelo. No lo podía creer", afirma Martorana. Ese mismo día, el presidente de IBM Argentina llamó a Buenos Aires para compartir con sus más estrechos colaboradores la noticia, según confirma Soriani.

Una llamada preocupante

Pero la euforia de Martorana no habría de durar mucho. A comienzos de 1995, a su regreso de la reunión con Gerstner en Nueva Jersey, Martorana recibió una llamada en su oficina que marcaría el principio de su caída en IBM. Era por un tema no relacionado, pero que con el correr del tiempo desembocaría en el caso IBM-Banco Nación. El que llamaba era Ricardo Cossio, el director de la Dirección General Impositiva. Cossio y Martorana se conocían bien, y no sólo porque la DGI había sido durante mucho tiempo cliente de IBM. Los dos Ricardos se reunían a menudo para hablar de negocios, y habían entablado una amistad personal. Eran tocayos, y sus respectivas esposas habían sido compañeras de colegio en Rosario.

Pero esa mañana, Cossio no hablaba con voz de amigo. Según me contaron en entrevistas separadas Cossio y Martorana, el director de la agencia gubernamental impositiva le comunicó al presidente de IBM que se había detectado una factura sospechosa en la que su empresa podría estar involucrada. "Ricardo, surgió una cosa que me preocupa", dijo Cossio. "Descubrimos una transacción de 10 millones de dólares de IBM que pareciera ser una evasión de impuestos. Aparentemente, es un préstamo de IBM a Kenia, la compañía de electrodomésticos. Según me cuentan mis inspectores, IBM le hizo un préstamo de dinero a Kenia, pero para evadir impuestos disfrazó el préstamo como si fuera una compra de software. ¿Sabés de lo que estoy hablando?", preguntó Cossio.

"¿Estás loco?", contestó Martorana, según él mismo recuerda. "Te puedo asegurar que IBM no hace esas cosas. Al contrario, nuestra imagen pública nos importa tanto que muchas veces pagamos más impuestos de los necesarios. Si tienes la menor duda sobre este asunto, mándame a tus inspectores. Te ofrezco vaciar dos despachos en nuestras oficinas para que se instalen inmediatamente allí. Nosotros no tenemos nada que ocultar".

Según Cossio, la investigación había comenzado cuando sus inspectores leyeron en los periódicos acerca de una disputa comercial entre IBM y Kenia que les pareció sumamente sospechosa. En junio de 1994, IBM le había hecho juicio a Kenia por no haber pagado 10 millones de dólares que le debía por un contrato que se había malogrado. El juicio tomó dominio público varios meses después, cuando ambas empresas publicaron avisos pagos en los periódicos de Buenos Aires. Cossio me comentó que, al ver los avisos en los diarios, llamó a su más estrecho colaborador, Luis María Pena, y le preguntó: "¿Leíste esto?". Efectivamente, Pena también los había leído. Ambos llegaron a la conclusión de que en ese contrato había gato encerrado.

Según ambas empresas decían en sus respectivos comunicados, IBM había pagado 10 millones para adquirir software de la empresa de electrodomésticos, y había revendido el software a una tercera empresa que era propiedad de Kenia. ¿Por qué motivo la empresa de computación más grande del mundo le compraría software a una compañía que ensamblaba heladeras, televisores y secadores de pelo, y que nunca, que se supiera, había producido programas de computación? "Mi sospecha era que lejos de una compra de software, IBM le había hecho un préstamo a Kenia", afirma el ex director de la Dirección General Impositiva. Según su razonamiento, disfrazando la transacción como una compra y venta de software IBM se evitaba tener que pagar impuestos sobre los intereses que ganaría con sus préstamos.

Cossio había dado en el clavo. El 20 de diciembre de 1994, tras un allanamiento a las oficinas de Kenia, los inspectores impositivos habían descubierto documentos que sugerían que la transacción con la multinacional norteamericana era en realidad un préstamo disfrazado. Desde las oficinas de Kenia, los inspectores se habían trasladado a las oficinas de IBM para recolectar evidencia sobre el caso. "Mientras analizábamos el rol de IBM en la transacción, se nos ocurrió que, ya que estábamos ahí, por qué no investigar si no había habido otras transacciones fraudulentas", recuerda Cossio. "Así fue como decidimos mirar más a fondo los movimientos de dinero de IBM, y le pedimos a IBM que nos diera una lista de sus diez proveedores más importantes".

Examinando los demás contratos de IBM, los inspectores impositivos gubernamentales descubrieron otra cosa extraña: una transferencia de 10.6 millones de dólares a una empresa llamada CCR. Dicha transferencia aparecía registrada como parte de un contrato por el cual CCR instalaría en las 524 sucursales del Banco Nación un sistema alternativo de computación en el caso de que el sistema Hogan fallara.

Los inspectores impositivos habían levantado las cejas al encontrar la factura de CCR: a diferencia de las otras empresas proveedoras de IBM, los inspectores jamás habían escuchado hablar de CCR. Y en ese momento, las empresas de informática de la Argentina todavía se podían contar con los dedos de la mano. ¿Quién era CCR? Ese día, los inspectores impositivos se fueron a sus casas intrigados, preguntándose si estaban frente a un nuevo préstamo disfrazado a una empresa que no conocían, o ante alguna otra cosa.

Los inspectores investigan a CCR

La Dirección General Impositiva decidió investigar el asunto más a fondo. A principios de marzo de 1995, Cossio volvió a llamar a Martorana. Para ese entonces, IBM había pagado "bajo protesta" una multa impositiva de un millón de dólares por el supuesto préstamo a Kenia. Según recuerdan Cossio y Martorana, la conversación se inició así:

"Ricardo, no te estoy llamando por el problema de Kenia", comenzó Cossio. "En lo que a nosotros respecta, ese tema está resuelto. Pero surgió otra cosa. Mientras buscaban otras transacciones que podrían ser evasión de impuestos, mis inspectores descubrieron un pago de 10.6 millones de dólares a una empresa llamada CCR. Cuando fuimos a CCR, nos encontramos que es una oficinita de dos ambientes, con una sola empleada y un teléfono. Resulta que esa empresa firmó un contrato por 37 millones de dólares con ustedes, como subcontratista para el proyecto de Banco Nación. Parece una operación trucha [simulada]. ¿No tendrás gente allí que está haciendo cosas raras?"

Martorana preguntó quién había firmado ese contrato, y le pidió a Cossio 24 horas para averiguar sobre el tema, según me dijeron ambos en entrevistas separadas. Martorana dice que, tras colgar el teléfono, llamó a su contador para que hiciera una auditoría interna del contrato con Banco Nación. Según Martorana, estaba empezando a sospechar que algo raro había ocurrido, o estaba por ocurrir. Preocupado, le pidió a su secretaria que ubicara de inmediato a Soriani.

Soriani estaba esquiando

Soriani estaba esquiando en Interlaaken, Suiza. En compañía de su nueva esposa, una hermosa mujer llamada María Laura, estaban pasando unas vacaciones planeadas desde hacía mucho tiempo en el hotel Victoria, de 400 dólares por noche, cortesía de IBM. La pareja había iniciado su gira en Miami, donde Soriani había participado de la reunión anual del "Golden Circle" para los ejecutivos de la empresa que más se habían destacado el año anterior.

Como premio, IBM le había ofrecido a Soriani una semana de vacaciones en un hotel de cinco estrellas de Roma, Hawai o Interlaaken, y decidió entonces empalmar el viaje con sus vacaciones anuales para pasar tres semanas en Europa. Los Soriani habían optado por Interlaaken, y el hotel Victoria había resultado ser uno de los lugares más lujosos que jamás habían visitado. La enorme piscina interior del hotel estaba conectada a una exterior de agua caliente, lo que le permitía a los huéspedes nadar al aire libre mientras admiraban los Alpes suizos.

El número dos de IBM Argentina estaba en la piscina cuando recibió la llamada urgente desde su oficina de Buenos Aires. Uno de sus gerentes le contó del llamado de Cossio a Martorana, y que este último estaba sumamente preocupado por las investigaciones de Cossio sobre el contrato con CCR. Martorana había dicho que el que conocía el tema de cerca era Soriani. ¿Podía regresar a Buenos Aires cuanto antes, y ocuparse del caso?

Soriani recuerda haber respondido: "Mirá, por lo que sé, fue una operación perfectamente legal. Pero no me preguntes los detalles, porque no los conozco. Los que conocen los detalles son [José] Salamanca, Murman y Neira. Reunite con ellos, y te van a dar toda la información. Ellos son los que están al tanto de este asunto". Soriani tenía planeado quedarse otras dos semanas en Europa, y ya tenía rentado un automóvil en Génova para hacer una gira por Italia. Soriani le dijo a su gerente: "Después de que hayan

137

hablado con ellos [Salamanca, Murman y Neira], llamame. Si todavía me necesitan, me vuelvo".

Soriani regresó a Buenos Aires dos semanas después, tal como lo planeado. Mientras tanto, Martorana había hablado con los asistentes de Soriani, y le había pedido a Cossio que le diera un poco más de tiempo para averiguar de qué se trataba el contrato con CCR.

Aparecen los cheques sospechosos

Según Martorana, apenas Soriani regresó a Buenos Aires, lo llamó a su oficina para interrogarlo sobre el tema y su número dos le habría dicho que "los americanos aprobaron el contrato con CCR". Soriani recuerda la conversación de manera distinta, sugiriendo que su jefe no estaba tan a oscuras sobre CCR como lo aparentaba.

Según Soriani, su jefe le dijo que era necesario que ambos le hicieran una visita a Cossio para "calmarlo". Días más tarde, Martorana y Soriani fueron a la oficina del director de la agencia de recolección de impuestos de la Argentina, donde según Soriani trataron de contestar las preguntas de Cossio lo mejor que pudieron.

"Martorana sabía que había un contrato con una empresa que se llamaba CCR. Lo sabía todo el tiempo. Te puedo asegurar que todos los contratos se manejaban arriba de la mesa", me dijo Soriani.

Pero los inspectores impositivos continuaron investigando, y en junio de 1995 se enteraron de muchas otras cosas. Ninguna de ellas era buena noticia para IBM. Parecía ser que CCR, una de las mayores subcontratistas de IBM en el Proyecto Centenario, como se había bautizado al contrato IBM-Banco Nación, había evadido impuestos por millones de dólares al reportar a las autoridades impositivas deducciones por gastos que nunca había hecho. Los cheques que había emitido la empresa subcontratista con el dinero de IBM no fueron a compañías o a expertos en computación, sino a una empleada que atendía las mesas en una pizzería, un maestro de educación física y algunos empresarios que luego confesarían que su único trabajo para CCR había sido cobrar los cheques. Uno de los cheques incluso fue emitido para una persona ya fallecida.

Dentro de la Dirección General Impositiva, la investigación produjo dos corrientes de opinión. Pudiendo probar que CCR había cometido fraude al fisco por inventar supuestos proveedores que no le habían prestado ningún servicio, algunos inspectores querían acusar formalmente a la empresa. Pero otros agentes de la agencia impositiva gubernamental, argumentando que CCR era una empresa fantasma que no tenía fondos, querían presentar cargos contra IBM, cuyos bolsillos eran mucho más profundos, y que después de todo había sido la empresa la que contrató a CCR.

Finalmente, la Dirección General Impositiva decidió presentar cargos a CCR por evasión fiscal, exigiendo al mismo tiempo que "se investigue toda la maniobra y todas las empresas involucradas".

¿Por qué motivo las autoridades impositivas no le hicieron juicio a IBM? ¿Acaso no tenía que saber IBM que la empresa que había subcontratado no estaba prestando ningún servicio? En una entrevista con Cossio en su despacho privado, tras dejar su cargo oficial, negó que el gobierno se hubiera negado a encausar a la multinacional norteamericana por razones políticas. "La empresa que había evadido impuestos era CCR", me dijo Cossio. "Si después resultaba que lo había hecho con la connivencia de IBM, estaba en manos del juez enjuiciar a IBM. Para nosotros, acusar a otros hubiera sido irresponsable".

Entra en escena el juez Bagnasco

Quizás todo se hubiera quedado allí si un juez federal llamado Adolfo Bagnasco no se hubiera empezado a interesar por el caso, ya sea por cumplimiento de su deber, ambiciones personales o motivaciones políticas. Bagnasco ya se había enterado del escándalo IBM-Kenia a través de los periódicos y, cuando aterrizó el expediente IBM-Banco Nación en su escritorio, se sintió inmediatamente atraído por el caso. No todos los días caía en su juzgado un escándalo financiero en el que estaba en juego la reputación de una de las mayores multinacionales del mundo.

El expediente que recibió Bagnasco era parte de la causa iniciada por Pinetta, el periodista que había escrito *La nación robada*, y que había presentado una demanda en 1994 para pedir la investigación judicial del contrato IBM-Banco Nación. El expediente de Pinetta había languidecido en la Corte, como tantos otros, hasta que un día fue asignado por lotería a Bagnasco, uno de los doce jueces federales que tenían a su cargo investigaciones criminales. Bagnasco no niega que se entusiasmó al enterarse de que el caso había sido asignado a su juzgado. "Considerando los nombres de los implicados, era obvio que no se trataba de un caso de rutina", recuerda Bagnasco.

El juez comenzó por seguir la pista de los cheques que CCR había pagado a sus supuestos proveedores, y descubrió que el dinero había ido a parar a cuentas en Uruguay, Nueva York, Luxemburgo y, finalmente, Suiza. A medida que encontraba nuevas cuentas, sus descubrimientos eran reportados en las primeras planas de los periódicos argentinos. En un país en el que los rumores sobre la corrupción oficial flotaban en el aire, los titulares sobre las cuentas encontradas en Suiza inmediatamente desencadenaron sospechas generalizadas de que se trataba de sobornos pagados por IBM a través de CCR a funcionarios del banco estatal, y a sus superiores en el gobierno menemista.

La investigación de Bagnasco quebró una barrera legal inusitada el 17 de agosto de 1995, cuando el ministro Cavallo, ansioso por disipar sospechas de que el presidente del Banco Nación, su amigo y protegido Dadone, estaba involucrado en el escándalo, identificó en el programa de televisión "Hora Clave" a Juan Carlos Cattáneo —un alto funcionario de la oficina del jefe de gabinete de Menem— como el fundador del CCR. En ese mismo programa, Cavallo anunció que le había pedido al Banco de la Reserva Federal de Nueva York ayuda para descubrir el recorrido de los cheques de CCR. Y ante las cámaras, Cavallo dijo lo que más tarde calificaría de "uno de los peores errores de mi vida pública": puso las manos en el fuego por su amigo Dadone. Las declaraciones de Cavallo reforzaron las sospechas de muchos: si Cattáneo era el fundador de CCR, era obvio que se trataba de un caso de corrupción que podría llegar hasta los más altos niveles del gobierno argentino.

Horas antes de presentarse en el programa de televisión, Cavallo había pedido información sobre los cheques de CCR a sus amigos en el Banco General de Negocios, un banco argentino con una filial en Uruguay, al que había sido transferido parte del dinero de CCR. Cavallo conocía a José Rohm, el presidente de Banco General de Negocios, desde hacía 25 años, según el testimonio confidencial de Rohm ante la comisión del Congreso argentino que investigó el caso. En los últimos años, Cavallo y Rohm habían estado en contacto frecuente, entre otras cosas porque el Banco General de Negocios había trabajado con el Ministerio de Economía en ocasión de la privatización del monopolio petrolero estatal YPF. Cuando Cavallo llamó a Rohm en la mañana de ese 17 de agosto de 1995, Rohn estaba de viaje. Según dijo Rohm en su testimonio, el ministro de Economía se comunicó entonces con uno de los gerentes del banco, en busca de la información que necesitaba.

Poco después, Cavallo haría estallar otra bomba, aunque adjudicándosela a información que había recibido del Banco de la

Reserva Federal de Nueva York: 8 millones de dólares de CCR habían terminado en la cuenta numerada —6523 HSR— del banco Bruxelles Lambert, en Suiza.

¿Cómo lo averiguó? "El funcionario del Banco General de Negocios me dio la salida de los fondos [de su banco] al Citibank de Nueva York", me dijo Cavallo en una entrevista. "Pero la información que me dieron en el Banco General de Negocios no decía a qué cuenta de qué banco suizo había ido el dinero después". Cavallo afirma que le pidió esa información a un enviado del presidente del Banco de la Reserva Federal de Nueva York, que se encontraba en Buenos Aires.

Al poco tiempo, los funcionarios del Banco de la Reserva "me dijeron que ese dinero no se quedó en Estados Unidos, sino que la mayor parte fue a tales bancos de Suiza, y un millón se quedó en Nueva York". La información no constituía una violación del secreto bancario "porque ellos no me dieron información de personas [a cuyas cuentas fue el dinero], sino sólo adónde había ido el dinero", agregó.

Bagnasco pidió a las autoridades suizas información sobre dichas cuentas. Y los suizos, deseosos de mejorar la imagen de su país en momentos en que la prensa de todo el mundo se hacía eco de denuncias, en el sentido que los grandes bancos suizos se habían quedado con el dinero de las víctimas judías del holocausto, prometieron colaborar. Según ellos explicaron, su país no rompía el secreto bancario en temas impositivos, pero sí lo hacía en caso de investigaciones por corrupción o lavado de dinero de drogas. Poco tiempo después, las autoridades suizas le revelaron a Bagnasco que la cuenta suiza denunciada por Cavallo había transferido el dinero bajo investigación a cuatro corporaciones off-shore en Uruguay, cuyos apoderados eran dos representantes del Bruxelles Lambert en ese país. Bagnasco los citó bajo amenaza de pedir su captura internacional, y los dos representantes de las empresas off-shore se presentaron a declarar en su juzgado al poco tiempo. Así fue como el juez llegó a saber que los beneficiarios de la cuenta eran Aldaco y Genaro Contartese, dos directores de Banco Nación en la época de la firma del contrato con IBM.

Tormenta política en Buenos Aires

La información corrió como un reguero de pólvora en Buenos Aires. Ahora, no quedaban dudas de que millones de dólares habían sido pagados a los directores del Banco Nación que jugaron un rol importante en la aprobación del contrato con IBM. Ambos directores resultaron ser miembros del Partido Justicialista de Menem, con buenos contactos en el gobierno. Aldaco había sido un estrecho colaborador de Cavallo, y Contartese un amigo del mismísimo presidente Menem, con quien a menudo jugaba al golf.

Bagnasco dice que inmediatamente sospechó que IBM había utilizado a su subcontratista CCR, una empresa fantasma, como puente para entregar los sobornos a los funcionarios del Banco Nación. "A los dos meses de la firma del contrato de IBM con Banco Nación, CCR recibió 21 millones de dólares... por no hacer nada", me señaló el juez. Y acto seguido, CCR había enviado el dinero a varias cuentas, incluidas las de Aldaco y Contartese en bancos suizos. Era como para hacerle sospechar a cualquiera.

El 18 de agosto de 1995, un día después de que Cavallo denunciara por televisión que Cattáneo había sido el fundador y principal responsable de CCR, éste presentó su renuncia a su puesto como asistente de Alberto Kohan, el secretario privado de gabinete de Menem. La tormenta política que desató el escándalo resultó en varias otras renuncias. Días más tarde, el 11 de septiembre de 1995, el presidente de Banco Nación, Dadone, abandonó su cargo, junto con sus dos colaboradores Aldaco y Contartese.

Los emprendedores hombres de Deloitte

Mientras tanto, y aunque sin tanta atención de la prensa, los detalles del contrato IBM-Banco Nación que estaban saliendo a la luz despertaban nuevas dudas sobre el rol de Deloitte & Touche, la consultora internacional que había sido contratada por Banco Nación para redactar las especificaciones de la licitación. El fiscal asignado al caso, Carlos Cearras, descubrió con asombro que dos ex funcionarios de Deloitte, que según él habían participado en la confección de las especificaciones para el contrato de Banco Nación, reaparecieron en una nueva encarnación: como subcontratistas de IBM en el mismo proyecto cuyos requerimientos técnicos ellos habían ayudado a definir.

Según Cearras, las esposas de los dos ex ejecutivos de Deloitte, Alberto Manfredi y Manfredo Zwirner, aparecían como dueñas de una empresa argentina llamada Ideas y Tecnologías. Y esa empresa, según el fiscal, era la que controlaba Availability, una de las firmas subcontratadas por IBM para trabajar en el proyecto del Banco Nación.

Ambos ejecutivos habían renunciado a sus puestos en

142

Deloitte y trabajaban en Ideas y Tecnologías, propiedad de sus respectivas mujeres, pero habían sido contratados por Deloitte para trabajar en el proyecto de Banco Nación. Cearras dice que se le abrieron los ojos cuando se enteró de que Ideas y Tecnologías había desarrollado un programa de software de 2 millones de dólares para Availability, que a su vez había sido contratada por IBM para el Proyecto Centenario. Tanto Cearras como los investigadores del caso en el Congreso argentino sospecharon de inmediato que ambas compañías —Ideas y Tecnologías y Availability— eran en realidad una y la misma.

¿Acaso Deloitte había redactado la licitación del Banco Nación de tal manera que éste necesitaría el software diseñado por Ideas y Tecnologías? A juicio de Cearras, era difícil no sospecharlo. Lo que es más, el fiscal intuía que, desde el comienzo, IBM y Deloitte habían compartido información confidencial sobre el Proyecto Centenario. La aparente presencia de Manfredi y Zwirner en ambos extremos del contrato IBM-Banco Nación no hacía sino reforzar las sospechas del fiscal de que alguien en Deloitte le había soplado a IBM la información de que el banco había sido aconsejado no invertir más de 255 millones de dólares en el Proyecto Centenario. "Creemos que alguien fue a IBM con esa información, y que ese alguien era de Deloitte", me señaló el fiscal Cearras. "Después de todo, la gente de Deloitte es la que terminó vendiéndole el software a IBM."

Murray, el jefe del departamento legal internacional de Deloitte en Nueva York, se irritó sobremanera cuando le pregunté por las sospechas del fiscal argentino. Según el jefe de abogados de la consultora, "hubo un pequeño número de consultores que dejó nuestra empresa y de alguna manera terminaron envueltos en un subcontrato con IBM. Esta gente que nos dejó, y que puede o no haber estado implicada en un abuso de este contrato, no realizaron ninguna tarea para Deloitte que podría colocarlos a ellos o a nosotros en una situación de conflicto de intereses".

¿Cómo es eso?, le pregunté a Murray. ¿Acaso no trabajaban para Deloitte en el momento en que ustedes estaban llevando a cabo el proyecto para Banco Nación? "No tenían nada que ver con el desarrollo de las especificaciones de la licitación, ni con ningún servicio de importancia para el Banco Nación", aseguró Murray.

Como buen abogado, Murray me había dicho mucho y nada: todo dependía de qué encerraran las palabras "de importancia". Quizás no fuera tan inusual que unos pocos ejecutivos aparecieran en varias empresas, y en varios contratos, considerando que el círculo de especialistas en informática era relativamente pequeño en la Argentina de comienzos de los años noventa. Pero incluso si nunca habían realizado labores "de importancia" en el contrato con Banco Nación, cabía la posibilidad de que hayan tenido acceso a información sobre el contrato durante su estadía en Deloitte, y que la habrían utilizado para ganar posteriormente su subcontrato con IBM. A Cearras, el fiscal, no le cabía duda de que, de una u otra forma, había una maniobra de dudosa legalidad.

El jefe pide una auditoría

A fines de agosto de 1995, tras las revelaciones de Cavallo sobre la cuenta en Suiza, el presidente de IBM Argentina sabía que tenía que hacer algo, y rápido. Después de emitir un comunicado negando que IBM estuviera involucrada en algún hecho ilícito, Martorana ordenó al auditor de IBM Argentina, Oscar Girón, que llevara a cabo una auditoría interna del Proyecto Centenario. Según Martorana, estaba tan seguro de no haber hecho nada ilegal que estaba ansioso por que el auditor investigara el caso y emitiera su veredicto.

"Fue una auditoría muy delicada, porque hubo que investigar a los más altos ejecutivos de la empresa", me señaló Martorana. "Se le pidió a Girón que lo hiciera de manera discreta, para evitar que cundiera una situación de pánico que pudiera afectar las operaciones normales de la empresa".

Martorana dice que, horas antes, había llamado a Robeli Libero, el director de IBM para América Latina, "y le expliqué que estaba frente a una situación que me rebasaba", ya que la oferta de IBM se había hecho "con la participación" de la casa matriz de IBM en Nueva York. Martorana le pidió a su jefe que enviara un abogado de la división IBM América Latina a Buenos Aires, para que hiciera su propia investigación del caso. Dicho y hecho, a los pocos días partió hacia Buenos Aires un grupo encabezado por David Cartenuto, el abogado de la sede central de IBM para asuntos latinoamericanos. "Cuando llegaron los americanos, le pedí a Girón que compartiera con ellos todo lo que había encontrado. Así fue como ellos empezaron su investigación", recuerda Martorana.

Veredicto devastador

A partir de ese momento, la brillante carrera de Martorana en IBM comenzó a desmoronarse. El equipo legal de la casa matriz de

IBM realizó varios viajes a Buenos Aires en las semanas que siguieron. En algunas ocasiones, el propio jefe de IBM América Latina, Libero, venía con ellos. Los visitantes se instalaron en los pisos 15 y 16 del rascacielos de IBM en Buenos Aires, los mismos en que los empleados de IBM habían redactado la oferta para el proyecto del Banco Nación. El equipo legal de Estados Unidos comenzó sellando varios estantes con archivos, para evitar que nadie en la empresa pudiera extraer documentos y destruirlos. Y fue así como comenzaron la larga y engorrosa tarea de revisar cientos y cientos de legajos.

Mientras tanto, Girón terminó su auditoría interna, y su veredicto fue devastador. Según una copia de su informe que llegó a mis manos, el auditor llegó a la conclusión de que el contrato de IBM con CCR no tenía justificación. "No se ha podido identificar claramente la razón de negocios para contratar en forma directa... a CCR por un total de 37 millones de dólares", dice el informe del auditor. Y agrega que "la documentación evaluada no permite determinar los motivos que llevaron a IBM a contratar con [sic] CCR" en lugar de su empresa madre, Consad, que a diferencia de la otra tenía un nombre y una trayectoria en la industria informática argentina.

El clima de tensión dentro de IBM ya era insostenible. El 8 de septiembre de 1995, Libero y Rowley, los máximos directivos de IBM América Latina, llegaron a Buenos Aires, y esa misma mañana le comunicaron a Martorana que estaban próximos a tomar una decisión. El presidente de IBM Argentina recuerda que "mi jefe, Rowley, que es australiano, me dijo que ya tenía una visión más clara de lo que había sucedido, y que en una semana tomarían las medidas disciplinarias apropiadas".

Martorana se sintió aliviado. Según pensaba, él no corría peligro, puesto que no había participado en ninguna de las reuniones en que se habían discutido los detalles del Proyecto Centenario. Sus jefes norteamericanos debían haber comprobado eso tras revisar las actas de todas las reuniones para la preparación del contrato, pensaba. Lo más probable era que rodaran las cabezas de los gerentes intermedios que habían redactado la oferta para la licitación.

Tal como lo recuerda Martorana, se sentía especialmente confiado por algo que le había dicho Rowley. El viernes por la tarde, antes de regresar a Nueva York, su jefe le había pedido que durante el fin de semana preparara el comunicado de la empresa para una conferencia de prensa que tendría lugar en Buenos Aires el jueves siguiente. La reunión de prensa debía explicar a la opinión pública la versión de IBM de los hechos, y anunciar públicamente las medidas disciplinarias que IBM adoptaría.

"Rowley me pidió que pensara a quién había que invitar, cómo debía hacerse, y si necesitaríamos un intérprete. En otras palabras, yo tenía que organizar la conferencia de prensa", recuerda Martorana. Era, sin duda, una buena señal. Además, Rowley le había pedido que le diera una copia de sus sugerencias sobre la conferencia de prensa al jefe de relaciones públicas de IBM en la Argentina. Éste, a su vez, viajaría a Nueva York el domingo a la noche, para volver a Buenos Aires junto con los ejecutivos de la casa matriz a tiempo para la reunión de prensa del jueves.

"Trabajé todo el sábado y todo el domingo, de blue jeans, y sin secretaria, con el jefe de relaciones públicas. Y tal como era previsto, el jefe de relaciones públicas se fue a Estados Unidos el domingo por la noche", recuerda Martorana.

"No me dejaron ni despedirme"

Los jefes de la sede central de IBM llegaron a Buenos Aires el miércoles 13 de septiembre, junto con el encargado de relaciones públicas de IBM Argentina, a tiempo para la conferencia de prensa del día siguiente. Después de registrarse en el hotel Sheraton, a pocos metros de la empresa, se dirigieron a la oficina de Martorana.

Eran las tres y media de la tarde, y el presidente de IBM Argentina estaba reunido con su gerente de personal, evaluando los próximos ascensos de ejecutivos en la empresa. "Suspendí la reunión, y me fui a recibirlos de inmediato", recuerda Martorana. "Entraron los dos con cara de velorio, y me dijeron: 'Acabamos de despedir a Soriani'".

Martorana no se sorprendió demasiado. "Lo había previsto como una posibilidad, dada la forma en que se estaba encaminando la investigación", recuerda Martorana. Pero las palabras que siguieron lo dejaron helado: "Tenemos una mala noticia", dijo Libero. "Tú tendrás que renunciar".

"Yo no lo podía creer. Sentí como un balde de agua fría en la cabeza", dice Martorana. "Cuando les preguntaba por qué, lo único que me contestaban era que se trataba de una decisión corporativa que no podían cambiar. Una y otra vez, me repetían lo mismo, como autómatas. Les pedí que lo pensaran, pero se negaron. Finalmente me dijeron que si no renunciaba, me tendrían que despedir, como a Soriani", recuerda Martorana.

A esta altura de la conversación, los ejecutivos de la casa matriz hicieron pasar a un escribano público, que tenían esperando afuera. Los tres le dieron a Martorana un documento, que decía que la renuncia de Martorana era de "común acuerdo".

"En ese momento, no podía pensar", dice Martorana, que ahora se arrepiente de no haber llamado a un abogado en ese instante. "No podía concebir leer a la mañana siguiente en los periódicos: "Fue despedido el presidente de IBM Argentina." Les dije: "Está bien, renuncio". Tomé mi maletín, y me fui a casa sin llevarme nada. Estaba deshecho".

Cuando Martorana llegó a su casa, le ordenó a su chofer que regresara a la oficina con el Alfa Romeo de la empresa. A la mañana siguiente, llamó a su secretaria para pedirle que reuniera sus efectos personales, incluyendo sus chequeras y su archivo, que los pasaría a buscar. Media hora después, su secretaria lo llamó, acongojada, diciendo que su pedido había sido denegado por la empresa. Martorana estaba en la calle. "Ni siquiera me permitieron despedirme de la gente con la que había trabajado durante 27 años".

La prioridad del nuevo régimen

El 14 de septiembre de 1995, el día en que fue anunciada la partida de Martorana y Soriani, IBM designó a un nuevo presidente para la Argentina. Se trataba de Wilmer Gueicamburu, un ejecutivo uruguayo de la división latinoamericana de la empresa, que ya estaba semi-retirado después de trabajar varias décadas para la corporación. Entre otras cosas, el nuevo presidente se propuso restaurar la credibilidad de IBM Argentina tras el escándalo que continuaba en las primeras planas de los periódicos. Gueicamburu contrató a un nuevo equipo de abogados y expertos en situaciones de crisis, con la esperanza de superar el caso con el menor costo posible.

En círculos de la industria informática argentina, muchos pensaban que la casa matriz de IBM había exigido la renuncia de Martorana —en lugar de despedirlo— para colocar una franja de separación entre IBM Nueva York y cualquier posible acto delictivo por parte de IBM Argentina. "El despido de Martorana, quien también estaba a cargo de las operaciones de IBM en otros países latinoamericanos, habría sido como admitir que un ejecutivo de la jerarquía corporativa de IBM había cometido actos delictivos", afirmó Jesús Rodríguez, un legislador que integró la comisión investigadora del Congreso sobre el contrato IBM-Banco Nación, y que escribió un libro sobre el caso, llamado *Fuera de la ley*.

El nuevo equipo legal contratado por Gueicamburu estaba encabezado por Jorge Anzorreguy, hermano de Hugo Anzorreguy, el jefe de Inteligencia del gobierno de Menem. De acuerdo a un abogado que participó en las reuniones a puertas cerradas con la nueva gerencia de IBM Argentina, la empresa había sido aconsejada de elegir abogados de orientación peronista, aunque más no fuera para establecer una buena relación con el juez. Bagnasco era un juez abiertamente simpatizante del partido peronista, y del presidente Menem.

La esperanza dentro de las oficinas de IBM era que el escándalo se disipara, y —sobre todo— que no llegara a la Justicia de Estados Unidos. Libero y Rowley estaban especialmente preocupados por las alegaciones de Soriani de que la oferta de IBM había sido revisada y aprobada por Lew y sus jefes en la casa matriz de IBM en Nueva York. Su principal temor era que se abriera una investigación de Estados Unidos para determinar si IBM había violado el Acta de Prácticas Corruptas en el Exterior, que prohibía a las empresas de Estados Unidos sobornar a funcionarios extranjeros.

"Había una sola cosa que les preocupaba, y era el e-mail" que había enviado Nueva York en la noche del 31 de diciembre de 1993, aprobando la presentación de la oferta para el proyecto del Banco Nación el lunes siguiente", recuerda Ricardo Yoffre, un abogado bien conectado que fue parte del equipo contratado por la nueva administración de IBM Argentina para mejorar la imagen de la empresa. "Tenían el e-mail frente a ellos en todo momento". La posición de IBM, incluso a puertas cerradas con sus abogados, era que la oficina de Nueva York nunca había sabido de los detalles fraudulentos del contrato, señala Yoffre.

Capítulo 7

LA MUERTE DEL PAGADOR

Pero, para desgracia de IBM, el escándalo en la Argentina no pasó al olvido. Por el contrario, el perfil público del caso fue creciendo. El 9 de julio de 1996, el juez Bagnasco y el fiscal Cearras hicieron su primer viaje a Nueva York para presentar el caso ante los fiscales de Estados Unidos, en medio de una gran cobertura periodística por parte de los medios argentinos. Luego de entrevistarse con los fiscales del caso en White Plains, la ciudad del norte del estado de Nueva York en cuya jurisdicción se encuentra la sede central de IBM, los dos funcionarios fueron a Wall Street a presentar su caso ante agentes de la Comisión de Valores de Estados Unidos. "El juez investiga en Manhattan", tituló el periódico *Clarín*. La prensa argentina siguió a diario las actividades de los dos funcionarios en Nueva York, en medio de cada vez mayores expectativas.

Lo que quizás ignoraban Bagnasco y Cearras era que, en el mismo día en que ellos estaban en Nueva York tratando de abrirse paso en el sistema de justicia de Estados Unidos, IBM estaba reuniéndose con Menem en Buenos Aires, y amenazando veladamente con retirarse del país si continuaba lo que la empresa calificaba como un "acoso legal". El 10 de julio de 1996, el nuevo presidente de IBM Argentina, Gueicamburu, fue recibido por Menem y su ministro Cavallo en la Casa de Gobierno. Según reportó *La Nación* al día siguiente, IBM negó que estuviera amenazando con retirarse del país, pero "fuentes gubernamentales reconocieron que el directivo le aclaró al Presidente de que la decisión de IBM de permanecer en el país no es irrevocable".

A la salida de la entrevista, Gueicamburu intentó dar una imagen de total tranquilidad y confianza. "La empresa que represento no se siente presionada para nada por las investigaciones de la Justicia, la cual está haciendo su trabajo, y tenemos que dejarla que actúe", dijo el ejecutivo a los periodistas. Agregó que "a mí no me preocupa en absoluto que se descubra la verdad de los hechos, porque no tenemos nada que ocultar".

Sin embargo, documentos internos de IBM demuestran que dentro de la empresa había una atmósfera de pánico total. Memorandos internos encontrados en un allanamiento del edificio de IBM cuatro años después revelan que se estaba viviendo un clima diametralmente opuesto al que uno podría imaginarse en una compañía que "no se siente presionada para nada", y que sólo deseaba que la Justicia siguiera haciendo su trabajo.

Los documentos encontrados durante el operativo, ordenado por el juez Jorge Brugo en una investigación paralela por presunta evasión de impuestos en el contrato IBM-Banco Nación, revelan que IBM Argentina —o por lo menos algún ejecutivo de la corporación— quería hacer todo lo posible por torcer el rumbo de la investigación judicial. El memo proponía ofrecer varias cosas a Menem a cambio de un desvío de la causa: entre otras, un mayor apoyo político, y utilizar la influencia de IBM a nivel mundial para lograr traer las Olimpíadas del 2004 a la Argentina.

Uno de los documentos confiscados, parcialmente dado a conocer por los periódicos *La Nación* y *Página/12*, era un memorandum de ocho páginas, escrito a mano, que según los investigadores había sido redactado por algún alto ejecutivo de IBM Argentina en preparación para la entrevista de la cúpula de la empresa con Menem. En principio, se había planeado una entrevista para junio de 1996 entre el presidente y Elio Cattania, un alto ejecutivo de la casa matriz de IBM que visitó la Argentina en esa fecha para participar en una reunión internacional. Pero dicha entrevista tuvo que ser postergada por motivos de agenda, y Menem terminó recibiendo al mes siguiente al presidente de IBM Argentina, Gueicamburu.

El documento, sin firma, pero registrado en el juzgado como encontrado en las oficinas de IBM Argentina durante el allanamiento, proponía la estrategia de IBM para la entrevista con Menem. El punto central del memo era presentar las investigaciones judiciales sobre el caso IBM-Banco Nación como un ataque al modelo económico pro-libre mercado de Menem. Bajo el título "mensajes", sugería tocar los siguientes puntos durante la entrevista con el presidente:

—"Los adversarios del modelo han instalado en la opinión pública el concepto de corrupción".

—"Esto debe ser desarticulado".

—"Intereses políticos y/o comerciales que buscan un gran escándalo".

—"Esto daña al gobierno y perjudica a IBM".

—"Aparecen viejos preconceptos con el pasado [USA] que usted ayudó a cerrar".

—"Países de donde nos retiramos y no volvimos [Cuba]".

El memo también contenía lo que parecía ser una velada advertencia a Menem de que una acusación de sobornos contra la empresa podía abrir una caja de pandora que podía hacer tambalear al gobierno. "Una vez instalado el tema de cohecho en un contrato, es muy difícil de parar en todos los otros", decía. Tras esta última frase, el memo agregaba, entre paréntesis, la palabra "¡Ojo!". Asimismo, sugería que se le estaba haciendo un daño enorme a IBM por apenas uno de sus tantos contratos en la Argentina. Para enfatizar el punto, proponía decirle al presidente: "No se anula la policía de Buenos Aires por unos casos de corrupción".

Acto seguido, el memo sugería que "personas inteligentes y con respaldo pueden encontrar/implementar una solución", y enfatizaba la necesidad de "evitar" que el caso derivara en una acusación por sobornos. "Para la imagen del gobierno y de IBM, el tema habría que circunscribirlo al tema del precio y la cantidad de servicios contratados... Se puede dejarlo a nivel de fraude, muy difícil de probar". Hacia el final, bajo el subtítulo "Apoyo a Menem", venían las zanahorias. Entre otras, se proponía "Confianza en su gobierno... y en el proceso de transformación", y el apoyo de IBM en el tema de las "Olimpíadas 94/2004".

No está claro si, en su entrevista con Menem, Gueicamburu tocó alguno, varios, o todos los puntos de la estrategia. Pero dos altos funcionarios del sistema judicial argentino, consultados sobre el memo, no pudieron dejar de observar la naturalidad con que el redactor de la estrategia había sugerido proponer al presidente Menem lo que de concretarse constituiría un delito: interferir con el sistema de justicia para que la investigación terminara en una denuncia de fraude —"difícil de probar"— y no de cohecho, que tenía consecuencias mayores, sobre todo en cuanto sus posibles repercusiones en Estados Unidos.

"Lo que denota esa documentación evidentemente es una estrategia de bajar la calificación del delito, porque una cosa es defraudar a la administración pública y otra cosa muy distinta es el soborno", me explicó Bagnasco, quien había agregado los documentos al expediente de su causa. "El soborno sí implica la violación de la ley norteamericana".

Dos directores confiesan

Pero el escándalo del caso IBM-Banco Nación recién empezaba. En 1977, los ex directores del Banco Nación, Alfredo Aldaco y Genaro Contartese, admitieron ser los dueños de las cuentas suizas, y empezaron a revelar detalles de los sobornos que habían recibido. Ahora no cabía duda de que el caso no era de simple defraudación, como quería presentarlo el memo interno de IBM.

Aldaco y Contartese contaron su historia de una manera destinada a tratar de recibir la menor condena posible, y quizás a proteger a sus ex jefes en el gobierno argentino. Pero el hecho de que admitieran públicamente haber recibido grandes sumas de dinero por el contrato de IBM con el Banco Nación fue una noticia bomba. Era la primera vez en la historia reciente que funcionarios de un país latinoamericano confesaban haber recibido lo que parecía ser un soborno de una importante multinacional norteamericana. Y no se trataba de cualquier multinacional, sino una de las más grandes del mundo, que paradójicamente siempre se había ufanado de ser un modelo de honestidad corporativa.

Aldaco, un hombre rubio de ojos celestes, había llegado alto a pesar de haber nacido en el hogar humilde de un portero del Ministerio de Relaciones Exteriores. Tras haber llegado a ser un especialista en comercio exterior y miembro del equipo de la cancillería argentina encargado de negociaciones comerciales con países limítrofes, había sido ascendido al directorio del Banco Nación a una edad relativamente joven, cuando todavía no había cumplido 45 años. A principios de 1997, cuando los investigadores ya estaban sobre la pista de las empresas off-shore uruguayas que habían transferido los fondos de CCR a la cuenta del Banco Bruxelles Lambert en Suiza, y el periódico *Página/12* identificó a Aldaco y su mujer como posibles beneficiarios de la cuenta, el ex director del Banco Nación admitió públicamente haber recibido 3 millones de dólares por el contrato IBM-Banco Nación, y se entregó al juez Bagnasco. Cuando salía de su audiencia con el juez, en mayo de 1997, y los reporteros le preguntaron a gritos si era inocente, Aldaco respondió: "No". Fue lo único que dijo, antes de salir del lugar a paso apresurado. Los periodistas argentinos, acostumbrados a fervorosas declaraciones de inocencia, se preguntaban si habían escuchado bien.

Poco tiempo después, Aldaco devolvió el dinero de la cuenta de Suiza al estado argentino, y pasó 57 días en la cárcel antes de ser puesto en libertad bajo fianza. El día en que lo llevaron a la cárcel, le dijo a Bagnasco: "Puede irse a dormir tranquilo, porque yo merezco ir a la cárcel". Aldaco parecía estar genuinamente arrepentido de sus acciones. Tiempo después, la revista *Noticias* lo citaría contando los pormenores de su drama. "Fue un instante, hermanito, un instante. Me pusieron la guita [dinero] y acepté sin pensarlo siquiera. Así funciona. Me dijeron: 'Mirá, sólo necesitamos que no te opongas al contrato'".

Según el mea culpa de Aldaco, "esa misma noche, yo ya estaba arrepentido. Ni siquiera sabía cómo abrir una cuenta en Suiza. Le tuve que pedir a Genaro [Contartese]. ¿Sabés lo que pensé? ¡Mirá qué idiota, qué débil! Pensé que con 2 millones y medio resolvía el futuro a mis hijos, y lo único que hice fue arruinarlos, y someterlos al escarnio, porque su padre es un coimero [una persona que pide o acepta sobornos]. Y traicioné a mi viejo, que ya murió. Si viviera, me hubiera trompeado... Mi viejo estaba tan orgulloso de mí..." ¿Quién le pagó? Aldaco dijo que fue Marcelo Cattáneo, el hermano del fundador de Consad, la empresa madre de la misteriosa CCR. Tanto Consad como CCR eran subcontratistas de IBM en el contrato con Banco Nación.

Cuando me reuní con Aldaco en un café de Buenos Aires en 1999, el ex director del Banco Nación me dijo que Marcelo Cattáneo le había explicado que "hay unos dineros de seguros" que IBM no iba a tener que pagar porque el contrato se estaba realizando en tiempo y forma, y que ese "sobrante" se iba a distribuir entre los directores del banco. Cattáneo le pidió que le contestara dentro de las próximas 48 horas y le diera el número de la cuenta bancaria donde depositar el dinero. Según documentos en el juzgado, Aldaco testificó que la conversación con Cattáneo tuvo lugar en su oficina del Banco Nación el 20 de febrero de 1994, tres días después de que el Banco Nación otorgara el contrato a IBM.

Pero los fiscales no creyeron su historia. Según ellos, Aldaco había tergiversado la fecha en defensa propia. La hipótesis de los fiscales era que la reunión entre Cattáneo y Aldaco había tenido lugar antes de la otorgación del contrato IBM. La fecha de la reunión era crucial: si Aldaco había aceptado el dinero antes de la otorgación del contrato, podía ser acusado de aceptar sobornos, lo que conllevaba una sentencia mucho más severa. Si, en cambio, había aceptado el dinero después de que IBM ganara la licitación, sólo podía ser acusado de aceptar una dádiva, lo que implicaba una sentencia mucho menor.

¿Pero cómo podía saber Aldaco que Cattáneo no mentía cuando le había dicho que el dinero venía de la multinacional norteamericana?, le pregunté. Aldaco se encogió de hombros. No tenía por qué dudarlo, respondió. "Marcelo [Cattáneo] era la cara visible de IBM en el Banco Nación. Era el único jerarca del equipo [del contrato] IBM-Banco Nación que estaba en el banco", a pesar de que, técnicamente, era empleado de una empresa subcontratista de IBM, señaló. Además, el hecho de que Cattáneo hiciera la oferta en representación de una corporación tan importante como IBM era una garantía en sí misma. "Pensé que IBM era un factor de protección enorme. Una compañía tan importante nunca se metería en algo que no fuera seguro".

Fue "un regalo" de IBM

Contartese, el otro director del Banco Nación que recibió el dinero en su cuenta suiza, contó una historia similar, alegando que el pago había sido hecho con posterioridad al otorgamiento de la licitación a IBM. Según el testimonio de Contartese, recibió 1.4 millones como "un regalo" de la multinacional norteamericana después de la firma del contrato. Cuando se le preguntó por qué IBM sería tan generosa cuando ya se había adjudicado el negocio, el ex director del Banco Nación dijo que "era una manera de compartir su alegría por haber obtenido el contrato".

Contartese, un viejo militante del Partido Justicialista, alegó que el pago había tenido lugar por lo menos dos meses después de la firma del contrato IBM-Banco Nación. Según él, su colega Aldaco apareció en su oficina del primer piso un día para avisarle que iba a recibir una visita de Marcelo Cattáneo, el hombre de Consad que estaba a cargo del equipo de IBM en el Banco Nación. Una vez en su oficina, Cattáneo le habría dicho que "IBM estaba interesada en recompensar a algunos de los directores del banco, tres o cuatro, que han participado en el contrato". Cattáneo agregó que había sido designado como "pagador", y le pidió un número de cuenta extranjera donde depositar el dinero con la mayor confidencialidad. Contartese le dio el número de teléfono de un banquero en Buenos Aires que manejaba su cuenta en el Banco Rothschild de Suiza. Desde allí en adelante, Cattáneo se había entendido con el banquero de Contartese, y éste no habría oído hablar del asunto hasta enterarse de que el dinero fue depositado en su cuenta.

¿Pero por qué IBM, o sus empresas subcontratistas, repartirían el dinero después de la obtención del contrato?, le pregunté a Contartese en una entrevista en su pequeña oficina de dos ambientes de Buenos Aires, donde estaba tratando de empezar una nueva vida profesional como consultor de negocios. Su versión de la his-

154

toria no tenía ni pies ni cabeza, le dije: si IBM o sus subcontratistas hubieran querido sobornar a los funcionarios del banco, lo habrían hecho antes de firmar el contrato, no después. ¿Cuál era el objetivo de compartir "su alegría" una vez que se habían asegurado el contrato?

"Para mantenernos contentos", respondió Contartese. Pagarle una bonificación a los directores del Banco Nación representaba muy poco dinero para IBM, y garantizaba la lealtad de estos funcionarios durante los dos años de duración del proyecto. "Querían tener a los diez directores de su lado, para que nadie pusiera escollos en el camino", dijo Contartese. "Se trataba de un proyecto de software muy complicado. El costo inicial del proyecto era de 250 millones de dólares, pero nadie sabía hasta dónde iban a llegar los costos adicionales que se podían presentar en el camino. Era importante [para IBM] que los directores del banco estuvieran de su lado".

El fiscal, escéptico

¡Seguro! ¡Un regalo!, se rió el fiscal Cearras, cuando le pregunté sobre la versión de Contartese. Con una sonrisa escéptica, Cearras me señaló que no creía una palabra de la historia del ex director del banco.

"Todo estaba arreglado de antemano", me comentó el fiscal en una entrevista en 1999. "Nadie les hubiera ofrecido dinero después de la firma de un contrato. Además, algunas de las cuentas de Suiza habían sido abiertas muy recientemente, y estaban vacías. La de Aldaco, por ejemplo, fue abierta en diciembre de 1993, un mes antes de la firma del contrato [con IBM]. La de Contartese, en 1992. La versión de que los pagos vinieron como una sorpresa para los ex directores del Banco Nación es difícil de creer".

Lo más probable, siguió explicando el fiscal, es que los abogados de ambos recurrieron a la teoría de la gratificación a posteriori para evitar cargos de haber conspirado para cometer un acto ilegal —la figura legal del soborno— y en cambio ser acusados del delito mucho menor de haber recibido dádivas indebidas. De hecho, el crimen de recibir dádivas ya había prescripto en el caso de ambos. El juez Bagnasco pensaba igual. "Fue un pacto previo. Que se materializa después es otra cuestión", me señaló. La teoría de "la gratificación a posteriori" era una buena defensa legal, pero difícil de ser tomada en serio.

El misterio de Marcelo Cattáneo

¿Quién en IBM había enviado a Marcelo Cattáneo a distribuir el dinero? ¿O es que Cattáneo estaba actuando por las suyas, utilizando el dinero de IBM para sobornar a los funcionarios del Banco Nación sin que IBM lo supiera? La única persona que podía ser convocada como testigo principal para responder estas preguntas no pudo hacerlo: Marcelo Cattáneo fue encontrado muerto el 4 de octubre de 1998, ahorcado con una soga de nylon, colgando de un poste eléctrico en un terreno abandonado detrás de la Ciudad Universitaria en Buenos Aires. Tenía sólo 41 años.

Dos semanas antes, el 16 de septiembre, la víctima se había presentado ante el juez Bagnasco con documentos que demostraban que, en la fecha en que Aldaco y Contartese alegaban haber recibido la "gratificación", había estado fuera de Buenos Aires. De acuerdo a sus abogados y amigos, poco antes de su muerte Marcelo Cattáneo había cambiado su estrategia legal, y ya no presentaba un frente unido con su hermano Juan Carlos, el fundador de Consad. Marcelo estaba preparando su propia defensa, independientemente de que pudiera afectar la de su hermano, según me confiaron varios de sus allegados.

De acuerdo a la versión policial, Marcelo se habría suicidado. Sin embargo, la policía encontró en la boca del cadáver, cuidadosamente doblada, una página de periódico, con la noticia de que un testigo clave en el escándalo IBM-Banco Nación —él mismo— había desaparecido de su casa unos días antes, sin que nadie supiera dónde estaba.

Debate en la embajada

En varias visitas a Buenos Aires, pregunté a sus familiares y amigos por qué Marcelo Cattáneo se habría metido un artículo de periódico sobre el caso IBM-Banco Nación en la boca antes de suicidarse. Sus respuestas fueron muy simples: no se había suicidado.

Marcelo Cattáneo no era un hombre de grandes ambiciones, ni de grandes altibajos emocionales. La mayoría lo describe como "un buen tipo": no tenía una inteligencia superior, pero era simpático, sociable, y con buenos contactos personales. Católico practicante, su vida rondaba en torno al club de rugby San Carlos, donde había jugado en primera división, llegando a ser capitán del equipo, y donde últimamente se desempeñaba como entrenador de rugby. En años recientes, había sido miembro de cuanta comisión había en el San Carlos, desde la comisión encargada de redactar el boletín del club hasta la que escogía el menú de su restaurante.

"Era el alma del club", me señaló uno de sus mejores amigos. Como entrenador de rugby, Marcelo había llevado al equipo del San Carlos a Europa, Sudáfrica y varios países de América Latina. Le dedicaba mucho tiempo a sus jugadores, la mayoría de ellos adolescentes, dándoles a veces consejos de vida como si fuera su padre. Y era un hombre sumamente unido a sus hijos, según sus familiares y amigos. Si realmente se hubiera suicidado, jamás lo habría hecho sin dejar una nota para su esposa e hijos, me señalaron.

Había muchos otros detalles extraños en su presunto suicidio. Según algunos investigadores, era muy raro que un hombre de clase media relativamente acomodada, como Marcelo Cattáneo, se quitara la vida ahorcándose de un poste en un terreno baldío, cuando hubiera podido comprarse un revólver. Además, su cuerpo fue descubierto con anteojos de sol, un traje de gimnasia azul barato y zapatillas de tenis rojas, todas vestimentas que ningún miembro de su familia había visto antes. Lo único que sus familiares reconocieron en la morgue fue su ropa interior.

"Tengo grandes sospechas de que fue un homicidio", dice Guillermo Francos, un legislador de la oposición que conoció a Marcelo Cattáneo durante la investigación parlamentaria del Proyecto Centenario. "Todos los detalles macabros de este episodio parecen indicar como un mensaje de la mafia, de que esto le pasa a cualquiera que se decida a hablar".

Marcelo Cattáneo había desaparecido el miércoles 30 de septiembre de 1998, pocos días antes de su muerte. Había salido de su casa a las 8.30 de la mañana, como todos los días, para su nuevo empleo en una agencia de viajes, donde había empezado a trabajar tras el colapso de Consad y CCR. Su esposa, Silvina de la Rúa, una ex ejecutiva de Consad por más de veinte años, lo llamó a la oficina a eso de la una de la tarde. Él le había repondido el llamado a su celular, una hora más tarde, en momentos en que ella estaba comiendo un sándwich en un bar de la calle Florida. Fue "una conversación de rutina", recordó la viuda después, en su testimonio a los investigadores. Ella le preguntó a qué hora volvería a casa, y su marido le contestó que no muy tarde. Fue la última conversación que habían tenido. Al volver a su casa esa noche, Silvina le había preguntado a sus hijos si su padre ya estaba allí.

157

La respuesta de los niños fue: "Todavía no". El jueves a la mañana, después de pasar la noche sin pegar un ojo, la señora Cattáneo había denunciado a la policía la desaparición de su marido.

Como no se halló ningún rastro de violencia en el cuerpo de la víctima, la policía determinó que fue un suicidio. Después de todo, se trataba de un hombre envuelto en un escándalo público, que había sido identificado por dos ex directores del Banco Nación como la persona que les había pagado los sobornos. Si bien Marcelo Cattáneo se había declarado inocente en varias audiencias judiciales, era obvio que seguía siendo el personaje central de la investigación. Un ejército de fiscales, reporteros, abogados defensores e investigadores privados le seguían los pasos, tratando de averiguar a qué otros funcionarios del gobierno de Menem se habían entregado "gratificaciones" por el contrato IBM-Banco Nación. Según las autoridades, la víctima se había sentido arrinconada, y no había encontrado otra salida que quitarse la vida.

El tema de la muerte de Marcelo Cattáneo fue discutido en una reunión del sector político de la embajada de Estados Unidos en la Argentina, pero no se llegó a ninguna conclusión sobre el asunto. Según revelan los cables confidenciales enviados por la embajada al Departamento de Estado en Washington D.C., la misión diplomática norteamericana en la Argentina no envió ninguna evaluación o interpretación de la muerte de Cattáneo. "La embajada se limitó a enviar unos treinta informes de prensa [argentinos] a la oficina de asuntos argentinos del Departamento de Estado", me señaló Payton Howard, un funcionario de la Oficina de la Libertad de Información del Departamento de Estado, meses después de recibir mi solicitud formal de desclasificación de los documentos del caso bajo el Acta de Libertad de Información (FOIA) de Estados Unidos. Un funcionario de la embajada de Estados Unidos en la Argentina que participó de la reunión me confirmó que "tuvimos una discusión respecto a la muerte de Cattáneo, y varios funcionarios expresaron puntos de vista diferentes. Al final, decidimos considerar el tema como una cuestión de política interna de la Argentina" que no tenía mayores implicaciones para la relación bilateral, y que por lo tanto no requería una evaluación por parte de la embajada.

Pero pronto surgieron varios otros interrogantes sobre la muerte de Marcelo Cattáneo. Sus familiares se enteraron de un misterioso episodio ocurrido el sábado 4 de octubre, un día antes de su muerte en el club San Carlos. Dos desconocidos con una filmadora fueron vistos en el campo de deportes donde la hija de Marcelo Cattáneo, Carolina, estaba jugando al hockey. Después de filmarla durante algunos minutos, y cuando el entrenador del equipo de hockey se les acercó para preguntarles quiénes eran, ambos se alejaron rápidamente, casi corriendo.

Luego, un mes después del aparente suicidio, la prensa informó que un vagabundo que merodeaba por el área en que fue hallado el cadáver de Cattáneo decía haber visto otra gente en el lugar la noche de su muerte. El vagabundo le dijo al periódico *Página/12* que había hablado con la víctima poco antes de su muerte, y que Marcelo había estado en compañía de otros hombres pocas horas antes.

Un día después de que la nota saliera publicada, el vagabundo, Pedro Rodríguez, fue citado a declarar ante el fiscal que investigaba el caso. Rodríguez era uno de alrededor de una docena de indigentes gays que solían pasar la noche en el terreno baldío detrás de la Ciudad Universitaria que muchos conocían como la Aldea Gay. Muchos de ellos se dedicaban a recoger latas vacías en las calles para venderlas a empresas de reciclaje. Según Rodríguez, el día antes del descubrimiento del cadáver de Marcelo, ambos habían sostenido una larga conversación durante la cual la víctima le había confesado que iba a morir. Lo habían amenazado con matar a sus hijos si no se suicidaba.

"Voy a ser yo, o mi familia", habría dicho Marcelo Cattáneo. ¿Quién estaba amenazando a su familia? "Mi hermano es mi peor enemigo... Y anda por aquí", habría respondido el presunto suicida. Rodríguez agregó que, mientras hablaban, vio a dos hombres a unos cincuenta metros de distancia, que los estaban mirando. Cuando Marcelo Cattáneo los vio, había dicho: "Deben ser mi hermano y un amigo", y se encaminó hacia ellos. Rodríguez dijo que ésa fue la última vez que vio a Marcelo Cattáneo con vida.

Cuando el fiscal le preguntó por qué había esperado tanto tiempo para darle esta información a las autoridades, el vagabundo explicó que, en varias ocasiones, "me amenazaron muchas veces... Me dijeron que no siguiera buscando latas alrededor de Ciudad Universitaria, o mi cabeza aparecería flotando en el río".

La historia del hermano mayor

Juan Carlos Cattáneo, el hermano mayor y jefe de Marcelo, me impresionó por su serenidad y el control de sus emociones cuando me invitó a desayunar en su casa una mañana de invierno de 1999 para contestar mis preguntas sobre la muerte de su hermano. Juan Carlos era, tras la muerte de Marcelo, un eslabón clave en la investigación de los sobornos a los funcionarios del Banco Nación. No sólo había sido el hombre detrás de Consad y CCR, sino también un funcionario estratégicamente ubicado durante el gobierno de Menem, en su calidad de asistente principal de Alberto Kohan, el titular de la Secretaría General de la Presidencia del gobierno de Menem.

Tenía ocho años más que Marcelo y, en la relación entre ambos, había sido mucho más que un hermano mayor: había sido su mentor, su protector y su mejor amigo. "Juan Carlos fue lo más parecido a un padre para Marcelo", me señaló uno de los familiares más cercanos de la víctima. Los hermanos Cattáneo tuvieron un padre básicamente ausente, y Juan Carlos había sido el que estuvo a cargo de su hermano menor. Cuando los padres de los hermanos se divorciaron a principios de los años setenta, Marcelo era todavía un adolescente, y la influencia de su hermano fue aun mayor. La relación entre ambos se volvió tan estrecha que cuando Marcelo se casó, eligió a su hermano como padrino de la boda.

Sin embargo, los hermanos tenían personalidades muy diferentes. Mientras que Juan Carlos era el intelectual, el mejor alumno, el empresario exitoso y con buenas conexiones políticas, Marcelo era el entrenador de rugby, voluntario del club San Carlos y empleado de la empresa de su hermano.

Juan Carlos, un licenciado en sistemas de computación, había fundado Consad en los años setenta junto con una joven profesora de computación, Julia Oshiro. Era una empresa de gente joven y emprendedora. Los fundadores y diez empleados —la mayoría no superaba los veinte años— trabajaban a toda máquina en un departamento céntrico de apenas dos ambientes. Y mientras que Juan Carlos había estado a cargo de buscar negocios para la empresa, Oshiro se concentró en el área técnica.

Con el tiempo, Consad empezó a crecer. Uno de sus primeros éxitos fue un contrato para la instalación de una red de computadoras para la alcaldía de La Paz, Bolivia. A fines de los años setenta, Consad contaba ya con cincuenta empleados, entre los cuales se hallaban Silvina de la Rúa, la futura esposa de Marcelo Cattáneo, y el mismo Marcelo. Si bien el trabajo era extenuante, había un clima positivo en la empresa. "La gente se llevaba muy bien. No hubiéramos podido trabajar doce horas diarias si no nos hubiéramos llevado muy bien", recuerda un ex ejecutivo de la empresa.

Con el transcurso del tiempo, Juan Carlos estableció una estrecha relación con funcionarios del partido peronista. Y cuando Menem ganó las elecciones en 1989, Consad, que para ese entonces ya tenía un centenar de empleados, estaba° perfectamente posicionada como para aprovechar al máximo sus contactos en el nuevo gobierno. Quizás anticipando que pronto aceptaría un cargo oficial, Juan Carlos transfirió a su hermano Marcelo sus acciones en Consad en 1992, y a mediados de los años noventa aceptó la oferta de Kohan, el secretario privado del presidente, de trabajar en su gabinete. Sin embargo, Juan Carlos nunca se había alejado del todo de Consad. Mantenía un escritorio y una secretaria en la empresa. Según los fiscales y ex ejecutivos de la empresa, Juan Carlos seguía activo en Consad, pero sólo había quitado su nombre del directorio para evitar acusaciones de conflictos de intereses.

Mucho antes de aceptar su cargo oficial, Juan Carlos creó una filial de Consad, a la que había llamado Capacitación y Computación Rural, o CCR. Según a quien quieran creerle, se trataba de una compañía fantasma creada por Consad para pagar sobornos, o de una empresa destinada a tomar riesgos comerciales que no redundaran en juicios contra Consad, o bien de una empresa legítima. "La mayoría de las empresas argentinas utilizan filiales para firmar algunos contratos riesgosos", me comentó uno de los ex socios de Cattáneo. "Si algo funcionaba mal, la empresa responsable era CCR, y no Consad".

Juan Carlos me contó una historia diferente la mañana en que lo conocí. Para mi sorpresa, me había invitado a su casa a desayunar. Era un chalet de dos pisos, relativamente modesto para un empresario exitoso, cerca de las vías del ferrocarril. Según me dijo, vivía allí desde hacía 18 años. No pude menos que sospechar que me había citado allí precisamente para mostrarme que vivía sin mayores lujos, contrariamente a lo que podrían estar imaginando quienes sospechaban que se había enriquecido enormemente, tanto en Consad como en el gobierno.

Juan Carlos me señaló que CCR había sido fundada alrededor de 1980 con el propósito de venderle a estancieros un nuevo programa de software. Aunque era un buen programa, la compañía tuvo la mala suerte de salir al mercado justo antes de la crisis económica argentina de principios de los ochenta, y nunca logró levantar cabeza. Algún tiempo después, CCR había llevado a cabo algunos trabajos menores, pero perdió el más importante: una licitación para informatizar la empresa nacional de Lotto (lotería) argentina. Desde ese momento hasta el contrato IBM-Banco Nación, la actividad profesional de CCR había sido prácticamente nula.

En 1994, cuando se firmó el contrato IBM-Banco Nación, la

presidencia de CCR estaba a cargo de Alejandro De Lellis, el cuñado de Cattáneo, y la empresa era poco más que un cascarón: operaba con una secretaria y un teléfono en una pequeña oficina por la que se pagaba una renta de 600 dólares mensuales. Era una empresa que difícilmente podía ganar un contrato de 37 millones de dólares con IBM, dirían poco después los investigadores impositivos que examinaron los libros de la compañía. Pero así fue. Tras la firma del contrato IBM-Banco Nación, los millones comenzaron a llover sobre la empresa. Y Marcelo Cattáneo, el entrenador de rugby, fue aparentemente el designado para la distribución del dinero entre los funcionarios del Banco Nación. Quizás, no fue la persona indicada. "Se le pidió que hiciera algo para lo que no estaba preparado", me comentaría después un ex asesor y amigo de la víctima. "Ése fue el problema: lo hizo tan mal, dejó tantas pistas por todos lados, que todo salió a la luz al poco tiempo".

Marcelo Cattáneo, arrinconado

A medida que salían a la superficie nuevos detalles del escándalo, Marcelo Cattáneo se convencía cada vez más de que el gobierno —y su propio hermano— lo convertirían en el chivo expiatorio de todo el caso IBM-Banco Nación. Todo parecía estar centrándose sobre su persona. Consad se había desintegrado tras el estallido del escándalo del Proyecto Centenario. Oshiro, su cofundadora, había fallecido de cáncer, y los demás ejecutivos habían buscado refugio en otras empresas, con la esperanza de no verse involucrados en el caso. El propio Marcelo había empezado a trabajar con un vecino, dueño de una agencia mayorista de viajes. Pero los investigadores habían vuelto a centrar sus miradas sobre él después de que se descubrieran las cuentas suizas de los dos directores del Banco Nación, y ambos declararan que habían recibido sus "gratificaciones" de Marcelo Cattáneo.

En sus testimonios ante la Justicia, Marcelo negó haber sido el hombre que pagó el dinero a Aldaco y Contartese. Declaró que el 2 de febrero de 1994 cuando, según los ex directores del Banco Nación, se había reunido con ellos, él se encontraba o bien de gira por Gran Bretaña con el equipo de rugby del San Carlos, o en su casa descansando tras el viaje. Pero ni el juez ni la prensa argentina creyeron su versión, entre otras cosas porque se habían producido otras reuniones con los ex directivos de Banco Nación dos o tres días después de su regreso de Europa.

Desesperado, Marcelo acudió al legislador Guillermo Fran-

162

cos, un allegado al ex ministro Cavallo, quien ahora se encontraba en la oposición. En junio de 1998, cuatro meses antes de su muerte, Marcelo supuestamente le confió a Francos que sabía quién había pagado los sobornos, y quiénes los habían recibido. Según Francos, no le dio nombres, sino una lista de preguntas para que la comisión del Congreso que investigaba el caso le hiciera a todos los testigos, incluido a su hermano Juan Carlos.

Poco tiempo después, el 3 de agosto de 1998, tres meses antes de su muerte —y en medio de reportes de prensa de que el juez Bagnasco pronto revelaría nuevas cuentas bancarias en Suiza y sus beneficiarios se verían obligados a confesar, como lo habían hecho Aldaco y Contartese al ser puestos contra la pared—, Marcelo Cattáneo empezó a preparar su contraofensiva: un libro que lo diría todo.

Poco después de su encuentro con el diputado Francos, Marcelo envió a uno de sus amigos a Editorial Sudamericana, para proponer un libro sobre el caso. "El emisario vino dos veces, el 3 de agosto y el 4 de agosto, para ofrecernos un libro en el que Marcelo Cattáneo contaría toda la verdad sobre el escándalo de IBM-Banco Nación", recuerda Gloria de Rodrigué, la directora editorial de Sudamericana en la Argentina, quien recibió en su despacho al enviado. "Le dijimos que, por el momento, no estábamos interesados".

"Lo mataron porque iba a hablar"

"A Cattáneo lo mataron porque iba a hablar, y se iba a defender de las acusaciones que se le estaban haciendo", dice Francos. "Yo lo vi muy confiado de saber quién había pagado y quién había recibido las coimas, y decidido a ofrecer su testimonio a la Justicia".

Según familiares y amigos, Marcelo sabía demasiado. Su hermano Juan Carlos trabajaba directamente para Kohan, y el caso amenazaba con extenderse hasta las más altas esferas del poder. Para los creyentes en la teoría del asesinato, había sido necesario silenciar a Marcelo para evitar que el asunto pase a mayores.

Silvina, la viuda de Marcelo, me recibió con preocupación y angustia cuando la conocí en la oficina de su abogado a mediados de 1999. Había transcurrido casi un año desde la muerte de su esposo, y le estaba costando mucho rehacer su vida, me señaló. No quería más entrevistas con la prensa: la muerte de su marido había sido una experiencia terrible para sus hijos, especialmente porque todos sus amigos del club San Carlos habían leído los artículos periodísticos vinculando a Marcelo con el escándalo del Proyecto Centenario. Me dijo que quería evitar hacer declaraciones públicas para evitar que sus niños se vieran expuestos a nuevos titulares que pudieran afectarlos emocionalmente. Al final de nuestra charla, aceptó decirme una sola cosa para ser publicada. Fue una frase de cinco palabras: "Mi marido no se suicidó".

Con la muerte de Marcelo, quedaban abiertas todas las posibilidades: que la víctima hubiera hecho los pagos por su cuenta, cosa difícil de creer por su condición de subalterno en Consad y CCR; que hubiera hecho los pagos por encargo de su hermano Juan Carlos; que este último hubiera ordenado los sobornos a pedido de Soriani y Martorana; y que los dos máximos directivos de IBM Argentina hubieran orquestado los pagos con el guiño de sus superiores en la casa matriz de IBM en Nueva York.

Capítulo 8

VERDADES PARCIALES

"¿Conoce usted la ley que en Estados Unidos se llama el Acta de Prácticas Corruptas en el Extranjero?," preguntó el investigador de la Comisión de Valores de Estados Unidos, mejor conocida como la SEC, la agencia gubernamental independiente que regula a las empresas que se cotizan en bolsa.

"Sí", contestó Marcio Kaiser, ex jefe de la división de servicios para América Latina de la casa matriz de IBM en Nueva York, quien había estado a cargo de reorientar las actividades de IBM hacia el rubro de servicios en la región.

"Cuando usted era director de servicios para América Latina, ¿sabía lo que era?"

"Sí".

El interrogatorio a puertas cerradas, cuyas actas llegaron a mis manos tiempo después, tuvo lugar el jueves 30 de julio de 1998 en las oficinas centrales de la SEC en Washington D.C. Habían transcurrido ya dos meses desde que Bagnasco, el juez argentino a cargo de la investigación de Proyecto Centenario, había pedido la captura internacional de Kaiser, y otros tres ejecutivos de la casa matriz de IBM. Bagnasco quería llevar a los cuatro a Buenos Aires e interrogarlos sobre la confesión de los ex directores del Banco Nación, Aldaco y Contartese, de que habían recibido más de 4 millones de dólares de CCR, la empresa subcontratista de IBM Argentina.

El ex vicepresidente de IBM Argentina, Soriani, había declarado en su defensa que todo el contrato IBM-Banco Nación había sido supervisado por la casa matriz de IBM en Nueva York, y que por lo tanto el juez debía indagar a los máximos ejecutivos de IBM en Nueva York. Según Bagnasco, no podía avanzar la investigación y ofrecerle un juicio justo a Soriani sin contar con el testimonio de Kaiser, Lew y los demás ejecutivos de la casa matriz de IBM en Nueva York.

Mientras tanto, los críticos del juez en la Argentina, incluido el ex ministro Cavallo, decían que todo este asunto era un esfuerzo de Bagnasco por desviar la atención de los sobornos hacia la casa matriz de IBM y Estados Unidos, y evitar así nuevas revelaciones que pudieran afectar a altos funcionarios del gobierno de Menem. Según me dijo Cavallo, no había voluntad del juez de investigar y castigar a los culpables en la Argentina. El caso había sido "instalado" por el gobierno de Menem en los medios como una forma de contrarrestar sus denuncias de corrupción por parte del magnate menemista Alfredo Yabrán, decía el ex ministro.

Cualquiera haya sido el caso en la Argentina, en Estados Unidos había para ese momento dos investigaciones paralelas: una de la SEC, y otra del Departamento de Justicia. Mientras que el Departamento de Justicia y el FBI estaban investigando si IBM había violado el acta antisobornos de Estados Unidos, la SEC buscaba determinar si los accionistas de IBM habían sufrido perjuicios financieros o eran víctimas de ocultamiento de información por parte de la empresa. Según funcionarios de la SEC, si la casa matriz de IBM estaba al tanto de los sobornos, la empresa sería sancionada por fraguar los libros contables para disfrazar pagos, en perjuicio de los accionistas, e IBM se vería obligada a pagar una multa significativa.

Antes de empezar a interrogar a los ejecutivos de IBM, los funcionarios de la SEC habían estudiado 22.000 páginas de expedientes judiciales argentinos, que les habían sido provistos por el Departamento de Justicia norteamericano.

Kaiser había salido de IBM en 1995, después de haber estallado el escándalo de Banco Nación en Buenos Aires, y había tomado el puesto de gerente general de Oracle Corp. en Brasil. Había viajado a Washington D.C. especialmente para el interrogatorio de la SEC. Lo escoltaban dos prestigiosos abogados: uno a cargo de su defensa personal, y el otro designado por IBM. Kaiser se sentía acosado por el escándalo, que amenazaba convertirlo en prisionero en su propia tierra. El 2 de junio de 1998, el juez Bagnasco había pedido su arresto y extradición, junto con los de Lew, Rowley, el director de operaciones de América Latina, y Libero, el máximo ejecutivo para América Latina de la casa matriz de IBM. Cuando los cuatro se habían negado a prestar declaración voluntariamente en la Argentina, el juez había dicho que no le quedaba otra alternativa que pedir su captura internacional.

Para ese entonces, la prensa argentina, basándose en las declaraciones de Bagnasco, el fiscal Cearras, y los ex directivos de IBM Argentina que habían sido separados de sus cargos, ya veía con gran escepticismo las declaraciones de inocencia de la casa matriz de IBM. Las declaraciones de los ejecutivos norteamericanos de que no habían estado al tanto de las sobornos eran objeto de burla por parte de los periodistas argentinos. Costaba creer, efectivamente, que la casa matriz de IBM hubiera supervisado el mayor contrato de IBM en América Latina sin percatarse del subcontrato de 37 millones de dólares con un proveedor totalmente desconocido.

Cuatro años después de la firma del Proyecto Centenario, el asunto se había convertido en un gran dolor de cabeza para los cuatro ejecutivos de la casa matriz de IBM solicitados por Bagnasco. El pedido de extradición del juez argentino se formalizaría pronto, y los cuatro ejecutivos corrían el riesgo de ser arrestados si ponían el pie en cualquier país que decidiera respetar la orden de captura. Puesto que IBM había tomado a su cargo la defensa de los cuatro, y los abogados habían logrado seguridades de que Kaiser no sería detenido en Washington D.C. tras su testimonio, el ejecutivo había comparecido ante la SEC en un esfuerzo por ayudar a terminar con el caso.

Cinco horas con Kaiser

La agente de la SEC, Delane Olson, siguió adelante con su interrogatorio. Después de preguntarle a Kaiser si en el momento de la firma del contrato con Banco Nación conocía el Acta de Prácticas Corruptas en el Exterior, prosiguió:

"¿Cuál era su conocimiento en ese entonces de lo que decía esa ley?"

"Que ningún empleado de IBM podía dar dinero a funcionarios extranjeros, ni podía tratar de obtener negocios mediante pagos o favores, ni nada por el estilo... Que se trataba de una ley de Estados Unidos", respondió Kaiser.

"¿Había mecanismos o procedimientos en el departamento latinoamericano de la casa matriz de IBM que aseguraran el cumplimiento de esa ley?", preguntó Olson.

"Por mi experiencia en Brasil, cuando había sido director del área financiera de IBM Brasil en los años setenta... el procedimiento era igual en todos los países... Todos los años, tanto el director financiero como el presidente teníamos que firmar un formulario en el que dejábamos por sentado que, por lo que sabíamos, no se habían pagado sobornos al gobierno", fue la respuesta de Kaiser.

167

El interrogatorio de Kaiser duró cinco horas y media, hasta las 2:30 de la tarde. Los dos abogados que acompañaban a Kaiser eran Evan Cheslor, su abogado personal, y Jennifer Daniels, de IBM. Durante la entrevista, los representantes de la SEC sacaron de sus carpetas numerosos memos internos de IBM, muchos de los cuales habían sido confiscados de las oficinas de la empresa en Buenos Aires y entregados por Bagnasco a la Justicia norteamericana.

Kaiser dijo que escuchó hablar por primera vez del contrato con Banco Nación en otoño de 1993, cuando IBM Argentina le había pedido tanto a él como Rowley, su jefe, que le prestasen "atención especial" a la propuesta para la licitación. "Dado el tamaño de importancia de la licitación para IBM en América Latina", y por el poco tiempo disponible que tenía IBM Argentina para presentar la propuesta, Martorana y Soriani habían solicitado su ayuda, dijo. "Lo discutimos [con Rowley], y ambos estuvimos de acuerdo en que Steve Lew partiera lo antes posible, y empezara a revisar los requisitos [para el contrato]."

Rowley sugiere enviar un especialista

Tres semanas después le tocaría a Rowley, el jefe de Kaiser, comparecer ante la SEC. Rowley era un australiano que ostentaba el título de subgerente general del departamento de operaciones latinoamericanas de IBM en Nueva York. El 30 de septiembre de 1995, dos semanas después de que Martorana y Soriani hubiesen sido separados de sus puestos, había sido transferido a un nuevo puesto en Europa. Lo habían nombrado gerente general de la división de industrias europeas de IBM, en lo que algunas fuentes dentro de IBM sospechaban era un intento por alejarlo del escándalo en la Argentina.

Ahora, en el momento del interrogatorio, Rowley estaba viviendo nuevamente en Nueva York, ocupando el cargo de gerente general de IBM a nivel mundial para clientes medianos y pequeños.

"¿Tiene idea de lo que es el Acta de Prácticas Corruptas en el Extranjero, señor Rowley?", comenzó preguntando Olson.

"Sí", respondió el australiano.

"¿Alguna vez conversó con alguien de IBM Argentina sobre esta ley?"

"No me acuerdo."

Acto seguido, los investigadores de la SEC se concentraron

en el contrato de IBM con CCR, la misteriosa empresa que había pagado los sobornos. De la maraña de documentos internos de IBM en su poder, los agentes de la SEC se fijaron en uno en particular: se trataba del código de conducta de los funcionarios de IBM en América Latina. La pregunta que se hacían los investigadores era por qué la multinacional norteamericana le había pagado a CCR antes que a ningún otro subcontratista, cuando por lo visto no había realizado ningún trabajo.

"¿Podría describirnos cómo interpreta usted la política de IBM contenida en el capítulo titulado 'Evitar... pagos por adelantado?'... ¿Tiene alguna idea de que lo que decían los reglamentos de la empresa sobre, en primer lugar, hacer pagos por adelantado a sus proveedores?"

Rowley contestó: "En general, no hacemos pagos por adelantado, a menos que tengamos una razón muy especial para ello... porque los productos o servicios no fueron entregados. Normalmente, pagamos los servicios o productos contra entrega".

Y en cuanto a la cláusula de los reglamentos internos según la cual los funcionarios de IBM deben "exigirles a sus proveedores que incluyan una factura con la fecha de terminación de los servicios", Rowley contestó que estaba destinada a asegurar "que IBM pague una vez que los productos y servicios hayan sido entregados".

Cuando era el segundo en la jerarquía del departamento latinoamericano de IBM, ¿supervisaba de cerca las operaciones de IBM en cada país? Rowley contestó que "los gerentes generales de cada uno de los países me mantenían informado... Yo era el punto de contacto de la casa matriz con los diversos países".

"¿O sea que usted visitaba cada país varias veces por año?", le preguntó la agente de la SEC. Rowley admitió que visitaba los cuatro países más importantes —México, la Argentina, Brasil y Venezuela— "varias veces" por año, y que se reunía periódicamente con sus gerentes generales para analizar sus operaciones y metas comerciales.

Preguntado específicamente sobre el contrato de IBM con Banco Nación, Rowley aseguró que la primera vez que se había enterado de la licitación había sido en la segunda mitad de 1993, meses antes de que IBM presentara su propuesta. En una de sus visitas rutinarias a la sucursal Argentina, Rowley se había enterado del contrato por boca de un directivo argentino —no se acordaba si era Martorana o Soriani— del "potencial" que tenía el contrato.

En un viaje posterior, en septiembre u octubre, había mantenido "una conversación más detallada" con ambos sobre la oportunidad que representaba el contrato, dijo. En esa ocasión, Rowley habría confiado a los máximos ejecutivos de IBM Argentina su preocupación por el hecho de que era un contrato "de alto riesgo", porque su precio era fijo, e IBM sería responsable por cualquier gasto adicional de sus proveedores. "Les sugerí, o más bien les pedí que... pidieran ayuda de la gente de Estados Unidos, que tenían más experiencia con contratos de este tipo", dijo Rowley. Agregó que decidió por aquel entonces que el especialista de Estados Unidos asignado al proyecto sería Lew.

IBM miraba, ¿pero veía?

Los investigadores norteamericanos no tenían duda de que, al momento de la licitación, la gerencia latinoamericana de la casa matriz de IBM en Nueva York estaba siguiendo de cerca el contrato con Banco Nación. Tanto el testimonio de Kaiser como el de Rowley confirmaban declaraciones de los gerentes argentinos de la empresa, en el sentido de que el contrato había sido supervisado por sus superiores en la casa matriz de IBM en Nueva York.

La pregunta que se hacían los investigadores en Washington D.C. era si la casa matriz había estado al tanto de los detalles más cuestionables de la operación. Sólo en ese caso tendrían alguna responsabilidad. Y tanto Rowley como los demás ejecutivos de la casa matriz negaban haber visto nada sospechoso.

El juez argentino, en cambio, parecía no tener dudas de que la casa matriz de IBM estaba más involucrada en el caso de lo que admitía. En su pedido de extradición de Rowley y Lew, los dos ejecutivos de la casa matriz de IBM que todavía vivían en Estados Unidos, el juez Bagnasco escribió que "los ejecutivos de la casa matriz de IBM, cuya extradición solicitamos, supervisaron la propuesta de la licitación del Banco Nación en su totalidad".

La petición de extradición firmada por Bagnasco, junto con veintiún documentos adjuntos, fue recibida por la embajada de Estados Unidos en Buenos Aires el 4 de diciembre de 1998, luego de pasar una serie de trámites burocráticos en el gobierno argentino. Según el documento, entre los argumentos del juez para probar que los ejecutivos norteamericanos de IBM sabían —o contaban con la información necesaria para saber— sobre los aspectos más oscuros del contrato figuraban los siguientes:

—Lew y Rowley "participaron activamente" en la preparación del contrato con el Banco Nación días antes de que fuera presentada la oferta de la empresa para la licitación. Lew había viajado a Buenos Aires el 30 de diciembre de 1993 para darle el toque final al proyecto, y días antes había enviado a sus colegas argentinos e-mails sobre varios aspectos de la propuesta. El propio Rowley había estado en las oficinas de IBM en Argentina el 14 y el 15 de diciembre "y fue informado sobre varios aspectos de la propuesta". A lo largo de ese mes, se había realizado por lo menos una teleconferencia e intercambiado varios e-mails, en los que la casa matriz demostró estar supervisando el contrato muy de cerca.

—Existía una reveladora auditoría interna llevada a cabo en agosto de 1995 a pedido de Martorana por el auditor de IBM Argentina, Oscar D. Girón, después de que la agencia de recaudación de impuestos argentina descubriera el subcontrato de IBM con CCR por 37 millones de dólares. Dicha auditoría había llegado a la conclusión de que no había una "clara razón comercial" para el contrato. Lo que es más, la auditoría interna había encontrado que "el 31 de diciembre de 1993, el equipo a cargo de la licitación" había aprobado un borrador en el cual "estaba incluido el contrato con CCR". La auditoría había señalado que dicha propuesta de licitación había sido "revisada y aprobada por Steve Lew".

—En su testimonio del 16 de septiembre de 1998 ante las cortes argentinas, Héctor Neira, uno de los gerentes que habían participado en las reuniones del 30 y 31 de diciembre de 1993 para la redacción de la oferta, había dicho que una lista de costos de subcontratistas había "circulado" por la mesa. Según Neira, todos los presentes, incluido Lew, la habían visto. "Toda la documentación referente a la lista de costos estaba a disposición de las personas indicadas", decía el testimonio de Neira.

—Tanto el ex presidente de IBM Argentina, Martorana, como su segundo, Soriani, habían declarado que era muy probable que sus superiores en el departamento latinoamericano de IBM en Nueva York supieran del subcontrato con CCR. Sin embargo, ambos ponían el acento en que personalmente no habían estado presentes en ninguna de las reuniones en que se había mencionado la existencia de CCR.

"Los directivos del departamento internacional de IBM en Nueva York habían decidido que el proyecto era de tal complejidad que IBM Argentina no podía decidir por sí sola cuál debería ser el monto, los costos y condiciones de la propuesta", había dicho Martorana ante una sesión a puertas cerradas con la comisión del Congreso argentino que investigó el caso, el 10 de abril de 1997. "Por esa razón, se decidió que IBM presentaría su propuesta al

171

Banco Nación únicamente si era aprobada por los técnicos y expertos" de la empresa en Nueva York.

—Kaiser, el jefe de Lew en la casa matriz de IBM, había enviado el 31 de diciembre de 1993 un e-mail autorizando la propuesta de IBM para la licitación del Banco Nación. El mensaje de Kaiser era en respuesta a otro e-mail enviado pocas horas antes desde Buenos Aires, en que los gerentes a cargo del proyecto le pedían "su aprobación" del proyecto.

Éstas y otras pruebas documentales dejaban pocas dudas de que la casa matriz había tenido un conocimiento sumamente detallado del contrato con Banco Nación, señalaba Bagnasco en su pedido de extradición.

Las auditorías internas de IBM

En rigor, la casa matriz de IBM sabía perfectamente para esa época que había frecuentes violaciones a sus propios códigos de ética comercial en América Latina. Según documentos de las agencias gubernamentales de Estados Unidos que investigaron el caso IBM-Banco Nación, la casa matriz de IBM había enviado varios memos a sus filiales latinoamericanas por aquella época, advirtiéndoles sobre la necesidad de observar el código de conducta de la empresa. Las señales de alarma habían llegado a IBM en Nueva York mucho antes de que el caso IBM-Banco Nación estallara en la prensa.

Entre los documentos internos de la empresa, los investigadores norteamericanos encontraron un memorándum interno de la casa matriz de IBM fechado en 1994, en el que exigía a las filiales latinoamericanas una adhesión más estricta al manual de ética comercial de la compañía. En su primer párrafo, el memo decía que había un "preocupante número de violaciones al código de conducta comercial" que había salido a la luz en varias auditorías en los países de la región.

Los investigadores del Departamento de Justicia y la SEC se preguntaban si el saber que se estaban violando los códigos de conducta no debería haber impulsado a los directivos de la casa matriz de IBM a vigilar aun más estrechamente el contrato con el Banco Nación. En efecto, los documentos internos de la casa matriz de IBM reflejaban una gran alarma por el número de auditorías negativas en América Latina. Todo parecía indicar que los gerentes de IBM en América Latina tomaban las reglas mundiales de IBM como una ingenuidad salida de las oficinas de Nueva York,

172

que no podía ser aplicada a la realidad comercial latinoamericana.

Ya en 1992, una auditoría de la casa matriz de IBM a su subsidiaria en la Argentina le había dado a esta última una calificación de cinco —la peor en su escala de uno al cinco— por su falta de adhesión a las normas de conducta comercial de la empresa. El comité a cargo de la auditoría había descubierto "severas infracciones", incluyendo documentos que habían sido fraguados por uno de sus gerentes —que luego fue despedido— para que su departamento luciera mejor sobre el papel. Ese mismo año, la sección de inventarios de IBM Argentina había recibido una calificación de cuatro, casi tan mala como la anterior, por sus infracciones.

Era curioso que, conociendo estos antecedentes, la casa matriz de IBM le hubiera dedicado tantos elogios a su subsidiaria argentina y su presidente, Martorana, en su reunión anual de ejecutivos mundiales. Según otro documento interno de IBM en manos de los investigadores norteamericanos, el número de auditorías desfavorables de las subsidiarias latinoamericanas de IBM había llegado a un alarmante 43 por ciento a principios de los años noventa.

Interrogado al respecto por la SEC, Rowley no negó que había preocupación por el tema en la casa matriz. "Notamos un leve aumento de auditorías negativas en ese período, y consideramos necesario enfatizar a nuestros gerentes [en la región] que eso no era aceptable", dijo Rowley. Los investigadores de la SEC no pudieron evitar preguntarse si creerles a Kaiser y Rowley cuando alegaban haber sido sorprendidos por el escándalo IBM-Banco Nación. Dado que existía una tradición de prácticas dudosas en las sucursales latinoamericanas de IBM, y en especial en la Argentina, cabía preguntarse a qué se debía la sorpresa de los directivos norteamericanos de IBM.

En Nueva York no se enteraron

Pero, desde un punto de vista legal, el hecho de que la casa matriz de IBM hubiera supervisado el contrato con Banco Nación, y que supiera que sus subsidiarias latinoamericanas no estaban siguiendo el código de ética de la empresa al pie de la letra, no eran suficientes para probar su participación en una conspiración criminal para pagar sobornos. Kaiser y Rowley, asesorados por los abogados de IBM, habían insistido una y otra vez en que nunca habían sido puestos al tanto del dudoso contrato de 37 millones de dólares con CCR, y menos aún que dicha suma iría a parar a los bolsillos de funcionarios argentinos. La casa matriz de IBM insistía en que el contrato había sido manejado por los ejecutivos de IBM Argentina, a espaldas de sus jefes en Nueva York.

Kaiser admitió haber enviado a su asistente Lew a la Argentina poco antes de que IBM presentara su propuesta para la licitación. Sin embargo, afirmó no haber escuchado nunca nada del contrato según el cual CCR proveería un sistema alternativo para el caso de que no funcionara el sistema de computación Hogan. "Nunca se discutió la posibilidad de un paquete alternativo", declaró.

Sin decirlo explícitamente, Kaiser estaba culpando a IBM Argentina del escándalo. Cuando los agentes de la SEC le preguntaron si alguna vez en su vida había visto un contrato que incluyera un paquete de software de repuesto, por si no funcionaba el principal, respondió con un "no" rotundo.

¿Tenía alguna idea de por qué IBM Argentina había actuado de esa manera?

—"No sé. Para mí no tiene sentido".

¿Y, a su juicio, cuál había sido la razón comercial por la cual la sucursal argentina de IBM habría decidido subcontratar a un proveedor como CCR para suministrar un paquete de software alternativo?

—"No lo sé... Eso, para mí, no tiene sentido".

¿IBM Argentina tendría que haber incluido el paquete de software alternativo en la documentación que suministró a la casa matriz de IBM antes de presentar la oferta?, preguntaron los agentes de la SEC.

Sí, respondió Kaiser. "No veo el motivo por el cual el departamento latinoamericano de la empresa [en Nueva York] no debería haber sido informado de uno de los elementos de la propuesta."

Entonces, cabía suponer que la sucursal argentina de IBM hubiera tenido que notificar a los directivos de IBM en Nueva York en cuanto al contrato con CCR, dijo la investigadora de la SEC.

—"Sí".

—"¿A quién?"

—"A Steve Lew, o a mí".

¿Había sido Kaiser notificado de los costos y montos abonados a los subcontratistas de IBM en el proyecto de Banco Nación? le preguntaron a continuación.

—"No, no me pusieron al tanto de nada", respondió el ejecutivo, aclarando que no había recibido ninguna información al respecto hasta estallar el escándalo en 1995.

Rowley, el jefe de Kaiser, se había mostrado igualmente sorprendido por las acciones de IBM Argentina en su testimonio ante la SEC. Al igual que Kaiser, el australiano había sido bombardeado con preguntas acerca de los pagos hechos a CCR. ¿Cómo era posible que una sucursal de IBM pagara a un proveedor de servicios que no había hecho ningún trabajo? ¿Y por qué motivo CCR había cobrado antes que ningún otro subcontratista, a pesar de que los otros habían realizado trabajos y CCR no? Los investigadores de la SEC volvían una y otra vez a las mismas preguntas, según las actas del interrogatorio.

Había escuchado Rowley, en la época de la licitación de Banco Nación, de una empresa llamada CCR, inquirió la agente de la SEC.

"No", contestó el ejecutivo, sin vacilar. Todo lo que sabía era que el contrato de la licitación con el Banco Nación era un proyecto de alto riesgo, porque era un contrato a precio fijo y había riesgos de sobreprecios por parte de los subcontratistas de IBM. Rowley repitió la historia de Kaiser, en el sentido de que habían enviado a Lew a la Argentina, y que su tarea había consistido básicamente en determinar si IBM Argentina tenía suficientes técnicos para hacer el trabajo sin sobrepasarse en costos ni en tiempo. Tampoco había escuchado hablar nunca del sistema de software alternativo, aseguró.

"Mi preocupación era minimizar los riesgos para IBM y, al mismo tiempo, satisfacer al cliente", dijo Rowley. Kaiser, a su vez, había señalado que Lew había sido enviado para "asegurarnos de que todo estaba bajo control, de que el contrato era factible", y para confirmar que "de existir riesgos, se había tomado conciencia de cuáles eran y recaudo para resolverlos". Según ambos ejecutivos de la casa matriz de IBM, Lew había llevado a cabo una evaluación estrictamente técnica de la propuesta, mientras que la evaluación financiera había quedado a cargo del equipo argentino de IBM.

Lew, a su vez, no se desvió ni un ápice de las declaraciones de sus superiores. En una declaración jurada, ante un notario público de Ciudad de México, dijo que "en ningún momento anterior a la presentación de propuesta de IBM para la licitación del Banco Nación fui informado de que CCR sería utilizada como subcontratista o en ninguna otra capacidad, o que IBM Argentina tenía intenciones de comprar un sistema de computación alternativo". Agregó que "ni siquiera me enteré de la existencia de CCR" hasta "mucho después de presentarse la propuesta [para la licitación]".

La conclusión tácita de los ejecutivos de la casa matriz de IBM era que durante el agitado fin de semana de Año Nuevo de

1994, cuando se había redactado la oferta para la licitación en el piso quince del edificio de IBM en Buenos Aires, o bien nadie le había dicho nada a Lew sobre el contrato de 37 millones de dólares con CCR, o bien lo habían engañado.

"La culpa era de IBM Argentina"

Tiempo después, Rowley y Lew sugerirían más abiertamente que había que buscar a los culpables en IBM Argentina. En un testimonio a puertas cerradas el 26 de septiembre de 2000 en la fiscalía de White Plains, Nueva York, ante el juez Bagnasco y John Harris, el director de la Sección de Asuntos Internacionales del Departamento de Justicia, ambos habían repetido sus aseveraciones de que nunca se habían enterado de la existencia de CCR, aunque admitieron que habían sido informados sobre el monto total del contrato y los "principales" subcontratistas del proyecto.

Según la transcripción oficial del interrogatorio, Lew dijo que "la principal responsabilidad" de los aspectos financieros del contrato recaían sobre IBM Argentina, a menos de que hubiera sido delegada a la sede central de la corporación en Nueva York. Interrogado sobre si éste había sido el caso, Lew, acompañado de dos abogados de IBM, dio varias volteretas retóricas, hasta que al final dijo que no sabía.

Acto seguido, el fiscal norteamericano le hizo la misma pregunta a Rowley, en su calidad de subgerente general del departamento de operaciones latinoamericanas de IBM.

—"¿Había algún funcionario del área financiera de IBM Argentina que le reportara a usted?", preguntó el fiscal.

—"No, no había. Toda la gente en las operaciones nacionales reportaban directamente al gerente general del país", respondió Rowley.

Según la explicación de Rowley, la casa central de IBM tenía dos maneras simultáneas de manejar sus asuntos en la Argentina: "Mientras que el lado financiero era delegado [a la gerencia de IBM Argentina], el lado técnico... no era totalmente delegado", motivo por el cual se había enviado a Lew a dar una mano a los gerentes locales. En otras palabras, sólo IBM Argentina podría haber detectado un detalle financiero como un agujero de 37 millones de dólares en el contrato.

Terminado el interrogatorio, en una entrevista bajo la lluvia en las escalinatas del edificio de la Corte de White Plains, Bagnasco me sintetizó así lo que acababa de ocurrir: "Le echaron la culpa de todo a IBM Argentina... Dijeron que habían sido engañados por IBM Argentina".

El engaño

La casa matriz de IBM se negó a darle detalles a Bagnasco sobre cómo se había orquestado el supuesto engaño, y tampoco respondió a mis pedidos de mayor información sobre el tema. La política de la empresa, contrariamente a la seguida por muchas multinacionales norteamericanas en el sentido de obrar con la mayor transparencia posible, parecía destinada a ocultar la mayor información posible.

Tal como me lo confirmaron dos funcionarios de la casa matriz de IBM, el sentir dentro de la empresa era que la prioridad era evitar que el escándalo fuera recogido por la prensa de Estados Unidos. Y, hasta ahora, el silencio de IBM parecía estar logrando sus frutos: salvo un artículo en la revista *Latin Trade* y otro en *The Miami Herald*, el caso IBM-Banco Nación había desaparecido de los medios norteamericanos hacia fines de 2000.

Aunque los funcionarios de IBM parecían congelarse de terror cuando les preguntaba sobre el caso de los sobornos en la Argentina, uno de los ejecutivos que participó en la investigación interna de IBM Argentina me contó en privado lo que según la casa matriz de IBM había sucedido. "Nadie en nuestra casa matriz, Lew incluido, fue informado, escrita u oralmente, de que CCR proveería algún tipo de servicios: todos supusieron que el dinero estaba destinado a Consad, y por razones legítimas", me dijo el funcionario de IBM. El engaño se produjo cuando, en algún momento de la licitación, IBM Argentina desvió 37 millones de dólares destinados a Consad hacia CCR, señaló.

"A Lew le dijeron que el dinero estaba destinado a Consad para tal o cual cosa. Pero, cuando Lew regresó a Estados Unidos, el dinero no fue a Consad, sino a CCR...", dijo. "Todo lo que vio Lew fue el nombre de Consad, que era una empresa conocida y con buenos antecedentes."

Según las fuentes que se ciñen a la versión de la casa matriz de IBM, después de que Lew aprobó el proyecto de oferta el día de fin de año, alguien en IBM Argentina "desdobló" el subcontrato de 50 millones con Consad en dos partes —Consad y CCR— y destinó 37 millones a esta última. Si bien la casa matriz controló el desarrollo del contrato en los meses siguientes, los fondos para CCR habrían sido ocultados.

177

Según el ex ejecutivo fiel a la empresa, la casa matriz de IBM recién se enteró de la existencia de CCR cuando vio la auditoría interna de IBM Argentina, llevada a cabo por Girón en agosto de 1995. ¿Quién había ordenado desdoblar el contrato de Consad? El ex ejecutivo respondió: "Sólo podía haberlo hecho alguien con un puesto alto, y con poder como para coercer a sus empleados a que participaran en la maniobra".

Podía ser, le comenté. Pero había un detalle: si los ejecutivos argentinos fueron los culpables del fraude, ¿por qué IBM nunca los acusó de nada, considerando que el escándalo le había costado millones a la empresa? ¿Y por qué la casa matriz ni siquiera lo había despedido a Martorana? Si bien la casa matriz había invitado a renunciar a Martonara y había despedido a Soriani, ninguno de los dos había sido acusado por la empresa de cometer fraude. "No se hizo por motivos legales", me respondió.

"Se decidió que hacerles juicio no valía la pena, por los riesgos que ello implicaba: si perdíamos, ellos le hubieran hecho juicio a IBM por millones de dólares." Otra consideración era que, en un juicio criminal, Martorana y Soriani podían obligar a la casa matriz a entregar todo tipo de información confidencial que la empresa no estaba dispuesta a dar a conocer, señaló.

¿Pero por qué motivo dos hombres con una carrera profesional tan brillante como Martorana y Soriani habrían arriesgado sus puestos por un contrato?, le pregunté al ex ejecutivo de IBM. "Por arrogancia suprema", me respondió. "Habían perdido contacto con la realidad. Eran audaces, exitosos y creían poder llevarse el mundo por delante. Y también hay que recordar que trabajaban en medio de una atmósfera general en los círculos políticos y de negocios de que 'todo vale'. Eso no dejó de influenciarlos."

Una historia difícil de creer

¿Pero era posible que los ejecutivos de la casa matriz de IBM en Nueva York hubieran supervisado un contrato de 250 millones de dólares sin mirar sus aspectos financieros? ¿Era posible que Lew hubiera sido enviado para darle los toques finales a la propuesta, y no hubiera notado que había un pago de 37 millones de dólares sin propósito aparente, incluso si no hubiera sabido de la existencia de CCR? ¿Era "el americano" un mero técnico que no se había fijado en los aspectos económicos del contrato, como aseguraba él mismo y la casa matriz de IBM?

"Lo dudo seriamente", me contestó Martorana, el ex presidente de IBM Argentina, cuando lo confronté con la versión de la casa matriz de IBM en uno de mis viajes a Buenos Aires. Al igual que su ex vicepresidente, Soriani, Martorana insistió en que su respuesta no se basaba en datos concretos, porque según él nunca había estado envuelto en los detalles específicos del Proyecto Centenario. La oferta había sido redactada por sus subordinados y los expertos de la casa matriz de IBM, de acuerdo con el sistema de "gerencia vertical" de IBM por el cual los gerentes de área en la Argentina respondían directamente a los supervisores de área regionales en Nueva York. Lew había sido enviado a Buenos Aires para supervisar la oferta, y la aseveración de la casa matriz de que su función era meramente técnica no era cierta, aseguró Martorana.

"La razón por la que mandaron a Lew, dicho por el propio Rowley, era por los riesgos financieros del contrato", me señaló Martorana. "Lo importante era que el asunto anduviera, pero también que no perdiéramos plata.... Por lo tanto, la misión de Lew era asegurarse de que los precios de los subcontratistas fueran realistas. Me suena rarísimo que no hubiera visto al subcontratista más caro".

¿Y por qué la casa matriz había enviado un técnico, en lugar de un especialista financiero? El ex presidente de IBM en Argentina se encogió de hombros y dijo, con una sonrisa: "El único que puede determinar si los precios presentados por un proveedor son realistas o no es un técnico". En los contratos de software, no existen los precios de lista, como cuando uno compra una máquina, porque cada trabajo es diferente y depende de las horas-hombre que requiere, explicó. "El único que puede determinar cuántas horas se necesitan para solucionar un problema de software es un técnico. IBM, muy astutamente, dice que Lew es sólo un técnico. Pero justamente lo que se necesitaba para evaluar el riesgo financiero era un técnico".

Okay, le dije a Martorana. Pero supongamos que a Lew le ocultaron la existencia del contrato de 37 millones de dólares. ¿Qué otra cosa podía haber hecho el enviado de la casa matriz que confiar en los ejecutivos de IBM Argentina, que llevaban décadas en la empresa y conocían bien el negocio? ¿Acaso IBM Argentina no tenía cierta autonomía de decisión, tal como lo señalaba la casa matriz?

"Ellos no te están mintiendo. Te están diciendo una verdad parcial", respondió Martorana. "IBM Argentina tenía plena libertad para algunas cosas, y necesitaba autorización de la casa matriz para otras." En los casos de contratos que llevaban consigo riesgos, en que la empresa podía perder dinero, era necesaria la aprobación de la casa central. Precisamente para eso se había implantado el sistema de e-mails "Hotcase" (Caso Caliente), para que existiese constancia de una aprobación escrita de Nueva York, explicó. Y el contrato con Banco Nación, un contrato de altísimo riesgo, había sido aprobado de esta manera por la casa matriz, como estaba ampliamente documentado, agregó el ex presidente de IBM Argentina.

Indicios de negligencia

En algo coincidían prácticamente todos los argentinos ubicados en ambos bandos del caso IBM-Banco Nación, incluidos Martorana, Soriani, los ex directores del Banco Nación Aldaco y Contartese, los funcionarios de la DGI que habían descubierto el caso, el juez Bagnasco, y el fiscal Cearras: que la casa matriz de IBM en Nueva York sabía más de lo que la empresa estaba dispuesta a admitir. Había otros detalles posteriores a la firma del contrato con Banco Nación, que ponían en tela de juicio las declaraciones de sorpresa y total inocencia de la casa matriz de IBM.

Por ejemplo, después de firmado el contrato y de que IBM Argentina desembolsara 21 millones de dólares a CCR, todo parecía indicar que la casa matriz no le había preguntado a IBM Argentina para qué servicios había sido pagado ese dinero hasta que el escándalo se hizo público un año después. Y tampoco estaba claro si Rowley y Lew habían sido disciplinados por no haber detectado las irregularidades en el contrato con el Banco Nación que habían supervisado.

De hecho, ambos habían sido ascendidos en la corporación en los años siguientes, y los investigadores argentinos preguntaban en privado si IBM los había recompensado por su lealtad a la empresa en su defensa legal en el caso. Cinco años después de explotar el caso IBM-Banco Nación, Rowley había sido ascendido a gerente general de negocios globales de IBM en Nueva York. Lew seguía en California, pero ahora como ejecutivo del Centro de Proyectos Gerenciales de Excelencia de IBM en Los Ángeles.

En una entrevista en la Argentina en diciembre de 1999, el juez Bagnasco me dijo que, después de leer 22.000 páginas de evidencia y de investigar el caso por cuatro años, había llegado a la conclusión de que había tres posibilidades: "O que Lew y sus jefes en la casa matriz de IBM fueron engañados, o que actuaron con negligencia, o que fueron cómplices. Casi un año después, cuando lo entrevisté en las escalinatas de la Corte en White Plains, Nueva

York, Bagnasco parecía haberse decidido por el segundo de sus tres escenarios. "Algunos elementos de la causa permitirían interpretar que hubo probable negligencia o relajamiento de los controles", me dijo el juez. "Eso permitió que se realizara este hecho ilícito en la Argentina, y que ellos no lo hubieran detectado antes."

Capítulo 9

"UN TEMA DEL PASADO"

Si la investigación del Departamento de Justicia de Estados Unidos no culminó en una acusación federal a la casa matriz de IBM por violación al Acta de Prácticas Corruptas en el Extranjero a principios de 2001, al menos hasta que este libro entró en la imprenta, no fue por falta de empeño de parte de los investigadores norteamericanos. De hecho, según pude establecer en más de una docena de entrevistas en Washington D.C. y Nueva York a lo largo de cuatro años, el caso había sido tomado con interés y entusiasmo en altas esferas del gobierno de Clinton desde un principio. Apenas habían salido los primeros artículos de prensa sobre el escándalo IBM-Banco Nación, altos funcionarios del Departamento de Justicia le habían pedido al jefe de la oficina del FBI en Argentina, William Godoy, que investigara el caso. Y muy pronto, el Departamento de Justicia y el fiscal de White Plains, Nueva York, la jurisdicción donde se encuentra la casa matriz de IBM, habían enviado investigadores a la Argentina para darle una mano al hombre del FBI.

Godoy no era un novato en investigaciones corporativas, ni un funcionario profesionalmente perdido en un país extranjero. Era hijo de padres argentinos que habían emigrado a los Estados Unidos. Godoy había estudiado leyes y contabilidad en la Universidad de Kentucky, y había ingresado en el FBI como abogado investigador en 1982. En parte por su origen hispano y su conocimiento del español, había sido enviado años después a las embajadas de Estados Unidos en Ecuador y Uruguay, antes de ser designado, a mediados de los años noventa, representante legal del FBI en Argentina. Tal como pude descubrir más tarde, el FBI difícilmente hubiera podido encontrar entre sus agentes a alguien más familiarizado con la Argentina, y con IBM, que el propio Godoy.

Como suele ocurrir, la noticia del caso IBM-Banco Nación llegó a los oídos de altos funcionarios del Departamento de Justicia y del FBI por vías informales, mucho antes de llegar por cables confidenciales de la embajada de Estados Unidos en Argentina. Los primeros en saber del caso fueron dos altos funcionarios del FBI, que de casualidad se encontraban en una visita protocolar a Buenos Aires a fines de 1995 cuando salieron las primeras informaciones del escándalo en la prensa local.

Pocos días después, la oficina de la secretaria de Justicia Janet Reno, la sede central del FBI en Washington, la SEC y la fiscalía de Nueva York, recibirían los primeros informes de la prensa argentina dando cuenta de la separación de Martorana y Soriani de sus cargos en IBM Argentina. Los funcionarios de casi todas estas agencias leyeron los cables con sumo interés y, lejos de archivarlos, comenzaron a hacer preguntas sobre el caso. No era cosa de todos los días que una multinacional como IBM apareciera envuelta en un caso de sobornos a funcionarios gubernamentales.

El FBI en Buenos Aires

Los dos altos funcionarios del FBI que se encontraban de visita oficial en la Argentina en el momento de estallar el escándalo eran Bill Esposito, director adjunto del FBI, y Frank Quijada, jefe del Departamento de Asuntos Internacionales del FBI. Estaban en una visita programada desde hacía tiempo atrás, para negociar con el gobierno de Menem la apertura de una oficina del FBI en Buenos Aires. Hasta ese momento, el FBI coordinaba sus investigaciones en América del Sur desde su oficina en la embajada de Estados Unidos en Montevideo, Uruguay, porque ni Argentina, ni Brasil, ni Chile habían querido permitir el establecimiento de una oficina del FBI en sus territorios. Aunque el FBI se comprometía a no realizar ninguna investigación sin el conocimiento y permiso previo del país huésped, los gobiernos sudamericanos habían tenido miedo que grupos nacionalistas o izquierdistas los acusaran de ceder a presiones norteamericanas, y permitir que se violase la soberanía nacional dejando que la agencia de Estados Unidos abriera una oficina en sus territorios.

Sin embargo, ahora que la Argentina tenía un gobierno más cercano a los Estados Unidos, los dos funcionarios del FBI, acompañados por Godoy, que en ese entonces vivía en Uruguay como director adjunto de la oficina del FBI en Montevideo, habían pedido audiencias con altos funcionarios del gobierno de Menem para gestionar la apertura de una oficina del FBI en la embajada norteamericana en Buenos Aires. El FBI quería colaborar con los servicios de inteligencia argentinos en la investigación sobre la posible presencia de grupos terroristas árabes en las fronteras con Paraguay y Brasil, así como también emprender investigaciones conjuntas con la policía argentina sobre la creciente industria del lavado de dinero en el país.

Durante su estadía en el hotel Marriott de Buenos Aires, Espósito y Quijada habían visto los grandes titulares sobre el escándalo de IBM en la Argentina. El tema les despertó la curiosidad de entrada. "El caso estalló justo cuando estábamos allí, lo recuerdo muy bien", me dijo Quijada, quien en calidad de director de la Sección de Relaciones Internacionales del FBI supervisaba a los agentes designados en las embajadas norteamericanas de todo el mundo. "Hablamos del asunto, y Espósito me dijo: "Éste podría ser un caso para nuestra jurisdicción. Estaba entusiasmado con la idea"".

Tan entusiasmados estaban que le pidieron al chofer que los conducía que pasara delante del edificio de IBM, ubicado a pocas cuadras del Marriott donde se hospedaban, para echarle un vistazo, me comentó Quijada. Los dos funcionarios del FBI se detuvieron unos segundos a observar el rascacielo, que en esa semana era el centro de atención de la prensa argentina.

De regreso en Washington D.C., Espósito empezó a hacer llamadas telefónicas sobre el caso. El comentario generalizado en las oficinas del FBI era que el monto de los sobornos pagados a los funcionarios del Banco Nación parecía demasiado alto como para haber pasado desapercibido por la casa matriz de IBM en Nueva York. Tanto Espósito como sus asistentes se hacían la misma pregunta: ¿Cómo podía ser que los directivos de la multinacional norteamericana no se hubieran percatado de una suma tan importante?

Legisladora argentina toca la puerta

La oficina la secretaria de Justicia Janet Reno ya se había enterado del tema por vía separada. Semanas atrás, había recibido una carta confidencial de la legisladora argentina María Cristina Guzmán, alertando a las autoridades norteamericanas sobre el escándalo IBM-Banco Nación. Sin embargo, la carta había languidecido casi un mes sobre algún escritorio de la oficina de Reno, entre las tantas otras denuncias internacionales que se recibían allí a diario.

Guzmán, una diputada de la provincia de Jujuy, había enviado su carta el 14 de septiembre de 1995, con copias a Newt Gingrich, el republicano que presidía la Cámara de Diputados, y a Richard Gephardt, el líder de la minoría demócrata en el Congreso. En realidad, la diputada no tenía muchas esperanzas de que alguien le prestara atención al caso. Pero tampoco tenía mucho que perder. En su carta, pedía que el gobierno de Estados Unidos iniciara una investigación sobre IBM, y adjuntaba varios informes del Congreso argentino sobre el caso.

A principios de octubre, sin que la diputada argentina supiera qué había pasado con su solicitud, Reno envió la carta a la División Criminal del Departamento de Justicia. Ésta, a su vez, la derivó a su Departamento de Fraudes, la sección que se ocupaba de investigar casos de sobornos en el extranjero que podían constituir violaciones del Acta de Prácticas Corruptas de 1977. Y una vez que llegó allí, el caso fue asignado a Peter B. Clark, el director adjunto de la Sección Fraudes.

Difícilmente podía haber caído en mejores manos. Clark, un veterano criminalista ya cercano a los sesenta años, era uno de los máximos expertos en la materia de la ley antisobornos norteamericana. Clark había sido uno de los redactores de la ley, cuando trabajaba como abogado de la SEC en la década del setenta. Luego de pasarse a las filas del Departamento de Justicia, había coordinado algunas de las investigaciones antisobornos más agresivas de la época. Entre otras, había emprendido las exitosas investigaciones sobre sobornos pagados por la Lockheed y la General Electric. Clark se vanagloriaba de saber más que nadie en Estados Unidos sobre sobornos transnacionales. Y lo más probable es que no exagerara.

El 20 de noviembre de 1995, dos meses después de que la carta de Guzmán llegara a Washington D.C., Clark respondió la misiva de la diputada argentina. En su carta, Clark le informó a la legisladora que la secretaria de Justicia Reno había delegado el asunto IBM-Banco Nación a su sección. "He leído su misiva y los materiales que Ud. nos envió", escribió Clark, como para enfatizar que estaba interesado en el caso y que la suya no era una respuesta meramente formal. "En caso de que Ud. o algún otro funcionario argentino deseen agregar información, ésta es la oficina apropiada para hacerlo", agregaba la carta.

Al recibir la respuesta, la diputada Guzmán tomó lo escrito por Clark al pie de la letra, y empezó a bombardear al funcionario norteamericano con recortes de periódicos sobre el caso. Al poco tiempo, Clark estaba suficientemente interesado como para nombrar a uno de sus funcionarios para que se abocara de lleno a la investigación. La decisión fue fácil: tenía un argentino en la oficina. Se trataba de Roberto Braceras, un joven abogado de 26 años, que había nacido en la Argentina y hablaba español.

El currículum de Braceras era impecable: no sólo se había graduado *suma cum laude* de Dartmouth College, una de las mejores universidades de Estados Unidos, sino que había obtenido su diploma de abogado en Yale, quizás la mejor escuela de leyes del país. Además, Braceras tenía la juventud y energía como para trabajar de cuerpo y alma en la investigación. Inmediatamente tras recibir el caso, Braceras se pasó varias semanas estudiando la información de la comisión investigadora del Congreso argentino que había enviado la diputada Guzmán.

Sin embargo, cuando comenzaron a salir noticias del caso IBM-Banco Nación en la prensa norteamericana —primero en noticias breves de cables de agencias noticiosas provenientes de la Argentina, y luego en artículos más extensos en *The Miami Herald* y *The Financial Times*—, otros funcionarios del Departamento de Justicia empezaron a mostrar interés por el asunto y a exigir un rol en la investigación. Éste era el tipo de caso que, de ser ganado, podía convertir a un fiscal federal en una celebridad nacional, como los que eran entrevistados regularmente en CNN, y garantizarle un jugoso sueldo en el sector privado cuando decidiera dejar de trabajar para el gobierno. "Estábamos muy entusiasmados con este caso", me señaló un ex funcionario de la oficina de Clark, que trabajaba con él en ese momento. "Para nosotros, presentar un caso contra una gran corporación como IBM es como un gran desafío profesional... En ese sentido, no somos tan diferentes de los periodistas." Si algo no faltaba en la oficina de Clark del Departamento de Justicia era interés por averiguar más sobre el caso.

La fiscal de Nueva York, interesada

Fuera de la oficina de Clark, quien primero pidió hacerse cargo de la investigación fue Mary Jo White, la fiscal del Distrito Sur de Nueva York. La fiscal se había enterado del escándalo IBM-Banco Nación a través de la prensa, y quería tomar el caso para su oficina. Según funcionarios que participaron de las negociaciones, White había llamado a Clark para señalarle que la casa matriz de IBM estaba ubicada en su jurisdicción, Nueva York.

"Este caso tiene que ver con Nueva York. Yo lo quiero para mí", le habría dicho White, según uno de sus allegados. Clark le contestó que la investigación ya estaba en marcha, que ya había designado un investigador para el caso, y que lo mejor sería aunar esfuerzos y trabajabar juntos. Cuando colgó el teléfono, Clark le informó a su joven investigador, Braceras, que de ahora en más trabajaría en equipo con un investigador de la fiscalía de Nueva York.

La fiscal neoyorquina designó a Kerry Lawrence, un abogado de 36 años de edad, para que se dedicara al caso. Lawrence, un hombre de pelo castaño enrulado, había ingresado en la fiscalía siete años atrás, después de graduarse de abogado en Emory University y trabajar durante cuatro años en un estudio de abogados de Connecticut.

"Era un arreglo informal, una doble jurisdicción", me explicó uno de los dos funcionarios, agregando que no se trataba de un caso común. "Se nos dijo a ambos que trabajaríamos juntos."

Mientras tanto, la SEC estaba iniciando su propia investigación, sobre si se habían tergiversado los libros contables de la corporación. De manera que a comienzos de 1996, existían dos investigaciones en Estados Unidos: una criminal, llevada a cabo conjuntamente por el Departamento de Justicia en Washington D.C. y la fiscalía de Nueva York, que tenía por objeto determinar si IBM había violado las leyes antisoborno; y una civil, de la SEC, para ver si IBM había violado las reglas que obligan a las corporaciones públicas a reflejar con veracidad sus transacciones financieras en sus libros contables.

Comienza la investigación

Unas pocas semanas después, a fines de enero de 1996, Braceras y Lawrence harían su primer viaje a Buenos Aires. Viajaban acompañados por dos agentes del FBI asignados al caso: Godoy, quien todavía estaba designado en Montevideo, y David Clark, quien tenía su sede en Nueva York. Oficialmente, la misión de los visitantes era explicarles a los funcionarios argentinos el contenido de una rogatoria que pronto entregarían para pedir información oficial del caso bajo el marco del Tratado de Asistencia Legal Recíproca. Dicho tratado establecía que los funcionarios norteamericanos no podían llevar a cabo investigaciones en la Argentina, sino que debían pedir información a los investigadores argentinos. La comitiva de investigadores norteamericanos pasó varios días en Buenos Aires, y se entrevistó con el juez Bagnasco, el fiscal Cearras y el secretario de Justicia Elías Jassan. Y mientras hacían su presentación sobre la carta rogatoria que presentarían en pocos días, los viajeros escucharon los primeros detalles del caso de boca de sus colegas argentinos. El 31 de enero de 1996, cuando Braceras y Lawrence estaban concluyendo su visita, el Departamento de Justicia de Estados Unidos presentó su primera solicitud de información bajo el tratado de asistencia mutua.

"Todos estábamos de acuerdo en que se había cometido un hecho ilícito", recuerda uno de los miembros de la comitiva norteamericana. "Obviamente, toda esta historia de la empresa CCR y el sistema de software alternativo era un cuento. Sin embargo, para poder presentar cargos en Estados Unidos necesitábamos evidencia de que algún ejecutivo de la casa matriz había sido partícipe del acto ilícito".

Los jóvenes investigadores estaban esperanzados. Si se podía probar la complicidad de la casa matriz de IBM, sería uno de los casos antisoborno más grandes de la historia norteamericana. El muy publicitado caso de 1995 por el cual la Lockheed había sido condenada a pagar una multa por violación del acta antisobornos se debió a un contrato de 79 millones de dólares para la venta de tres aviones a Egipto —o sea, menos de un tercio del monto del contrato IBM-Banco Nación. No era de sorprenderse, entonces, que Clark decidiera supervisar personalmente el caso. Si llegaba a probar la complicidad de la casa matriz de IBM, sería el broche de oro de su carrera.

"Clark estaba muy interesado"

Cuando la diputada Guzmán viajó a Washington para asistir a la Conferencia Nacional de la Oración el 31 de enero de 1996, aprovechó para llamar a Clark. Para su sorpresa, el funcionario del Departamento de Justicia tomó su llamada. No sólo eso: la invitó a su despacho a las 2 de la tarde del día siguiente. Cuando Guzmán llegó a la cita, acompañada de su marido, Clark les preguntó si tenían alguna otra cita en lo que restaba del día. De no ser así, dijo, cancelaría todas sus reuniones de la tarde, para poder dedicar el mayor tiempo posible a escuchar los detalles del caso. Durante cuatro horas, Guzmán le explicó a Clark el caso IBM-Banco Nación, de principio a fin.

"Cuando salimos de su oficina, ya estaba oscuro", recuerda la diputada. Exhaustos, el matrimonio Guzmán cenó esa noche en un restaurante italiano que les había recomendado Clark. Se ha-

188

bía creado una buena relación de trabajo entre el funcionario norteamericano y la diputada argentina.

En los meses siguientes, Guzmán siguió enviándole a Clark información sobre el caso. En un viaje posterior a Washington D.C., la diputada y su marido salieron a cenar con Clark y su mujer, y los cuatro descubrieron que tenían más cosas en común que su interés por el caso IBM-Banco Nación. Durante la cena, la conversación había girado en torno a las artes: Clark resultó ser un experto en arte africano, mientras que Guzmán y su marido eran coleccionistas de arte latinoamericano. Hacia los postres, Clark y Guzmán intercambiaron opiniones sobre cómo podía avanzar la investigación en que estaban trabajando. "Clark parecía muy, pero muy, interesado en el caso", recuerda Guzmán.

Cuando comenzaron a circular en Buenos Aires los rumores sobre la entrevista de Guzmán con Clark, el senador del partido radical Leopoldo Moreau y otros legisladores comenzaron a planear su propia visita a la capital norteamericana. Querían interesar a sus colegas en el Congreso norteamericano sobre el tema, y ver si podían acelerar la investigación en Estados Unidos.

La embajada manda un cable "sensitivo"

Sin embargo, dentro de la embajada de Estados Unidos en la Argentina, el entusiasmo por la investigación no era tan grande como en Washington D.C. Por el contrario, existía un ánimo casi contrario al de ayudar a los legisladores argentinos que pretendían viajar a Washington.

En agosto de 1996, la embajada de Estados Unidos en Buenos Aires envió un cable calificado de "sensitivo" al Departamento de Estado, que no dejaba muchas dudas sobre el sentir de la embajada. El cable fechado en Buenos Aires con el número 004864-091639Z, que pude obtener tras presentar una solicitud formal al Departamento de Estado bajo el Acta de Libertad de Información, estaba firmado por el encargado de negocios de la embajada, Ronald D. Godard. Su texto decía que "tenemos entendido por reportes de prensa que el senador Leopoldo Moreau (Unión Cívica Radical) y otros legisladores argentinos están planeando hacer un viaje a Estados Unidos muy pronto. Aparentemente planean acercarse a miembros del Congreso de Estados Unidos para pedir su asistencia en la identificación de supuestas 'cuentas bancarias secretas' en Estados Unidos vinculadas con el controvertido contrato IBM-Banco Nación, así como ventas fraudulentas de armas a

Croacia y Ecuador y ventas fraudulentas de oro. No se han acercado [en esta ocasión] a la embajada para pedir asistencia. *La embajada ignoró un pedido de información previo de Moreau sobre
el caso IBM-Banco Nación"* (subrayado del autor).

En el último párrafo del cable, bajo el título "Comentario", el
encargado de negocios de la embajada decía: "Si esta visita se materializa, no tenemos muy en claro lo que los legisladores argentinos esperan lograr. *Las agencias de Washington deberían tener
presente que el senador Moreau, un crítico abierto y acérrimo
del gobierno de Menem, estará persiguiendo su propia agenda
política"* (subrayado del autor). El cable de Godard no dejaba demasiadas dudas de qué lado estaban las simpatías de su redactor.

El entusiasmo se enfría

Con el correr de los meses, también se enfrió el entusiasmo
de algunos investigadores del caso en Washington D.C. Después de
lidiar con el sistema judicial argentino durante varias semanas,
los subalternos de Clark empezaron a tener dudas sobre la sinceridad del juez Bagnasco. Según pude saber tras entrevistar a media docena de funcionarios norteamericanos que trabajaron en el
caso, Braceras y Lawrence empezaron a sospechar que Bagnasco
estaba retrasando las cosas, o por lo menos no estaba cooperando
como esperaban.

Bagnasco, a quien la prensa argentina pintaba como un campeón de la lucha contra la corrupción, no devolvía las llamadas,
decían. "A veces, se tardaba hasta una semana en devolvernos una
llamada, y nunca nos daba datos sólidos", me señaló uno de los
funcionarios del Departamento de Justicia. A medida que pasaban
los meses y ni el juez Bagnasco ni el gobierno argentino enviaban
informaciones útiles, los funcionarios norteamericanos pasaron
de las sospechas a sentirse molestos.

A principios de 1997, un año después de iniciada la investigación norteamericana, el equipo Braceras-Lawrence aún no había
recibido ni un solo documento de la oficina de Bagnasco, que era
la encargada de colaborar con la Justicia de Estados Unidos. Los
funcionarios norteamericanos empezaron a creer que los argentinos estaban jugando con ellos. "Pasaron dos años antes de que
recibiéramos la primera información de la Argentina", recuerda
una fuente del gobierno de Estados Unidos. "¡Dos años!", enfatizó.

Luego, un buen día en 1998, la embajada de Estados Unidos
en Buenos Aires recibió sorpresivamente un expediente de 22 mil

páginas, en español. Era el legajo completo del caso IBM-Banco Nación: una verdadera avalancha de documentos, que dejaría a los investigadores enterrados en papeles durante varios meses. Los funcionarios norteamericanos inmediatamente pensaron que era una maniobra adrede para entorpecer la investigación mientras se aparentaba lo contrario. Las 22 mil páginas tuvieron que ser enviadas a Washington D.C. para ser traducidas, una tarea que de por sí tomaría varios meses. Para los funcionarios norteamericanos, todo parecía indicar que Bagnasco, o algún otro miembro de la Justicia argentina, estaba moviendo los hilos detrás de bambalinas para sabotear la cooperación entre ambos países. No podían entender por qué los argentinos no habían suministrado partes del expediente antes.

Pero los fiscales ya se habían llevado su primer gran disgusto con la Justicia argentina en 1996, apenas tres semanas después de regresar de su viaje a Buenos Aires. En base a sus informes de aquella visita, la secretaria de Justicia Reno le había enviado al juez Bagnasco y al juez uruguayo Gerardo Peduzzi una carta confidencial en febrero de 1996, con una lista de once funcionarios argentinos de los que se requería más información. Reno quería que los jueces entrevistaran a estos funcionarios en Buenos Aires, en presencia de investigadores norteamericanos, y les preguntaran si tenían cuentas secretas en Uruguay relacionadas con el caso IBM-Banco Nación. La lista de Reno era explosiva: incluía a Alberto Kohan, el jefe de Gabinete de Menem, en cuyo equipo trabajaba el fundador de CCR, Juan Carlos Cattáneo.

Ante el asombro de los funcionarios norteamericanos, la noticia sobre la carta de Reno había aparecido publicada en la primera plana de los periódicos argentinos y uruguayos pocos días después. Los diarios reprodujeron la lista de los funcionarios menemistas, señalando que estaban siendo investigados por Estados Unidos. Como era de esperar, Kohan y los demás funcionarios montaron en ira, y protestaron de inmediato ante la embajada de Estados Unidos en Buenos Aires. Kohan no sólo se quejó amargamente ante James Cheek, el embajador de Estados Unidos, sino que exigió una explicación pública por parte de los Estados Unidos.

"Se suponía que la solicitud del Departamento de Justicia fuese confidencial", me comentó el embajador Cheek años después. "Todo se arruinó cuando el asunto se hizo público. La relación entre las dos partes de la investigación empezó mal de entrada."

Fuera quien fuere el que había filtrado a la prensa el contenido de la carta de Reno, había logrado su objetivo: que se abriese una brecha entre los investigadores de ambos países. "El episodio de la carta distorsionó totalmente el proceso, y lo convirtió en un caso político", me comentó Cheek. De allí en más, todo fue cuesta abajo. De pronto, la prensa argentina empezó a creer que la investigación de Estados Unidos estaba destinada a descubrir casos de corrupción en el gobierno de Menem, cuando en realidad buscaba determinar si IBM había violado la ley antisobornos de Estados Unidos. A partir de ese momento comenzaría una disputa legal entre ambos países que empantanaría aun más la investigación.*

Los funcionarios norteamericanos creían que Bagnasco no era ajeno a la politización de la investigación. Para ellos, el juez estaba empeñado en probar que había existido una conspiración de la casa matriz de IBM para pagar los sobornos. Quizás lo hacía simplemente porque era una hipótesis que atraía la atención, y le garantizaba grandes titulares en los medios. O, quizás, como decía el ex ministro Cavallo, porque estaba tratando de desviar la investigación, para diluir lo más posible el juicio a los responsables del soborno en la Argentina, y posibles revelaciones que pudieran afectar a altos funcionarios argentinos.

Washington duda de Bagnasco

Las sospechas de los investigadores de Estados Unidos aumentaron en 1998 cuando Bagnasco pidió la extradición de Lew y Rowley mediante instrumentos legales que un funcionario del Departamento de Justicia me describió como "torpes". El Departamento de Justicia denegó la petición, señalando que no podía extraditar a personas que no habían sido condenadas. En su lugar, ofreció a Bagnasco interrogar a ambos ejecutivos en Washington D.C.

La opinión generalizada en Washington D.C. era que Bagnasco se negaba a hacer esto último porque quería arrestar a los dos ejecutivos norteamericanos una vez que pisaran suelo argentino, y crear así un revuelo periodístico aun mayor alrededor

* La noticia sobre la carta de Reno fue publicada el 22 de febrero de 1996 en el semanario uruguayo *Búsqueda* bajo el título "Fiscales Norteamericanos Piden a Juez Uruguayo que Interrogue a Once Funcionarios Argentinos". El reportero de *Búsqueda*, Raúl Ronzoni, me dijo en una entrevista telefónica en 1999 que había obtenido la información de "fuentes judiciales uruguayas".

del caso. Si realmente quería interrogarlos, ¿por qué no lo hacía en Washington?, decían.

Si quedaba una reserva de confianza en el juez Bagnasco entre los funcionarios de Estados Unidos, se evaporó cuando Bagnasco viajó a Washington D.C. en septiembre de 1998 para presentar su pedido de extradición de Lew y Rowley. No fue la causa del viaje en sí lo que cayó mal en Washington, sino la publicidad que se le dio. Según me dijeron altos funcionarios de Estados Unidos, se suponía que el objetivo del viaje era una reunión confidencial del juez argentino con funcionarios del Departamento de Justicia para resolver la disputa sobre la extradición de los dos ejecutivos de la casa matriz de IBM.

Pero, para sorpresa de los funcionarios del Departamento de Justicia, que son especialmente alérgicos a la prensa, Bagnasco se presentó en el edificio rodeado de periodistas argentinos, que habían viajado con él desde Buenos Aires especialmente para la ocasión. Días después, el periódico de circulación masiva *Clarín* había publicado una foto de Bagnasco, parado triunfalmente frente al Capitolio, con la mirada perdida en el horizonte. La fotografía pintaba al juez como un paladín de la lucha anticorrupción, que había llevado su cruzada hasta las mismas entrañas del sistema jurídico norteamericano. En los pasillos del Departamento de Justicia, los funcionarios norteamericanos comentaron la fotografía con indignación.

A esta altura del partido, había una opinión generalizada en Washington D.C. que Bagnasco —quizás en aras de una carrera política— estaba buscando protagonismo a cualquier costo. Según los norteamericanos, el juez estaba condenando a IBM en la prensa, en lugar de hacerlo en una corte de Justicia. Su actitud no sólo era poco profesional, decían, sino que era contraproducente para la investigación judicial. Y su empeño en extraditar a Lew y Rowley parecía encaminado a crear un escándalo mundial. "Es un Garzón en potencia", me comentó un alto funcionario norteamericano, refiriéndose al juez español que se hizo famoso por exigir la extradición del ex dictador chileno Augusto Pinochet.

En 1999, cuando la disputa sobre la extradición de Lew y Rowley había llegado a un punto muerto, Bagnasco fue invitado nuevamente a Estados Unidos a discutir con Clark y otros funcionarios del Departamento de Justicia la manera de destrabar el caso. Pero el juez argentino rechazó la oferta, tras enterarse de que le ofrecerían negociar las condiciones bajo las cuales los funcionarios de IBM podían ser entrevistados en Estados Unidos. En cambio, Bagnasco pidió a través del embajador argentino en Washington, Diego Guelar, una entrevista personal con Reno, la secretaria de Justicia de Estados Unidos. Si lo recibía Reno, viajaría a Washington D.C.

"Bagnasco daba la impresión de estar más interesado en que su foto saliera en los periódicos argentinos que en sacar el caso adelante", me comentó un alto funcionario del Departamento de Justicia norteamericano, al tiempo que me preguntaba si el juez estaba pensando en lanzarse a una carrera política. Otro investigador norteamericano en el caso especuló: "Bagnasco se encontró con dificultades para encausar a los acusados de IBM Argentina, Martorana y Soriani. Así que, para distraer la atención de lo que estaba pasando en Argentina, se concentró en la supuesta responsabilidad de la casa matriz de IBM Estados Unidos... Lo que no me queda claro es si Bagnasco hizo esto último por motivos políticos o personales. No lo sé".

Hasta Manuel Rocha, el encargado de negocios de la embajada de Estados Unidos en Buenos Aires, compartía el escepticismo sobre el juez argentino. En una entrevista poco antes de su traslado a mediados de 2000, Rocha me señaló que Bagnasco, lejos de ser una figura clave para llevar adelante la investigación de IBM, había sido el principal obstáculo.

"Hemos trabajado sin descanso en un esfuerzo por acomodarnos a los deseos del juez de entrevistar a los dos ejecutivos de IBM", me dijo Rocha, el embajador interino en la Argentina en ese momento. Según Rocha, después de que Bagnasco se negara a tomarle declaración a Lew y Rowley en Estados Unidos, la embajada norteamericana había tratado de convencerlo de que los interrogara en la embajada argentina en Washington, D.C. "El mayor obstáculo con el que nos enfrentamos fue la negativa del juez de que el interrogatorio tuviera lugar en territorio argentino en la capital norteamericana. Si esto se diera, el caso se destrabaría de inmediato", dijo Rocha.

Sin embargo, no fue hasta varios meses después, en septiembre de 2000, cuando Bagnasco finalmente accedió levantar el pedido de extradición y entrevistar a Lew y Rowley en la fiscalía de White Plains, en Nueva York. Se habían perdido dos años en la disputa por la extradición de ambos ejecutivos, se lamentaban los funcionarios de Estados Unidos.

La investigación que no se hizo

¿Había presiones del gobierno de Menem para retrasar la investigación? Guelar, el embajador argentino en Washington D.C., y muy allegado a Menem en ese momento, no descarta que algún sector del gobierno estuviera tratando de frenar la investigación, pero tampoco lo asegura. Guelar dice que trató, sin éxito, de que el gobierno argentino contratara a Kroll Associates o a alguna otra firma privada de investigaciones de Estados Unidos para que investigara el caso de IBM. Incluso, había enviado un cable a su gobierno proponiendo que —para evitar gastos al Estado— se contratara a una firma investigadora bajo su propio riesgo, prometiéndole que se quedara con porcentaje de los dineros de los sobornos que pudiera encontrar en cuentas secretas en el extranjero.

Según Guelar, Menem apoyó la idea, quizás para desligarse de posibles acusaciones en su contra en el futuro. Menem derivó el tema al diputado César Arias, uno de sus más cercanos colaboradores, afirma Guelar. Pero alguien dentro del equipo presidencial tumbó el proyecto, sugiriendo en cambio que se contratara a una firma internacional para investigar la venta de armas argentinas a Croacia. Finalmente, no se hizo una cosa ni la otra.

"Al presidente Menem le había gustado la idea, pero nunca llegó a materializarse", dice Guelar. "No tuve respuesta por vía oficial, y sin una instrucción, no podía hacer una gestión en ese sentido. El tema desapareció."

Bagnasco reacciona

El juez Bagnasco, un hombre delgado, de barba prolija y mirada vidriosa, respondió con una sonrisa y ocasionales arrebatos de indignación a todas las críticas de los funcionarios de Estados Unidos con que lo confronté en una de las primeras entrevistas que le hice en Buenos Aires. Fanático de la ópera, Bagnasco tenía música clásica en su oficina a toda hora. Cuando entré en su pequeño despacho, el magistrado me esperaba sentado detrás de su escritorio, al lado de una bandera argentina, mientras su aparato de música emitía un aria de ópera italiana que le daba a la escena un aire de cierta solemnidad. Con un gesto amable, pero distante, Bagnasco me invitó a sentarme.

Por lo que pude deducir en esa entrevista de una hora, y en otras cuatro largas entrevistas en los meses que siguieron, era evidente que Bagnasco estaba al tanto de las dudas que tenían sobre él los funcionarios de Estados Unidos. Y era evidente que resentía profundamente tal escepticismo. A su juicio, el Departamento de

Justicia norteamericano estaba protegiendo a IBM, o por lo menos estaba interpretando las leyes de tal manera que la casa matriz de la corporación no podría ser acusada de haber operado al margen de la ley.

Cuando le pregunté por qué se había tardado dos años en entregar información a Estados Unidos, y por qué había abrumado a los funcionarios del Departamento de Justicia disparándoles sorpresivamente un cañonazo de 22 mil páginas, el juez estalló: "¡¡¿Qué?!!" Según él, eran los norteamericanos quienes se habían demorado. El equipo Braceras-Lawrence había hecho una petición informal de cooperación en el caso durante su viaje a Buenos Aires a principios de 1996, pero no habían oficializado el trámite sino hasta mucho después, aseguró. "El FBI no hizo una petición formal hasta 1998, o sea que yo no hubiera podido entregarles el expediente antes que eso", agregó. Además, Godoy, el representante legal del FBI en la Argentina, había tardado muchísimo tiempo en instalar una fotocopiadora en su oficina y en copiar las 22 mil páginas, agregó Bagnasco. "Le llevó dos o tres meses traer la fotocopiadora a mi oficina", dijo Bagnasco.

¿Y por qué se tardaba tanto en responder los llamados de los funcionarios del Departamento de Justicia?, pregunté. "Eso es un invento", respondió Bagnasco. El juez señaló que, en su última reunión con Clark en Washington D.C., habían acordado estar en contacto telefónico para evitar depender de la correspondencia escrita, que podía tomar meses en pasar los trámites burocráticos del gobierno argentino y la embajada norteamericana en Buenos Aires. Bagnasco, que no habla una palabra de inglés, admitió que alguna que otra llamada podía haberse demorado por falta de traductor, pero nunca más que unos pocos días. "A veces, cuando era necesario desde un punto de vista legal, les exigíamos una petición por escrito, pero jamás les denegamos información alguna", aseguró.

Cuando le pregunté sobre las críticas de que estaba llevando adelante un show mediático, quizás en anticipación de una futura carrera política, el juez reaccionó con una sonrisa burlona. Sí, era cierto, hablaba a menudo con la prensa sobre el caso IBM, pero lo hacía precisamente para mantener vivo el caso y poner mayor presión para su resolución, dijo. Al contrario de lo que sospechaban los funcionarios norteamericanos, nunca había filtrado ninguna información confidencial a la prensa, agregó.

Pero si realmente quería resolver el caso cuanto antes, ¿por qué se rehusaba a entrevistar a Lew y Rowley en Estados Unidos, tal como lo proponían los fiscales norteamericanos? "Porque tener una charla amigable con estos señores, que seguramente son muy agradables, sería totalmente inútil", contestó Bagnasco, agregando que un interrogatorio bajo las leyes norteamericanas le permitiría a IBM no contestar preguntas claves. Bagnasco dijo que ya había hecho la prueba interrogando a otros ejecutivos y abogados de IBM en Estados Unidos, y todos se habían amparado en privilegios legales norteamericanos que les permitían no contestar ciertas preguntas. "No había voluntad de cooperación. Se refugiaron en el secreto profesional y otros privilegios legales, y no me contestaron el 90 por ciento de las preguntas. Así, nunca vamos a llegar a descubrir la verdad", señaló el juez.

A juicio de Bagnasco, era esencial que los ejecutivos de IBM testificaran en la Argentina y contestaran todas las preguntas. "El problema es que ellos no confían en el sistema judicial argentino. Hay algunas agencias de Estados Unidos que dicen que el sistema de Justicia argentino es caótico, espantoso, y quién sabe cuántas cosas más. Yo he tratado de explicarles que este proceso fue llevado a cabo con absoluta transparencia, y creo haberles dado todas las garantías contempladas por la ley".

Estados Unidos decide no extraditar

El Departamento de Justicia de Estados Unidos, después de estudiar el expediente de 22 mil páginas suministrado por Bagnasco, había determinado que no podía aceptar la extradición de Lew y Rowley. El 18 de marzo de 1999, el Departamento de Justicia envió una carta confidencial al gobierno argentino, explicando las razones de su decisión.

El documento clasificado de siete páginas estaba firmado por Harris, el director de la Sección de Asuntos Internacionales del Departamento de Justicia, y por su asistente legal Michael Burke. La carta decía que aunque el Departamento de Justicia había sido informado por funcionarios argentinos de qué fondos de IBM Argentina habían ido a parar a través de corporaciones off-shore a los bolsillos de directores del Banco Nación, "el pedido de extradición no provee NINGUNA evidencia de que IBM, Lew o Rowley hubieran jugado algún papel en dichas transferencias, o que hubieran estado al tanto de ellas". El documento, enviado por correo diplomático, subrayaba la palabra "NINGUNA", como para dejar sentado de que los investigadores norteamericanos no habían tenido de dónde agarrarse para satisfacer el pedido de extradición.

La carta seguía diciendo que el Departamento de Justicia había estudiado los argumentos de Bagnasco acerca de que Lew y Rowley habían "participado activamente" en las preparaciones de la propuesta de IBM y que, durante sus respectivas visitas a la Argentina en los días anteriores a la presentación de la propuesta, ambos ejecutivos habían sido puestos al tanto de los detalles y riesgos del contrato con Banco Nación. Sin embargo, continuaba la carta, "no existe evidencia en los documentos presentados de que [Lew y Rowley] estuviesen al tanto del supuesto plan de sobornos, o que lo hubieran aprobado".

"No existe evidencia de que Rowley hubiera participado en la decisión de incluir a CCR como subcontratista, o que supiera de la misma", seguía diciendo la carta. "Es obvio que Lew tuvo una mayor participación en la preparación de la oferta, pero... no existen pruebas, sin embargo, de que por ello se hubiera enterado de que CCR era una argucia para canalizar sobornos a funcionarios públicos".

El documento terminaba diciendo que, para dar curso a la extradición, la Argentina debía probar que ambos ejecutivos habían sido cómplices en un acto de corrupción. "Las autoridades argentinas tendrían que proveer evidencia de que Lew o Rowley estaban al tanto de que el contrato con CCR estaba destinado... a proveer un mecanismo para hacer pagos a funcionarios del Banco Nación", decía el documento. "No es suficiente decir, como dice el pedido de extradición, que Rowley y Lew revisaron documentos de la oferta en que figuraba un contrato con CCR." Era necesario demostrar que ellos tenían algún tipo de "conocimiento corrupto" del caso, o sea, que hubieran sabido de que se estaba realizando un acto de corrupción.

Bagnasco se dio por vencido a fines de 2000, accediendo a entrevistar a Lew y Rowley en la fiscalía de White Plains. Resignado, Bagnasco me dijo tras tomarles declaración a los dos ejecutivos que, con sus testimonios, culminaba el capítulo de su investigación en Estados Unidos, y el caso volvía a centrarse en los acusados en la Argentina.

Sentados en el bar del ultramoderno hotel Mercer de Nueva York, en la zona bohemia de Manhattan, Bagnasco me señaló que las declaraciones de Lew y Rowley echándole toda la culpa del caso a IBM Argentina le daba elementos de prueba adicionales que necesitaba para iniciar los juicios a Martorana y Soriani. ¿Significaba eso que había dejado de creer en la responsabilidad de la casa matriz de IBM?, le pregunté. Bagnasco se encogió de hombros, diciendo que no con la cabeza. "Yo creo que ellos [en la casa matriz] se manejan así: mientras menos saben, menos se comprometen... Pero es muy difícil de probar que se hicieron los distraídos. Y lo que no se puede probar, no existe."

Veredicto: Una multa a IBM

Pero mientras el caso permanecía empantanado en el Departamento de Justicia, la SEC había avanzado en su investigación paralela sobre si los libros contables de la casa matriz de IBM habían reflejado con veracidad las transacciones financieras de su subsidiaria argentina. El 21 de diciembre de 2000, la SEC terminó su investigación de cuatro años, concluyendo que IBM debía pagar una multa de 300 mil dólares por no haber reportado debidamente a sus accionistas "los pagos presumiblemente ilícitos" realizados por su subsidiaria argentina "a funcionarios extranjeros".

Según el acuerdo firmado entre la SEC y la empresa, IBM se comprometía a pagar la multa por el hecho de que su subsidiaria argentina había disfrazado "pagos ilícitos", presentándolos en sus libros contables como "pagos a subcontratistas". La sede central de IBM en Estados Unidos, "sin el conocimiento o aprobación de ningún empleado en Estados Unidos", había reflejado esa información falsa en su reporte anual a la SEC, violando las leyes norteamericanas, decía el fallo.

Dentro de la SEC, la multa aceptada por IBM se vivió como una victoria: era la primera vez que se acordaba una pena de ese tamaño en un caso de sobornos en el extranjero desde el sonado fallo contra la Triton Corp. en 1997. Y en el caso de IBM, la multa de 300 mil dólares era comparativamente más alta, porque la acusación no incluía cargos de conspiración para sobornar a funcionarios extranjeros, como había sido el caso con la Triton.

Horas después del anuncio, cuando llamé por teléfono a Linda Thomsen, la investigadora del caso en la SEC, la funcionaria sonaba feliz. Acababa de terminar su investigación de cuatro años, y se disponía a tomar sus vacaciones navideñas. "Esto envía un mensaje a todas las corporaciones de que si están operando en el mercado global, sus obligaciones con sus accionistas incluyen todo lo relacionado con sus operaciones extranjeras", me dijo Thomsen. "Las corporaciones no pueden beneficiarse de sus ganancias en el extranjero sin tener responsabilidad sobre cómo las generan."

Sin embargo, IBM había logrado persuadir a la SEC de que ni Lew ni ningún otro funcionario de IBM en Estados Unidos había sabido de los sobornos. Ni Thomsen ni sus colegas quisieron entrar en detalles sobre cómo habían llegado a esa conclusión. Sin embargo, un miembro del equipo de la SEC me señaló que, por lo que habían averiguado en sus entrevistas con Lew, Rowley y Kaiser, el fraude había sido cometido por "la ex jefatura máxima" de IBM Argentina, que había "fabricado" documentos y antedatado otros. "IBM sufrió las consecuencias de haber descentralizado demasiado sus operaciones", me dijo uno de los investigadores de la SEC. "La corporación había sido criticada en el pasado por ser demasiado centralizada, y se dieron vuelta demasiado para el otro lado. Lo que pasó en la Argentina fue una de las consecuencias de ese cambio."

Pesquisa criminal en "estado vegetativo"

Aunque importante, el fallo de la SEC no era devastador en la escala de Richter de las investigaciones corporativas, como lo hubiera sido una acusación criminal del Departamento de Justicia. Y la investigación penal del Departamento de Justicia se había desinflado.

La fecha de prescripción de los delitos del caso se acercaba. Y el equipo de investigación original ya se había dispersado, y no había suficientes elementos como para que un nuevo grupo de investigadores le diera un segundo viento a la pesquisa. Braceras, el joven argentino-norteamericano ayudante de Clark, había renunciado a su cargo para aceptar un trabajo mucho mejor remunerado en un bufete de abogados de Boston. Lawrence, el asistente de la fiscal de Nueva York, también se había pasado al sector privado, y trabajaba ahora para un estudio de abogados de White Plains, a pocas cuadras de su antigua oficina. Clark, el agente del FBI en White Plains, había sido trasladado. Godoy, el representante legal del FBI en Buenos Aires, todavía estaba en su puesto, pero dedicado tiempo completo a perseguir fugitivos y traficantes de drogas.

Tal como lo había escrito el Departamento de Justicia en su carta negando la extradición de Lew y Rowley, Estados Unidos había interpretado que no había pruebas contundentes de la complicidad de la casa matriz de IBM. "Éste es un delito que tuvo lugar en Argentina", me dijo uno de los investigadores de Estados Unidos. "El acto delictivo ocurrió en Argentina, los que se iban a beneficiar están en Argentina, los funcionarios en cuyas cuentas se encontraron sobornos eran argentinos. Éste es un problema argentino, y tiene que ser resuelto en Argentina... En el mundo se cometen muchos delitos, pero no todos tienen que ser investigados por la policía de Nueva York."

Cuando le pregunté a un alto funcionario norteamericano sobre el estado de la investigación, me dijo, tras muchas vueltas, que el caso IBM-Banco Nación no había sido cerrado del todo, pero estaba en estado "vegetativo". A juzgar por la energía de sus palabras, lo mismo podría haberme dicho "muerto y enterrado".

Los agujeros de la ley

En los meses siguientes, consulté a varios funcionarios norteamericanos que habían trabajado en el caso sobre si la eventual falta de pruebas sobre el posible "conocimiento corrupto" de Lew y Rowley era un motivo suficiente para que la Justicia de Estados Unidos no presentara un cargo criminal contra la casa matriz de IBM. ¿Qué pasaba si los ejecutivos de la casa matriz no eran cómplices, pero habían mirado hacia el otro lado? ¿Acaso no se podía probar negligencia de su parte?

Algunos de los entrevistados me dijeron que la investigación no había progresado por una serie de razones de las que no se sentían muy orgullosos. Existían enormes lagunas legales en el acta antisobornos de Estados Unidos. La ley tenía una falla fundamental, porque se aplicaba exclusivamente a empresas norteamericanas y ciudadanos norteamericanos, y no a sus subsidiarias o representantes en el exterior. Era un monumento a la hipocresía, porque prohibía a las empresas estadounidenses sobornar a funcionarios extranjeros, pero no decía nada sobre sus filiales en el exterior.

Los críticos europeos de la ley norteamericana no estaban del todo errados cuando decían que las empresas norteamericanas hacían lo mismo que las europeas, sólo que a través de sus filiales en el exterior. Según la ley, para acusar a una corporación de Estados Unidos los fiscales debían probar "conocimiento corrupto" de la casa matriz, o que la casa matriz hubiera sabido de la conducta criminal de su subsidiaria. Además, el pago del soborno debía tener lugar en Estados Unidos, o a través de bancos, líneas telefónicas, o e-mails que pasaran por territorio norteamericano.

El Acta de Prácticas Corruptas fue enmendada el 10 de noviembre de 1998 para terminar con estos agujeros legales. A partir de ese momento, la enmienda permitía a los fiscales norteamericanos presentar cargos contra "cualquier persona" que pagara un soborno, lo que incluía a las subsidiarias extranjeras, aunque los fiscales todavía debían probar una conexión con el territorio norteamericano, lo que permitía una pequeña rendija legal por la que todavía podían escaparse las subsidiarias extranjeras en algunos casos. De todas maneras, ya era tarde para aplicar la nueva ley al caso IBM-Banco Nación: los sobornos habían sido pagados cuatro años antes de ser aprobada la enmienda. Y el cambio de la ley antisobornos de 1998 no tenía carácter retroactivo.

Por otro lado, la ley antisobornos no cubría muy bien casos de negligencia, o ceguera voluntaria de las casas matrices norteamericanas. Aun después de la enmienda de 1998, los fiscales debían probar que la sede central de la empresa había "autorizado, dirigido o controlado" la actividad ilegal de su subsidiaria, o sea, que había tenido "conocimiento corrupto" del mismo.

Si bien el ex vicepresidente de IBM Argentina, Soriani, decía que Lew sabía de la existencia de CCR, el propio Soriani había admitido que él no estaba presente en la reunión en que presuntamente había circulado la lista de subcontratistas que mencionaba a CCR. Y si bien uno de los presentes, Neira, había confirmado que una lista de subcontratistas había circulado en la reunión, el propio Neira había aclarado que no le constaba que Lew supiera cuál era el propósito del subcontrato con CCR.

Según la ley norteamericana, incluso si Lew hubiera sabido de la existencia de CCR en ese momento, tal conocimiento no lo hacía necesariamente cómplice del delito. Sin un testigo estrella que declarara haber visto a Lew o algún otro ejecutivo de la casa matriz de IBM participar de una reunión donde se discutieran los sobornos, la casa matriz ni siquiera podía ser acusada de ceguera voluntaria.

Problemas de implementación

Además, el gobierno de Estados Unidos estaba aplicando la ley antisobornos a medias tintas, decían algunos de los funcionarios más críticos. Hacia fines de los años noventa, el gobierno de Clinton estaba empeñado en lograr la aprobación de tratados internacionales antisobornos, más que en profundizar sus sanciones internas. Durante años, las multinacionales norteamericanas se habían estado quejando de estar perdiendo miles de millones de dólares en contratos ganados por sus competidores de Asia y Europa, que no estaban sujetos a leyes antisoborno en sus respectivos países. Y en años recientes, el gobierno norteamericano se había concentrado en presionar a los países asiáticos y europeos a competir en un plano de igualdad, mediante la firma de la Convención Internacional Antisobornos.

Era un hecho que Estados Unidos no había encausado a gran cantidad de empresas por violación a la ley antisobornos en los últimos años. Según me informaron en el Departamento de Justicia, desde la aprobación del Acta en 1977 hasta fines de 1999 se habían presentado cargos criminales contra 29 corporaciones norteamericanas —en promedio de poco más de una por año. Estos encausamientos habían resultado en multas de unos 30 millones de dólares, y sanciones a unos 20 ejecutivos de una veintena de empresas.

Según los investigadores, parte del problema era que resultaba muy difícil probar hechos que tenían lugar en la privacidad de las oficinas corporativas, donde a menudo los únicos testigos eran dos personas, y el caso se reducía a la palabra de una contra la otra. Las dificultades se multiplicaban porque los fiscales norteamericanos tienen prohibido hacer invetigaciones en el extranjero, y deben conformarse con la cooperación —o falta de cooperación— de los gobiernos extranjeros.

"Recibimos informes de casos de soborno todo el tiempo, por e-mails, llamadas telefónicas de otras agencias gubernamentales, o de reporteros", me dijo un funcionario del Departamento de Justicia. "En algunos casos, leemos el material y les decimos 'Muchas gracias'. En otros, hay suficientes elementos como para que pidamos al FBI que asigne un agente al caso. Pero incluso en esos casos, muchas veces estas investigaciones se estancan por falta de evidencia."

Asimismo, la Sección Fraudes del Departamento de Justicia, encargada de investigar estos casos, había sido reducida en los últimos años: mientras que a principios de la década del noventa contaba con 100 abogados, ahora tenía apenas 65, de los cuales sólo unos pocos trabajaban tiempo completo en casos antisobornos. Obviamente, no se trataba de una gran prioridad para el gobierno de Estados Unidos.

El Departamento de Justicia se defiende

Clark me negó rotundamente que su oficina se hubiera vuelto menos agresiva en la investigación de posibles violaciones a la ley antisobornos. En una entrevista telefónica de 80 minutos, el principal encargado de la investigación IBM-Banco Nación en Estados Unidos se negó a hablar del caso específico, pero defendió a capa y espada la actuación de su equipo en las investigaciones sobre corrupción en el extranjero. No había ningún relajamiento de la investigaciones antisobornos, aseguró.

"Al contrario, ahora es más estricta. Desde nuestra perspectiva, ésta ha sido una ley muy eficaz", señaló el funcionario. "Las empresas norteamericanas están gastando millones de dólares por año en educar a sus empleados, detectar y prevenir el pago de sobornos." Además, la enmienda de 1998 a la ley antisobornos la había hecho aun más efectiva, ya que a partir de ahora Estados Unidos podía presentar cargos en casos de pagos indebidos realizados por extranjeros vinculados a empresas norteamericanas.

Clark, admitió, sin embargo, que aun después de la enmienda, para presentar cargos criminales era necesario que el extranjero hubiera cometido parte de su crimen en Estados Unidos, o utilizado comunicaciones telefónicas o e-mails que pasaran por territorio norteamericano. Pero la ley antisobornos cubría muchos más casos que antes, aseguró.

¿Y por qué en los últimos treinta años habían tenido lugar tan pocos encausamientos?, le pregunté. Clark contestó que el número de juicios dependía de cómo hacía la cuenta: si se incluían los casos de soborno en los cuales, por razones técnicas, el Departamento de Justicia no había presentado cargos bajo el acta-antisobornos sino bajo otras leyes, el número de casos llevados a juicio estaba más cerca de los 50, precisó.

¿Y cómo se explicaba que el número de fiscales e investigadores en su propia oficina había bajado significativamente en años recientes? ¿Acaso no era ése un indicio de que el gobierno había sido reacio a presentar cargos por sobornos, y en cambio estaba poniendo mayores esfuerzos en lograr la firma de una convención global antisobornos? No, contestó Clark. Según el funcionario, su oficina había llegado a tener 100 abogados a principios de los noventa, pero eso había sido exclusivamente por la crisis de las "Savings and Loans", las empresas financieras que habían quebrado en masa por aquella época. Cuando pasó la crisis, el número de abogados de la Sección Fraudes había sido reducido a 65.

Pero, al mismo tiempo, su oficina había empezado a colaborar en varios casos con varias fiscalías en todo el país, como había ocurrido en la investigación del caso IBM-Banco Nación. "Ahora podemos multiplicar nuestras investigaciones, invitando a fiscales que trabajen con nosotros en casos relacionados con sobornos." Clark parecía sinceramente convencido de que, en términos generales, el sistema funcionaba.

Lawrence: "Una pregunta válida"

Cuando visité a Lawrence, el abogado de la fiscalía de Nueva York que junto con Braceras había hecho las primeras averiguaciones del caso durante su visita oficial a Buenos Aires, acababa de renunciar a su cargo público. Lawrence se había integrado en 1999 a Plunkett & Jaffe, un estudio de abogados de White Plains, Nueva York, muy cerca de su anterior despacho en la fiscalía. Me recibió con nerviosismo: la ley no le permitía revelar secretos del sumario, y no se sentía muy cómodo hablando de un caso que —por lo menos en los papeles— todavía estaba siendo investigado.

Pero, por lo que me dijo —y por lo que dejó de decir— pude deducir que su investigación ni siquiera había llegado a un gran jurado, el paso previo a una presentación de cargos formales por parte de la Justicia. Tal como me lo habían explicado otros funcionarios, "la Sección Fraudes del Departamento de Justicia y la fiscalía consideraron que cualquier acto de soborno ocurrido en su totalidad en la Argentina, sin la colaboración de la casa matriz, no daba lugar a un encausamiento [de la casa matriz] en Estados Unidos", explicó Lawrence. Si el hecho delictivo hubiera ocurrido después de la enmienda de 1998, quizás sería otra historia, se encogió de hombros.

Pero había otro detalle, insistí. Asumiendo que Lew, tal como lo había declarado, nunca hubiera sabido de la existencia de CCR, ¿cómo podía ser que la casa matriz de la empresa hubiera pasado por alto un pago de 37 millones de dólares a un subcontratista desconocido? Y asumiendo que una corporación acostumbrada a negociar por miles de millones de dólares no se hubiese percatado de un pago de tan sólo 37 millones de dólares, ¿no lo hubiese tenido que detectar luego, cuando IBM le pagó a CCR antes que a cualquier otro subcontratista? ¿Acaso no es delito hacerse el distraído, y no hacer preguntas sobre lo que hacen los empleados de uno en el exterior?, le pregunté.

"Bueno, todo depende de cuándo la casa matriz se enteró del soborno, y de lo que hizo en ese momento", contestó Lawrence. La implicancia era clara: si la casa matriz de IBM había dado inicio a una auditoría interna inmediatamente después de enterarse del escándalo —como la empresa decía que había hecho al enviar sus auditores a Buenos Aires a fines de 1995— podía aducir haber actuado con responsabilidad. Pero si la empresa había actuado con negligencia, podía ser castigada.

Casi al salir, cuando me admitió que la ley antisobornos tenía algunas cláusulas que rara vez se aplicaban, le pregunté si Estados Unidos no tenía un doble discurso, al predicar la lucha antisobornos en todo el mundo y no apretar más las tuercas sobre sus propias corporaciones por las actividades de sus subsidiarias.

"Es una pregunta válida", respondió Lawrence, con una sonrisa sufrida. "Una cosa es si una compañía norteamericana verdaderamente no tiene ninguna participación en la conducta [delictiva] de sus ejecutivos extranjeros. ¿Pero qué pasa cuando la casa matriz crea una estructura corporativa que le permite esconderse detrás de esa defensa territorial? Creo que es legítimo preguntarse si las empresas no deberían ser consideradas más responsables por los actos delictivos de sus subsidiarias."

Agente del FBI... y ex empleado de IBM

Por cierto, la investigación de Estados Unidos sobre el caso IBM-Banco Nación tampoco habría ganado credibilidad si se hubiera hecho público que Godoy, el jefe de la oficina del FBI en la Argentina, había sido un empleado de IBM en el pasado. Fuentes bien informadas de Estados Unidos me confiaron que, a principios de los años ochenta, mientras estudiaba abogacía en la Universidad de Kentucky, Godoy había sido empleado de la División Productos de IBM en Estados Unidos, y que su experiencia allí le había dejado una excelente opinión de la empresa. La primera fuente que me alertó sobre el tema se preguntó en voz alta si el paso de Godoy por IBM no había influenciado su opinión sobre el caso.

En un primer momento, cuando le pregunté a un diplomático de Estados Unidos que supervisaba el caso si era cierto que Godoy había trabajado para IBM, su respuesta fue categórica: "No es cierto". Sin embargo, días después, ese mismo diplomático me llamó, con voz acongojada, para corregir su declaración previa. Sin dejar de defender al agente del FBI, me dijo: "Perdoname, pero tenías razón. De hecho, Godoy trabajó para IBM mientras estudiaba leyes". Acto seguido, señaló: "Pero dejame decirte que lo conozco bien, y no vas a encontrar a un investigador más aguerrido y más profesional que Godoy".

Mis llamados a la oficina de Godoy en la embajada de Estados Unidos en la Argentina fueron transferidos a Kathy Davis, la vocera de la misión diplomática. Tras hacerle llegar a Godoy mis preguntas a través de la vocera, Davis me respondió una semana más tarde con la siguiente información: Godoy había trabajado para IBM, primero en una pasantía en el verano del 79, y luego en los años 1981 y 1982. Preguntada si esto no planteaba un conflicto de interés con su posición como investigador del FBI en el caso IBM-Banco Nación, Davis respondió: "La oficina legal del FBI ha determinado que no hay conflicto de interés en el hecho de que [Godoy] haya participado en la investigación de IBM". ¿Cómo llegaron a esa determinación?, pregunté. Davis contestó: "Porque Godoy no ha seguido teniendo un vínculo económico o financiero con IBM. Dejó de trabajar para ellos en 1982".

Pero yo tenía más preguntas: ¿En qué momento informó Godoy a la oficina legal del FBI que había trabajado para IBM? ¿Fue en 1995, cuando dio inicio a la investigación, o en el 2000, cuando llamé a la embajada para preguntar sobre su empleo anterior? Davis prometió enviarle mis nuevas preguntas a Godoy. Días después, la vocera me volvió a llamar para informarme que "el consenso aquí [en la embajada] es que este pozo ya se secó: Ya te hemos dado suficiente información".

Los expertos a quienes consulté sobre el tema tenían opiniones divididas. Stephen Potts, director de la Oficina de Ética del gobierno de Estados Unidos, me dijo que la designación de un agente del FBI como investigador de una empresa para la que había trabajado no constituía necesariamente un conflicto de intereses, si ya no existía un vínculo económico con la compañía. "Sin embargo, podría no tratarse de la idea más brillante del mundo", me señaló Potts, con una sonrisa.

"Lo correcto en un caso como éste sería que el investigador le avise a su jefe que había trabajado para la empresa", continuó Potts, señalando que no estaba al tanto de qué había ocurrido en este caso en particular. "También debería avisarle a su jefe si había dejado a la empresa con sentimientos extremadamente positivos o negativos hacia ella. Acto seguido, el jefe debería decidir en base a esa información si el investigador podría mantenerse neutro, o si sería necesario asignar la investigación a otra persona."

Otros expertos tomaban una posición más dura. Robert Rosen, un profesor de ética en la escuela de leyes de la Universidad de Miami, citó reglamentos de la Asociación de Abogados de Estados Unidos, según los cuales los abogados no deben trabajar en casos en que hubieran tenido alguna vinculación con una de las partes. "Ciertamente, podría dar una apariencia de comportamiento improcedente", señaló Rosen. "Si un caso como éste llegara a juicio, los abogados defensores buscarían descalificar la investigación del gobierno de Estados Unidos, argumentando que el investigador del FBI podría ser parcial hacia una de las partes."

Una secuela de la Guerra Fría

Jack A. Blum, un ex investigador del Congreso norteamericano famoso por haber descubierto algunos de los escándalos de sobornos y corrupción política más grandes del país, me respondió con una sonrisa malévola cuando le conté que la investigación penal de Estados Unidos sobre el caso IBM-Banco Nación estaba en el limbo. No era de sorprenderse, me dijo.

Blum era visto con admiración por los investigadores más jóvenes del Congreso, como Roach, que a menudo lo llamaban para pedirle consejos. Había sido uno de los principales investigadores en el juicio por el pago de sobornos de la Lockheed en los años setenta, y había sido uno de los redactores del Acta antisobornos de 1977. Ahora, más de treinta años después, se desempeñaba como abogado en el bufete Lobel, Novins & Lamont de Washington, D.C., y esporádicamente asesoraba al Comité Bancario del Senado y al Departamento de Justicia sobre casos de corrupción internacional.

Le pedí a Blum que, en base a su experiencia, me pusiera en perspectiva por qué había fracasado la investigación del Departamento de Justicia, más allá de los argumentos legales que ya había escuchado. Según Blum, no había duda de que la mayoría de los fiscales en los casos antisoborno —abogados jóvenes como Lawrence y Braceras, e incluso sus superiores, como Clark— eran gente sincera y motivada, que tenían las mejores intenciones de presentar cargos contra empresas que participaban en actos de corrupción.

El problema era que estaban peleando una guerra casi imposible de ganar, contra estudios de abogados super poderosos contratados por las empresas multinacionales, que casi siempre encontraban escapatorias para sus clientes gracias a la vaguedad de la ley antisobornos. Y en materia de control de daños, agregó, las grandes corporaciones siempre seguían la misma estrategia, como si fuera un ritual: soltar un poco de información al principio, alargar los casos durante años, y luego —cuando aparecían las informaciones más dañinas— desecharlas como algo trillado, un tema del pasado. Estaba en los manuales.

"No es una coincidencia que tan pocos casos antisoborno hayan llegado a encausamientos, y que la mayoría de las empresas acusadas hayan sido compañías pequeñas", me dijo Blum. "El problema con el Acta de Prácticas Corruptas es que es muy difícil de aplicar. Tiene cientos de agujeros legales. La única pregunta es por cuál de estos agujeros se van a escapar los acusados."

En la práctica, la burocracia del aparato de Justicia norte-americana hacía difícil presentar cargos federales en casos de crímenes corporativos, que eran mucho más complejos que otros. No sólo existía el obstáculo de tener que probar "más allá de dudas razonables" actos que tenían lugar en la privacidad de una corporación, sino que los actos ilegales investigados en estos casos habían ocurrido en el exterior. Para entender estos problemas, había que ponerse en los zapatos de un fiscal, como los que habían investigado el caso IBM-Banco Nación.

"Si soy un fiscal y tengo que procesar cien casos, y tengo a un drogadicto bobo que asaltó a una tienda Seven Eleven, arma en mano, y quedó filmado en la cámara del local, es un caso bastante fácil de ganar. Voy a ir a la corte, le voy a mostrar la videocinta al jurado, voy a lograr que le den al tipo diez años de prisión y salgo hecho un héroe", explicó Blum. "Por el otro lado, si quiero presentar cargos contra IBM, tengo que hacer frente a una montaña de documentos escritos en tres idiomas, testigos repartidos en catorce países, y seis estudios de superabogados contratados por la empresa."

"El solo hecho de lograr los testimonios de los empleados de IBM, después de que la empresa seguramente los trasladó a la India, Perú o quién sabe dónde, es un lío terrible. Simplemente para entrevistar a los ejecutivos, tienes que gastar una fortuna en pasajes de avión, hoteles, etc. Y luego de gastar cientos de miles de dólares, hay que leer miles y miles de documentos", continuó. Era un riesgo grande para una oficina de gobierno: si muchas investigaciones terminaban en nada, algún supervisor o auditor comenzaría a preguntar si no estaban derrochando dinero en causas imposibles.

Finalmente, la lucha era desigual: los fiscales del gobierno eran generalmente jóvenes brillantes, pero jóvenes al fin. Y debían enfrentarse con los mejores abogados de Estados Unidos, muchos de ellos ex fiscales, que tenían el tiempo y los medios para estudiar cada línea de cada documento con una lupa para buscar resquicios legales.

"La mayoría de estos jóvenes fiscales nunca lidiaron con casos más complejos que echar a andar la videocinta del Seven Eleven y mandar al asaltante a la cárcel", dijo Blum. "No saben ni por dónde empezar. Y los abogados defensores lo complican todo. Y al final del proceso, cuando se llega al jurado, sus miembros son confrontados con tal complejidad de datos, idiomas, países y culturas diferentes, que a menudo no pueden llegar a un acuerdo y no condenan a nadie. De manera que hay un sentimiento tácito en el aparato de Justicia que dice, ¿vale la pena tanto esfuerzo?"

Le hice un gesto con la mano a Blum, pidiendo que se detuviera allí mismo. No me convencía del todo su explicación. Si la ley era tan difícil de aplicar, y los jóvenes fiscales se sentían tan intimidados por leyes imperfectas y defensores de alto vuelo, ¿cómo podía ser que nadie hubiera planteado este problema en los treinta años de vigencia de la ley?

El veterano investigador sonrió. "Porque todo esto se tapó durante la Guerra Fría", dijo. "Con mi experiencia de treinta años en esto, le puedo decir que todo este sistema de no prestarle atención a la corrupción y de ayudar a los jefes de Estado extranjeros a ocultar sus fondos en cuentas secretas, era algo muy conveniente durante la Guerra Fría. Nos ayudó a mantener de nuestro lado a todos estos líderes extranjeros. Si jugaban de acuerdo con nuestras reglas en el plano internacional, podían robarse lo que quisieran y nadie los perseguiría. La razón por la cual ahora todo puede ser discutido abiertamente es que la Guerra Fría se terminó. Gradualmente, el aparato gubernamental que protegía este tipo de prácticas corruptas por razones de 'seguridad nacional' se está desmoronando. Lo que queda es el residuo de esas estructuras que habían sido creadas durante la Guerra Fría para proteger a los gobiernos anticomunistas. Es una estructura que se está empezando a desintegrar, pero muy lentamente."

"No tenemos nada que agregar"

Lamentablemente, el sistema que frenaba las investigaciones de prácticas corruptas en el extranjero se estaba desintegrando tan lentamente que casi no se hacía notar. Después de dos años de investigar este caso, leer más de mil páginas de documentos legales y entrevistar a cerca de 100 funcionarios y figuras relacionadas con el caso, no pude sino llegar a la conclusión de que Estados Unidos no podía seguir alegando de buena fe ser el campeón de la lucha internacional antisobornos si no adoptaba medidas severas para poner en orden su propia casa.

Contrariamente a las teorías conspirativas de muchos funcionarios y periodistas argentinos, era evidente que no había una intención concreta de los investigadores norteamericanos de proteger a la casa matriz de IBM. Lo que sí pude concluir era que, aunque las corporaciones norteamericanas eran sujetas a un escrutinio más profundo que sus competidoras europeas y asiáticas, la ley norteamericana era porosa y su implementación, débil. La multa de 300 mil dólares de la SEC había sido un castigo para IBM, más por la publicidad negativa que por su monto, pero no dejaba de ser un fallo civil referido a una omisión en los registros contables de la corporación.

El sistema judicial norteamericano, que tal como lo señalaba Blum todavía estaba influido por los resabios de la Guerra Fría, todavía tenía suficientes obstáculos como para impedir investigaciones eficaces a posibles prácticas corruptas de las empresas norteamericanas en el extranjero.

¿Conclusión? Blum tenía razón. Todo apuntaba a que el caso IBM-Banco Nación no pasaría más allá de la multa de la SEC. Quizás terminaría sin cargos criminales no sólo en Estados Unidos, sino también en la Argentina. Hacia principios de 2001, la investigación estaba archivada en el Departamento de Justicia de Estados Unidos.

Sólo Roach y sus colegas en el Subcomité de Investigaciones del Senado parecían seguir interesados en el tema. Aun si decidieran convocar a audiencias sobre el caso, su investigación no planteaba ningún peligro para IBM ni para sus ejecutivos: a lo sumo, las audiencias podrían instalar el tema en la opinión pública, y crear un debate que podía llevar a cambiar la legislación para que casos como éste no se pudieran dar en el futuro.

Y en la Argentina los juicios a los 15 implicados en el caso prometían resultar en la absolución de la mayoría, o en penas menores para unos pocos. Martorana y Soriani, los ex jefes de IBM Argentina, estaban procesados por defraudación, pero no por soborno, lo que significaba que en el peor de los casos podían ser condenados a seis años de prisión, con probabilidades de que si les daban tres años podían cumplir su condena en libertad condicional, fuera de la cárcel. El fundador de Consad y CCR, Juan Carlos Cattáneo, y los ex directores del Banco Nación Dadone, Aldaco y Contartese estaban acusados de fraude al Estado y aceptación de sobornos, pero el testigo principal de que habían sido sobornados y no "gratificados" a posteriori estaba muerto. No era impensable que todo terminara sin que ninguno de los implicados pisara por un día la cárcel.

En cuanto a IBM, Lew y Rowley habían sido ascendidos a sus nuevos puestos ejecutivos en las oficinas de IBM en Los Ángeles y Nueva York respectivamente, Kaiser estaba en su nuevo puesto ejecutivo con Oracle en Brasil, y el ex jefe del Departamento Latino-americano de la casa matriz de IBM, Libero, se había retirado y probablemente pasaba parte de su tiempo en una mansión de 800 mil dólares que estaba a su nombre en las cercanías de Palm Beach, Florida.

¿Y cuál era la respuesta de la casa matriz de IBM a todas las sospechas sobre su actuación en el caso de los sobornos pagados a los funcionarios del Banco Nación? Por lo que pude ver y escuchar, la empresa mantuvo el perfil más bajo posible, confiada en que el daño propagandístico se limitaría a la Argentina —tan sólo uno de los más de cien países donde operaba— y no pasara a los medios de Estados Unidos.

Mis esfuerzos por entrevistar a Lew y sus jefes fueron infructuosos. Después de tres años de negativas por parte de la casa matriz de IBM de permitirme entrevistarlos, le envié un último e-mail al director de relaciones públicas de IBM en Nueva York, con copia a Lew, diciéndoles que sería de interés público que Lew explicara al mundo su historia de lo que pasó en IBM Argentina.

"Estoy convencido que tanto IBM como los lectores ganarían mucho si el señor Lew accediera a una entrevista para contar su parte de la historia", dije, ofreciendo que la entrevista se realizara en presencia de sus abogados, y con todas las garantías que IBM quisiera. Y pregunté: "¿Por qué motivo el señor Lew no puede contar su versión de los hechos, cuando más de una docena de fuentes que he entrevistado citaron su presencia en la reunión del 30 de diciembre de 1993 en Buenos Aires como evidencia de que la casa matriz de IBM estaba al tanto de todos los detalles del contrato?". ¿Por qué no podía explicar en detalle los motivos por los que supuestamente no había reparado en los 37 millones de dólares de CCR, que equivalían al 15 por ciento del contrato total con el Banco Nación?

Poco después, recibí un llamado telefónico de Marcos Rada, el vocero de prensa de la casa matriz de IBM en Nueva York. Su respuesta fue corta y al grano: "IBM y Steve Lew no están interesados en hablar más del asunto. Consideramos que esto es un tema del pasado. Ya ha sido objeto de extensos artículos en la prensa, y no tenemos nada que agregar".

Le agradecí el haberme devuelto la llamada, y me despedí. Segundos después, no pude evitar sonreír al recordar la estrategia de control de daños de la que me había hablado Blum. Estaba en los manuales.

LIBRO III

Capítulo 10

EL BOTÍN DE LOS SALINAS

Mucho antes de que Roach y sus colegas del Subcomité de Investigaciones del Senado de Estados Unidos escucharan hablar del escándalo de IBM en la Argentina, o de las cuentas de los "bancos fantasmas" como el M.A. Bank o el Federal Bank Ltd., se habían comenzado a interesar en el rol de Estados Unidos en el negocio de la corrupción internacional a raíz del caso de Raúl Salinas de Gortari, el hermano del ex presidente de México, Carlos Salinas de Gortari. Las noticias de prensa sobre los fabulosos depósitos de Raúl Salinas en Citibank les habían abierto los ojos sobre la necesidad de exigir mayores controles a los bancos norteamericanos para evitar que fueran utilizados para lavar dinero del narcotráfico y la corrupción.

Aunque tarde, cuatro años después que *The Miami Herald* revelara por primera vez la relación de Raúl Salinas con Citibank, la investigación del Subcomité logró sacar a la luz asombrosos detalles internos del funcionamiento del Citibank, incluidas grabaciones de conversaciones entre sus funcionarios que probablemente nunca habrían salido a la luz si no se hubieran realizado audiencias públicas sobre Raúl Salinas y otras figuras públicas internacionales en noviembre de 1999.

Todo empezó después de que Raúl Salinas fue arrestado en México en 1995, acusado del asesinato del secretario general del gobernante Partido Revolucionario Institucional (PRI) José Francisco Ruiz Massieu, que además de compañero político también había sido su ex cuñado. Cuando los investigadores mexicanos —encabezados por Ponce, en ese entonces fiscal especial de la Procuraduría General de la República— empezaron a encontrar rastros de los millones de dólares que Raúl Salinas había enviado a cuentas secretas de Suiza y Gran Bretaña a través de Citibank de Nueva York, México y Estados Unidos se encontraron con una papa caliente. El dinero no había circulado por algún oscuro banco de un paraíso financiero del Caribe, sino por uno de los bancos más reconocidos del mundo. Los funcionarios de ambos países comenzaron a preguntarse si acaso la próspera industria de la banca privada de los grandes bancos internacionales no estaba ayudando a traficantes de drogas y a políticos corruptos a esconder sus fortunas en el sistema bancario norteamericano.

Citibank, el mayor de los bancos norteamericanos, tenía tan sólo en sus oficinas de banca privada de Nueva York unos 4.700 clientes latinoamericanos cuyos depósitos de más de un millón de dólares cada uno los hacía merecedores del trato especial que ofrecía ese departamento. La gran mayoría de estos depositantes eran empresarios legítimos que deseaban tener unos ahorros en el extranjero para protegerse de la inestabilidad política o económica en sus respectivos países, o para evitar que los secuestradores en sus respectivos países se enteraran de su verdadera fortuna. Pero los investigadores y reguladores bancarios norteamericanos estaban empezando a sospechar que muchos otros eran narcotraficantes o funcionarios corruptos, y que tanto Citibank como casi todos los grandes bancos no estaban haciendo lo suficiente para cerciorarse del origen legítimo de los fondos de sus clientes más acaudalados. Más precisamente, sospechaban que los bancos no estaban cumpliendo el principio de "Conoced a vuestro cliente" que los reguladores bancarios de Estados Unidos habían ordenado para evitar el lavado de dinero a través de los bancos. Las grabaciones dadas a conocer por el Subcomité del Senado de las frenéticas conferencias telefónicas entre las sucursales de Citibank de Nueva York, Londres y Zurich el día después del arresto de Raúl Salinas, no dejaban muchas dudas de que los banqueros manejaban alegremente las cuentas de algunos de los políticos más corruptos del mundo. Tal como lo admitiera años más tarde el propio John Reed, presidente de Citibank, dichas conversaciones telefónicas pusieron en evidencia que la principal preocupación de los funcionarios del banco tras el arresto de Raúl Salinas no había sido descubrir si habían aceptado depósitos de un delincuente en violación a los reglamentos internos del banco, sino más bien cómo podían cubrir los rastros de lo que habían hecho para evitar que los reguladores bancarios británicos y norteamericanos descubrieran el dinero.

El Subcomité del Senado norteamericano había conseguido las grabaciones telefónicas de la filial londinense del Citibank, que tenía un sistema de grabación automático para cubrirse de eventuales querellas de clientes que pretendieran desconocer instrucciones de compra o venta de acciones a sus banqueros. La ley norteamericana no permite tales grabaciones, por lo que la sucursal de Citibank en Nueva York no tenía en su haber registro alguno de las conversaciones internas del día en que explotó el escándalo de Raúl Salinas. Pero como los depósitos de Raúl Salinas normalmente iban de Nueva York a Gran Bretaña y Suiza, las conversaciones entre los banqueros del Citibank de Nueva York y sus colegas de Londres se habían preservado intactas en los archivos de las oficinas del banco en Londres. Las cintas obtenidas por el Subcomité del Senado ofrecen un testimonio fascinante —y sumamente revelador— de lo que ocurrió a puertas cerradas dentro de Citibank el 1º de marzo de 1995. La primera conversación tuvo lugar a las pocas horas del arresto de Raúl Salinas en México.

Terror en el piso 17

Describir el clima que se vivió ese día en el piso 17 del Citicorp en Nueva York como un ambiente de alarma sería pecar de moderación. Más que pánico, lo que reinó fue el terror. Era la mañana siguiente al arresto de Raúl Salinas, en que la noticia había salido en las primeras planas de todos los periódicos. Los normalmente emperifollados funcionarios del departamento de banca privada de Citibank sabían que en cuestion de días —o unas pocas horas— el gobierno mexicano pediría ayuda a Estados Unidos para rastrear los depósitos de Raúl Salinas en bancos extranjeros, como parte de la investigación por el asesinato de Ruiz Massieu. Y sabían que Citibank tenía una gran parte de dichos depósitos.

En los últimos tres años, Raúl Salinas y su mujer habían transferido desde México más de 100 millones de dólares al Citibank en Nueva York. Y a pesar de los reglamentos bancarios del gobierno norteamericano y los estrictos memorándum internos de Citibank prohibían la aceptación de depósitos sospechosos de provenir del narcotráfico, la corrupción gubernamental u otras actividades ilícitas, Citibank no había hecho demasiadas preguntas sobre el origen de los fondos de los Salinas.

Tal como lo habían anticipado los banqueros del Citibank, ese mismo día el procurador general mexicano, Antonio Lozano Gracia, había pedido la colaboración de las agencias policiales norteamericanas para conseguir información sobre actividades de Raúl Salinas en el exterior que pudieran aportar pruebas al juicio. Y al mismo tiempo, Lozano Gracia le había pedido a Ponce que comenzara a rastrear las finanzas de Raúl Salinas, en especial sus cuentas en el exterior. No mucho tiempo después, Ponce averigua-

217

ría que Raúl Salinas tenía una banquera en Estados Unidos que le manejaba prácticamente todas sus finanzas.

Su nombre era Amy Elliott, una distinguida rubia de cincuenta años que trabajaba en el Citibank de Nueva York desde hacía mucho tiempo. De origen cubano —su nombre de soltera era Grovas—, Elliott hablaba un español perfecto, vestía a la ultima moda, manejaba un BMW convertible y tenía una calidez humana que le había permitido moverse con soltura entre la elite mexicana. Era la personificación de una "self-made woman": había llegado a Estados Unidos muy joven, a los 17 años, bajo un programa para jóvenes refugiados llamado Peter Pan, mediante el cual los padres de jóvenes cubanos enviaban a sus hijos a escuelas norteamericanas para ponerlos a salvo de la dictadura de Fidel Castro. La joven había sido enviada directamente a una escuela católica en Omaha, Nebraska, en el corazon de Estados Unidos. En 1967, había ingresado en Citibank como empleada del Departamento de Recursos Humanos, y desde entonces —gracias a su arrolladora simpatía, su esfuerzo y su dominio del español— había ascendido hasta llegar al Departamento de Banca Privada de Citibank, donde a principios de los años noventa ganaba un jugoso sueldo de 160 mil dólares anuales.

Con el tiempo, los investigadores mexicanos se enteraron —en base a los testimonios de Salinas y de la misma Elliott— de que en su calidad de banquera de Raúl Salinas había creado una intrincada red de corporaciones de ultramar para que el hermano del presidente mexicano pudiera ocultar su dinero en cuentas secretas en Gran Bretaña y Suiza.

La primera llamada

Elliott, cuyo cargo era de jefa del equipo de Banca Privada que se encargaba de las cuentas de los mexicanos más acaudalados, había salido de su residencia de nueve habitaciones en la exclusiva área de Summit, Nueva Jersey al amanecer. Tras llegar a su oficina a las 6 a.m., empezó a leer ávidamente los titulares de los periódicos y a hojear frenéticamente el expediente de su cliente Raúl Salinas.

La primera llamada que recibió vino de Londres. Era Sarah Bevan, la funcionaria del departamento de Banca Privada de Citibank y a cargo de la cuenta de Salinas en Gran Bretaña. Según los registros telefónicos del banco, eran las 13:59 hora de Londres y las 8:59 a.m. en Nueva York.

218

—"Hola, mi amor", saludó Elliott a su colega londinense.

—"Hola. Amy, tengo a Pedro conmigo en la línea. ¿Es un buen momento para que hablemos?", preguntó Bevan. A su lado estaba Pedro Homem, gerente de Marketing de Citibank para Europa, Medio Oriente y África.

Homem saludó a Amy, comentándole que debería ser bien temprano en la mañana para ella.

—"Bueno, no tanto. Mi día empezó hace tres horas, así que…" contestó Elliott.

—"Uauuu…"

Después de soltar una risita nerviosa, Elliott fue al grano. Dijo que estaba esperando hablar esa misma mañana con Sandra López Bird, la abogada interna del Departamento de Banca Privada de América Latina de Citibank. Pero Elliott, aunque había sido quien reclutó a Raúl Salinas como cliente en 1992 y se convirtió en la "encargada de relaciones" del banco con él a partir de entonces, les pidió a sus colegas que no perdieran la calma. Todo se arreglaría.

"No creo que nos puedan culpar de nada. Éste nos fue presentado por nuestro mejor cliente", dijo Elliott. Se refería a Carlos Hank Rohn, el millonario mexicano que había traído a Raúl Salinas a su oficina por primera vez años antes. Lo que es más, continuó diciendo la banquera, la cuenta de Salinas había sido abierta con la aprobación de sus superiores en el Citibank. "Todo el mundo estaba a bordo", dijo Elliott, como tratando de asegurar a sus colegas que si la relación entre Raúl Salinas y Citibank se hacía pública, los directivos del banco no podrían acusarlos a ellos de no haber verificado los antecedentes de un cliente que ahora resultaba podía ser un delincuente, o peor aún, un asesino.

Elliott siguió diciendo que, seguramente ese mismo día, la plana mayor de Citibank la llamaría para hablar sobre el tema. "Estoy segura de que me van a pedir que hable con Dios, ¿okay? De manera que después de hablar con Dios, los vuelvo a llamar". La banquera no aclaró a quién se refería al hablar de "Dios", pero investigadores del Senado norteamericano que obtuvieron la transcripción de la cinta años después sospecharon de inmediato que se refería a Reed, el todopoderoso presidente del Citigroup y su banco, el Citibank. Elliott agregó que ya había hablado con su supervisor inmediato la noche anterior, al enterarse del arresto de Raúl Salinas, y les volvió a asegurar a sus colegas londinenses que si el tema se convertía en un escándalo público, ellos no podían ser —o no debían ser— usados como chivos expiatorios.

—"Esto viene de… lo más alto, de la cúspide de la corporación. Esto era sabido, ¿okay?", dijo Elliott.

219

—"Sí", respondió Homem.

—"¡...De bien arriba!", repitió Elliott.

—"Okay".

—"Ustedes y yo no somos más que pequeños peones en todo este asunto, ¿okay?"

—"Okay."

"¿Has llenado el formulario?"

Homem se dio por enterado. Pero quería por lo menos asegurarse de que Elliott se había cubierto las espaldas completando el papelerío requerido cuando había reclutado a Raúl Salinas como cliente. Probablemente iba a tener que demostrarles a los investigadores que había seguido al pie de la letra los reglamentos internos de Citibank, que requerían que antes de abrir una cuenta los banqueros debían llevar a cabo una extensa averiguación de antecedentes para asegurarse de que los depósitos que recibirían provenían de fuentes legales.

Homem estaba específicamente interesado en saber si Elliott había completado un formulario del Citibank que los banqueros tenían que llenar al abrir cuentas de políticos extranjeros o de sus familiares.

—"¿Llenaste alguna vez el formulario de 'figuras públicas' para esta cuenta?, preguntó Homem.

Del otro lado de la línea se hizo un silencio.

—"¿Si yo... llené QUÉ?" preguntó Elliott.

—"El informe sobre figuras públicas. Tú sabes..."

Sarah Bevan había intervenido en la conversación para explicarle a Elliott a lo que se estaba refiriendo Homem.

—"Es un requerimiento, Amy, por el cual cuando alguien ocupa un puesto de prestigio en un país, una posición pública en un país..."

—"¿Un puesto público en un país?", preguntó sorprendida Elliott.

—"Así es".

¿No estaba Elliott al tanto de ese requerimiento?, preguntaron sus colegas.

—"No", respondió ella.

Lo que siguió fue una discusión entre los tres sobre si, antes de aceptar la cuenta de Raúl Salinas, Elliott debería haber llenado el formulario para figuras públicas, y verificado los antecedentes de su nuevo cliente. Elliott respondió con lo que se convertiría en su defensa pública en el futuro. ¿Acaso el hermano de un presidente era una figura pública?

—"Si mi esposo fuera presidente del país, eso no haría que yo fuera una figura pública, ¿no?", preguntó Elliott a sus colegas de Londres.

—"Bueno, teóricamente no... Pero, emmm...", dijo Homem. Sin embargo, ahora que Raúl Salinas estaba en las primeras planas de los periódicos de todo el mundo, ese argumento difícilmente convencería a los auditores bancarios y los investigadores federales.

Elliott les recordó a sus colegas que esa mañana hablaría con la abogada López Bird. Homem, a su vez, le dijo que llamaría a Hubertus Rukavina, el director del Departamento de Banca Privada de Citibank, radicado en Suiza, para ponerlo al tanto de la conversación que habían tenido. Rukavina no sólo era el jefe de todos ellos, sino que —lo más importante— tenía una relación de amistad de muchos años con el presidente del Citibank, Reed. Al igual que Reed, Rukavina había pasado muchos años en la Argentina y Brasil durante su juventud. Ambos compartían recuerdos gratos de su pasado allí, y seguían siendo grandes admiradores de la música y las artes sudamericanas.

"Mandemos el dinero a Suiza"

Media hora después, ese mismo día, Homem discó el número de Rukavina. Según el registro telefónico de la sucursal londinense de Citibank, eran las 2:38 de la tarde en la capital británica. La conversación entre los dos banqueros se desarrolló en una mezcla de portugués, que era la lengua natal de Homem, e inglés.

—"¿Hubertus?"

—"Sim".

—"Hi, e Pedro... Tudo bom. So pra te actualizar sobre este caso do México". (Todo bien. Te llamaba para ponerte al día en este asunto de México).

—"Hmm".

Homem explicó el problema que tenían entre manos, y sus puntos más peligrosos. "No existe un formulario para figura pública en este caso, porque se entiende que no es una figura pública", dijo Homem, refiriéndose a Raúl Salinas. "Es un ingeniero, un hombre de negocios."

—"Hmm".

—"En este momento hay 22 millones de dólares en Suiza y 78 millones de dólares en Londres", informó Homem a su jefe.

221

—"¿Setenta y ocho millones de dólares?"

—"Efectivamente, y 22 millones en Londres", agregó Homem.

—"¡Puta que pariu!", exclamó el gerente general del exclusivo Departamento de Citibank para los clientes más distinguidos.

La conversación giró hacia qué hacer con el dinero. En lo que miembros del Subcomité del Senado norteamericano interpretarían después como un intento de ocultar los hechos y esquivar futuras investigaciones, Rukavina le preguntó a su gerente londinense si no deberían mover parte de los fondos inmediatamente.

—"El tema es si no deberíamos girar esas cuentas (de Londres) a Suiza", sugirió Rukavina.

El ayudante de "Dios" no está preocupado

Menos de diez minutos después, a las 2:47 de la tarde de Londres, 9:47 de la mañana de Nueva York, según el registro de las grabaciones telefónicas del banco en Londres, Sarah Bevan llamó a Amy Elliott. Tenía buenas noticias.

—"Hola Amy, soy Sarah... Pedro [Homem] acaba de hablar con Rukavina, y [yo] quería darte un mensaje alentador, así que lo voy a poner de nuevo [a Homem] en el amplificador".

Homem dijo que Rukavina parecía convencido de que sus subordinados no habían hecho nada malo, pero quería asegurarse de que pudieran probar que habían seguido los reglamentos internos del banco al abrir la cuenta de Salinas. Elliott y Bevan debían revisar inmediatamente el expediente interno de Raúl Salinas, y verificar que todos los formularios habían sido debidamente completados.

A esta altura de la conversación, Elliott ya sonaba visiblemente alterada.

—"Les voy a agradecer muchísimo todo lo que puedan hacer para ayudarme. Porque ahorita mismo todo lo que estoy haciendo es tratar de que todos mantengan la calma", contestó Elliott. La banquera de Nueva York empezó a tartamudear. "Yo, yo extravié... Me apena todo este asunto, pero tengo la tranquilidad de no haber hecho nada indebido".

—"Está bien", respondió Homem. "Podemos agradecer a Dios que el tipo que está cerca de Dios no parece demasiado preocupado", bromeó.

Los tres colegas rieron, aunque nerviosamente.

—"Su mano derecha [de "Dios"] está tranquilo", agregó Bevan.

—"¡Qué bueno!", suspiró Elliott. "Bueno, querida, les agradezco a los dos. Adiós."

Elliott llena el formulario

Amy Elliott había descubierto minutos antes, con estupor, que el formulario que debía contener los antecedentes comerciales de Raúl Salinas estaba en blanco. Ella nunca se había preocupado por llenarlo. En los tres años desde que había abierto la cuenta, Elliott no había provisto al banco de ninguna información sobre los negocios de Raúl Salinas ni sobre el origen de su riqueza.

No tenía duda de que esto le traería problemas. En los dos últimos años, y bajo presión de los auditores, los máximos jefes de la división latinoamericana de Citibank habían enviado enérgicos memorándum internos exigiéndole a sus subordinados que no solo llenaran el formulario "Perfil del Cliente" para cada cuenta, sino que lo pusieran al día una vez por año. Varias auditorías internas de Citibank habían demostrado que uno de los mayores problemas de la división de Banca Privada Latinoamericana era que los funcionarios del banco omitían llenar ese formulario. A medida que avanzaba la mañana en Nueva York, Elliott empezó a darse cuenta de la seriedad de su situación.

Lo mismo le pasó a Homem en Londres. Era imprescindible llenar esos formularios lo antes posible, antes de que los auditores internos del banco —o peor aún, los reguladores bancarios norteamericanos o incluso agentes del FBI— confiscaran los expedientes. En una de las docenas de llamadas internacionales desde las oficinas londinenses de Citibank ese día, Homen dijo: "Lo que le hemos pedido a Amy es que prepare un análisis lo más detallado posible del origen de los fondos [de Raúl Salinas], cosa de poder quedarnos más tranquilos". En Nueva York, mientras tanto, Elliott estaba escribiendo apresuradamente un borrador del texto que pondría en el formulario en blanco del "Perfil del Cliente" de Raúl Salinas.

Destruir los registros es un problema

La primera reacción de los encargados del Departamento de Banca Privada de Citibank al enterarse del arresto de Raúl Salinas no había sido preguntarse si habían cometido un error al aceptar su dinero, o si debían cortar la relación comercial del banco con él, sino cómo proteger lo más rápidamente posible las cuentas secretas de su cliente de las investigaciones que se avecinaban.

A las 2:51 de la tarde de Londres, poco más de diez minutos después de la conversación telefónica de Homem con Rukavina, tuvo lugar otra conversación entre Londres y Suiza. Esta vez, Bevan y Homem habían llamado a Thomas Salmon, un alto ejecutivo de Confidas, una compañía suiza de Citibank.

—"Hola, Tom. Estoy acá con Pedro Homem. Te habla Sarah Bevan de Citibank, Londres."

—"Hola, Tom", se acercó Homem al micrófono y amplificador telefónico sobre el escritorio. "Hablé con ambos, con Amy y con Rukavina."

—"Aha...".

Homem explicó que, en su conversación con Rukavina, ambos se habían preguntado qué hacer con los millones de Raúl Salinas en Londres. Rukavina había preguntado "con qué nivel de privacidad y confidencialidad podemos contar" para esas cuentas. "Así que su pregunta es ¿deberíamos acaso, emmmm.... mudar las cuentas a Suiza, o sería mejor, emmm... dejarlas en Londres?"

Salmon repitió la pregunta como para asegurarse de que la había entendido correctamente.

—"O sea, la pregunta de Rukavina en realidad es, desde el punto de vista de la privacidad, si deberíamos moverla de Londres a Suiza".

—"Así es".

—"No creo que si movemos la cuenta de Londres a Suiza, Londres va a poder destruir sus registros", respondió Salmon.

Bevan estaba de acuerdo. "Así es. Uno podría ver los giros bancarios."

Las conclusiones del Subcomité

Cuatro años más tarde, y basándose en ese comentario de Rukavina surgido en las grabaciones telefónicas, el Subcomité de Investigaciones del Senado norteamericano público un extenso informe condenando las actividades de Citibank. En su informe final, el Subcomité puso el acento en que las cintas grabadas del banco demostraban que "la reacción inicial del Departamento de Banca Privada [de Citibank] ante el arresto de Salinas no fue la de cooperar con la ley, sino la de determinar si era preferible transferir las cuentas de Salinas a Suiza para dificultar el descubrimiento de sus depósitos bancarios. Esta sugerencia partió del jefe del

Departamento de Banca Privada en ese momento, Hubertus Rukavina, y fue discutida por varios de sus empleados".

Si la maniobra sugerida por Rukavina no se había realizado era porque los banqueros habían llegado a la conclusión de que la transferencia de millones de dólares de Londres a Suiza en esa fecha hubiera quedado registrada y despertaría sospechas entre los investigadores, decía el informe.

Más tarde, durante la audiencia del Senado, el senador Levin declaró que "la conclusión a la que he llegado después de oír esta conversación es que los directivos del Citibank no estaban discutiendo si era o no correcto [mantener en el banco los fondos de Salinas] sino, más bien, si eso era factible. Y que abandonaron la idea de transferir los fondos de Londres a Suiza cuando se dieron cuenta de que no se podían borrar las huellas de una transferencia".

Hablando con "Dios"

A las 11:30 de esa misma mañana en Nueva York, Elliott recibió la visita de la abogada López Bird en su oficina. Tanto en Londres como en Suiza, los colegas de Elliott estaban esperando ansiosamente noticias de la reunión, que también podría afectarlos a ellos. ¿Qué diría la experta legal sobre el asunto Salinas? Tal como lo recuerda un ex banquero del Citibank que trabajaba cerca de Elliott, "estábamos todos nerviosísimos. Jamás habíamos pasado por una situación así". Según las grabaciones telefónicas, Bevan, desde Londres, le comentó a uno de sus colegas en esos momentos: "Amy está bien... Está hablando con todo el mundo, incluido 'Dios', emmm..., y en este momento está también hablando con los abogados".

Un consejo: "Pierde los documentos"

Todo el piso 17 del rascacielos Citibank en Nueva York era un hervidero de especulaciones sobre lo que ocurriría en las próximas horas. Por supuesto, existía la posibilidad de que Raúl Salinas fuera declarado inocente de los cargos de asesinato, y que sus cuentas secretas en el extranjero nunca fueran investigadas. Pero, a juzgar por las noticias de prensa, lo más factible era lo contrario: que recién estuviera comenzando un escándalo político-financiero que adquiriría gigantescas proporciones una vez que salieran a la luz detalles de la fortuna del hermano del ex presidente.

Las noticias provenientes de México parecían más alarmantes cada minuto. Los periodistas se referían al arresto como un hecho sin precedente en la historia mexicana. Por primera vez, un miembro de la elite política de ese país había sido arrestado por un crimen. Hasta entonces, había regido un código de honor tácito entre los jerarcas del Partido Revolucionario Institucional (PRI), que gobernaba a México desde hacía más de seis décadas: la clase dirigente nunca lavaba sus trapitos al sol, sino que dirimía sus cuentas internamente, en secreto. Pero ahora, el presidente Ernesto Zedillo, el sucesor de Carlos Salinas, había roto el pacto de honor, ordenando el arresto de nada menos que el hermano del ex presidente.

Mientras Elliott discutía su situación con la abogada del Citibank en su despacho en Nueva York, en México tenía lugar una disputa pública entre los líderes de la elite gobernante como jamás se había visto. El ex presidente Salinas, que acababa de regresar de una gira mundial para promover su candidatura a presidente de la Organización Mundial de Comercio, había estallado al enterarse del arresto de su hermano. Ante las cámaras de televisión, dijo que se estaba cometiendo una tremenda injusticia contra su hermano. Tras sus palabras, los mercados bursátiles empezaron a agitarse. La estabilidad de México, que durante décadas había dependido de la unidad monolitica del partido gobernante, parecía estar en peligro. Había crecientes temores en Wall Street de que si los miembros del PRI empezaban ahora a ventilar públicamente sus disputas, podían producirse no sólo episodios de violencia política, sino también una huida masiva de capitales.

Finalizada su reunión con la abogada, Elliott se topó en uno de los corredores del piso 17 con Alberto Misan, el brasileño nacido en Egipto que dirigía el Departamento de Banca Privada de Citibank en México. Técnicamente, Misan era el jefe de Elliott. Sin embargo, Misan había sido apartado de entrada de todo lo relacionado con la cuenta de Raúl Salinas, que se manejaba exclusivamente desde Nueva York. Al aceptar su cargo, sus superiores le habían dicho que existían ciertas cuentas mexicanas "delicadas" que él no supervisaría, porque ya estaban siendo manejadas por otros funcionarios del banco.

Misan, que para entonces ya estaba enterado de las posibles dificultades legales que podrían derivar de la cuenta de Salinas, le preguntó a Elliott qué novedades había. Elliott se encogió de hombros, y tras comentarle las últimas noticias, le preguntó qué haría él en su lugar. "Pierde los documentos...", le contesto Misan, refiriéndose a los documentos del expediente de Raúl Salinas que pudieran comprometerla en caso de una investigación.

La nueva biografía de Raúl Salinas

Elliott no hizo desaparecer los documentos. Pero dos días después de su reunión con la abogada López Bird, se produjo un milagro en los archivos confidenciales de Citibank. El formulario "Perfil del Cliente" de la carpeta de Raúl Salinas, que había permanecido en blanco desde que éste había abierto su cuenta hacía tres años, apareció de pronto —como por arte de magia— completado.

Ahora, el formulario contenía dos párrafos breves, escritos en una computadora del banco a las 9:34 de la mañana del 3 de marzo de 1995. El texto decía así: "El señor Salinas es un ingeniero civil, quien durante la mayor parte de su vida adulta se desempeñó en el área de la construcción. Ha trabajado con Carlos Hank, un cliente del banco desde hace mucho tiempo, quien nos lo presentó para varios proyectos. Su padre [de Raúl Salinas] es un ex ministro del país y su hermano el presidente". Si bien la memoria del sistema de computación del banco no le permitiría a Elliott aducir que había llenado el formulario hacía tres años, por lo menos ya no estaba en blanco.

Más abajo se leía una postdata: "Nota: El señor Salinas fue arrestado en México el 28 de febrero de 1995, y se lo acusa de ser el autor intelectual del asesinato de su ex cuñado, José Francisco Ruiz Massieu, muerto a tiros en Ciudad de México en septiembre de 1994".

Horas más tarde, a las 13:39 del mediodia, según la memoria de su computadora, Elliott volvió a re-escribir el formulario. El agregado decía que Raúl Salinas tenía "48 años, y es un miembro de la elite política y social de México. Se sabe que hasta fines de 1992 fue propietario, junto a su hermano Enrique, de una empresa de construcción".

Lo que el "Perfil del Cliente" no decía era que Elliott nunca había preguntado el nombre de dicha empresa, o si en verdad existía o había sido vendida. Y tampoco decía que antes de que Raúl Salinas abriera su cuenta en Citibank, la prensa mexicana ya había sugerido que el hermano mayor del presidente estaba haciendo una cuantiosa fortuna haciendo uso del tráfico de influencias. No por nada sus críticos en círculos de negocios llamaban a Raúl Salinas "Mister ten percent", o "Señor Diez Por ciento", en alusión a su supuesta demanda de cobrar un diez por ciento de cada negocio en el que participaba, aunque fuera tangencialmente. Sin embargo, Elliott diría luego a Ponce y los investigadores norteamericanos que nunca se había enterado de los rumores de corrupción sobre su cliente. Según la banquera: "La primera vez que me enteré de algo negativo sobre Raúl Salinas fue en febrero del 95", el día de su arresto.

Raúl tenía historia

¿Es posible que Citibank —el mayor banco extranjero en México desde 1929— no se hubiera enterado de las historias que circulaban en México sobre Raúl Salinas? ¿Y podía Elliott, que viajaba a México una vez por mes, no haber escuchado los rumores sobre el hermano del presidente, que eran un tema de conversación frecuente en los cócteles sociales de la capital mexicana? A juicio de los investigadores mexicanos, la banquera sólo podía no haberse enterado haciendo oídos sordos.

Aun antes de 1992, el año en que Raúl Salinas abrió su cuenta en Citibank, los periódicos más importantes de México habían empezado a cuestionar la integridad moral del hermano del presidente. El 12 de junio de 1991, *Excelsior* —el periódico más influyente de aquella época— había publicado una columna entera sobre un rumor que corría en el ambiente hípico, de que Raúl Salinas y su hermano menor Enrique estaban por cerrar un negocio sumamente cuestionable. Según el artículo, los dos hermanos estaban por adquirir un 50 por ciento del hipódromo más grande del país. El artículo causó un escándalo, que resultó en el despido de su autora, Manu Dornbierer. El 29 de julio de 1991, *Proceso*, la revista política de mayor circulación en México, hacía público un artículo detallado sobre el incidente. Empezaba diciendo que "Una acusación contra Raúl y Enrique Salinas de Gortari, hermanos del presidente de la república... ha causado la partida de Manu Dornbierer".

A mediados de 1992, los rumores sobre la corrupción de Raúl Salinas habían llegado a la prensa norteamericana. El 16 de agosto de 1992, el escritor Jorge Castañeda había escrito una columna en *Los Angeles Times*, diciendo: "¿Podría Raúl, el hermano de Carlos Salinas, resistir una investigación detallada de sus récords financieros, en vez de ser éstos un mero tema de chismes y ataques de columnistas sensacionalistas?". A partir de entonces, las historias empezaron a multiplicarse. Entre otras, hubo columnas de prensa señalando que el hermano del presidente, junto con algunos políticos bien conectados, habían tratado de forzar a un terrateniente a vender a un precio irrisorio sus tierras en el norteño estado de Tamaulipas.

También el gobierno norteamericano tenía a Raúl Salinas en la mira en el año en que Citibank aceptaba a Raúl Salinas como cliente, según un memorando cuya copia llegó a mis manos tiempo después. Un memo de la DEA al procurador general de México fechado el 17 de noviembre de 1995 señalaba que ya en 1988, "una fuente [nos] había informado que [Raúl] Salinas estaba involucrado en el asesinato de un candidato del PRD (Partido de la Revolución Democrática) durante la campaña de su hermano". El memo, firmado por Mike Vigil, en ese entonces asignado a la embajada norteamericana en México, seguía diciendo que en 1992 la agencia norteamericana antinarcóticos había sido informada por otra fuente de que "[Raúl] Salinas estaba involucrado en el tráfico de drogas y era personalmente un consumidor de cocaína".

Poco después de que la DEA empezara a interesarse por Raúl Salinas, el FBI también empezó a seguirle las huellas. Si eran ciertos los rumores de que el hermano de un presidente mexicano estaba involucrado en el tráfico de drogas, significaba que el narcotráfico en México llegaba hasta las más altas esferas del poder. Se trataba de una amenaza a la seguridad nacional de Estados Unidos que el FBI no podía dejar de investigar.

"Al principio, había gran entusiasmo por la investigación", recuerda Stanley A. Pimentel, el jefe del equipo del FBI en la embajada de Estados Unidos en México entre 1991 y 1996. "Hubo incluso discusiones entre las varias agencias (en Washington, D.C.) sobre quién estaría a cargo de la investigación: si la DEA, el FBI, o el fiscal de Nueva York. Todos queríamos una parte de la acción".

Al final, se decidió que sería el fiscal de Nueva York, con la colaboración de las otras dos agencias, quien llevaría adelante el caso. Según Pimentel y otros funcionarios bien informados, la DEA destinó por lo menos un agente de tiempo completo en México a la investigación de Raúl Salinas, y el FBI uno de medio tiempo. Por otro lado, media docena de agentes trabajaban en el caso en Washington D.C. y Nueva York, y en 1995 la pesquisa avanzaba viento en popa.

Elliott: Salinas era un héroe

Cuando se le preguntó a Elliott años más tarde en las audiencias del Senado cómo podía ser que nunca hubiera escuchado sobre los rumores de corrupción de Raúl Salinas durante sus frecuentes viajes a México en 1992 y 1993, la banquera se defendió citando el "contexto" histórico en que habían ocurrido los hechos. "El presidente Salinas era un héroe tanto en su país como el exterior", dijo Elliott. "En 1992, cuando lo acepté como cliente del banco, no existían cuestionamientos ni sobre la integridad moral de Raúl Salinas ni sobre la de su familia."

Es cierto que, en ese momento, los informes negativos sobre Raúl Salinas estaban siendo manejados en niveles intermedios, y aún no habían alcanzado las altas esferas del gobierno norteamericano. El presidente Salinas aun era considerado un héroe en Washington. Era el artífice del salto de México de un país tercermundista atrasado a una economía pujante de libre mercado. Y se perfilaba como un posible socio en la creación de un Tratado de Libre Comercio de América del Norte. El mismo presidente Clinton había proclamado a los cuatro vientos su "enorme admiración por el presidente Salinas, y lo que está haciendo". Incluso, había llegado a llamarlo "uno de los reformadores económicos más importantes del mundo". La revista *Time*, señalando que Salinas estaba "revirtiendo la historia de México", lo escogió como "El Hombre en la Noticia de América Latina" en 1993. En las altas esferas del gobierno y los círculos de negocios de Estados Unidos había un enamoramiento abierto con el joven presidente mexicano graduado de Harvard, y con cualquier mexicano que estuviera relacionado con él.

En ese momento, la administración Clinton y el gobierno de Salinas estaban aunando fuerzas para lograr que el Congreso norteamericano aprobara el tratado de libre comercio. El clima político no estaba como para que la embajada norteamericana de México se arriesgara a enviar un memorándum a Washington advirtiendo que el hermano del presidente podía ser un delincuente, a menos que tuvieran pruebas sumamente sólidas. Eso explicaría que las investigaciones que se estaban llevando a cabo en la embajada ni siquiera llegaran a Bernard Aronson, el jefe de Asuntos de América Latina del Departamento de Estado. "Nunca supe siquiera su nombre", me dijo Aronson, que estuvo en su cargo desde febrero de 1989 hasta julio de 1993. "Eso no significa que alguna otra agencia del gobierno norteamericano no lo supiera... Pero si lo sabían, nunca me lo mencionaron."

Sin embargo, aunque los principales funcionarios del Departamento de Estado y sus pares en el mundo corporativo en Nueva York no estuvieran al tanto de las sospechas que circulaban sobre Raúl Salinas, sus subordinados en México o que visitaban periódicamente el país difícilmente pudieran desconocerlas. Hacia 1993, los artículos de prensa que planteaban serias dudas sobre el hermano del presidente mexicano eran cada vez más frecuentes en la prensa mexicana.

Una cuenta "super lucrativa"

Quizás Elliott no vio nada porque estaba mareada con el éxito. Raúl Salinas no sólo le había significado un pasaporte de lujo a las más altas esferas del poder en México, sino que sus millonarios depósitos en Nueva York, Londres y Suiza le estaban garantizando a la banquera un meteórico ascenso dentro de Citibank. En un memo interno del 93, mientras aumentaban las transferencias que Raúl Salinas hacía desde México, Elliott le decía a un colega del banco en Suiza con evidente euforia que "esta cuenta está resultando ser super lucrativa para todos. Muchas gracias por hacerme quedar bien".

Como todos sus colegas dedicados al exclusivo nicho de la banca privada, Elliott se había hecho consejera personal y amiga de su cliente y su esposa. En este caso, se trataba de la tercera esposa de Raúl Salinas, Paulina Castañón. Luego de que su cliente Hank Rohn trajera a Raúl Salinas a su oficina para discutir la posibilidad de abrirle una cuenta bancaria en 1992, la banquera se había ganado cada vez más la confianza del hermano del presidente. En un principio, Elliott le había explicado que ella podía crearle sociedades anónimas en paraísos fiscales que no sólo garantizaban absoluta confidecialidad, sino también un ingreso nada despreciable, y lo había puesto en contacto con la sucursal de Citibank en Suiza. Algunas semanas después, el 1º de junio de 1992, Raúl Salinas había visitado las oficinas de Citibank en Ginebra y se había entrevistado con un colega de Elliott. El hermano del presidente tenía varias preguntas. ¿Podía Citibank crearle una compañía en las Islas Caimán, que apareciera en los libros como propietaria de su cabaña de un millón de dólares de Aspen, Colorado? ¿Y de su yate de 80 pies? No hay problema, fue la respuesta.

En octubre de 1992, Elliot y Raúl Salinas se habían reunido en Ciudad de México para planear cómo hacer los giros bancarios a Citibank. Luego, en abril de 1993, ambos se habían vuelto a reunir en La Jolla, California, para ver juntos una mansión que Raúl Salinas quería comprar. Un mes después, en mayo de 1993, la banquera visitó a Raúl Salinas y Paulina en dos ocasiones en su residencia de Ciudad de México, para ver cómo andaba todo. "Ella paraba en el hotel Camino Real, y nunca pasaba por la oficina del Citibank en México", me señaló un ex banquero de Citibank que trabajaba cerca de Elliott. "La idea era manejarnos con absoluta discreción y tener el menor contacto posible con nuestra gente en México."

Para entonces, Elliott había establecido una relación de confianza con los Salinas. La pareja estaba encantada con sus servicios, y a medida que aumentaba la relación comercial lo mismo ocurría con la personal. Cada vez que la pareja viajaba a Nueva York, la banquera del Citibank los invitaba a cenar, les conseguía boletos para ir al teatro, o le recomendaba a Paulina las mejores tiendas. Y Elliott sabía lo que era bueno: ya fuera en materia de restaurantes —Le Cirque, en Manhattan, era uno de sus favoritos— o en materia de autos deportivos, siempre estaba al tanto de las últimas novedades. Y siempre tenía alguna historia interesante que contar. Su hobby más reciente era el automovilismo: había tomado un curso de carreras de automóviles en la célebre Skip Barber Racing School de Connecticut, dirigida por el célebre ex campeón de Fórmula 1, que también ofrecía cursos de manejo para ejecutivos que incluían técnicas de evasión de secuestros.

La oficina de Elliott estaba siempre dispuesta a ayudar a sus mejores clientes, hasta para las tareas más rutinarias. El 31 de agosto de 1994, Citibank le consiguió a Raúl Salinas y a su hija boletos para el torneo de tenis U.S. Open, e incluso les envió un asistente de Elliott para acompañarlos durante el evento, según memos internos del banco. "Nos mantenemos en contacto permanente con nuestros clientes", había explicado Elliott en una declaración jurada relacionada con otro caso, explicando el trabajo de quienes estaban en la banca privada. "Vamos a sus casas... visitamos a sus familias... a sus empresas... nos acordamos de sus cumpleaños". Elliott se había hecho tan amiga de los Salinas que nadie en Citibank se sorprendió demasiado cuando el mismo ex presidente Carlos Salinas se presentó en Nueva York el 15 de enero de 1995 para pedir que el banco le abriera una cuenta a él mismo. Al poco tiempo, el ex presidente ya tenía su cuenta en el banco.*

Había sido una relación comercial provechosa, divertida y es-

---

* Según fuentes bien informadas del Senado norteamericano, la cuenta de Carlos Salinas sólo ascendió a 20.000 dólares. Al parecer, como la cuenta fue abierta apenas un mes después de estallar el escándalo de su hermano Raúl, nunca se sabrá cuánto dinero el ex mandatario tenía intenciones de depositar en Citibank.

timulante para la banquera neoyorquina hasta el día en que Raúl Salinas fue arrestado, y Ponce junto con otros investigadores mexicanos empezaran a investigar el origen de su cuantiosa fortuna.

Los nombres ficticios

Las cuentas secretas de Raúl Salinas en el extranjero fueron halladas gracias al descubrimiento de uno de los nombres ficticios que el hermano del presidente utilizaba para esconder su fortuna. En un principio, dado que el nombre de Raúl Salinas no aparecía en ninguna de sus cuentas del Citibank, existían pocas posibilidades de que los gobiernos de México o Estados Unidos pudieran encontrar sus cuentas en el exterior. El banco había enviado la mayor parte del dinero a una compañía del Cititrust y las Islas Caimán llamada Trocca Ltd., cuyo directorio estaba integrado por otras tres compañías de ultramar del Cititrust. El nombre de Raúl Salinas no figuraba ni siquiera en los registros de incorporación de Trocca Inc.

En cambio, Cititrust mantenía documentos separados en los que constaba que Raúl Salinas era el dueño de Trocca Inc., que eran guardados en las Islas Caimán y por lo tanto estaban protegidos por las leyes de secreto bancario de ese país. Citibank justificaba este tipo de arreglo diciendo que, al igual que otros grandes bancos internacionales, ofrecía este tipo de protección a sus clientes más importantes, porque necesitaban una mayor confidencialidad para protegerse de eventuales secuestros en sus países de origen.

Pero, como ocurre a menudo en estos casos, factores imprevistos hicieron que los investigadores mexicanos descubrieran los alias de Raúl Salinas. El hermano del presidente mexicano habría podido esconder su fortuna para siempre —y seguir jurando su más absoluta honestidad— si tras su arresto por homicidio la policía no hubiera encontrado en una de sus casas de Ciudad de México, en la calle Explanada 1230, documentos a nombre de un misterioso individuo llamado Juan Guillermo Gómez Gutiérrez.

Los investigadores mexicanos, que sospechaban que Raúl Salinas tenía conexiones con los carteles de la droga, le pidieron entonces a la DEA si conocían algún traficante llamado Gómez Gutiérrez. La DEA no encontró nada en sus archivos, pero le envió la pregunta a la agencia antidrogas suiza, que pronto encontró que

Gómez Gutiérrez era dueño de varias cuentas en bancos suizos. "En ese momento, nadie sabía quién era Gómez Gutiérrez", recuerda Ponce. "Ni los suizos ni nosotros teníamos la menor idea de que se trataba del propio Raúl Salinas."

Haciendo ver que estaban trabajando en un importante caso de narcotráfico, los investigadores mexicanos pidieron a la policía suiza que arrestara a cualquiera que viniese a reclamar el dinero de Gómez Gutiérrez. En noviembre de 1995, nueve meses después del arresto de Salinas, alguien había caído en la trampa: una mujer elegante, de mediana edad, había ido a reclamar los fondos a un banco en Ginebra. Y para sorpresa de la policía de ambos países, era nada menos que Paulina Castañón, la tercera esposa de Raúl Salinas.

Paulina había llegado al banco con un poder legal y un pasaporte falso a nombre de Gómez Gutiérrez, y había pedido retirar dinero de esa cuenta. El banquero suizo de suaves modales que la atendió buscó el nombre de Gómez Gutiérrez en su computadora. Cuando leyó en su monitor que existía un pedido internacional de captura para Gómez Gutiérrez, el banquero le pidió a Paulina que esperara un momento, porque el sistema de computación aparentemente tenía algún problema. ¿Podía Paulina regresar al día siguiente? El sistema estaba caído, le dijo el banquero. Una vez que Paulina se retiró, el banco notificó a las autoridades suizas que se había presentado alguien a reclamar el dinero de Gómez Gutiérrez. La policía suiza inmediatamente avisó a la DEA.

Al día siguiente, el 15 de noviembre de 1995, cuando Paulina llegó al banco para retirar su dinero, la estaban esperando varios policías de civil. La esposa de Raúl Salinas fue arrestada en lo que el gobierno suizo describió como parte de una investigación internacional de lavado de dinero del narcotráfico. El pasaporte de Gómez Gutiérrez que traía Paulina resultó ser falso, y la fotografía que aparecía en el mismo era la de Raúl Salinas. También la fecha de nacimiento que aparecía era la de Raúl Salinas. Solo le habían cambiado el nombre. "Recién ahí nos dimos cuenta de que Gómez Gutiérrez era Raúl Salinas", recuerda Ponce. "Hasta ese momento, ni nos lo imaginábamos."

Al parecer, Raúl Salinas le había pedido a su esposa desde su celda en México que transfiriera el dinero a otro banco antes de que la policía mexicana o la norteamericana descubrieran esos fondos. Amy Elliott, obedeciendo órdenes de sus superiores, también le había aconsejado a Paulina que transfiriera ese dinero a algún banco que no fuera norteamericano, porque los convenios de cooperación existentes entre Estados Unidos y México podían permitirles a ambos países exigir datos de las cuentas secretas de sus respectivos bancos.

Los "empresarios amigos" de Raúl

El arresto de Paulina Castañón fue una bomba noticiosa. Raúl Salinas estaba detrás de rejas con cargos de asesinato, y la noticia de su cuenta secreta en Suiza confirmaba los viejos rumores según los cuales el hermano del presidente había acumulado una fabulosa fortuna. La revelación se produjo en momentos en que el gobierno mexicano acababa de implementar drásticas medidas de austeridad, y los mexicanos estaban sufriendo el impacto de la masiva devaluación de la moneda que tuvo lugar a comienzos del sexenio de Zedillo. Y cuando los periódicos divulgaron que se habían descubierto nada menos que 120 millones de dólares en las cuentas suizas de Raúl Salinas, se produjo un justificado estallido de indignación pública. Sea cual fuere el origen del dinero —el narcotráfico o la venta de influencias— el monto era obsceno, y confirmaba una vez más la creencia popular de que la elite del PRI que gobernaba a México estaba robando a cuatro manos y escondiendo su botín en cuentas secretas en el extranjero.

¿Cómo podía Raúl Salinas, un gerente de empresa estatal cuyos ingresos totales no superaban los 190 mil dólares anuales, amasar semejante fortuna?, preguntaban los mexicanos. Y a medida que crecía la indignación popular, los investigadores seguían encontrando nuevas cuentas secretas de Raúl Salinas en Gran Bretaña, Alemania, Panamá, Curacao, Holanda y Estados Unidos.

Lozano Gracia, el procurador general de México en ese momento, me señaló en una larga entrevista para este libro varios años después que los mismos fiscales no podían salir de su asombro a medida que llegaban nuevos datos sobre la inmensa fortuna de Raúl Salinas. Cuando Lozano Gracia pidió a la Contraloría las declaraciones patrimoniales que rendía Raúl Salinas como funcionario público, las cifras le parecieron irrisorias.

"Eran declaraciones patrimoniales muy *sui generis*, porque como sus gastos no cuadraban con sus ingresos, siempre ponía que un fulano le había prestado dinero. Y cada año el fulano le prestaba más dinero: diez millones un año, veinte millones el año siguiente." Los fiscales sospechaban que la Contraloría —el órgano de gobierno encargado de fiscalizar el enriquecimiento de los funcionarios públicos— había hecho la vista gorda. Recuerda Lozano Gracia: "Al ver sus declaraciones patrimoniales, yo me decía,

235

'yo quiero tener un amigo como ése, que me presta todos los años y nunca me cobra'".

Y cuantas más cuentas en el exterior se descubrían, más se confirmaban también las sospechas históricas de que la clase gobernante de México se había enriquecido vendiendo influencias y haciendo todo tipo de negocios con empresarios amigos para beneficio mutuo, a espaldas del país. En los meses siguientes, cuando la policía suiza investigó los flujos financieros de las cuentas de Raúl Salinas, reportó a Estados Unidos y México que había encontrado enormes transferencias de dinero con algunos conocidos empresarios mexicanos.

Poco después, grandes titulares de primera plana informaban que Carlos Peralta, presidente del Grupo Iusacell de telefonía celular, había transferido 50 millones de dólares a las cuentas de Raúl Salinas; Ricardo Salinas Pliego, presidente de Televisión Azteca, había recibido 30 millones de dólares de Raúl Salinas poco antes de comprar la cadena televisiva; y Adrián Sada González, presidente del Grupo Financiero Serfin, había recibido una transferencia de 15 millones de Raúl Salinas, para una inversión conjunta. Posteriormente, las investigaciones encontraron vínculos comerciales de Raúl Salinas con Carlos Hank Rohn, el hijo del ex alcalde de Ciudad de México, quien lo había presentado a Amy Elliott en Nueva York; José Madariaga Lomelin, presidente de la Asociación de Banqueros Mexicanos, y Roberto González Barrera, presidente del Grupo Maseca, el principal productor de tortillas de México.

El caso de los Farell

Sin embargo, las revelaciones sobre los empresarios amigos de Raúl Salinas eran apenas una parte del expediente de la procuraduría general mexicana. Otra parte no salió a la luz en su momento, quizás porque políticamente era aún más explosiva.

Según un documento interno de la procuraduría, ya en 1996 la agencia mexicana estaba investigando a Arsenio Farell Campa, el hijo del zar anticorrupción del gobierno de Zedillo, Arsenio Farell Cubillas, en conexión con los negocios de Raúl Salinas. El reporte investigativo señalaba que "es necesario llevar a cabo la declaración ministerial del señor Farell Campa" porque "las investigaciones y declaraciones ministeriales practicadas a funcionarios de diversas instituciones bancarias del país" habían revelado que en 1994 Farell Campa "en diversas ocasiones se presentó en las oficinas de Casa de Cambio Tiber, portando cheques librados por la institución Banca Cremi", de la cuenta Nº 1890849-2 de ese banco. Dicha cuenta había sido abierta por Juan José González Cadena, uno de los alias utilizados por Raúl Salinas, según él mismo lo había confesado, para esconder su fortuna.

Farell Campa, un conocido abogado que era amigo personal del presidente Salinas y representaba a muchos amigos de las familia presidencial —Peralta y González Barrera, entre otros— había hecho varias transferencias al exterior desde la Casa de Cambio Tiber, por un total de más de 12 millones de dólares, según la procuraduría. Entre ellas, el 9 de julio de 1994 había llevado un cheque por el equivalente de 2.9 millones de dólares a la casa de cambio, "solicitando de Tiber la venta de divisas extranjeras, dólares de Estados Unidos, al tipo de cambio corriente en esa fecha, dando la instrucción de que esos fondos fueran transferidos al Republic National Bank of New York en Ginebra, Suiza". La Casa de Cambio Tiber, "al dar cumplimiento a las instrucciones giradas por el licenciado Arsenio Farell, transfirió esos fondos a través del MTB Bank de Nueva York", dice el reporte.

¿Y a quién fue el dinero girado por Farell? Según el informe de la procuraduría, uno de los cheques de caja que presentó Farell, y que fue endosado por él, fue transferido al Republic National Bank of New York en Suiza, a la cuenta de Bruner Enterprises Inc., de Ginebra, Suiza. Los investigadores mexicanos ya conocían esa compañía: Raúl Salinas la había nombrado entre las docenas de compañías fantasmas a la que había transferido dinero desde sus cuentas suizas.

Pero el gobierno mexicano nunca incluyó en sus informes públicos el nombre de Farell Campa, quizás por miedo a que el caso salpicara a su padre, el zar antidrogas, y produjera un nuevo escándalo político en el país. Cuando la policía suiza preguntó al gobierno mexicano quién era Farell Campa, los fiscales mexicanos le respondieron que era un conocido abogado, que compartía un bufete con su padre, que aparte de ser secretario de Estado era uno de los jerarcas más poderosos de la historia del PRI.

Farell Cubillas, quien por entonces tenía 75 años, había sido secretario de Trabajo en los gobiernos de Miguel de la Madrid y Salinas, y se había ganado la reputación de un "duro" del sistema de inteligencia como jefe de seguridad pública entre 1994 y 1996, antes de su designación ese año como secretario de la contraloría —y zar anticorrupción— del gobierno de Zedillo. A pesar de un traspié durante su juventud —había sido arrestado en 1959, bajo cargos de haber sobornado a un secretario de juzgado, y transcurrido un tiempo en la cárcel de Lecumberri con uniforme de reo—Farell había estado en el gabinete de varios presidentes, pero siempre manteniendo un perfil bajo. Era un operador político nato. No era casualidad que su casa en el barrio de Tecamachalco hubiera servido de punto de encuentro para la famosa cita secreta de Salinas y Zedillo en 1995, en momentos del arresto de Raúl Salinas, en el que el ex presidente y Zedillo supuestamente hicieron un pacto de no agresión del que pronto se olvidaron.

Luego de que la Procuraduría mexicana pidiera a Suiza información sobre la transferencia de Farell Jr. al Republic National Bank of New York de Ginebra, los suizos volvieron a algunas preguntas. Pero lo que sorprendió a los investigadores mexicanos fue que los suizos no sólo pidieron detalles sobre Farell Jr., sino también sobre Farell padre. Ponce, quien estaba a cargo de las investigaciones internacionales de la Procuraduría, me aseguró desconocer los detalles de las transferencias de Farell Jr. a Suiza, pero confirmó que "Los suizos me preguntaron sobre ambos, padre e hijo, en relación a la procedencia de sus cuentas en Suiza, que según ellos registraban movimientos de más de 10 millones de dólares". Según Ponce, se trató de una consulta formal de las autoridades suizas.

¿Por qué nunca se dio a conocer la información, cuando el gobierno de Zedillo hablaba públicamente sobre los nexos de Raúl Salinas con tantas otras figuras conocidas? ¿Había protegido Farell a su hijo? Según varios funcionarios y legisladores mexicanos, lo menos que podría haber hecho Farell, en su calidad de contralor y zar anticorrupción de México —además de autor del prólogo del libro *Corrupción y Cambio*— era retirarse voluntariamente de toda investigación relacionada con Raúl Salinas, y nombrar a un investigador independiente para el caso. Sin embargo, Farell padre no se retiró del caso. Por el contrario, trató de apropiarse del mismo lo más posible, según sus críticos.

"Era un hombre dispuesto a castigar cuando bajo las reglas del sistema político había que castigar, y dispuesto a no hacerlo cuando había intereses del sistema político de por medio", lo definió el diputado Felipe Calderón, uno de sus mayores críticos en el Congreso, en una entrevista. "Contra los Salinas nunca movió absolutamente nada. Encubrió a Raúl Salinas persistentemente."

Lozano Gracia, el procurador general de México en momentos en que se inició la investigación sobre Farell Jr., me dijo que la información "no salió porque estaba todo en proceso de investigación". En ese momento, "estábamos sujetos a una gran presión de los medios, y cualquier desliz, cualquier comentario podía ser manejado de una manera poco cuidadosa y provocar una agresión por falta de discreción. Después de mi salida a fines de 1996, no sé qué pasó", dijo. Un funcionario de la Procuraduría que trabajaba bajo las órdenes de Lozano Gracia en el caso me señaló que "nos sugirieron que bajáramos un poco la difusión de la investigación, porque en un lapso de unas pocas semanas habían salido en la prensa las informaciones sobre los cheques de Peralta y Salinas Pliego, y los mercados se estaban poniendo inquietos. No hubo una instrucción expresa, pero el mensaje era que corríamos el riesgo de provocar una fuga de capitales".

Tras la salida de Lozano Gracia y el nombramiento de Madrazo como nuevo procurador a fines de 1996, la información se mantuvo en secreto otros cuatro años, durante toda la gestión de Farell padre como contralor. El nombre de Farell Jr. recién salió a la luz en relación con las cuentas de Raúl Salinas en enero de 2001, terminado el sexenio de Zedillo, cuando la revista *Proceso* dio a conocer un documento de la policía suiza en que se lo mencionaba entre quienes habían realizado operaciones financieras con el hermano del ex presidente. Según me señaló un funcionario clave del equipo de Madrazo, el procurador general había llamado a declarar a Farell Jr., y este último "dijo que había actuado como abogado" de Raúl Salinas al realizar las transacciones financieras. Según el funcionario, Madrazo "no cerró la investigación", que había sido entregada al gobierno del presidente Vicente Fox como un caso abierto.

¿Cuál era la explicación de Farell Jr.? En una larga entrevista telefónica, el hijo del ex contralor confirmó que había hecho las transferencias a Suiza, pero según él había actuado exclusivamente como abogado, y el dinero no había ido a parar a su cuenta, ni a la de su padre. Según la historia de Farell Jr., un empresario mexicano de nombre Raúl Kathain lo había ido a ver a finales de 1994, "sabiendo que yo tenía amistad con los Salinas... y me dijo que Raúl Salinas le adeudaba unos 12 millones de dólares, y que quería iniciar un procedimiento en su contra".

El dinero había sido prestado por Kathain a Carlos Salinas "para la precampaña de 1987", señaló Farell Jr. Después de que Farell Jr., como abogado, exigiera el pago, "finalmente (Raúl Salinas) accedió a liquidarle la deuda, y se hicieron precisamente esas transferencias". ¿Y de quién era la cuenta de Bruner Enterprises?, pregunté. "Era una cuenta que se abrió estrictamente para efectos fiscales: se abrió una off-shore para que se transfirieran esos recursos" a beneficio de Kathain, me dijo Farell Jr. Entonces, ¿la familia Farell no era dueña de Bruner Enterprises?, pregunté. "No, ojalá lo fuera", contestó Farell Jr. "Créame que lo desearía con toda mi alma: son muchos millones de dólares."

Los investigadores mexicanos no creían demasiado en la explicación de Farell Jr. Según ellos, era una historia repetida: la mayoría de los socios comerciales de Raúl Salinas habían aducido, una vez descubiertas sus operaciones financieras con el hermano del ex presidente, que los pagos no eran sobornos, sino viejas deudas que se estaban pagando. Y ninguno de los investigadores había escuchado de Kathain. ¿Quién era? Ciertamente no figuraba entre los grandes empresarios mexicanos, por lo menos entre quienes tenían un alto perfil público, o entre quienes se mencionaban como suficientemente ricos como para poder disponer de semejante suma para una campaña política.

Y tampoco les sonaba demasiado verídico que un empresario mexicano le prestara de 12 millones de dólares a un político para una precampaña presidencial. ¿Desde cuándo los empresarios prestaban dinero para las campañas, en lugar de donarlo? Desde hacía mucho tiempo, el PRI pedía donaciones, no préstamos. Si los presidentes estaban tomando préstamos, esto sugeriría que prometían devolverlos del erario público, o que estaban vendiendo favores, algo tanto o más grave que los negocios privados que se estaban tratando de ocultar, decían los investigadores. "De una manera u otra, el rol de los Farell en este caso es un asunto que todavía no ha sido aclarado", me comentó uno de los procuradores de la PGR que participó en la investigación. "Veremos si se aclara durante el gobierno de Fox."

Entre 130 millones... y mil millones

En cuanto a los 130 millones de dólares reportados por las autoridades suizas, funcionarios de México y Estados Unidos a cargo de la investigación coinciden en que probablemente eran apenas una parte del botín escondido en las cuentas de Raúl Salinas. La policía suiza, en su carta rogatoria del 8 de diciembre de 2000 dada a conocer por *Proceso*, calculó que Raúl Salinas había amasado una fortuna de unos 450 millones de dólares, según ellos en su gran mayoría provenientes del narcotráfico. Según funcionarios mexicanos y de Estados Unidos, el monto podría ser aún mayor: había pistas de numerosas cuentas que se sospechaban pertenecían a Raúl Salinas en bancos internacionales, que conjuntamente sobrepasarían los 500 millones de dólares. Gran parte de estas cuentas nunca pudieron ser comprobadas, porque estaban a nombre de compañías fantasmas, y los bancos holandeses, principalmente, no habían levantado el secreto bancario sobre las mismas.

Lozano Gracia, el procurador general de México que inició la investigación, me señaló en la entrevista que calcula la fortuna total de Raúl Salinas en nada menos que mil millones de dólares. Según Lozano Gracia, un empresario estimó en una conversación entre ambos que Raúl Salinas tendría unos tres mil millones de dólares en bancos internacionales. "En una comida a la que me invitó, el empresario me dijo, 'Raúl Salinas debe tener tres mil millones de dolares'. Honestamente, creo que es una exageración. Pero que tiene mil millones, me parece que sí, que es absolutamente cierto".

Para Citibank, un dolor de cabeza

De todos modos, aunque la cifra de la fortuna de Raúl Salinas que se manejó en la prensa siguió siendo de 130 millones de dólares, la noticia se convertiría muy pronto en un gran dolor de cabeza para Citibank. En cuestión de días, se supo que gran parte de los fondos de Raúl Salinas habían sido transferidos desde México a la casa matriz del banco en Nueva York. Cuando los investigadores visitaron a Raúl Salinas en su celda pocos días después del arresto de su esposa Paulina, para interrogarlo sobre las cuentas suizas, el hermano del ex presidente confesó que Citibank le había "orquestado toda la estrategia" para depositar su dinero en cuentas secretas de ultramar. Y agregó que le había dado poderes a Citibank para manejar sus cuentas con total independencia: "Ellos tenían facultades para abrirlas [cuentas] en cualquier lado, y no requerían de mi intervención directa para hacerlo", declaró.

Horas después de su declaración, un investigador mexicano me relató que el banquero de Citibank que había manejado la cuenta de Raúl Salinas era una mujer llamada Elliott, y así lo escribí en The Miami Herald. Mientras tanto, en la casa matriz de Citibank en Nueva York, se ponía en marcha apresuradamente un proceso de control de daños.

Capítulo 11

CITIBANK DEBATE QUÉ HACER

En noviembre de 1995, cuando salió la noticia de que el dinero de Raúl Salinas había sido depositado en la casa matriz de Citibank en Nueva York, el banco no hizo comentario alguno. "Desde hace mucho tiempo, es parte de nuestra política el no hacer comentarios sobre si alguien es o no es nuestro cliente... o si se está llevando a cabo una investigación específica", dijo Susan Weeks, vocera de Citicorp. Algunos días después, cuando *The Miami Herald* citó a investigadores mexicanos diciendo que habían localizado la cuenta de Raúl Salinas en Citibank de Nueva York, otro vocero del banco, Richard Howe, reiteró que "Nuestra política fue siempre la de no discutir públicamente quién es o no es cliente del banco".

Sin embargo, dentro de la casa matriz del Citibank se estaba librando una encarnizada batalla sobre cómo lidiar con el asunto. Según funcionarios del banco presentes en las deliberaciones, el departamento de Relaciones Públicas se inclinaba por divulgar la mayor cantidad de información posible, lo antes posible. Los encargados de las relaciones con la prensa, incluidos la mayoría de los voceros del Citicorp, argumentaban en las reuniones a puertas cerradas de que "la regla número uno de las relaciones públicas es divulgarlo todo, y cuanto antes".

Según su razonamiento, si Citibank admitía inmediatamente que Raúl Salinas había abierto una cuenta en el banco y que había declarado que su dinero provenía de la venta de una empresa constructora y otras fuentes de ingreso legales, se produciría un revuelo enorme, pero pasajero. El escándalo duraría un día o dos, y luego el fuego se apagaría. Después de una semana, el Citibank podría desinflar cualquier noticia nueva, alegando que se trataba de una historia vieja y remanida. Por el contrario, guardar silencio alargaría el escándalo por mucho tiempo, y —como tarde o temprano saldrían a la luz los detalles del mismo— le haría mucho más daño al banco.

Pero los abogados del banco y los jefes del Departamento de Marketing se opusieron terminantemente a esta estrategia. Los representantes del Departamento Legal alegaban que si no se respetaba la confidencialidad de los depósitos de Raúl Salinas, éste podía iniciar un juicio contra el banco. Por otro lado, los abogados estaban preocupados por la posibidad de enfrentar al Departamento de Justicia de Estados Unidos, cuyos investigadores podían montar en cólera si el banco daba a conocer detalles que podían entorpecer su investigación. A su vez, los funcionarios del Departamento de Marketing argumentaban que divulgar detalles de la cuenta de Raúl Salinas sería desastroso para el banco: no sólo provocaría una estampida entre los clientes existentes, quienes temerían por la confidencialidad de sus cuentas, sino que también ahuyentaría a clientes potenciales.

Según fuentes de Citibank que participaron en las reuniones internas en Nueva York, se impuso la opinión de los abogados y el Departamento de Marketing. Algunos meses después, luego de una nueva tanda de artículos periodísticos que no dejaban duda sobre la existencia de la cuenta de Raúl Salinas en Citibank, el banco modificó un poco su estrategia, pero no mucho. Después de que el periódico *Reforma* divulgara en junio de 1996 los nombres de las compañías de ultramar que Citibank había creado para ocultar los fondos de Raúl Salinas, y después de que varios importantes periódicos norteamericanos dieron a conocer que el Departamento de Justicia había iniciado una investigación sobre el caso, Citibank dio a conocer un comunicado oficial señalando que "Siempre estamos alertas a posibles violaciones de las regulaciones bancarias por parte del banco o sus empleados, y en este caso creemos que no las ha habido".

Técnicamente, el comunicado de Citibank puede haber sido correcto. Las leyes bancarias norteamericanas prohibían que los bancos lavaran dinero proveniente de la droga o aceptaran fondos supuestamente provenientes de extorsión, secuestro, robo u otras prácticas corruptas. Pero estas regulaciones eran —y siguen siendo— sumamente vagas, y no estaba claro si incluían delitos de corrupción. El requisito de "Conoced a vuestro cliente" que tenían que cumplir los bancos no era demasiado específico, y podía ser implementado por cada banco a su manera. Y la declaración pública de Citibank no especificaba si, en el manejo de la cuenta de Raúl Salinas, sus reglamentos internos habían sido violados, como claramente había sido el caso. Cuando le pregunté en ese momento si el banco había violado sus reglamentos internos, Howe, el vocero de Citibank, contestó que "la política del banco" era no discutir sus reglamentos internos con la prensa. Sólo el más escéptico de los observadores pudo haber interpretado el comunicado oficial del Citibank en ese momento como cualquier otra cosa que no fuera una declaración de inocencia total.

Malas noticias en el piso 17

Pero en el piso 17 del rascacielos del Citibank, en las oficinas del departamento de banca privada, crecía la preocupación. Todo parecía indicar que Elliott, la encargada directa de la cuenta de Raúl Salinas, y su superior inmediato, Edward Montero, jefe de la Departamento de Banca Privada de América Latina, no habían hecho muchas preguntas sobre el origen del dinero al abrir la cuenta de Raúl Salinas. No sólo habían omitido llenar la casilla "Antecedentes Comerciales" en el formulario "Perfil del Cliente" al abrir la cuenta en 1992. También cabía la duda sobre si habían pasado por alto otras regulaciones internas de Citibank al no haber incluido a Raúl Salinas en la lista de "figuras públicas" a las que el banco prestaba especial atención por la posibilidad de escándalos políticos.

Las noticias periodísticas señalaban que Raúl Salinas había sido un funcionario gubernamental, y por ende una "figura pública" bajo la definición interna del banco. En efecto, a finales de los años ochenta, antes de abrir su cuenta con Citibank, Raúl Salinas había sido director de planeamiento de Conasupo, el programa de distribución de alimentos del gobierno mexicano. Y a principios de los noventa, había sido asesor de Sedesol, la agencia gubernamental de combate a la pobreza, y había seguido cobrando un sueldo como tal hasta que el presidente —alarmado por los rumores de que su hermano se estaba enriqueciendo a la sombra del poder— lo había invitado a tomarse un año sabático como becario en una universidad de California.

Asimismo, los reglamentos internos del Citibank exigían que sus funcionarios del Departamento de Banca Privada consiguieran dos referencias escritas para cada nuevo cliente. En el caso de Raúl Salinas, cuando éste había abierto su cuenta en Nueva York en 1992, Elliott se había limitado a garabatear unas líneas señalando que había sido presentado por Hank Rohn, un cliente del banco de larga data. Pero no había una referencia escrita de Hank Rohn, ni ninguna segunda referencia de otra persona. Elliott decía en su defensa que el hecho que Hank Rohn se había hecho presente en su oficina para presentarle a Raúl Salinas tenía mucho más peso que una recomendación escrita. En cuanto a la falta de una segunda referencia, Elliott explicaría que el reglamento interno permitía obviarla cuando un alto funcionario del banco diera su visto bueno. Sin embargo, los abogados del banco —y muchos en el piso 17— se preguntaban nerviosamente si estos argumentos serían aceptados por los investigadores federales.

El reglamento interno

El problema no había sido que los funcionarios del Departamento de Banca Privada del Citibank no supieran lo que tenían que hacer al abrir una nueva cuenta. Los reglamentos internos del banco eran claros. En el folleto interno denominado "Política de Aceptación de Clientes" de 1991, el Departamento de Banca Privada de América Latina del banco estipulaba que todos los funcionarios debían "realizar un frío análisis de la integridad del cliente, sus actividades comerciales y el origen de sus fondos" en "la etapa de aceptación [de la nueva cuenta] y posteriormente".

Además, los máximos ejecutivos del Departamento habían enviado sucesivos memorandos sobre la necesidad de implementar los reglamentos internos. En septiembre de 1991, varios meses antes de que Raúl Salinas hiciera su primera aparición en el banco, Montero, el jefe de Elliott, había enviado un memo a todos los empleados de su división señalando que "es de importancia crítica que sigamos manteniendo los altos standards que nos hemos impuesto sobre las reglas de 'Conoced a vuestro cliente'".

El 9 de abril de 1992, apenas un mes antes de que Raúl Salinas visitara por primera vez la oficina de Elliott, Montero había enviado otro memorando aun más explícito, para recordarles a todos que no se olvidaran de cumplir con los requisitos. "Quiero enfatizar la importancia de completar toda la documentación al comienzo de una nueva relación o [o al abrir una nueva] cuenta", escribió Montero. La segunda hoja del memo explicitaba los pasos a seguir, incluyendo la necesidad de completar un formulario con los antecedentes del cliente, y de conseguir dos referencias por escrito.

Pero aunque los jefes del Departamento de Banca Privada siguieron bombardeando a sus funcionarios con memos como éstos y otros aun más severos, los documentos internos del banco demuestran que nadie los tomaba demasiado en serio. De hecho, los mismos funcionarios de la Banca Privada de Citibank estaban recibiendo al mismo tiempo memos del Departamento de Marketing, felicitándolos por cumplir —y a veces superar— las metas anuales de depósitos. Además, los banqueros como Elliott recibían jugosos bonos de fin año cuando cumplían los objetivos comerciales que se habían fijado. "La presión para cumplir con las metas anuales era brutal, y de lejos nuestra principal preocupación", recuerda un ex colega de Elliott. La cultura imperante alimentaba la creencia de que los memorandos de la superioridad eran meras formalidades burocráticas utilizadas por los jefes para cubrirse las espaldas en la remota posibilidad de que hubiera algún problema.

Auditorías reveladoras

Varias auditorías internas del Departamento de Banca Privada de Citibank en 1995 y 1996 confirman la sospecha de que los memorandos eran rutinariamente ignorados. Una de ellas, realizada en 1996, encontró deficiencias que "hacen crecer el riesgo de exposición a maniobras de lavado de dinero". La auditoría llegó a la conclusión de que "parecería ser que la prioridad de esta unidad [del Citibank] se centraba en servir al cliente, aun cuando esto significara que se comprometieran los controles internos del banco".

En otras palabras, los funcionarios del Citibank estaban más preocupados por ayudar a sus clientes más pudientes a ocultar sus fondos que por respetar los reglamentos internos destinados a asegurar que el origen de dichos fondos fuera legítimo. Otra auditoría interna demostró que la compañías creadas por Citibank en Bahamas e Islas Caimán de Citibank —las mismas que fueron utilizadas para ocultar los fondos de Raúl Salinas— "carecían de uno o más elementos clave" de la documentación exigida por las normas de "Conoced a vuestro cliente" del banco.

Para ese entonces, el fiscal del Distrito Sur de Nueva York había ordenado a Citibank y a otros bancos norteamericanos a que le suministraran registros bancarios sobre los movimientos de los depósitos de Raúl Salinas, y había convocado a un gran jurado para el caso.

Públicamente, Citibank seguía manteniendo que no había hecho nada malo. Cuando le pregunté en marzo de 1996 por la investigación del fiscal de Nueva York y su posible impacto sobre el banco, el vocero Howe me contestó, siguiendo la línea oficial de Citibank en ese momento, que "no hemos encontrado razón para creer que hemos incurrido en ninguna práctica ilegal o falta de

246

ética". Cuando le pregunté sobre la situación de Elliott, me dijo: "Todo lo que puedo decirle es que es una empleada que goza de buen concepto". O sea, el banco era inocente, y Elliott no había sido despedida.

Estados Unidos confirma la investigación

En junio de 1996, el Departamento de Justicia confirmó oficialmente que había iniciado una investigación criminal sobre los depósitos de Raúl Salinas en Citibank y en otro bancos norteamericanos. La fiscalía del Distrito Sur de Nueva York, que llevaba el caso, era la misma que estaba investigando el caso de IBM-Banco Nación en Argentina. Los dos fiscales asignados al caso de Citibank eran Shirah Neiman, asistente de fiscal general y número dos de esa fiscalía, y Gary Stein, uno de los doscientos asistentes de fiscal del distrito.

A su vez, Citibank había contratado como abogado defensor a un peso pesado: Robert Fiske, de 66 años, que había sido una figura clave en la investigación de 1994 sobre los negocios del presidente Clinton con la Corporación Whitewater de Arkansas. Además, Fiske había sido fiscal general del Distrito Sur de Nueva York, la misma fiscalía que ahora investigaba a Citibank. O sea, Fiske estaba ahora defendiendo a un cliente en contra de quienes habían sido sus empleados. Pero Fiske no era el único ex fiscal del Distrito Sur de Nueva York contratado por Citibank o sus funcionarios en el asunto Salinas. Linda Imes, la abogada personal de Elliott, también había sido una fiscal del Distrito Sur, lo mismo que David W. Denton, uno de los miembros más importantes del staff de abogados del Citibank. "Una vez que Citibank tuvo este problema, salió a contratar a cuanto ex fiscal del Distrito Sur pudo encontrar", comentó un investigador gubernamental norteamericano que participó en el caso, y que pidió no ser identificado de ninguna otra forma. "Uno no puede dejar de sospechar que el banco esperaba lograr una mayor influencia sobre los fiscales."

El senador Levin empieza a preguntar

Hacia 1996, al mismo tiempo que el Departamento de Justicia de Estados Unidos iniciaba su caso penal contra Citibank, investigadores del Congreso comenzaban a interesarse por el escándalo de Raúl Salinas. El senador Levin, el demócrata liberal que ocupaba el segundo lugar en la jerarquía del Subcomité de Investigaciones Permanente del Senado, quería saber si los bancos norteamericanos habían aceptado demasiado a la ligera los gigantescos depósitos de funcionarios extranjeros corruptos.

El Subcomité tenía la energía y los medios como para emprender las más difíciles investigaciones. En los años cincuenta, se había hecho famoso: bajo la dirección del senador Joseph McCarthy, se había lanzado a una caza de brujas para descubrir una supuesta infiltración comunista en las altas esferas del gobierno y la industria del espectáculo. Sin embargo, en años recientes, había dejado atrás esta mancha en su historia, y había llevado a cabo valientes investigaciones sobre el crimen de cuello blanco, la seguridad cibernética y el crimen organizado. Al igual que Roach, la mayoría de los funcionarios del Subcomité eran abogados o contadores, especializados en dilucidar complejas tramas de negocios.

Al darse cuenta que el senador Levin estaba empezando a interesarse por el caso de Raúl Salinas, Roach le había pedido que autorizara una investigación del Subcomité. Levin había mostrado interés en el tema después de leer en *The Wall Street Journal* que una funcionaria del Citibank llamada Amy Elliott estaba siendo interrogada por investigadores norteamericanos, suizos y mexicanos en Nueva York. Según se deducía de los informes de prensa, Elliott había admitido que nunca se había preocupado demasiado por el origen de los fondos del hermano del ex presidente mexicano. Poco después, Levin había leído un artículo de primera plana sobre el caso en *The New York Times*, titulado: "Un hombre influyente, y cómo se movían sus millones".

Hacia 1997, el caso de Raúl Salinas había adquirido aun más notoriedad, cuando comenzaron a salir informes sobre la posible relación del hermano del presidente y los carteles de la droga. Las autoridades suizas habían congelado sus cuentas en ese país, alegando que contenían más de 250 millones de dólares procedentes del narcotráfico. Suiza había iniciado lo que denominaba la mayor investigación de su historia sobre lavado de dinero del narcotráfico. Al parecer, los suizos se habían tomado en serio las alegaciones de que los depósitos de Raúl Salinas provenían no sólo del tráfico de influencias, sino también del narcotráfico.

A principios de 1997, *The Miami Herald* reveló que Carla del Ponte, la fiscal general suiza, había enviado a su colega mexicano Jorge Madrazo una carta confidencial informándole que Raúl Salinas había "recibido enormes sumas de dinero por su ayuda en el negocio del tráfico de drogas". Las autoridades suizas citaban las declaraciones de unos quince testigos, incluyendo a un prisionero por tráfico de drogas, que según decía la carta aseguraba que "trabajó varios años para [Raúl] Salinas y [el capo del cartel del Golfo] Juan García Abrego".

Como el senador Levin en ese momento todavía no era un miembro encumbrado del Subcomité, no tenía autoridad para ordenar el inicio de una investigación. Sus ayudantes sugirieron hacer una petición a los demócratas de más alto rango en el Subcomité. Acto seguido, Roach le envió una carta al senador John Glenn, el ex astronauta y demócrata de más alto rango del Subcomité, pidiéndole autorización para iniciar una investigación sobre "prácticas de la banca privada" norteamericana. A Glenn le gustó la idea. El 28 de febrero de 1998, casi tres años después del arresto de Raúl Salinas, solicitó que la Contaduría General del Congreso, el brazo investigador del poder legislativo, hiciera una investigación preliminar sobre el caso Citibank-Raúl Salinas.

Confesiones internas

Mientras Citibank seguía aduciendo públicamente su inocencia, su presidente John Reed había empezado a admitir privadamente dentro del banco que era necesario hacer algunos cambios. En una carta confidencial al consejo directivo de Citibank, escrita meses después de que la prensa informara sobre las presunciones de los fiscales suizos de que Raúl Salinas había recibido "enormes sumas de dinero" del narcotráfico, Reed escribió que "me he pasado el día siendo entrevistado por el Departamento de Justicia por el caso Salinas. Desde el punto de vista legal, creo que no tenemos nada que temer. Sin embargo, estoy más convencido que nunca de que tenemos que repensar y replantearnos el tema de la banca privada".

Las condiciones habían cambiado, señalaba Reed en su carta. "Vivimos en un mundo donde tenemos que preocuparnos sobre cómo y dónde la gente hizo su fortuna, lo que antes no era un tema de importancia." Reed agregaba que: "Estamos viviendo en un clima [mundial] en que mucho de lo que hemos hecho para asegurar la confidencialidad de la banca privada es 'inadecuado'".

Congreso: El Citibank ayudó

A principios de 1998, mientras la Contaduría General del Congreso empezaba a seguir la pista del dinero de Salinas, los suizos sacaban las primeras conclusiones de su investigación. En septiembre de ese año, *The New York Times* reveló que un informe de 369 páginas de la policía suiza había concluido que "Raúl Salinas de Gortari asumió el control de prácticamente todos los cargamentos de drogas que pasaban por México", después del inicio de la presidencia de su hermano. Si bien esta aseveración parecía un tanto exagerada, causó alarma dentro del Congreso norteamericano. Cuatro semanas después, el 20 de octubre de 1998, el gobierno suizo anunció que había congelado más de 90 millones de dólares de las cuentas de Raúl Salinas en ese país. Según el comunicado suizo, la investigación policial había demostrado que dichos fondos habían sido entregados a Raúl Salinas por narcotraficantes a cambio de protección oficial para sus actividades delictivas.

Días después, el 30 de octubre de 1998, la Contaduría General del Congreso norteamericano dio a conocer su informe. Decía que Raúl Salinas había girado casi 100 millones de dólares a través de Citibank, Nueva York, y que "las acciones de Citibank ayudaron al señor Salinas a... disimular eficientemente tanto el origen como el destino de los fondos". El dinero había ido de Ciudad de México a "una cuenta de concentración de fondos" del banco en Nueva York —que juntaba fondos de varios depositantes—, y de allí había sido girado a las corporaciones off-shore de Trocca Ltd., la compañía del Cititrust en las Islas Caimán, cuyo directorio estaba constituido por otras tres compañías fantasmas del Cititrust. Gracias a esta intrincada ingeniería financiera, el nombre de Raúl Salinas no aparecía en ninguna escala del itinerario del dinero.

Poco tiempo después, cuando el senador Glenn se jubiló con bombos y platillos tras su último viaje espacial a los 77 años, el senador Levin ocupó su lugar como vicepresidente del Subcomité de Investigaciones, y las cosas se aceleraron. Levin, que ya estaba interesado en el caso, "se interesó aun más después de la publicación del informe de la Contaduría General", recuerda Roach. "Nos pidió que dedicáramos el mayor tiempo posible al tema de la banca privada. De manera que a comienzos de 1999, comenzamos la investigación". Con la bendición del senador Levin, Roach se dedicó tiempo completo a esa investigación.

El informe del Senado

En noviembre de 1999, diez meses y casi un centenar de entrevistas más tarde, el Subcomité del Investigaciones del Senado dio a conocer sus conclusiones en audiencias públicas sobre la banca privada. La investigación no había sido fácil. Aunque Citibank había suministrado los documentos internos requeridos por el Subcomité, lo había hecho poniendo numerosos obstáculos en el camino y a veces reteniendo información hasta último momento, según investigadores legislativos y documentos internos que no habían salido a la luz hasta ahora. Los informes sugieren que a lo largo de todo el proceso, Citibank había tratado de cancelar o cambiar la naturaleza de las audiencias parlamentarias.

Citibank había contratado nada menos que a Boyden Gray, abogado de la Casa Blanca durante el gobierno de Bush y ahora miembro del prominente estudio de abogados Wilmer, Cutler & Pickering, para tratar de poner límites a la investigación del Senado, según los informes. En una carta dirigida a los senadores Susan M. Collins y Levin, los líderes del Subcomité de Investigaciones, y fechada el 29 de octubre de 1999, apenas diez días antes de las audiencias del Senado sobre la banca privada, Gray señaló que estaba "escribiendo en nombre de Citigroup para plantear un serio problema sobre la jurisdicción del Subcomité" para realizar audiencias públicas.

La carta de Gray señalaba que la jurisdicción del Subcomité se limitaba a "aspectos criminales e ilegales dentro de los Estados Unidos", y que las alegaciones de corrupción por parte de figuras públicas extranjeras no cabían dentro de esa categoría. "A pesar de que Citigroup está totalmente de acuerdo en que la corrupción es algo inmoral, con implicaciones para la política exterior de Estados Unidos y el rol de los bancos en la economía mundial... creemos que todas estas cuestiones deberían ser tratadas por el Comité de la Banca, Vivienda y Asuntos Urbanos del Senado".

Cuando la carta llegó al Subcomité, sus miembros se rieron, recuerda un testigo. Tanto jefes como subordinados llegaron a la conclusión de que la carta era un esfuerzo por desviar las audiencias y limitar su alcance. Cuando el Subcomité le informó a Citibank que no suspendería sus audiencias, Boyden envió otra carta solicitando que no se llamara a declarar a Reed, el presidente del banco. La petición también fue denegada. Reed se vería obligado a dar la cara.

Comienzan las audiencias

Las audiencias comenzaron puntualmente en la mañana del 9 de noviembre de 1999. El senador Levin estaba sentado en el podio junto con Collins, la senadora republicana que presidía el

251

Subcomité. Detrás de ellos, contra la pared, se encontraban sus asesores respectivos, incluyendo Roach y Bean, los ayudantes de Levin que habían llevado a cabo la mayor parte del trabajo. En la audiencia estaban los funcionarios del Citibank y nosotros, los periodistas. Desde la segunda fila, Elliott —vestida con un elegante traje oscuro— seguía con todos sus sentidos las palabras del senador. Estaba sentada con sus abogados personales y Misan, el colega-jefe que le había sugerido perder el expediente de Raúl Salinas.

El senador Levin comenzó la sesión leyendo las conclusiones de la investigación de sus colaboradores. Dirigiéndose a la numerosa audiencia —reunida en la misma sala en que el senador McCarthy había llevado a cabo su persecución anticomunista décadas atrás, según recalcaban privadamente algunos funcionarios de Citigroup a los periodistas presentes—, Levin dijo que la investigación había confirmado sus peores sospechas: que a pesar de tener procedimientos internos para evitar la aceptación de dinero sucio, Citibank había prestado sus servicios "a una colección de malhechores".

La senadora Collins estuvo de acuerdo con su colega demócrata: "Uno de los aspectos más asombrosos de la investigación del Subcomité es que Citibank cuenta con un gran número de procedimientos, reglamentos y procesos destinados a evitar este tipo de problemas", dijo. "Y, sin embargo, lo que pareció prevalecer fue una atmósfera de incumplimiento de las regulaciones."

Citando a un funcionario de banca privada que había prestado testimonio ante ella, Collins recalcó que en Citibank reinaba una atmósfera de "no preguntes nada, no digas nada". "A mi juicio, lo que prevalece en muchas de estas situaciones es una política de ignorancia deliberada, de no querer hacer las preguntas difíciles, por miedo a que se pierda el negocio", comentó la senadora.

No había duda de que los bancos se exponían a perder negocios fabulosos si hacían las preguntas pertinentes. De acuerdo a la investigación del Subcomité, los bancos norteamericanos conseguían "inmensas ganancias" de las cuentas privadas de sus clientes más adinerados. Ese sector de la industria bancaria dejaba utilidades de hasta un 25% anual, decía el informe del Subcomité. Y, según los expertos, los bancos internacionales estaban compitiendo entre sí por captar unos 15,5 trillones de dólares en manos de las familias más acaudaladas del planeta. De hecho, la banca privada se estaba convirtiendo en el sector de mayor crecimiento dentro la industria bancaria.

Instituciones como el Bank of America, Bank of New York,

Bankers Trust, Chase Manhattan, J.P. Morgan y Citibank estaban compitiendo agresivamente con los paraísos bancarios suizos y caribeños para atraer dichos fondos. Tan sólo el Departamento de Banca Privada de Citibank tenía 40 mil clientes, y manejaba unos 100 mil millones de dólares, según había revelado la investigación del Subcomité.

El problema radicaba en que los barones de la droga, los delincuentes internacionales y los políticos corruptos se estaban aprovechando cada vez más de los servicios personalizados de la banca privada para lavar su dinero, siguió diciendo el senador Levin. A diferencia de una relación bancaria normal, donde se le ofrece al cliente una lista de servicios existentes, los funcionarios de banca privada actuaban como representantes de sus clientes, y creaban para ellos cuentas off shore y otros mecanismos hechos a medida para proteger la confidencialidad de sus clientes.

"Estados Unidos no puede jugar a dos puntas", terminó diciendo Levin. "No podemos condenar la corrupción internacional, ya sea de funcionarios que aceptan sobornos o dilapidan el Tesoro de sus países, y luego tolerar que los bancos americanos amasen fortunas gracias a esa corrupción".

Si el gobierno norteamericano tenía intenciones serias de combatir el tráfico de drogas y la corrupción así como de ayudar a los demás países a reconstruir sus economías, siguió diciendo el senador, había llegado el momento de actuar. "Nuestros bancos no deberían ser instrumentos para canalizar y proteger dinero sucio", señaló Levin al comenzar las audiencias.

Momentos más tarde, se presentó en la sala Reed, el poderoso presidente de Citigroup, quien los investigadores sospechaban era el "Dios" al que se había referido Elliott en sus conversaciones telefónicas con sus colegas londinenses. En las horas siguientes, el Subcomité bombardearía a Elliott, Misan y al propio Reed con preguntas sobre cómo explicaban el no haber hecho más por averiguar el origen de la fabulosa fortuna de Raúl Salinas, y quién era el encumbrado "Dios" del Citibank que según las grabaciones telefónicas había dado su visto bueno al manejo de la cuenta. Para quienes estábamos en la audiencia, el interrogatorio de los banqueros tuvo los elementos dramáticos de una escena de película.

Capítulo 12

LAS "CUENTAS POLÍTICAS"

Raúl Salinas era sólo una de las 350 "cuentas políticas" de alta sensibilidad que había entre los 40 mil clientes del Departamento de Banca Privada de Citibank. Dichas cuentas pertenecían a presidentes en ejercicio, ministros y ex funcionarios de gobierno de América Latina, Asia y África, y habían sido clasificadas así por el banco para ser observadas con especial atención. Se trataba de un club exclusivo, que no incluía a los parientes, amigos, ni testaferros de los todopoderosos. Si se hubieran incluido a estos últimos, el número de "cuentas políticas" alcanzaría a varios millares, según los investigadores parlamentarios y federales que rastrearon las operaciones de Banca Privada de Citibank.

Para abrir una cuenta de Banca Privada, era necesario depositar por lo menos un millón de dólares —a fines de los noventa, el mínimo aumentó a 3 millones de dólares— y tener un perfil de cliente que prometía mayores depósitos en el futuro. Una vez abierta la cuenta, el banco le asignaba al cliente un funcionario del Departamento de Banca Privada que se conocía dentro de Citibank como el "encargado de la relación", quien hacía las veces de contacto y asesor general. Estos funcionarios no se ocupaban de las transacciones financieras de rutina de sus clientes, sino que actuaban como sus asesores generales para ayudarlos a hacer las inversiones correctas, y estaban a sus órdenes las veinticuatro horas del día para casos de emergencia. Eran el rostro humano que ofrecían las grandes corporaciones bancarias para que sus clientes más acaudalados no se sintieran perdidos en la maraña de la burocracia interna, y tuvieran siempre alguien con quien hablar sin necesidad de explicaciones o esperas. Cuando se trataba de trámites bancarios de rutina o preguntas técnicas, los encargados de la relación ponían a sus clientes en contacto con los funcionarios adecuados dentro del banco, que ejecutaban las órdenes recibidas.

Para una veterana del Departamento de Banca Privada como Elliott, clientes como Raúl Salinas no eran nada del otro mundo. "La cuenta de Raúl Salinas era una de las siete u ocho que yo manejaba personalmente", explicó Elliott, cuando se le preguntó sobre su cliente. "Ni era la más grande, ni la más lucrativa, ni la más importante que manejaba. De hecho, era una de las cuentas más pequeñas. Aunque el monto de la cuenta (de Salinas) nos parezca grande para una sola persona, no era inusual en el contexto de los acaudalados empresarios mexicanos que eran clientes nuestros."

Al igual que otros grandes bancos norteamericanos, Citibank exigía que sus funcionarios hicieran varias averiguaciones sobre las cuentas de presidentes, ministros, políticos y otras figuras públicas. La política del banco requería bastante más que llenar el formulario para "figuras públicas", como el que Elliott había omitido completar tras la apertura de la cuenta de Raúl Salinas. Para asegurarse de que no se harían depósitos sospechosos una vez abiertas las cuentas, los reglamentos de Citibank exigían efectuar revisiones anuales de los movimientos de dinero de las "cuentas políticas". Pero aun si estos procedimientos hubiesen sido seguidos al pie de la letra por los funcionarios de la banca privada de Citibank, distaban de ser los más estrictos en toda la industria bancaria de Estados Unidos.

"Otros bancos privados han establecido requerimientos mucho más específicos para monitorear a las figuras públicas", dictaminó el Subcomité de Investigaciones del Senado norteamericano después de analizar las políticas de control interno de ocho grandes bancos. Otros bancos como Chase Manhattan, por ejemplo, prohibían específicamente la aceptación de funcionarios públicos como clientes a menos que pudieran probar "que el origen de sus ingresos no tenía relación con la política". Y aun así, el banco prohibía la apertura de cuentas de funcionarios públicos "fuera de su país de origen". A juicio de los investigadores parlamentarios, si todos los bancos del mundo adoptaran estas medidas, la corrupción oficial sufriría un golpe devastador en poco tiempo.

Sani Abasha: Viagra, prostitutas y millones

¿Quiénes eran los dueños de las "cuentas políticas" supersecretas manejadas por el Departamento de Banca Privada de Citibank? Se trataba de prominentes políticos de América Latina, África y Medio Oriente. Mientras que muchos de ellos habían amasado sus fortunas de manera legítima antes de llegar al poder, otros tenían fortunas tan inexplicables que deberían haber suscitado aun más sospechas que las cuentas de Raúl Salinas.

Entre los casos más escandalosos estaba el de Sani Abasha, el corrupto dictador nigeriano que según informes de prensa se murió a los 53 años durante una orgía con prostitutas hindúes después de ingerir varias pastillas de Viagra. Según los reportes periodísticos, Abasha debía partir del país en una gira oficial el 8 de junio de 1998. Pero a eso de las cuatro de la mañana de ese día, se había despertado con un consquilleo sexual, y le había pedido a su chofer que lo llevara a una residencia cercana. Pocas horas después, el dictador sufrió un ataque cardíaco mientras estaba en la cama con tres mujeres. Abasha fue enterrado a la mañana siguiente.

Poco tiempo después, su viuda Maryam fue detenida en el aeropuerto cuando estaba por emprender —según le dijo a la policía— una jornada espiritual para hacer el duelo por su esposo. Pero cuando la policía nigeriana divisó sus 38 valijas —un equipaje que parecía algo exagerado para un viaje espiritual— pidió revisarlas, y encontró que estaban repletas de dinero en efectivo. El incidente confirmó lo que el pueblo nigeriano sospechaba desde hacía tiempo: que Abasha había dilapidado el tesoro nacional, nada despreciable por sus enormes ingresos petroleros. En el transcurso de su mandato de cinco años, Abasha había robado más de 4 mil millones de dólares, señaló su sucesor. Gran parte de su fortuna había sido el producto de sobornos por adjudicación de contratos a empresas extranjeras y por sobrefacturación de equipos petroleros.

El rastreo de la fortuna de Abasha pronto llevó a los investigadores al Citibank de Nueva York, así como a media docena de bancos británicos y suizos. Pocos de estos bancos se habían preocupado por el origen de estos fondos. El funcionario de Banca Privada de Citibank encargado de la cuenta de los hijos de Abasha era Alain Ober. Al igual que su colega Elliott en México, Ober manejaba cerca de 100 cuentas privadas de clientes acaudalados en varios países africanos. Según la política de "Conoced a vuestro cliente" de Citibank, Ober tendría que haber planteado varias preguntas puntuales sobre el origen del dinero. Sin embargo, según admitió el propio banquero ante el Subcomité de Investigaciones del Senado norteamericano, durante los primeros tres años en que manejó las cuentas de los hijos de Abasha ni siquiera se había enterado de que se trataba de los hijos del dictador nigeriano. ¿Cómo podía ser que un banquero especializado en África ignorase que dos de sus principales clientes fueran hijos del dictador de

Nigeria?, preguntaron los investigadores del Senado. La respuesta de Ober fue que la cuenta no había sido abierta a nombre de Abasha, sino a nombre de Sani, el otro apellido de los hijos de Abasha.

Cuando los hijos de Abasha abrieron su cuenta en las oficinas de Citibank en Nueva York en 1992 —una cuenta en la que depositarían más de 110 millones de dólares en los siete años siguientes—, Ober le había pedido referencias sobre ellos a un colega del departamento de clientes africanos de la sucursal londinense de Citibank. En un e-mail del 3 de marzo de ese año, el funcionario del banco en Londres contestó que "a diferencia de otros nigerianos, Ibrahim y Mohamed me parecen encantadores, educados y, sobre todo, confiables". Posteriormente, Ober había recibido información de que la mayor parte del dinero de los dos jóvenes empresarios provenía de una compañía de charters aéreos dedicada a llevar a árabes musulmanes a la Meca. Reed, el presidente de Citigroup, afirmaría posteriormente que su subordinado "estaba convencido que los constantes depósitos (de los jóvenes Abasha) provenían de la empresa aérea".

Los bancos británicos y suizos manejaron una porción aun mayor de los miles de millones de la familia Abasha. Cuando Suiza congeló todos los fondos del dictador nigeriano en octubre de 1999, las autoridades suizas informaron que encontraron 650 millones de dólares en unas 140 cuentas en todo el país. "Obviamente, no es normal que un banco acepte sin problemas más de 200 millones de dólares de un joven de 26 años que es hijo de un dictador. Estoy seguro de que los bancos dirán que no sabían nada", comentó uno de los investigadores suizos a la revista *Newsweek*.

Una investigación posterior del periódico británico *The Financial Times* reveló que gran parte del dinero robado por Abasha había pasado por las sucursales londinenses de Barclays, Merril Lynch, Standard Chartered, HSBC y Citibank, y que claramente provenía del banco central de Nigeria. Funcionarios cercanos a los Abasha retiraron injustificadamente 1.600 millones de dólares del banco central, dejando al país en la miseria más absoluta, señaló el periódico. Uno de los ejemplos más escalofriantes era el Programa de Apoyo Familiar que dirigía la esposa de Abasha: el organismo había contratado a Morgan Procurement Corp., una empresa controlada por la familia Abasha, para comprar vacunas para los niños nigerianos. La empresa compró las vacunas por 22 millones de dólares a una empresa francesa, y le pasó una cuenta de 111 millones de dólares al Programa de Apoyo Familiar. Mientras miles de niños nigerianos morían de enfermedades infecciosas, el dinero era girado a las cuentas de los Abasha en Londres, Suiza y Nueva York.

Los petrodólares de Omar Bongo

Otro cliente prominente del Departamento de Banca Privada del Citibank era el presidente de Gabón, El Hadj Omar Bongo. El mandatario del pequeño país africano había sido electo en 1967, pero permanecía en el poder tres décadas después, cuando el Senado norteamericano encontró su nombre entre las "cuentas políticas" de Citibank.

Bongo podría haber competido para el premio mundial a los jefes de Estado más corruptos: según artículos de la prensa francesa, el presidente de esta ex colonia francesa, rica en petróleo, estaba en el centro de un escándalo de sobornos pagados por la empresa petrolera Elf Aquitaine al gobierno de Gabón. Una investigación criminal llevada a cabo por Francia en 1997 logró el congelamiento de una cuenta suiza a nombre de una empresa llamada Kortas Investment, que se sospechaba era propiedad de Bongo a través de su asesor para temas petroleros, Samuel Dossou. En el periódico francés *Le Monde*, en su edición del 6 de agosto de 1997, un fiscal suizo había declarado en el juicio que Bongo era "el jefe de una asociación de criminales".

Bongo se había convertido en cliente de Citibank en 1970, y había abierto una cuenta en el Departamento de Banca Privada en 1985. Ese mismo año, había transferido 52 millones de dólares de Citibank en Bahrain a su nueva cuenta privada de Citibank en Nueva York. Desde ese entonces, había depositado y retirado más de 130 millones de dólares en su cuenta de Nueva York.

¿Qué estarían pensando Ober y sus colegas del área africana del Citibank cuando veían estos movimientos de dinero? ¿Acaso no sospechaban de dónde salía tanto dinero? Al igual que en el caso Salinas, sólo Ober y unos pocos de sus supervisores conocían la identidad de la cuenta del dictador nigeriano. El formulario "Perfil del Cliente" de Bongo, fechado el 12 de agosto de 1996, lo identificaba como "jefe de Estado desde hace más de veinticinco años". En cuanto al origen de su fortuna, el formulario decía que era "personal, como resultado de su posición. El país es productor de petróleo". Cuando vieron el documento, los investigadores del Senado norteamericano apenas podían creer la naturalidad con que los banqueros aceptaban los dineros sospechosos de sus clientes.

¿Qué significaba la referencia de que "el país es un productor de petróleo"? ¿Se trataba de una admisión tácita de que el presidente de Gabón había ganado millones de dólares "como resultado de su posición"? En 1996, investigadores del Banco de la Reserva Federal de Nueva York exigieron que Citibank explicara la fuente de los fondos de Bongo. La Reserva Federal había iniciado su propia investigación después de pedirle al banco una lista de sus "cuentas políticas", y escoger la de Bongo y otras nueve sospechosas de ser producto de la corrupción oficial.

Cuando los investigadores exigieron que Citibank les mostrara todos los documentos bancarios relacionados con los depósitos de Bongo, recibieron entre otros un e-mail de Ober fechado el 10 de diciembre de 1996. Estaba dirigido a uno de sus colegas de la sucursal parisina del banco, y decía así: "Los investigadores federales están llevando a cabo una auditoría sobre la cuenta Tendin [propiedad de Bongo]... Creo que... el gobierno francés y/o empresas francesas [Elf] le hicieron 'donaciones' [a Bongo]". La respuesta del colega de Citibank en París no se hizo esperar. En un e-mail del 11 de diciembre, este último señalaba que el 95% de los ingresos de Gabón provenían del petróleo, y que "es evidente que la fortuna de Inversiones Tendin proviene mayormente del petróleo, aunque no tenemos manera de ser más específicos". No fue sorprendente que funcionarios del Banco de la Reserva Federal pronto le hicieran saber a Citibank que "la explicación del origen de la riqueza" del mandatario de Gabón no los satisfacía en absoluto.

¿Qué había hecho Citibank ante evidencias de que uno de sus clientes era un jefe de Estado que estaba depositando en su cuenta dinero robado de los ingresos petroleros de su país? ¿Había hecho la vista gorda? Asumiendo que Ober y sus supervisores no supieran realmente de dónde provenía el dinero de Bongo, ¿qué habían hecho después de que *Le Monde* publicó una serie de cinco reportajes sobre el escándalo de sobornos de la empresa Elf en Gabón? En un e-mail de abril de 1997, un alto funcionario del departamento africano de Citibank le dijo a Ober y a sus supervisores de Nueva York que "no estoy en condiciones de interpretar las actuales acusaciones periodísticas o cómo podrían implicar al banco, pero ni siquiera trataría de hacerlo por las sospechas que pudieran generar en el público... Tenemos que ser extremadamente cuidadosos al compartir esta información con las autoridades porque no podemos justificarla".

A pesar de que el Banco de la Reserva Federal de Nueva York había estado investigando las cuentas de Bongo desde 1996, la decisión de las auditorías anuales de Citibank sobre sus "cuentas políticas" en 1997 y 1998 fue no cerrarlas. Sólo en diciembre de 1998, altos funcionarios del Departamento de Banca Privada le sugirieron a Ober que considerara cerrar las cuentas. Así se hizo, y un mes después, en enero de 1999, las cuentas de Bongo fueron cerradas después de elaborar una estrategia para ayudarlo a transferir sus fondos con la mayor confidencialidad a otras instituciones bancarias. Lo que Roach y sus colegas en el Senado norteamericano no pudieron evitar preguntarse fue si Citibank hubiera cerrado las cuentas de Bongo si los investigadores federales no hubieran seleccionado la cuenta del presidente de Gabón como caso de estudio tres años atrás.

Ni siquiera la investigación penal francesa de 1997 sobre la empresa Elf había inducido a Citibank a deshacerse de Bongo. Cuando en 1999 Roach y sus colegas del Subcomité de Investigaciones del Senado le preguntaron a Ober —en ese momento a cargo del Departamento de Banca Privada de Citibank en África— el motivo por el que Citibank no había tomado medidas tras enterarse de la investigación criminal de Francia, el banquero contestó que sus colegas en Gabón "habían tenido dudas" acerca de la veracidad de los reportes de la prensa francesa. Por eso, agregó, no se había interesado en investigar más a fondo el asunto, ni lo había discutido con sus supervisores.

Los investigadores del Senado norteamericano no cabían en sí de su asombro. Si Citibank no había cerrado la cuenta de Bongo a pesar de las investigaciones del gobierno francés y los reguladores bancarios norteamericanos sobre las cuentas del presidente de Gabón, ¿qué podía esperarse de las otras 350 "cuentas políticas" que no habían sido sometidas a ningún tipo de investigación externa? Poco a poco, Roach y su equipo se fueron convenciendo de que no era costumbre de Citibank hacerse demasiadas preguntas respecto del origen de los depósitos de sus "cuentas políticas". O por lo menos, como en este caso, que los funcionarios del Departamento de Banca Privada preferían dudar de la credibilidad de los informes de prensa antes que considerar la posibilidad de que las fabulosas fortunas de sus clientes pudieran provenir del saqueo de las arcas de sus respectivos países.

Zardari, el jugador de polo

Otra de las "cuentas políticas" de Citibank fuera de América Latina pertenecía al ex ministro paquistaní Aṡif Ali Zardari, el marido de la primer ministro Benazir Bhutto. Además de ser el cónyuge de la jefa de Estado, Zardari había ocupado los cargos de ministro del Medio Ambiente y de Inversiones durante los dos mandatos de su mujer. En 1990, después de que Bhutto fue derrocada, Zardari pasó algún tiempo en la cárcel bajo cargos de corrupción. Una Corte paquistaní lo acusó de aceptar 9 millones de dólares en sobornos, mientras que el gobierno suizo congeló sus cuentas en ese país bajo cargos de lavado de dinero.

Zardari había abierto una cuenta de banca privada en Citibank en octubre de 1994, cuando ya era un secreto a voces en medios políticos paquistaníes que se estaba enriqueciendo en el poder. En los años siguientes, había girado a esa cuenta más de 40 millones de dólares.

En mayo de 1994, pocos meses antes de que abriera su cuenta en Citibank, el periódico *Los Ángeles Times* había publicado un artículo en el que se señalaba que "muchos paquistaníes justifican el abrupto derrocamiento de Bhutto en agosto de 1990 por la cuestionable reputación de Asif Zardari, su marido, un empresario de la construcción y ávido jugador de polo también conocido como 'el señor 10 por ciento', por los sobornos que supuestamente recibía por contratos oficiales". En la otra punta del globo, Zardari se había ganado el mismo apodo que Raúl Salinas, otro cliente del banco, ostentaba en tierras mexicanas.

Las cuentas de los Stroessner

Entre los presidentes latinoamericanos que mantenían cuentas en el Departamento de Banca Privada de Citibank estaban el ex dictador paraguayo Alfredo Stroessner, y su hijo Gustavo, según investigadores del Senado norteamericano.

Aunque las cuentas de Stroessner en el Citibank no fueron reveladas públicamente por el Subcomité de Investigaciones del Senado norteamericano, fuentes con acceso directo a la investigación me revelaron que las mismas estaban registradas bajo los nombres de "A. Stroessner" y "G. Stroessner". Como las cuentas estaban incluidas entre las pertenecientes a figuras públicas, los investigadores llegaron a la conclusión de que se trataba del ex dictador paraguayo y de su hijo Gustavo, aunque no habían tenido tiempo para corroborar el nombre de pila de este último a tiempo para las audiencias de noviembre de 1999.

Alfredo Stroessner, que había tomado el poder por la fuerza en 1954 y había sido derrocado más de tres décadas después, en 1989, fue uno de los autócratas más despiadados de América Latina. Además de reprimir a la oposición, había sido calificado por Estados Unidos como uno de los gobiernos más corruptos de la región. Era un secreto a voces que los colaboradores de Stroessner habían amasado inmensas fortunas en sobornos provenientes de la participación estatal en el contrabando de automóviles, productos electrónicos y cigarrillos. La sospecha general era que tanto el general Stroessner como su hijo recibían una tajada de todas estas importaciones ilegales.

También existía la duda sobre si parte de la fortuna del ex dictador paraguayo no provenía de la protección a los barones de la droga. A mediados de los años ochenta, la DEA tenía tantas sospechas de las posibles conexiones de los Stroessner con el narcotráfico que decidió montar un operativo secreto para exponer públicamente a Gustavo Stroessner. La idea nació en 1986, en momentos en que Abel Reynoso, un agente de la DEA nacido en la Argentina que en ese entonces estaba radicado en Los Ángeles, y que años más tarde se convirtiera en jefe de la DEA en la Argentina, estaba trabajando en una misión encubierta siguiendo el rastro de un traficante de cocaína boliviano que operaba en la Argentina, Bolivia y Paraguay.

Haciéndose pasar por compradores de un cartel de narcotraficantes de California, los agentes encubiertos de la DEA habían llegado a un acuerdo con el narcotraficante boliviano para comprar 1.000 kilos de cocaína por mes, con un valor de reventa de hasta 250 millones de dólares. En las negociaciones, el narcotraficante había sugerido que la droga fuera enviada a través de Paraguay. Poco después, los agentes de la DEA fueron informados por los traficantes que el boliviano estaba pensando establecer un laboratorio de cocaína en Paraguay, y que necesitaban reunirse con el coronel Stroessner, el hijo del presidente, para ultimar los detalles del negocio. El agente de la DEA que estaba supervisando el caso en Buenos Aires, César Palma, le había pedido a sus colegas en Bolivia que trataran de sacarle más información al narcotraficante boliviano sobre el posible involucramiento del hijo de Stroessner en el negocio de la droga. Así lo hizo Reynoso, y pronto informó a sus superiores que la voz que corría en el mundillo de los narcotraficantes sudamericanos era que Gustavo Stroessner se vengaría de todo traficante que se negara a negociar con él.

Una vez recibido este informe, Palma, el agente de la DEA radicado en la Argentina, viajó a Asunción de inmediato para reunirse con el embajador norteamericano Clyde Taylor, e informarle que la DEA estaba planeando una operación para atrapar al hijo del dictador paraguayo. La idea era convocar una reunión de los narcotraficantes —y los agentes encubiertos de la DEA— con el coronel Stroessner en la ciudad argentina de Clorinda, del otro lado de la frontera paraguayo-argentina. Allí, el hijo del dictador paraguayo sería fotografiado y grabado, para obtener evidencias irrefutables sobre sus posibles vinculaciones con el negocio de la droga. Los agentes de la DEA estaban más que entusiasmados con la operación, según me relató Reynoso. Prometía ser un golpe que sería noticia en todo el mundo.

Pero Taylor, que como embajador tenía derecho de veto sobre las operaciones de las agencias norteamericanas en Paraguay, decidió vetar la operación encubierta. Según me dijo Reynoso en una entrevista telefónica, "la operación fue abortada por razones políticas... Fue escandaloso". Pero el embajador norteamericano tenía otra visión de los hechos. Según me aseguró Taylor, el plan de la DEA tenía elementos "descabellados". A pesar de que los agentes de la DEA estaban entusiasmados con el proyecto, el embajador consideró que las sospechas sobre el coronel Stroessner no estaban basadas sobre evidencias sólidas que pudieran sostenerse en un juicio público. Para peor, me señaló Taylor, la DEA pensaba llevar a cabo la operación encubierta en la Argentina sin siquiera informar al entonces embajador de Estados Unidos en Buenos Aires, Theodore E. Gildred.

"Me estaban pidiendo que aprobara un operativo encubierto en otro país", me comentó Taylor años después, basándose en algunas referencias que habían hecho los narcotraficantes sobre el coronel Stroessner. "Lo que yo quería saber era en qué se basaba él [Palma] para creer semejantes aseveraciones."

Según el embajador Taylor, "cuando llegué a mi puesto de Asunción no era ningún novato en investigaciones de drogas: había sido subsecretario de Estado para Narcóticos y Terrorismo durante los cinco años anteriores a mi designación como embajador en Paraguay. Allí [en Washington] teníamos gran cantidad de información sobre el narcotráfico en el Cono Sur, pero no teníamos ninguna evidencia de que Gustavo Stroessner estuviera participando en el comercio de cocaína. De pronto, me presentan una operación encubierta basada en la suposición de que Stroessner es un traficante de drogas... Había muchas cosas que no habían sido corroboradas. No tenían ninguna información de fuentes locales creíbles [paraguayas]. No era sino un trabajo de improvisados". Cuando le pregunté qué pensaba de la acusación de que había vetado la operación por razones políticas, Taylor la tildó de absurda. "Todo aquel que estaba al tanto de lo que yo estaba haciendo en Paraguay sabe bien que la alegación de que yo protegía a los Stroessner era sencillamente ridícula", me contestó. De hecho, Taylor había sido acusado en varias oportunidades por la prensa oficialista paraguaya de "traidor" y "bocón" por sus críticas al régimen de Stroessner, y —según me recordó— estuvo a punto de ser declarado persona no grata en varias ocasiones.

Lo cierto era que en marzo de 1988 un comunicado del Departamento de Estado había señalado que existían "serios indicios de que funcionarios del gobierno paraguayo podrían estar beneficiándose" del negocio de la venta de drogas. Pero, a pesar de rumores de que el gobierno norteamericano tenía intenciones de acusar a Stroessner de vínculos con el narcotráfico, como lo estaba haciendo con el hombre fuerte panameño Manuel Noriega, Stroessner y su hijo nunca fueron acusados de nada. Después del golpe de 1989, y tras depositar sus ahorros en bancos norteamericanos y europeos, los Stroessner se habían instalado en Brasilia. Según el ex embajador Taylor, durante su estadía en Paraguay nunca había sabido que Stroessner tuviera una cuenta en algún banco norteamericano.

Lusinchi, el más pobre

Aunque Citibank nunca reveló a los investigadores del Senado el monto de las cuentas de Stroessner, les facilitó información más detallada sobre la cuenta del ex presidente venezolano Jaime Lusinchi. Se trataba de una cuenta pequeña, y que no despertaba grandes sospechas de corrupción gubernamental. En efecto, el ex presidente venezolano contaba con aproximadamente 300.000 dólares en su cuenta de Citibank, y el expediente confidencial del cliente en Citibank estimaba el total de su fortuna —incluidas sus propiedades en Venezuela, una casa en Costa Rica y otra en Miami— en 2 millones de dólares.

Lusinchi había abierto su cuenta en el Citibank de Nueva York el 21 de septiembre de 1989, casi un año después de terminar su mandato. Había declarado como fuentes de ingreso su práctica de la medicina, anterior a su carrera política, y su salario de presidente, de aproximadamente 150.000 dólares anuales.

Documentos internos de Citibank demuestran que en 1994, cuando el ex presidente venezolano y su esposa Blanca fueron objeto de una investigación por corrupción en su país, la cuenta de Lusinchi había puesto nerviosos a los funcionarios del banco. La señora Lusinchi —que había sido su secretaria durante su mandato, cuando el ex presidente todavía estaba casado con su mujer anterior—, acababa de ser acusada de apropiarse de fondos estatales para comprar 65 jeeps para uso del partido gobernante, el Partido de Acción Democrática. Un juez venezolano había amenazado con solicitar la extradición de ambos, que se encontraban viviendo en Costa Rica. El 22 de febrero de 1994, Luis Yáñes, un ejecutivo de Citibank, envió un memo a sus subordinados encargados de las cuentas venezolanas del Departamento de Banca Privada, sugiriéndoles que "dada la delicadeza del caso [un ex presidente procesado por corrupción], sugiero que hagamos una cuidadosa revisión de esta relación [con el cliente]". Dos meses después, en abril de 1994, Citibank colocó la cuenta de Lusinchi —la número 171.743— en "estado de alerta", especificando que si el ex presidente era declarado culpable, o si se registraban movimientos inusuales de dinero, había que cerrarla. Pero ni los Lusinchi fueron declarados culpables, ni hicieron depósitos sustanciales en Citibank, de manera que no se tomó acción alguna.

No obstante, a causa del escándalo de Raúl Salinas y los titulares internacionales sobre su caso, la gerencia de Citibank envió un memo interno en 1996 colocando la cuenta de Lusinchi en la lista de "clientes delicados", que requería revisiones anuales. La revisión del año 1998 señalaba que la cuenta del ex presidente venezolano era demasiado pequeña para ser merecedora de servicios de Banca Privada, y que "se trata de una cuenta de conveniencia, abierta para satisfacer necesidades de liquidez y gastos bancarios". Agregaba que "la mantenemos principalmente por el alto perfil del cliente" y que "no realizamos tareas de marketing con este cliente".

Tres años después, en 1999, cuando Roach y los demás investigadores del Senado norteamericano estaban rastreando las "cuentas políticas" de Citibank, el banco llegó a la conclusión de que, a pesar de que el ex presidente venezolano parecía no haber cometido ningún delito, no valía la pena mantener abierta su cuenta. Y así fue como en una carta enviada a Miami el 16 de junio de 1999 por medio del courrier aéreo de UPS, Citibank le informó a la pareja Lusinchi que "durante nuestra revisión anual de cuentas se determinó que dada su inactividad y bajos balances diarios, su cuenta ya no satisface los criterios de servicios de Banca Privada. Le rogamos transfieran sus fondos a otra institución bancaria".

Los Hank de México

Pero algunos de los nombres más interesantes que encontré entre los clientes de Banca Privada de Citibank no eran presiden-

265

tes sino ministros, políticos, y familiares o socios comerciales de estos últimos. Si bien Citbank no entregó a los investigadores del Senado norteamericano una lista de todas sus "cuentas políticas", tuve acceso a documentos confidenciales con los nombres de los clientes argentinos y mexicanos más importantes del banco, que me fueron provistos por otras fuentes. Entre los clientes se encontraban nombres como Jorge M. R. Domínguez, que coincidía con el del ex ministro de Defensa de la Argentina durante el gobierno de Menem, hasta familiares cercanos del ex presidente mexicano Luis Echeverría. Muchos de ellos eran figuras públicas de buena reputación, que probablemente habían hecho su fortuna en el sector privado, o como profesionales exitosos, antes de ingresar en la política. Otros, en cambio, tenían antecedentes más cuestionables. Lo que casi todos tenían en común eran cuentas abultadas, que permitían que funcionarios como Elliott se lucieran ante sus jefes en las evaluaciones internas de fin de año del banco.

Carlos Hank Rohn, el cliente del Citibank que había traído a Raúl Salinas al banco en 1992, era el hijo de Carlos Hank González, el conocido ex gobernador del estado de México, ex alcalde de la Ciudad de México, ex secretario de Turismo y ex secretario de Agricultura que de acuerdo con la revista *Forbes* había amasado una fortuna personal de 1.300 millones de dólares. Mientras que el hijo del patriarca del PRI se había dedicado a los negocios, Hank González siempre había sido acusado por la oposición como uno de los políticos más corruptos de México. Desde hacía décadas se le atribuía haber dicho, en justificación de su riqueza, que "un político pobre es un pobre político".

De acuerdo con documentos internos del banco y al testimonio de Elliott ante el Senado norteamericano, los Hank eran clientes de larga data del Departamento de Banca Privada de Citibank. En un informe interno nunca divulgado hasta ahora, titulado "Familia Hank", se señala que ya en 1988 la cuenta de la familia Hank en las sucursales de Citibank de Nueva York y San Diego alcanzaba 48.2 millones de dólares. El informe, escrito por un ex funcionario del banco, incluía una lista de once empresas o trusts bajo las cuales se hacían los depósitos. Dichas empresas llevaban nombres tales como "Camary", "Waldron", "Delano", "Cristela", "Gettysburg" y especialmente "Kindling", nombre bajo el cual se concentraba la mayor parte de los fondos.

Algunos años después, en la época del escándalo de Raúl Salinas, Carlos Hank Rohn ya tenía en la sucursal londinense de Citibank 138 millones de dólares. La cifra fue mencionada en una conversación telefónica grabada en las horas que siguieron al arresto de Salinas en 1995 entre Rukavina, el jefe del Departamento de Banca Privada en Suiza, y Homem, el gerente de Marketing de Citibank para Europa, Medio Oriente y África. Mientras discutían qué hacer con los depósitos de Raúl Salinas en sus frenéticas llamadas telefónicas de ese día, Homem le confió a Rukavina que existía otro problema.

"El otro problema está relacionado [con el escándalo de Raúl Salinas]", dijo Homem, según una transcripción de la conversación grabada por la sucursal londinense del banco. "Hay otra cuenta grande, de 138 millones de dólares en Londres, que pertenece a una persona citada como uno de los posibles mentores [de Raúl Salinas]." Según los investigadores del Senado norteamericano, Homem sólo pudo haberse estado refiriendo a Hank Rohn, el hombre que había presentado a Raúl Salinas a Citibank, y se había ofrecido como su principal referencia.

¿Eran Carlos Hank González, el patriarca de la familia, y sus dos hijos Carlos Hank Rohn y Jorge Hank Rohn clientes de los que Citibank podía enorgullecerse? La respuesta era negativa si uno creía en la historia publicada años después, en 1999, en *The Washington Post*. En un extenso artículo, el periódico señaló que el Centro de Investigaciones de la Droga de Estados Unidos (CNID) había establecido una relación entre Hank González y sus dos hijos y uno de los carteles de la droga más importantes de México. El informe del CNID, basado en presuntos reportes de la DEA, la CIA y el FBI, había llegado a la conclusión de que la familia Hank "presenta una significativa amenaza criminal para los Estados Unidos". En cuanto a Carlos Hank Rohn, el amigo de infancia de Raúl Salinas y su principal referencia ante el Citibank, el informe alegaba que "sigue lavando dinero y estaba estrechamente asociado con el difunto [jefe del cartel de Juárez] Amado Carrillo Fuentes".

La familia Hank negó todas estas acusaciones, y días después *The Washington Post* tuvo que retractarse de su aseveración de que los Hank eran propietarios de Transportes Marítimos Mexicanos, TMM, una empresa de transportes que según el informe estaba facilitando el contrabando de drogas. El banco controlado por los Hank en Texas, el Laredo National Bank, había contratado a abogados de peso —incluido el ex senador de New Hampshire, Warren Rudman— para denunciar el informe. El gobierno de Clinton, tras recibir quejas de Rudman y altos funcionarios mexicanos, minimizó la seriedad del informe del CNID, señalando que sus autores no tenían la "experiencia" suficiente para llegar a esas conclusiones, que sólo se trataba de uno de los tantos memorandos escritos por investigadores federales para uso interno del gobierno, y que no había sido aprobado por instancias superiores. El gobierno norteamericano agregó que estos informes no debían ser tomados como denuncias a menos que concluyeran en la presentación de cargos formales contra los sospechosos, y que dichos cargos pudieran ser probados ante un juez. Pero aunque las acusaciones de narcotráfico contra los Hank podían ponerse en duda —de hecho, faltaban pruebas contundentes— la historia personal del patriarca de la familia dejaba pocas dudas de que se había enriquecido durante su gestión como funcionario público.

Carlos Hank González tenía el dudoso mérito de haber nacido en la pobreza más absoluta y llegar a convertirse en uno de los hombres más ricos de México a pesar de no haber trabajado —al menos en el pasado reciente— en el sector privado. En efecto, Hank González había hecho toda su carrera en el sector público, como empleado de gobierno. Para los opositores del PRI, Hank González era un símbolo de todo lo que hacía falta cambiar en México.

¿Cómo podía ser que un hombre que había nacido pobre, que había empezado a trabajar como maestro de escuela primaria en el campo, que nunca había recibido una herencia, y que había transcurrido la mayor parte de su vida adulta en el gobierno lograra amasar una fortuna de 1.300 millones de dólares?, se preguntaban en voz alta los opositores del gobierno mexicano. La sospecha generalizada era que, como muchos otros políticos mexicanos, Hank González se había enriquecido a costa de contratos estatales y tráfico de influencias. También en Washington D.C. había serias dudas sobre la legitimidad de la fortuna de Hank González. Cuando le pregunté a un alto funcionario del Departamento de Estado en Washington D.C. qué pensaba de Hank González, me señaló que el salario oficial del ex gobernador del estado de México nunca había superado los 80.000 dólares. "Hank se ha convertido en el símbolo de todos los problemas de México", fue su comentario.

Para conocer su versión de la historia, pedí una entrevista personal con Hank González, y el patriarca del PRI tuvo la amabilidad de invitarme a desayunar a su casa en mayo de 1994. Estábamos sentados en el comedor de su mansión, rodeados de pinturas de José María Velasco, un paisajista mexicano del siglo diecinueve cuyas obras se cotizan en alrededor de un millón de dólares. Tras un desayuno con menú escrito a mano en tinta china, en que ambos estábamos sentados en extremos opuestos de la mesa, separados por un enorme centro de mesa que me obligaba a estirar el cuello para un lado para poder verlo, le pregunté sobre el origen de su fortuna. ¿Era verdad que había amasado sus millones mientras ocupaba cargos públicos, y que como gobernador y alcalde había firmado enormes contratos de compras de camiones de basura a una empresa controlada por sus hijos? No, me contestó, con una cálida sonrisa. Según me dijo, se había hecho rico antes de ser gobernador.

"Cuando yo era muy joven, decidí resolver los problemas económicos de mi familia antes de sumergirme en la política. De manera que fundé una fabriquita de dulces en mi ciudad, Atlacomulco. Después, fui distribuidor de Pepsi Cola en aquella región y empecé a hacer otros negocios." En los años que siguieron, mientras ascendía en la política de su ciudad natal como dirigente del PRI, había empezado a comprar "algunos camioncitos", que se habían multiplicado hasta formar una "empresita de camiones", me dijo. Esta "empresita", a su vez, le había permitido realizar otros proyectos empresariales, que Hank González continuó describiendo con similares diminutivos. "Lo hice porque nunca quise depender de mis ingresos como político para ganarme la vida. Me gusta tener mis propias fuentes de ingresos, que sean independientes de la política, para poder así actuar con entera libertad", terminó diciendo.

En las breves anotaciones que había garabateado Elliott el día en que Carlos Hank Rohn le había presentado a Raúl Salinas, la banquera había descripto al hijo del patriarca del PRI como un "cliente muy valioso". En documentos internos de Citibank, Hank Rohn era conocido como el "Cliente Confidencial Número 1", o CC1. Muy pronto, Raúl Salinas sería conocido dentro de Citibank como el "Cliente Confidencial Número 2", o CC2. Años más tarde, en sus declaraciones ante el Subcomité de Investigaciones del Senado norteamericano, Elliott repetiría que "Raúl Salinas me fue recomendado por uno de nuestros clientes más valiosos, quien lo trajo personalmente a nuestra sucursal de Nueva York. En el momento en que me lo presentó [a Salinas], hacía al menos 10 años que el cliente que lo refirió tenía cuentas en Citibank".

Pero en conversaciones privadas dentro de Citibank, los Hank eran vistos con mucho más escepticismo, por lo menos después de que estallara el escándalo de Raúl Salinas. En una conversación grabada del 2 de marzo de 1995 entre Bevan, la funcionaria del Departamento de Banca Privada establecida en Londres, y su colega Peter Carruthers, ninguno de los dos pareció tenerle demasiado respeto a los Hank. Comentando sobre la historia del arresto de Raúl Salinas que acababa de aparecer en *The Financial Times*, Carruthers preguntó: "¿Viste que el FT está lleno de emmmmmm... mencionando el nombre de Carlos Hank?".

"Sí, lo vi. Es horroroso", contestó Bevan.

"Bueno, el padre. Carlos Hank padre", aclaró Carruthers.

"Sí, por supuesto, el padre".

"Tiene pésima fama, ¿no?", quiso saber Carruthers.

"Sí", respondió Bevan.

De Prevoisin, otra presa de Ponce

Además de Raúl Salinas y de los Hank, uno de los mejores clientes del Departamento de Banca Privada de Citibank Nueva York era Gerardo De Prevoisin Legorreta, presidente de Aeroméxico, quien más tarde abandonaría el país en medio de acusaciones de haberse robado 72 millones de dólares.

De Prevoisin había sido tan buen cliente del banco que su cuenta —la número 129.379— era administrada personalmente por Elliott. Un documento interno del banco que me fue entregado por una fuente cercana a Elliott muestra que, a mediados de 1988, casi al mismo tiempo en que lo nombraran presidente de la recién privatizada Aeroméxico, la cuenta de De Prevoisin en Nueva York ascendía a 5.6 millones de dólares. Fuentes de Citibank afirman que, en los años que siguieron, el monto creció sustancialmente. De Prevoisin era lo que los funcionarios de Banca Privada consideraban un cliente de gran potencial: un individuo de alta alcurnia, rico, políticamente bien conectado y que en ese momento dirigía una de las empresas más grandes del país. Desde 1983 había sido propietario de, entre otras cosas, cuatro departamentos de lujo en Vail, Colorado —los Condominios Northwood— valorados en aproximadamente un millón de dólares cada uno, donde solía esquiar con su familia durante las vacaciones o fines de semana largos. Cinco años después, cuando los asesores de Carlos Salinas le ofrecieron la dirección de Aeroméxico, De Prevoisin ya era uno de los más importantes clientes de Elliott.

Pero en septiembre de 1994, seis meses antes del arresto de Raúl Salinas, Elliot se llevaría su primera gran sorpresa mexicana: Aeroméxico despidió a De Prevoisin y le hizo juicio ante una Corte de Texas bajo cargos de haber defraudado a los accionistas de la empresa por un monto de 72 millones de dólares. El objetivo del juicio en Texas era tratar de recuperar, entre otras cosas, un departamento de 1.2 millones de dólares que De Prevoisin le había comprado a una pareja de texanos. De Prevoisin huyó de México, ocultándose en Francia y Suiza, hasta que fue detectado por agentes de la Interpol mexicana, encabezados por el ubicuo Ponce, en Zurich, en 1998. Ponce, que había estado siguiendo el rastro de De Prevoisin durante cuatro años, pidió su detención a la policía suiza y fue a recibir personalmente al fugitivo en septiembre de 1999, para escoltarlo de regreso a México.

Para entonces, la cuenta de De Prevoisin en Citibank ya había producido un escándalo político en México. En una declaración jurada para el juicio de Texas, De Prevoisin había señalado en 1995 que utilizó su cuenta de Citibank en Nueva York para transferir 8 millones de dólares de Aeroméxico a la campaña presidencial de Ernesto Zedillo en 1994. El dinero, dijo De Prevoisin, les había sido entregado a los principales asesores de campaña del entonces candidato presidencial, incluyendo Miguel Aleman Velasco, el hijo del ex presidente Miguel Aleman Valdés, que se desempeñaba como el tesorero de campaña de Zedillo, y cuyos familiares también tenían cuentas en Citibank de Nueva York.

"Junto a funcionarios y directores de la empresa, di la orden de que se efectuaran una serie de pagos por un millón de dólares cada uno a través de mi cuenta personal en Citibank Nueva York", especificó De Prevoisin en declaraciones juradas ante la Corte de Houston, Texas. "Sin embargo, dichos pagos fueron hechos a nombre de Aeroméxico porque, dada la relación existente entre el gobierno y Aeroméxico [estas contribuciones] eran un costo de rigor para una empresa mexicana de este tipo en un año electoral."

El asunto pronto acapararía los titulares de los diarios norteamericanos como un caso que sacaba a relucir la corrupción del sistema político mexicano. Aeroméxico y De Prevoisin afirmaban que este último había ordenado girar 8 millones de dólares de la empresa a su cuenta privada en Nueva York. Pero Aeroméxico alegaba que no tenía ninguna prueba de que el dinero había sido girado a la campaña de Zedillo, una afirmación que algunos conocedores de las finanzas internas del PRI tomaban con una pizca de sal. Lo que casi nadie se planteó en medio del escándalo político provocado por el vaciamiento de Aeroméxico y las contribuciones políticas a Zedillo era si Citibank había actuado correctamente al recibir los fondos de De Prevoisin.

Si el presidente de una aerolínea estatal estaba girando depósitos de un millón de dólares a su cuenta personal, ¿acaso el banco no se tendría que haber preguntado sobre el origen de dichos depósitos? Era una pregunta que Elliott y sus colegas comenzarían a escuchar después que Aeroméxico presentara cargos contra

De Prevoisin, en la época del arresto de Raúl Salinas, pero que nunca pasó a ser tema de un debate público. Al igual que muchos funcionarios mexicanos, Ponce, el jefe de Interpol México, estaba cada vez más irritado contra la prensa norteamericana por describir el caso exclusivamente como un símbolo de la corrupción mexicana, sin siquiera mencionar el rol de los bancos norteamericanos en el caso.

En una conversación telefónica, el jefe de la Interpol mexicana me había criticado duramente por un artículo que escribí sobre la corrupción de la elite política mexicana. Ponce me señaló que las cuentas personales de los dos individuos que yo citaba en mi artículo —Raúl Salinas y De Prevoisin— estaban en el Citibank de Nueva York, y que lo mismo ocurría con las de otros conocidos políticos mexicanos citados en escándalos de corrupción. Algunas semanas más tarde, sentados en un restaurante de Ciudad de México, Ponce arremetió nuevamente contra la prensa de Estados Unidos. "¿Acaso crees que todos los malos están en México, y ninguno en los Estados Unidos?", preguntó. "¡No mames!" Grandes bancos norteamericanos estaban cosechando beneficios fabulosos de la corrupción en México y otros países de América Latina. Si los gringos hablaban en serio cuando decían que querían combatir la corrupción en América Latina, tenían que empezar investigando a sus propios bancos, señaló.

Los Aleman, los Echeverría y los Vázquez Rana

La lista de clientes mexicanos del departamento de banca privada de Citibank incluía algunos de los nombres más destacados de la elite política que había gobernado México desde 1929. Entre ellos figuraba Miguel Aleman, el acaudalado hijo del ex presidente mexicano, a quien De Prevoisin había citado como destinatario de las contribuciones políticas de Aeroméxico para el PRI. Según datos de un ex funcionario de Citibank con acceso a las cuentas privadas mexicanas, hacia fines de los ochenta Aleman y su familia —que entre otras cosas eran propietarios de una parte de la cadena de televisión Televisa— tenían una cuenta de cerca de un millón de dólares, que probablemente usaban para sus gastos menores durante sus estadías en Nueva York.

Otros nombres en la lista incluían a varios familiares y socios comerciales del ex presidente Luis Echeverría, de quien se decía que había dejado la presidencia con una fortuna formidable. De acuerdo a una lista de clientes mexicanos de Citibank que pude ver, la familia del ex presidente tenía más de 4 millones de dólares en la sucursal del banco en Nueva York. Los familiares de Mario Vázquez Rana, el dueño de una cadena de periódicos mexicanos que hiciera su fortuna durante la presidencia de Echeverría, mantenían cerca de un millón de dólares en sus cuentas. La lista incluía también al ex gobernador de Tamaulipas y candidato presidencial Emilio Martínez Manatou, con 750.000 dólares; los potentados Rogelio Azcárraga y José Luis Ballesteros, y la cantante cubana Olga Guillot.

Hacia fines de los años noventa, la mayor parte de las cuentas de Banca Privada de Citibank habían ascendido a varios millones de dólares. Cuando funcionarios del Citibank empezaron a investigarlas para evitar nuevos escándalos como el de Raúl Salinas, la plana mayor del banco se concentró en los 10 millones de dólares de Pedro Zaragoza, propietario del imperio de camiones de gas y productos lácteos del norte de México, cuya familia había sido involucrada por la prensa norteamericana en el tráfico de drogas, luego de que se descubriera que camiones de la empresa familiar habían sido usados para contrabandear cocaína a Estados Unidos.

Según fuentes cercanas a la investigación interna del Citibank, Maturana —el jefe del Departamento de Banca Privada de Citibank en México que había enviado el fax de recomendación a quien había resultado ser el Señor de los Cielos— ordenó llevar a cabo una investigación de antecedentes de Zaragoza. Este último aceptó ser investigado, y el banco determinó que su fortuna era legítima y provenía de sus empresas de la industria ganadera. Tiempo después, cuando le pregunté al zar antidrogas de México, Herran Salvatti, si había cargos federales de México contra Zaragoza, me señaló que no. Sólo había una investigación en curso sobre su primo Miguel Zaragoza, pero nada en contra de Pedro, me dijo el jefe de la oficina gubernamental contra las drogas de México. De todas maneras, Pedro Zaragoza al poco tiempo cerró sus cuentas en Citibank y transfirió sus fondos a Suiza, probablemente fastidiado por tantos cuestionamientos, señalan fuentes cercanas al caso.

Palito Ortega, Alsogaray y Domínguez

Los principales clientes argentinos del Departamento de Banca Privada de Citibank eran figuras igualmente influyentes y algunas de ellas no menos controvertidas. De acuerdo con ex funciona-

273

rios de Citibank y otras fuentes con acceso a documentos internos del banco, la lista incluía al ex candidato a vicepresidente por el partido peronista, Palito Ortega.

Aunque la cuenta de Ortega era pequeña —de apenas 6 mil dólares al momento de cerrarse, según me comentó un ejecutivo del Citibank— el banco se puso nervioso. En 1999, cuando Ortega estaba en plena campaña electoral, Citibank estuvo suficientemente procupado por la posibilidad de un nuevo escándalo político como para pedirle discretamente a Ortega que cerrara su cuenta, radicada en Miami. Fuentes del banco dicen que Ortega accedió al pedido, diciendo que entendía las razones del banco.

Otra de las figuras que aparecía en la lista de "clientes políticos" de Citibank era Jorge Domínguez, cuyo nombre coincidía con el del ex ministro de Defensa de Menem y ex intendente de Buenos Aires, quien entre 1991 y 1994 había actuado como director ejecutivo del controvertido proyecto fluvial Yacyretá. Otro era Álvaro Alsogaray, ex ministro de Economía, cuya hija María Julia había estado a cargo de la Secretaría de Recursos Naturales durante el gobierno de Menem. María Julia Alsogaray estaba siendo objeto de una investigación por apropiación de fondos públicos: según sus críticos, había depositado 190 millones de dólares en bancos de las Islas Caimán. Otro personaje conocido en la lista de clientes privados del banco en Nueva York era Amalia de Fortabat, la acaudalada empresaria de la industria del cemento.

Según una fuente con acceso a las cuentas del Departamento de Banca Privada de Citibank en Nueva York, a fines de 1996 y 1997, después de que el escándalo de Raúl Salinas hizo temblar la torre del banco en Nueva York y Citibank comenzó a exigir que sus funcionarios monitorearan más de cerca las "cuentas políticas" de la región, la mayor parte de los principales clientes argentinos empezaron a transferir sus fondos a las Islas Caimán o los pusieron bajo nombres de corporaciones ficticias registradas en Uruguay. Así, a principios de 1997, la lista de "cuentas políticas" de argentinos del Citibank en Nueva York incluía nombres como Ritz Ltd., Malcom Overseas, Mazza, CBL Ltd., y Selucar Financiera.

Hacia fines de 1999, después de la asunción del presidente Fernando de la Rúa, la sucursal argentina de Citibank hizo circular una orden entre sus más altos funcionarios prohibiendo la apertura de cualquier nueva cuenta de funcionarios gubernamentales. "Esto incluía a ministros, viceministros, secretarios de organismos gubernamentales, y directores generales de oficinas de gobierno", me señaló un alto funcionario del banco. "La orden era que ningún funcionario que ocupara estos cargos pudiera abrir una cuenta en Citibank de allí en más". Los funcionarios del nuevo gobierno de De la Rúa ya no podrían contar con los servicios del Citibank para sus cuentas privadas.

Capítulo 13

UNA PIEDRA EN EL AGUA

Cuando finalmente le llegó el momento de presentarse ante el Subcomité de Investigaciones del Senado, el 9 de noviembre de 1999, Amy Elliott comenzó su testimonio leyendo una declaración escrita de 10 minutos en la que trató de explicar por qué le había abierto una cuenta a Raúl Salinas. Vestida en su elegante traje negro y una blusa azul marino de cuello alto, la banquera tomó su asiento frente al palco elevado donde estaban sentados los senadores que escucharían su testimonio. Elliott parecía de óptimo humor, como un boxeador bien preparado que subía al ring confiado en que podría responder hasta los golpes más duros de su adversario. A pesar de haber pasado ya los cincuenta, la banquera no había perdido ni su esbelta figura ni su elegancia. Sacudiendo la cabeza ligeramente para arreglar su rubia cabellera, Elliott se acomodó en su silla con la confianza de alguien que conocía su libreto de memoria.

Tras prestar juramento con la mano derecha levantada, Elliott leyó su testimonio, que comenzaba con una nota personal destinada a ganarse la simpatía de sus interrogadores. La banquera recordó que había nacido en Cuba y que había emigrado "sola a este país" a los 17 años, porque sus padres no habían podido abandonar la isla sino hasta varios años después. Sus abuelos no habían podido salir de la isla y "sus propiedades y su riqueza fueron confiscadas por el gobierno castrista", siguió leyendo la banquera. A diferencia de la mayoría de los otros cubanos exiliados, que se habían radicado en Miami o Nueva Jersey, Elliott fue enviada a Nebraska, donde se enroló poco después en la universidad. Luego, en 1967, había aceptado un trabajo en Citibank y se había abierto camino hasta convertirse en "líder del equipo que atendía las cuentas mexicanas" del Departamento de Banca Privada del banco. El mensaje implícito de Elliott era que había surgido de la nada, y que su éxito profesional era un símbolo del sueño americano.

Cuando los senadores ya empezaban a moverse impacientes en sus asientos, queriendo escuchar sobre la cuenta de Raúl Salinas, Elliott pasó al tema que ellos estaban esperando. Centrando su defensa en el contexto histórico del caso, la banquera comenzó diciendo que "cuando conocí por primera vez a Raúl Salinas en 1992, su hermano, el presidente Salinas, era un héroe tanto en su país como en el extranjero". El presidente Salinas había sido un egresado de Harvard que prometió acelerar las reformas de libre mercado, luchar contra el narcotráfico y erradicar la corrupción, dijo. Había sido invitado varias veces a la Casa Blanca, y tanto el presidente George Bush como Clinton lo habían alabado en repetidas ocasiones, sobre todo después de la firma del Tratado de Libre Comercio de América del Norte. En México, siguió diciendo Elliott, "la familia Salinas era conocida como una familia antigua y distinguida, cuya fortuna databa de varias generaciones atrás".

Anticipándose a las preguntas de los senadores, Elliott ofreció la siguiente explicación de por qué había ayudado a Raúl Salinas a ocultar su dinero en cuentas off-shore: "Para un gran número de mexicanos acaudalados, el tema de la confidencialidad de la información financiera es altamente importante, porque frecuentemente son víctimas de secuestros y otros crímenes violentos en México". De manera que Elliott había considerado totalmente natural que Raúl Salinas le pidiera tratar de ocultar los fondos cuando hizo sus primeros depósitos, que sumaban unos 2 millones de dólares, en 1992.

Adelantándose a la próxima pregunta que seguramente le harían los senadores, sobre por qué no había hecho más preguntas sobre el origen de los fondos, Elliott ofreció varias explicaciones. "En primer lugar, creí que había vendido su empresa de construcción", dijo, refiriéndose a la aseveración de su cliente de que había obtenido el dinero de esa transacción. "En segundo lugar, yo sabía que el señor Salinas pertenecía a una de las familias más ricas de México. En ese país, los hijos a menudo reciben su herencia, también llamada patrimonio, en vida de sus padres". Tercero, "yo sabía que el mercado mexicano de valores había estado subiendo considerablemente". Cuarto, en la época en que había hecho los depósitos más sustanciales, en junio del 93, Raúl Salinas se había casado con Paulina Castañón, "y yo me había enterado que ella había recibido una suma sustancial en su acuerdo de divorcio" por parte de su ex marido. Elliott terminó diciendo que "por todas estas razones, no tuve dudas en aceptar, a mediados del 93 y posteriormente, depósitos adicionales".

Según Elliott, era necesario entender el contexto en el que

Raúl Salinas había sacado su fortuna de México. Era el año anterior a las elecciones presidenciales del 94, y la mayor parte de los mexicanos acaudalados habían empezado a girar su dinero al exterior, como lo solían hacer al final de cada sexenio presidencial. "Lamentablemente, dada la inestabilidad económica y política que tiene lugar en el país en época de elecciones, ésta es una tradición", explicó la banquera. En el contexto de la política mexicana, lo que Raúl Salinas había hecho "no era sorprendente ni tampoco ilegal. Más bien, era una medida prudente...".

"No, señor, no le pregunté"

El senador Levin, quien había estado escuchando atentamente el testimonio escrito de Elliott, miró a la banquera por encima de sus anteojos de lectura antes de empezar su ataque. Levin podía tener todo el aspecto de un profesor distraído, pero de improvisado no tenía nada. Graduado en la escuela de leyes de la universidad de Harvard, Levin había actuado en los años sesenta como asistente especial del fiscal de Michigan antes de empezar su carrera política en 1969 como miembro del Consejo Municipal de Detroit. A través de los años, el senador se había convertido en un interrogador hábil y astuto.

Después de que sus asistentes Roach y Bean colocaran una serie de gráficos y copias ampliadas de documentos en una atril a un costado de la sala, a la vista de Elliott y de toda la audiencia, Levin comenzó a hacer sus preguntas. Como buen interrogador, comenzó despacio, hablando casi con delicadeza. Primero, le preguntó a Elliott si reconocía un memo firmado por su jefe Montero en 1991, un año antes de que Raúl Salinas pidiera abrir su cuenta en Citibank, en el que se urgía a los funcionarios del Departamento de Banca Privada de Citibank que "cumplan con los requisitos de 'Conoced a vuestro cliente', y estudien con diligencia a sus potenciales clientes".

¿Había visto Elliott ese memo? Elliott contestó afirmativamente. Entonces, ¿sabía con certeza el origen de los fondos de Raúl Salinas? ¿Le había pedido a su cliente datos específicos sobre el origen de sus depósitos? Elliott contestó que había interpretado que el requisito de conocer "el origen de los fondos" no significaba que los banqueros debían averiguar cómo el cliente había hecho su dinero, sino de qué bancos provenían los fondos. La funcionaria agregó que sabía que el depósito inicial de Salinas, unos 100.000 dólares, provendría de su cuenta personal de Bancomer

278

o Banca Cremi. Mirándola nuevamente por encima de sus lentes de lectura, Levin le dirigió a Elliott una mirada escéptica, como si le estuvieran tomando el pelo.

"Pero Raúl Salinas posteriormente depositó millones... ¿Estaba usted al tanto del origen de los millones que depositó posteriormente?", preguntó el senador. Elliott se encogió levemente de hombros: "Sabía que provenían de bancos mexicanos".

Levin volvió a la carga: "¿Pero acaso conocía el origen de los fondos? ¿De dónde provenía el dinero?" Elliott volvió a repetir sus anteriores explicaciones, ahora con más detalles. Ella creía que a la familia Salinas le había ido bien con sus inversiones en Telmex, el monopolio telefónico que el presidente Salinas había privatizado un año antes, y que Raúl Salinas había recibido dinero líquido de su casamiento con Paulina Castañón. "No era una sola cosa. En mi mente, eran una serie de cosas, y todo tenía sentido en ese momento", dijo la banquera.

Levin: "¿Usted también creyó que Raúl Salinas había vendido la empresa de construcción?"

Elliott: "Sí."

Levin: "¿Conocía el nombre de la empresa?"

Elliott: "No."

Levin: "¿Le preguntó cuánto recibió por esa transacción?"

Elliott: "No, señor, no le pregunté".

Un formulario en blanco

¿Y por qué no había cumplido con las regulaciones internas de Citibank que exigían que los funcionarios del Departamento de Banca Privada llenaran un perfil detallado del cliente y consiguieran al menos dos recomendaciones escritas para cada cliente nuevo?, quería saber el senador Levin.

El senador leyó en voz alta varios memos internos de Citibank, en los que se explicaban estos requerimientos, y les pidió a sus asistentes que colocaran en el atril frente a Elliott una copia del formulario "Perfil del Cliente" correspondiente a Raúl Salinas, de 1992, después que éste hubiera abierto su cuenta en Citibank. El formulario estaba en blanco.

Mirándola fijamente a los ojos, Levin le dijo a Elliott: "Usted había recibido un mes antes [de abrir la cuenta] un memo del señor Montero, recordándole que el formulario debía ser completado, y he aquí un formulario casi totalmente en blanco, incluyendo la sección del origen de los fondos. ¿Es o no es así?"

Elliott, cada vez más incómoda y cambiando frecuentemente de posición en su asiento, ensayó una explicación técnica. "Había dos juegos de formularios: uno compilado en México, y otro que debía ser completado en Nueva York. Al parecer, hubo una pequeña confusión..."

Levin: "El memo deja claramente por sentado que la documentación debe ser completada, pero si lo mira bien, está en blanco..."

Elliott: "Es correcto".

Levin: "¿Y podría afirmarse que esto ocurrió un mes después de que le fueran enviadas las inequívocas instrucciones del señor Montero de que estos formularios debían ser completados 'al comienzo de la nueva relación [comercial]'... ¿No es eso cierto?"

Elliott: "Sí, señor".

Acto seguido, Levin pasó a martillar a la banquera sobre el segundo requisito interno: que los funcionarios del banco debían exigir dos referencias por escrito antes de abrir una cuenta. Elliott ya había declarado en su testimonio leído que los reglamentos permitían que un banquero de Citibank firmara una de las cartas de referencia. Pero ¿y la otra?, preguntó Levin. ¿Acaso Hank Rohn le había dado una segunda referencia escrita?

Elliott: "No... Me pareció que la referencia [oral] que tenía era lo suficientemente convincente".

Levin: "Así que no tenía otra referencia por escrito en el expediente. Pero cuando el presidente [del Subcomité de Investigación del Senado, la senadora Collins] le preguntó si había cumplido con los requisitos internos del banco, usted dijo que contaba con una referencia. En realidad, usted no cumplió siquiera con ese requisito ¿no es cierto?"

Elliott: "Los requisitos permitían que una de las referencias, en realidad que ambas referencias, pudieran ser sustituidas por un miembro del equipo, y yo era un miembro del equipo".

Levin: "Ya veremos eso. ¿Pero usted no tenía otra referencia en su expediente, correcto?

Elliott: "Así es".

Levin: "Creo entender que, en 1995, después del arresto del señor [Raúl] Salinas, usted cambió su "Perfil del Cliente". ¿Es así?"

Elliott: "Correcto".

Levin: "En realidad, antes de que lo cambiara, el formulario estaba en blanco. ¿No es así?"

Elliott: "Sí, es cierto".

Levin: "¿Lo hizo para cumplir con los requisitos del banco?"

Elliott: "De ninguna manera. Yo creía que había sido llenado. Creí que lo habíamos hecho hacía un año y medio. Pero no. Cuando vi que estaba en blanco... no sé qué decirle. Aún no sé por qué..."

¿Quién era "Dios" en Citibank?

Los senadores se estaban impacientando. El hecho de que Elliott no hubiera cumplido con algunos de los reglamentos de Citibank no era sorprendente. La evidencia era abrumadora. La pregunta clave era si sus omisiones se debían a negligencia personal o —tal como sospechaban los integrantes del panel del Senado— a una atmósfera general permisiva, un clima de "no preguntes, no comentes" que estaba siendo fomentada incluso desde las más altas esferas del Citibank. De hecho, existían sospechas de que, aun en un banco tan grande como Citibank, una cuenta privada de más de 100 millones de dólares no podía pasar inadvertida por los máximos ejecutivos de la corporación, especialmente cuando el cliente en cuestión era nada menos que el hermano del presidente de un país importantísimo para Citibank.

Y las sospechas parecían estar confirmadas en las grabaciones telefónicas de las frenéticas conversaciones de Elliott con sus colegas de Londres, en las que la banquera había asegurado que hasta "Dios" había estado al tanto de la existencia de la cuenta de Raúl Salinas. La aseveración de Elliott constituía un fuerte indicio de que el propio presidente de Citibank, Reed, había aprobado la apertura de la cuenta de Raúl Salinas.

Levin: "Señora Elliott, el banco nos facilitó las transcripciones de las conversaciones telefónicas que tuvieron lugar el día después del arresto del señor [Raúl] Salinas, en febrero de 1995. Y en tres oportunidades, durante dichas conversaciones, usted menciona el haber hablado con 'Dios'. En la primera conversación, con Pedro Homem y Sarah Bevan, los dos colegas suyos radicados en Europa, usted dijo: 'Estoy segura de que me van a pedir que hable con «Dios»...' Luego, una hora después, en el curso de otra conversación, usted dice que 'podemos agradecer a Dios que el tipo que está cerca de «Dios» no parece demasiado preocupado'. Luego Bevan dijo: 'Su mano derecha [de «Dios»] está tranquilo'. Y usted contestó: 'Su mano derecha tampoco está preocupado. Me encanta'. Ahora bien, ¿quién es 'Dios'? ¿A quién se refiere?"

Elliott: "Esa conversación tuvo lugar hace casi cinco años. Hablé con un montón de gente ese día, pero si me pide que trate de explicar lo que dije, puedo decir dos cosas. Que cuando tengo que hablar con todo el mundo, yo diría que voy a tener que hablar con Dios. Era la primera vez en los 27 años que llevaba en el banco que un cliente mío era arrestado, nada menos que por homicidio. Y yo sabía que tendría que darle explicaciones a casi todo el mundo. Así que hoy, aquí, lo que puedo decirle es que creo que eso es lo que quise decir entonces".

Nuevamente, el senador Levin puso una cara de incredulidad total, como preguntando si lo estaban tomando por bobo. "Bueno, si como usted dice, 'Dios' es el público general, esta conversación no tiene sentido". La audiencia estalló en risas. Levin continuó, leyendo de las grabaciones telefónicas: "En una parte de la conversación Bevan dice que 'obviamente, ella [Amy Elliott] está hablando con todo el mundo, «Dios» incluido, e incluso está hablando con su abogada'. ¿Usted me está diciendo que ella no se refiere a una persona en especial?"

Elliott: "Estoy diciendo que no. No puedo adivinar lo que Sarah Bevan o Pedro Homem [quisieron decir]... No sé lo que quisieron decir... Yo digo que no."

Levin: "El [mismo] día después del arresto de Raúl Salinas, usted les dijo: 'En este asunto, todo el mundo estaba a bordo'. Posteriormente, en la misma conversación, agrega: 'Esto viene de... lo más alto, de la cúspide de la corporación. Esto era sabido'. ¿A quién se refirió al decir la cúpula de la corporación?"

Elliott: "A Bill Rhodes".

Levin: "¿Y qué quiso decir cuando dijo: 'Ustedes y yo no somos más que pequeños peones en todo este asunto'?"

Elliott: "Estaba hablando de funcionarios que estaban cuatro o cinco peldaños por debajo del presidente, y Rhodes era y sigue siendo el vicepresidente del banco. Para mí, eso es bastante alto".

Al decir que se había referido a Rhodes y no al propio Reed, Elliott le había ahorrado al presidente del Citibank —y al gigantesco banco— un bochorno público, y probablemente una nueva investigación por parte de los reguladores bancarios de Estados Unidos. Los senadores agradecieron el testimonio de Elliott, mientras muchos en la sala se preguntaban si decía la verdad, o si sería recompensada de alguna manera —aunque más no fuera pudiendo conservar su puesto sin sanción alguna— por haber salvado al banco en uno de los momentos más difíciles de su historia reciente.

Acto seguido le tocaría presentarse ante el Subcomité del Senado al propio Reed. Flanqueado por varios ayudantes y abogados, Reed se levantó de su asiento y se encaminó a la mesa de los testigos con una sonrisa de hombre exitoso, mientras las cámaras seguían cada uno de sus pasos. Por cierto, pocos de quienes estábamos en la sala sabíamos que apenas unos días antes, el abogado de Citigroup, Boyden Gray, había hecho un infructuoso intento por evitar el testimonio de Reed ante el Subcomité, aduciendo que existía un "serio problema sobre la jurisdicción" del mismo para interrogar al presidente del Citigroup.

Mientras Reed se acomodaba en su asiento, el equipo de relaciones públicas del banco empezó a distribuir entre los periodistas —reunidos en dos mesas, una a cada lado del auditorio— un comunicado de prensa. La gacetilla, titulada "Puntos Importantes del Testimonio de John S. Reed", comenzaba diciendo: "Como todas las instituciones de nuestro tipo, tenemos problemas y cometemos errores".

Minutos después, cuando llegó el momento de contestar las preguntas de los senadores, las declaraciones de Reed resultaron aun más sorprendentes, especialmente considerando que durante varios años el Departamento de Relaciones Públicas de Citibank había recitado como un mantra su posición oficial de que "estamos siempre alertas a posibles violaciones de las leyes por parte de nuestros empleados y, en este caso, no hemos encontrado ninguna razón para pensar que las hubo".

Reed admitió de entrada que no podía argumentar ignorancia sobre América Latina, o sobre las relaciones de Citibank con países latinoamericanos. No sólo se había criado en la Argentina y Brasil, donde su padre había sido un gerente de Armor & Co., sino que su devoción por la región y su cultura era bien conocida en círculos financieros y políticos.

Los senadores le preguntaron a Reed lo obvio: ¿Cómo podía ser que Citibank, con sus enormes recursos, no detectara que sus reglamentos internos no estaban siendo acatados?

"Senador, con respecto a ese tema, somos una organización humana. En algunas ocasiones no hemos respetado los reglamentos. Creo que se trata de cinco o seis casos, a lo más. Pero nunca he tenido la impresión de que se tratara de una tendencia general dentro de la empresa, que pudiera poner en tela de juicio nuestra habilidad como empresa. Pero, como dije al principio, existen algunos ejemplos de transacciones a las que se pueden hacer críticas legítimas, y creo que debemos reconocer simplemente que, en algunas de nuestras actividades y en algunas de nuestras conductas, hemos tenido fallas".

Sin embargo, no se trataba de casos aislados ni de un año específico, replicaron los senadores. De hecho, una serie de auditorías internas de Citibank le habían otorgado al departamento de banca privada uno de los puntajes más bajos en cuanto al cumplimiento de la regla "Conoced a vuestro cliente". El Subcomité recalcó que todo parecía indicar que había una tendencia generalizada de deficiencias que permitían que Citibank fuera utilizado por los lavadores de dinero.

"Creo que tienen razón", contestó Reed. "Hubo un período de tres o cuatro años durante el cual tenemos razones para suponer que existía ese problema..." Pero, continuó diciendo el hombre que era visto por muchos como el banquero más importante del mundo, en 1994 y 1995 "logré identificar el problema", y corregirlo. En 1998, se habían realizado en el banco "cambios significativos" para mejor, y en 1999 las auditorías del Departamento de Banca Privada habían sido enteramente positivas. De manera que, aunque era cierto que existía un problema, éste había sido definitivamente corregido.

El senador Levin seguía con el ceño fruncido. Reed afirmaba que había reestructurado el Departamento de Banca Privada en 1997. Sin embargo, dijo el senador, levantando un folleto con la mano, en 1998 Citibank había distribuido folletos ofreciendo a sus clientes "el mejor de los mundos" en refugios financieros como Suiza, Bahamas y las Islas Caimán. ¿Qué entendía Citibank por "el mejor de los mundos"?, preguntó el senador. ¿Se refería acaso a la seguridad absoluta y al secreto bancario?

"Senador, nuestra misión es hacer negocios", contestó Reed. Citibank tenía que competir con otros bancos alrededor del mundo, y no podía sentarse a descansar sobre sus laureles mientras las demás instituciones financieras aprovechaban todas las oportunidades. "Algunas de estas instituciones que se caracterizan por el secreto bancario son perfectamente respetables. Suiza puede describirse como una sociedad desarrollada donde rige el imperio de la ley... Yo creo personalmente que si vamos a hacer negocios, tenemos que operar en el lugar del mundo donde están los negocios, y donde los clientes suponen que tenemos que estar. Y si hubiera algo malo en eso, los reguladores bancarios norteamericanos lo hubieran prohibido hace rato", señaló. "Nosotros tenemos que pedir permiso a nuestros reguladores para abrir una sucursal [en el extranjero]... Simplemente, nos lo negarían".

¿Cómo había reaccionado Reed al descubrir que los funcionarios del Departamento de Banca Privada del banco en Nueva York no habían completado los formularios requeridos para abrir la cuenta de Raúl Salinas?

"Me preocupé que pudiera parecer que no se había cumplido con los requisitos, o con el papelerío necesario. Y, obviamente, así había sido", concedió Reed. "Pero no creo que en ese período o en la totalidad de los negocios de la empresa existiera una tendencia nuestra de ser un banco 'fácil', un banco al que llega dinero sucio porque los lavadores de dinero supieran que no hacemos las averiguaciones pertinentes. No creo que abunden los ejemplos en que hayamos aceptado clientes que claramente estaban del otro lado de la raya".

Pero el mismo Reed había admitido en una sesión a puertas cerradas ante los miembros del Subcomité antes de la audiencia pública que, estando de visita en México en 1993 o 1994, había escuchado rumores sobre la corrupción de Raúl Salinas. Si estaba tan preocupado por los controles internos del banco para evitar la entrada de dinero sucio, ¿por qué no había comentado dichos rumores con sus subordinados?

Es cierto, dijo Reed, que estando en Monterrey había escuchado esos rumores, pero nunca había utilizado la palabra "corrupción". Lo que había dicho ante el Subcomité era que había escuchado en ese viaje a Monterrey, durante un partido de golf con algunos clientes, "un comentario que me hizo pensar en la posibilidad de algún tipo de conducta impropia por parte de la familia Salinas... Lo que se deducía del comentario era que había un hermano del presidente, cuyo nombre yo ni siquiera conocía, que estaba en Monterrey haciendo negocios aprovechando su relación con su hermano, y que eso podía causarle problemas al presidente... Y no lo comenté [en el banco] porque no suelo hacerme eco de comentarios de los que no sé nada".

Los senadores le preguntaron a Reed acto seguido por el contenido de las grabaciones telefónicas. El día en que Raúl Salinas había sido arrestado, Rukavina, el jefe máximo del Departamento de Banca Privada de Citibank, radicado en Suiza, había mantenido una agitada conversación telefónica con la sucursal londinense. La primera reacción de Rukavina ante la noticia del arresto de Raúl Salinas no había sido sugerir una investigación interna sobre si se había procedido correctamente al aceptar la cuenta, sino más bien tratar de proteger el dinero del problemático cliente, transfiriéndolo de Londres a Suiza. ¿De qué manera podía reconciliarse la actitud de Rukavina con los reglamentos de Citibank?

"Ese comportamiento fue incorrecto", contestó Reed, meneando la cabeza. "Demuestra una falta de madurez y de juicio que simplemente no son aceptables. Quiero decir, este tipo de actitud, cuando se tiene un problema, ese deseo de ocultar el problema y disfrazar los hechos, no tiene perdón. Punto y aparte. No tiene perdón".

Una pregunta olvidada

La admisión de Reed era sorprendente, especialmente después de que Citibank había repetido una y otra vez que no había hecho nada impropio en el caso Raúl Salinas. Sentado en la audiencia, no pude evitar una sonrisa al escuchar el mea culpa del poderoso banquero.

Cuando el Subcomité entró en receso y Reed abandonó el auditorio escoltado por cuatro de sus subordinados, me dirigí hacia Roach y los demás investigadores del Senado para preguntarles si estaban tan asombrados como yo por lo que acababan de escuchar. Era evidente que estaban satisfechos con los resultados de la audiencia pública. Uno de ellos, sin embargo, lamentó que los senadores se hubieran olvidado de hacer la pregunta clave. Ya sea por falta de tiempo o porque no se les había ocurrido, los senadores se habían olvidado de preguntarle a Reed por qué motivo, si los funcionarios a cargo de la cuenta de Raúl Salinas habían violado los reglamentos internos del banco, ninguno de ellos había sido despedido, o por lo menos amonestado.

Si Reed realmente estaba tan preocupado por la falta de cumplimiento con los reglamentos internos del banco después de haber "identificado el problema" en 1994 o 1995, ¿por qué no los había sancionado? Elliott, Montero, Rukavina y Rhodes habían seguido trabajando para el banco, y varios de ellos habían sido incluso promovidos a puestos más importantes mucho tiempo después del escándalo de Raúl Salinas.

Mientras el público desalojaba el salón, el investigador del Subcomité con el que hablaba me comentó que ni siquiera Elliott, la funcionaria de menor categoría del grupo, había sido suspendida. Luego, como contestando su propia pregunta, el investigador se sonrió. Quizás, después de todo, no era de sorprenderse, dijo. Si Elliott hubiera sido despedida, lo más probable es que presentara una demanda contra el banco, y divulgara públicamente quién era el "Dios" que había mencionado en sus conversaciones telefónicas. Los titulares a toda página de que el mismo presidente de Citibank había ayudado a encubrir el escándalo de Raúl Salinas hubieran sido un golpe terrible para la institución. De manera que si no se habían tomado medidas disciplinarias contra los funcionarios a cargo de la cuenta de Raúl Salinas, probablemente era "por gracia de Dios", señaló el investigador, con una sonrisa.

El ritual de los mea culpa

Mi asombro por la confesión de Reed no duró mucho. Esa misma tarde, hablando con Jack Blum, un veterano ex investigador del Congreso que se había hecho famoso por su labor en la pesquisa sobre los sobornos a funcionarios extranjeros que involucraron a la Lockheed Corp. en los años setenta, me di cuenta de que las admisiones de Reed podían no ser espontáneas ni audaces, sino más bien seguir al pie de la letra un prototipo de estrategia legal de control de daños que utilizan las grandes corporaciones en casos como éste.

En su calidad de asesor externo del Senado en los últimos años, Blum había sido consultado más de una vez por Roach y otros investigadores del Congreso, y había seguido el caso de Citibank desde la distancia. Según me explicó esa tarde, la declaración de Reed no lo había sorprendido en absoluto. A su juicio, ésta era una típica maniobra de control de daños. Blum ya había visto este tipo de mea culpa muchas veces en el pasado.

"Es siempre lo mismo: se trata de un ritual que puede ser adaptado a diferentes circunstancias", señaló Blum. Citibank, al igual que otras grandes multinacionales, contrata a superabogados de Washington especializados en estrategias de contención de daños. En este caso, habían contratado a los abogados que asesoraron a Clinton en sus problemas legales a comienzos de los noventa. Las recomendaciones de los abogados al Citibank no eran diferentes a los consejos legales que se daban a los políticos en dificultades: lo primero que había que hacer era ganar tiempo, cuidándose de no hacer movimientos en falso que pudieran tener repercusiones en el futuro. La regla básica en cualquier escándalo era postergar los mea culpa públicos lo más posible, preferiblemente hasta años después, cuando la opinión pública ya se hubiera olvidado —o aburrido— del caso.

"En la primera etapa, se emite un comunicado de prensa que dice algo así como 'De acuerdo con la política de nuestra empresa, no podemos comentar sobre si se está llevando a cabo una investigación gubernamental sobre alguno de nuestros clientes'. Luego, en la segunda etapa, dicen: 'Estamos cooperando plenamente con la investigación'. Cinco años después, cuando ya prescribió la causa y no hay peligro de repercusiones penales, entran en un período de contrición y mea culpa, diciendo: 'Hemos cometido errores inexcusables, pero ahora los hemos corregido, y nunca volverá a suceder algo semejante en nuestra institución", explicó Blum. Como un ritual de teatro kabuki japonés, estas etapas se repetían con asombrosa frecuencia en casi todos los escándalos de Washington, me señaló el veterano ex investigador del Senado.

Citibank toma medidas

¿Habían tenido consecuencias concretas las audiencias públicas del Subcomité? No cabía duda de que el espectáculo le había dado un buen susto al Citibank. Hizo transpirar al presidente del banco y a su plana mayor y ayudó a acelerar el proceso de controles internos del banco. Desde que había estallado el escándalo de Raúl Salinas, Citibank había nombrado a Joseph Petro, el ex agente del Servicio Secreto de Estados Unidos, como jefe de un programa mundial de controles internos y lo había colocado junto con un ex fiscal en un lugar encumbrado dentro de la jerarquía del banco. Al mismo tiempo, según fuentes del Citibank, el banco había aumentado de 220 a unos 300 el número de sus encargados de vigilar el cumplimiento de sus controles internos en todo el mundo.

También estableció un nuevo mecanismo para monitorear a potenciales clientes: las gerencias del Citibank en todos los países donde operaba habían elaborado un "perfil de riesgo" de su país, donde se establecían las normas para aceptar nuevos clientes. Y el número de "cuentas políticas" se había reducido significativamente. "En general, tratamos de evitar aceptar como clientes a figuras públicas en países que tienen una reputación de alta corrupción", me señaló Petro. "Siempre va a haber alguno que se logre escurrir en el sistema y abrir una cuenta, pero no va a ser tan fácil que lo haga un presidente, o un hermano de un presidente, o sus familiares".

Además, Citibank había invertido una fortuna en un programa de monitoreo de transacciones bancarias, similar al que usan las compañías de tarjetas de crédito para detectar movimientos inusuales, por el cual las computadoras del banco daban una señal de alarma cuando veían flujos sospechosos en una cuenta. Si una cuenta que recibía un promedio de un millón de dólares por año de repente registraba depósitos de tres millones, por ejemplo, el programa alertaba a los encargados de controles internos del banco sobre la cuenta, para que hicieran las averiguaciones del caso. "La tecnología va a permitir monitorear millones de transacciones y permitir que nos concentremos en las que parezcan sospechosas", me dijo uno de los ejecutivos del Citibank cercano al proyecto.

Como prueba de que el sistema estaba funcionando, los funcionarios del Citibank señalaban el caso del presunto traficante de armas peruano Víctor A. Venero, allegado al ex jefe de Inteligencia del Perú Vladimiro Montesinos, que fue detenido en Miami en enero de 2001 bajo cargos de corrupción y lavado de dinero. Venero había depositado 15 millones de dólares en dos cuentas del Citibank en Miami, una de ellas a nombre de la empresa Greco Ltd., pocas semanas antes, diciendo que el dinero provenía de sus compañías de construcción y textiles en Perú. El gobierno peruano, sin embargo, había pedido la captura internacional de Venero, acusándolo de ser el prestanombres de Montesinos, y de haber participado como tal en una estafa de hasta 100 millones de dólares en los fondos de pensiones de su país, y en ventas clandestinas de armas a los países de la ex Unión Soviética.

El FBI lo capturó en su casa de Miami en la noche del 29 de enero. Funcionarios del Departamento de Estado señalan que le venían siguiendo los pasos de cerca. Sin embargo, fuentes del Citibank me aseguraron que antes de su detención, Citibank había congelado sus cuentas y alertado a las autoridades sobre sus depósitos sospechosos. Frank Figliuzzi, el director adjunto de la oficina del FBI en Miami, confirmó que Venero fue arrestado horas después de enterarse de que su cuenta había sido congelada por el banco. El millonario peruano había acudido a la sucursal del banco a las diez de la mañana para hacer un retiro, y al informársele de que había un problema con su cuenta se quedó horas en el banco tratando de aclarar la situación, dijo el funcionario del FBI. Luego, tras fracasar en su intento, Venero fue al bar de un hotel cercano a tomarse un trago y de allí a su casa. A las 23:30 irrumpieron allí los agentes del FBI y se lo llevaron. "Nosotros habíamos alertado a las autoridades de que su cuenta era sospechosa", me aseguró un funcionario de Citibank.

Y tampoco había duda de que las revelaciones de la investigación del Senado habían ayudado a dar a conocer en Estados Unidos el tema del lavado de dinero producto de la corrupción, que hasta entonces pasaba prácticamente inadvertido. Sin embargo, quedaba la pregunta de si las audiencias lograrían su propósito de convencer al Congreso de que aprobara leyes en un futuro próximo para ayudar a combatir la corrupción extranjera y el lavado de dinero sucio a través de bancos norteamericanos.

No sería una batalla fácil de ganar. Los grandes bancos no sólo podían contratar a los mejores abogados para defenderse en las Cortes, sino que era bien sabido que también hacían cuantiosas contribuciones políticas que indirectamente ayudaban a que el Congreso no aprobara con facilidad leyes que gran parte de la industria bancaria veía como draconianas. De acuerdo a los registros de la Comisión Federal de Elecciones, entre 1995 y 1998 Citigroup había donado 1.7 millones de dólares al Comité Nacional del Partido Republicano, y 608.950 dólares al Comité Nacional del Partido Demócrata. Y estas donaciones eran probablemente sólo una parte de la totalidad de las contribuciones del banco.

Según los registros de Causa Común, un grupo independiente que monitorea contribuciones políticas de grandes empresas, dichos fondos no incluían las donaciones hechas directamente a los comités estatales de ambos partidos. Un estudio de Causa Común de 1999 demuestra que, aun tomando en consideración sólo las contribuciones a los comités nacionales, Citigroup ocupaba el octavo lugar entre las diez corporaciones de Estados Unidos que habían hecho las mayores contribuciones políticas.

Y no pocos altos funcionarios de Citigroup tenían gran influencia en la Casa Blanca. A fines de 1999, Robert E. Rubin, que acababa de dejar el poderoso cargo de secretario del Tesoro, había aceptado el cargo de presidente del consejo ejecutivo de Citigroup. Rubin, quien poco antes de dejar el gobierno había sido uno de los oradores principales del "Foro Global contra la Corrupción", se mantenía tan cercano al gobierno de Clinton que incluso se lo había mencionado en un momento como posible compañero de fórmula de Gore para las elecciones de 2000.

De hecho, Rubin incluso hizo una aparición conjunta con Gore durante las primarias del Partido Demócrata en New Hampshire. En su cobertura del evento, la revista *Time* señaló en febrero de 2000 que Gore "dejó que sus asesores sugirieran que Rubin pudiera ser un perfecto compañero de fórmula". No fueron pocos quienes sospecharon que muchos legisladores demócratas lo pensarían dos veces antes de votar a favor de leyes bancarias que podrían irritar al futuro candidato a vicepresidente de su partido, y —de ganar las elecciones— el líder del Senado.

La estrategia de contención de daños de Citibank que Blum había descripto —con sus respectivas etapas de negación, cooperación y contrición— parecía haberle funcionado relativamente bien al banco. Hacia fines de 1999, cuando se realizaron las audiencias del Senado, la investigación penal del Departamento de Justicia hibernaba y el período de cinco años para la presentación de cargos estaba por expirar. De acuerdo a voceros de Citibank y a funcionarios del gobierno cercanos al caso, los fiscales federales no lograron probar una "conexión de narcotráfico" de Raúl Salinas que pudiera convencer a un gran jurado de que se trataba de un caso de lavado de dinero del tráfico de drogas.

Y dado que la ley norteamericana exigía probar una conexión con el narcotráfico o evidencias de soborno para presentar cargos de ese tipo —la corrupción oficial o el robo de recursos públicos no figuraban entre los delitos que calificaban para el lavado de dinero— los fiscales no habían podido construir un caso contra Citibank. "Básicamente, lo que me dijeron era que les estaba costando mucho trabajo probar la conexión con el tráfico de drogas", me dijo un funcionario del gobierno de Clinton que seguía de cerca la investigación de la fiscalía de Nueva York sobre el caso de Citibank.

Ex agente del FBI se pregunta qué pasó

Cuando me encontré a tomar un café en Washington D.C. con Pimentel, el ex jefe del FBI en México que había participado en los primeros pasos de la investigación del Citibank, era obvio que estaba frustrado por la falta de resultados. Estábamos en febrero de 2000, cinco años después del arresto de Raúl Salinas, y Pimentel se había retirado hacía poco del FBI. El ex agente no podía ocultar su desánimo. "No me entra en la cabeza cómo, a pesar de la enorme investigación que se llevó a cabo, no se obtuvo ningún resultado", me comentó, meneando la cabeza. "No lo puedo entender".

¿Qué puede haber pasado?, le pregunté. Pimentel se encogió de hombros. "Quizás fue por motivos de seguridad nacional, o económicos, o porque se consideró que estaba la estabilidad de México en juego. ¿Te imaginas lo que hubiera pasado si hubiésemos condenado a John Reed o a Amy Elliott?", preguntó Pimentel. El ex agente del FBI admitió que no era inusual que los fiscales norteamericanos presentaran casos contra grandes corporaciones —y en ese momento lo estaban haciendo nada menos que contra Microsoft— pero también era cierto que una causa contra Citibank era una jugada arriesgada que podía asestar un duro golpe a la industria bancaria y a la economía en general.

Pensando en voz alta, le sugerí a Pimentel que quizás los fiscales habían decidido que presentar cargos contra Citibank haría más mal que bien, en el sentido de que podía quebrar la creciente cooperación entre los grandes bancos y el FBI en la lucha contra el lavado de dinero. Quizás los fiscales habían llegado a la conclusión de que, al no tener en sus manos un caso fácil de ganar en las Cortes bajo las leyes existentes, lo mejor que podían hacer era usar la investigación para asustar a los bancos e inducirlos a una mayor cooperación con el gobierno en el futuro. Pimentel admitió que todo esto era posible. Aun así, se sentía profundamente frustrado por la falta de resultados. "No lo entiendo", volvió a repetir el ex agente, meneando la cabeza.

Todos se van, menos Elliott

El último día de las audiencias del Subcomité del Senado, cuando me encontraba en la esquina del edificio esperando un taxi para regresar a mi hotel, me topé por casualidad con Michael Schlein, el flamante director de Relaciones Públicas de Citibank. Tras saludarlo e intercambiar algunas bromas, decidimos compartir un taxi. Conversando sobre el testimonio del presidente de Citibank que acabábamos de escuchar, noté que Schlein no había perdido su sonrisa ni su confianza en sí mismo.

Schlein me recordó que Citibank siempre había actuado dentro de la ley. Y desde un punto estrictamente legal quizás tuviera razón. Cuando se bajó del taxi y nos despedimos, lo miré alejarse con el aire de satisfacción de alguien que acaba de terminar un trabajo bien hecho. No pude menos que recordar las etapas de la estrategia de contención de daños que me había explicado Blum, el ex investigador del Senado, y concluir para mis adentros que —después de todo— Citibank había ganado la batalla.

El ciclo de Blum se había cerrado. Al día siguiente, el mea culpa de Reed salió publicado en las páginas interiores de *The Washington Post*, bajo el inocuo título "Funcionarios de Citigroup Interrogados en Audiencia de Lavado de Dinero". El *New York Times* publicó la nota en la página 6, mientras que *The Atlanta Constitution* y otros grandes periódicos metropolitanos habían destinado apenas un párrafo a la noticia, en la sección "Breves".

Claro que la batalla no había terminado, y que el Congreso norteamericano se aprestaba a redactar proyectos de ley para combatir el lavado de dinero procedente de la corrupción. Si estos proyectos eran aprobados, los fiscales federales en el futuro ya no tendrían que probar una conexión con el narcotráfico para presentar un caso de lavado de dinero contra una entidad como Citibank, sino simplemente demostrar que sus clientes habían depositado dineros robados en sus cuentas bancarias. Si las audiencias habían servido para algo, era para demostrar que el mayor obstáculo en la lucha contra la corrupción no era tanto la falta de cumplimiento de las leyes por los bancos sino las leyes mismas.

De allí en más, el banco se referiría al caso de Raúl Salinas como un hecho remoto, ya resuelto y archivado. Un vocero de Citibank me comentaría posteriormente que el 95% de los altos funcionarios envueltos en el caso Salinas ya no estaban en el banco en el año 2000. La única que seguía cobrando su jugoso sueldo de seis dígitos, aparentemente feliz de la vida, era Amy Elliott. Cinco años después del arresto de Raúl Salinas, la banquera tenía una posición cómoda en el banco, que si bien la mantenía alejada de sus anteriores clientes mexicanos le garantizaba un continuo contacto con América Latina. Irónicamente, Elliott incluso había sobrevivido a Reed: cuando este último se retiró del banco en el año 2000, ella seguía en Citibank, mientras sus ex companeros bromeaban que tenía más vidas que el propio Dios.

La cinta de Raúl y Adriana

Todo parecía ir viento en popa para Citibank, si no hubiera sido por el hecho de que, a fines del año 2000, se produjeron acontecimientos que le dieron un nuevo aire a la alicaída investigación del Departamento de Justicia de Estados Unidos. Justo cuando estaba por prescribir el plazo legal para presentar una causa federal en Estados Unidos, salieron a la luz indicios de lo que muchos habían sospechado de entrada: que una buena parte de los depósitos de Raúl Salinas en Citibank venían directamente del gobierno mexicano, y habían sido enviados a las cuentas secretas del hermano del presidente con la colaboración de altos funcinarios de la oficina del presidente Salinas.

En efecto, el 10 de octubre de 2000, casi un año después de las audiencias del Senado norteamericano sobre el caso Raúl Salinas-Citibank, el presentador de la cadena de televisión mexicana Televisa, Joaquín López Doriga, sacudió a México poniendo en el aire una agitada grabación telefónica de Raúl Salinas con su hermana Adriana, desde la cárcel donde se encontraba. En la conversación, dada por auténtica por el gobierno mexicano, Raúl Salinas se quejó amargamente por un libro que acababa de publicar Carlos Salinas, en el que el ex presidente pretendió tomar cierta distancia de "los medios de los que Raúl pudo haberse valido para conformar esa riqueza". Los abogados de Raúl Salinas posteriormente proclamaron la ilegalidad de la grabación y su difusión —en lo que probablemente tenían razón— pero no pudieron rebatir un peritaje de la Procuraduría General según la cual la cinta era auténtica, y la voz efectivamente pertenecía a Raúl Salinas.

En la grabación, Raúl Salinas le decía a su hermana que el libro de Carlos Salinas "lastima mucho mi defensa, porque una reprobación moral es lo que más daño me hace". A medida que avanzaba la conversación, Raúl Salinas montaba en cólera, y le aseguraba a su hermana que "le voy a tomar la palabra [a Carlos Salinas] y lo voy a aclarar todo, todo".

Adriana Salinas: "Ajá".

Raúl Salinas: "Todo lo voy a aclarar: de dónde salieron los fondos, quién era el intermediario, para qué eran... Voy a decir qué fondos salieron del erario público para que se devuelvan... Todo, todo lo voy a decir, Adriana, [porque] es una cobardía de Carlos atacarme públicamente, es una cobardía y una traición de hermano".

Adriana Salinas: "¡No te atacó!"

Raúl Salinas: "Me está atacando, porque él supo de todos los movimientos".

Adriana Salinas: "¡Es una mentira tuya!"

Raúl Salinas: "¡Todos los movimientos!"

Adriana Salinas: "¡Es una mentira tuya!"

Raúl Salinas: "Se lo digo en su cara... Es una cobardía gigantesca de Carlos estarme mandando recados con Juan José de que le mande dinero, porque el dinero es de él, y venir a decir que él no sabía nada".

Por fortuna para Citibank, la grabación no había salido antes. La referencia de Raúl Salinas de que sus millones "salieron del erario público" hubieran puesto en jaque el testimonio de Elliott de que había creído que la fortuna de su cliente provenía de la venta de una empresa de construcción o de buenas inversiones en la Bolsa. Y la defensa de Elliott y Citibank en las audiencias del Senado sonaría aun más sospechosa de haberse conocido en su momento un expediente de la Procuraduría General de la República señalando que durante la presidencia de Carlos Salinas se habían realizado transferencias regulares de dinero de la Oficina de la Presidencia a una cuenta de Raúl Salinas en el banco Somex, desde donde el hermano del presidente había girado fondos a Citibank en Nueva York.

Según un informe oficial de su gestión publicado en noviembre del año 2000 por Jorge Madrazo, el procurador del gobierno mexicano que había sucedido en su puesto a Lozano Gracia, la cuenta abierta en el banco mexicano Somex a nombre de Juan José González Cadena, alias de Raúl Salinas, "se abrió con el reconocimiento de firma que hizo el contador Ernesto Santies Hoyos, director general de Administración de la Presidencia de la República durante el período de Carlos Salinas". Entre 1989 y 1994, la cuenta de Somex había recibido "depósitos sistemáticos" de entre 35 mil y 43 mil dólares por semana. De esa cuenta, Raúl Salinas había hecho transferencias a tres cuentas: una a nombre de otro alias que utilizaba, otra a nombre de su secretaria Ofelia Calvo, "y a la de Amy Elliott, la ejecutiva que manejaba sus cuentas en Citibank de Nueva York".

El informe oficial de Madrazo al final de su gestión, titulado "Cuatro años en la Procuraduría General de la República", concluía que "los indicios con los que hasta ahora cuenta la PGR señalan posibles desviaciones del erario público a través de las cuentas y de los recursos que estuvieron bajo la responsabilidad de la Oficina de la Presidencia de la República durante la administración de Carlos Salinas de Gortari".

Poco antes de dar a luz su informe, Madrazo había mencionado su descubrimiento a los fiscales de Nueva York a cargo del caso. Uno de ellos, Stein, viajó a México a fines de 2000 y se reunió con el equipo de Madrazo. Según testigos de la reunión, el enviado norteamericano estaba feliz. Entre otras cosas, se le dio una declaración testimonial de un ex funcionario de la presidencia que parecía corroborar la información sobre el contador de la oficina presidencial, Senties Hoyos, hacía dos años "por causa natural", según el informe oficial del procurador.

"Hasta ese momento, los fiscales de Estados Unidos estaban deprimidísimos: su investigación estaba por prescribir y no habían logrado presentar cargos penales contra Citibank. Cuando les dimos esto, se pusieron felices", me señaló un miembro del equipo de Madrazo. De regreso a Nueva York, Stein había logrado una extensión de dos años en la prescripción de la causa contra Citibank, hasta fines de 2002. Cuando todos ya la daban por muerta, la investigación había logrado por lo menos un tiempo suplementario de dos años, aunque el hecho —como toda la información sobre la causa de los fiscales norteamericanos— se mantuvo en el más absoluto secreto.

La filosofía de Roach

Cuando visité a Roach por última vez en su pequeño cubículo del Subcomité de Investigaciones del Senado, me intrigaba saber cómo se sentiría un investigador idealista como él, que tanto empeño había puesto en el caso, ante el resultado —o la falta de resultados— de sus audiencias en el Senado. Roach no sabía nada sobre la extensión de la causa en el Departamento de Justicia, ni seguía de cerca esa investigación. El interés de su Subcomité estaba en reformar las leyes bancarias, para que no se dieran nuevos casos como el de Raúl Salinas en el futuro.

Había algunos datos esperanzadores. Para ese entonces, se habían presentado tres nuevos proyectos de ley anticorrupción, inspirados de alguna manera en las audiencias sobre el caso. El gobierno de Clinton había presentado un proyecto que incluía penas para los bancos que lavaran dinero producto de la corrupción, aunque no tuvieran que ver con el narcotráfico. Y tanto el Comité de Asuntos Bancarios del Senado como el senador Levin habían presentado sus propios proyectos, que con sus respectivas variantes también procuraban ampliar la definición legal de lavado de dinero para incluir casos de corrupción. El Congreso estaba debatiendo estas propuestas, aunque todavía no se había llegado a ningún acuerdo sobre su contenido ni fecha de votación.

Paralelamente, el Departamento del Tesoro norteamericano y los países europeos habían empezado a apretar las tuercas sobre los paraísos fiscales, exigiendo mayores controles a los depósitos provenientes de 15 países. En junio de 2000, la Coalición de Acción Financiera de Estados Unidos y Europa, una organización intragubernamental establecida en París, y conocida por sus siglas FAFT, puso en su lista negra a Bahamas, Islas Caimán, Islas Cook, Dominica, Israel, Líbano, Liechtenstein, Islas Marshall, Nauru, Niue, Panamá, Filipinas, Rusia, St. Kitts y Nevis, St. Vincent y las Granadinas. A partir de entonces, Estados Unidos y Europa se comprometieron a revisar con especial cuidado los depósitos provenientes de los 15 países, y a conminarlos a adoptar legislaciones más rigurosas contra el lavado de dinero como condición para sacarlos de la lista negra.

Casi simultáneamente, Transparency International, la organización no gubernamental anticorrupción establecida en Berlín, Alemania, logró que casi una docena de los mayores bancos internacionales, incluido Citibank, firmaran un documento comprometiéndose a tomar ciertas medidas básicas para combatir el lavado de dinero de la corrupción. El documento, firmado el 30 de octubre de 2000 por ABN Bank N.V., Barclays Bank, Banco Santander, Chase Manhattan Bank, Citibank N.A., Credit Suisse Group, Deutsche Bank, HSBC Bank, J.P. Morgan, Société Générale y UBS Bank, disponía un compromiso de los bancos a "tomar las medidas razonables para establecer la identidad de clientes y beneficiarios, y a aceptar clientes solamente una vez que se haya completado este proceso". Acto seguido, establecía que en el caso de cuentas numeradas, "compañías fantasmas", representantes legales u otros intermediarios destinados a proteger la confidencialidad de los verdaderos dueños de las cuentas, los bancos se comprometían a preguntar quiénes estaban detrás de las fachadas.

Finalmente, el gobierno de Clinton anunció con bombos y platillos el 16 de enero de 2001, apenas cuatro días antes de dejar el poder, una serie de "nuevas pautas contra el lavado de dinero de la corrupción gubernamental extranjera". El documento, emitido por el Departamento del Tesoro tras meses de consultas con otras agencias del gobierno norteamericano y tres reuniones con representantes de la banca, era la primera orientación escrita del gobierno de Estados Unidos a los bancos sobre cómo actuar ante posibles depósitos provenientes de funcionarios corruptos en el extranjero. "Estos lineamientos tienen por objeto ayudar a las instituciones financieras a detectar y evitar más eficientemente transacciones que involucren dineros de la corrupción en el extranjero", decía la introducción del documento. Las pautas se referían a "la apertura y mantenimiento de cuentas de personas que son funcionarios públicos extranjeros, sus familiares inmediatos o sus asociados", y ofrecían "una lista de actividades sospechosas que, cuando estén presentes, frecuentemente demandarán un escrutinio más detallado de las transacciones".

Concretamente, las nuevas pautas solicitaban a los bancos tomar una serie de precauciones para evitar depósitos como los que habían hecho Raúl Salinas o Sani Abacha. Entre otras cosas, se recomendaba a los bancos:

— Realizar "esfuerzos razonables" para determinar quiénes son los beneficiarios de sus cuentas cuando éstas están a nombres de terceros, o de corporaciones anónimas registradas en paraísos fiscales.

— Hacer "esfuerzos razonables" para determinar si las figuras públicas extranjeras que desean abrir una cuenta tienen fuentes legítimas de ingresos. En ese sentido, "la institución debe tomar medidas razonables para determinar el salario oficial y la compensación de la persona, así como también las fuentes de riqueza legítimas que no estén relacionadas con su posición oficial".

— Estar "alertas" ante movimientos inusuales de dinero, especialmente "depósitos o retiros de alto valor, sobre todo cuando se dan de forma irregular, que no coincide con lo que se tiene entendido son los ingresos y la riqueza legítima de la persona".

— Prestar "especial atención" cuando existen pedidos de confidencialidad por parte de figuras públicas extranjeras, "tales como registrar las transacciones a nombre de otra persona o una entidad comercial cuyo beneficiario no sea dado a conocer".

— Consultar también fuentes de información ajenas al potencial cliente —incluidas "fuentes públicas, como periódicos, revistas y artículos de otros proveedores de información"— cuando una figura pública quiera abrir una cuenta.

Sin embargo, tanto el acuerdo firmado por Transparency International con los once bancos como las "Nuevas Pautas" anunciadas al final del gobierno de Clinton no eran más que recomendaciones, cuyo cumplimiento era estrictamente voluntario. Según fuentes cercanas a las negociaciones, los bancos habían logrado diluir significativamente el texto del documento en los últimos días del gobierno de Clinton. Tras varias reuniones de funcionarios del Tesoro con directivos del New York Clearinghouse —un grupo que representa al Citibank, Chase Manhattan Bank, Morgan Guaranty Trust, Bank of New York, Bankers Trust Co., Fleet National Bank, European American Bank y HSBC Bank USA— la coalición de bancos había enviado una severa carta de protesta al gobierno de Clinton el 26 de diciembre de 2000, exigiendo cambios en el borrador del documento.

La carta confidencial, firmada por el presidente del New York Clearinghouse, Jeffrey Neubert, se quejaba de que "la única oportunidad que han tenido las instituciones financieras de revisar y comentar los borradores del documento fueron tres reuniones breves celebradas en Washington D.C. los días 5, 15 y 20 de diciembre". Los bancos exigían una revisión inmediata del borrador, puesto que las pautas eran demasiado "amplias", y que "sus expectativas son poco realistas". Los bancos terminaban diciendo: "Rogamos encarecidamente que el Departamento [del Tesoro] no emita estas pautas por el momento, y dé a las partes interesadas una oportunidad razonable de revisar y comentar el documento".

El gobierno de Clinton sabía que si aceptaba el pedido de los bancos, lo más probable era que el gobierno entrante de George W. Bush —más amigo de las grandes corporaciones que la administración saliente— archivaría el tema y todo el esfuerzo quedaría en la nada. Pero el gobierno de Clinton estaba dividido: el Departamento del Tesoro estaba dispuesto a ablandar el borrador original y hacerlo de cumplimiento voluntario con tal de sacar el documento, mientras que el Departamento de Justicia se rehusaba a firmar una versión aguada del texto que no incluyera normas obligatorias para los bancos. Finalmente, prevaleció la versión "blanda" del Departamento del Tesoro. Para aplacar a los bancos, el gobierno de Clinton incluyó un párrafo en el documento final dejando en claro que "estas pautas no son leyes ni regulaciones, ni deben ser interpretadas como tales. Son recomendaciones que sugerimos sean seguidas por las instituciones financieras". Para los fiscales e investigadores del gobierno que querían reglas obligatorias, el documento era un pequeño paso adelante, pero dejaba muchísimo que desear.

"El gobierno capituló", me señaló esa misma noche Charles Intriago, un ex fiscal que dirige la publicación mensual *Alerta de Lavado de Dinero* en Miami. "Suavizaron las pautas por presiones de la industria bancaria". Aunque las recomendaciones constituían un avance, en el sentido que establecían por primera vez la posición del gobierno sobre lo que debían hacer los bancos en estos casos, era una victoria poco menos que simbólica. Las nuevas pautas no sólo eran de cumplimiento voluntario, sino que tenían un alcance muy limitado. El texto final se refería a los bancos, pero no mencionaba explícitamente a los agentes de Bolsa, o la industria inmobiliaria, que movían enormes cantidades de dinero. "La industria bursátil en Estados Unidos maneja tres veces más dinero que los bancos", me señaló Intriago. "Si Raúl Salinas pudo hacer lo que hizo en el Citigroup, imagina lo que pudo haber hecho en Merrill Lynch, Prudential, Dean Witter, o cualquier otra casa bursátil". Intriago, como muchos investigadores del Departamento de Justicia, estaba frustrado porque Estados Unidos no tomaba medidas más contundentes para respaldar su discurso público contra la corrupción. "A Estados Unidos le encanta dar sermones, pero no toma su propia medicina", concluyó Intriago.

¿Cómo se sentía Roach una vez concluidas las audiencias sobre Raúl Salinas? ¿Frustrado? "No", me contestó el investigador, encogiéndose de hombros, en una de las últimas visitas que le hice a su cubículo en el edificio de empleados del Senado en Washington D.C. "Es cierto que nadie [de los bancos norteamericanos] fue a la cárcel. Pero hay que mirar todo esto como una tarea de construcción minuciosa, ladrillo por ladrillo, en la que uno tiene que poner un granito de arena por vez. Lo importante no es si logramos mandar a alguien a la cárcel, sino determinar si hemos adelantado algo. ¿Podemos decir que, como resultado de nuestra labor, los bancos están siendo más cuidadosos al recibir depósitos?

Yo creo que sí". Roach mencionó los tres nuevos proyectos de ley que proponían prohibir depósitos de dinero de la corrupción, así como las "Nuevas Pautas" emitidas hacia el final del gobierno de Clinton. La batalla por la globalización de la lucha contra la corrupción recién empezaba. "No podemos esperar una victoria inmediata. Lo único que podemos hacer es tirar una piedra al agua, crear un efecto de olas circulares, y ver qué pasa", concluyó Roach, filosóficamente.

El Subcomité del Senado había tirado su piedrita al agua. Los periodistas estábamos tirando la nuestra. Ahora, independientemente de lo que ocurriera con las investigaciones del Departamento de Justicia, restaba ver si la presión conjunta de legisladores, funcionarios oficiales, periodistas, gobiernos extranjeros y los ejecutivos más iluminados del sector privado, lograba cerrar las puertas del sistema financiero internacional a los dineros de la corrupción. La primera piedra había sido lanzada.

FUENTES

Capítulo 1

Cita de Thomas A. Constantine, "El más poderoso cabecilla del tráfico de drogas mexicano", del testimonio de Constantine ante el Comité del Congreso sobre Prácticas Bancarias, Hábitat y Urbanidad. Audiencias sobre "El Tráfico de Drogas en México", 28/3/96.

Cita de Mariano Herran Salvatti, "Porque estaba gastando muchísimo dinero...", de entrevista de Herran Salvatti con el autor en su oficina de México D.F., el 13 de noviembre de 2000.

Cita de Herran Salvatti, "Cuba era una vía de escape, y una vía de reciclar capitales ....", ídem.

Cita de Jaime Ventura Cohen, "Para nosotros la carta [de Maturana] bastaba y sobraba...", de entrevista telefónica de Ventura Cohen con el autor desde Santiago de Chile, 23/3/00.

Cita de Robert Roach, "La práctica privada me aburría...", de entrevista del autor con Roach, en su oficina del Senado en Washington D.C., 13/6/2000.

Cita de Ramón Maturana: "Le prometí que trataría de hacer las averiguaciones del caso...", de la declaración de Fernando Ramón Maturana ante la Procuraduría General de la República (PGR) de México, por el caso Anahuac, 17/10/97".

Cita de Maturana, "Días más tarde, [la empleada] me dijo...", ídem.

Cita de Ventura Cohen, "Si el banco me dice que el individuo....", de entrevista del autor con Jaime Ventura Cohen, 23/3/00.

Cita de Fernando de Santibañes, "El mejor de los escenarios es que vinieron a la Argentina.......", de entrevista del autor con Fernando de Santibañes, director de la SIDE, en su oficina de Buenos Aires, el 11/4/00.

Relato del descubrimiento del cartel de Juárez en América del Sur, diálogo de Ponce con su colega de Scotland Yard, de entrevista del autor con Ponce en Punta del Este, Uruguay, 4/1/00.

Relato de la búsqueda de comercios de billar en Chile; cita de Ponce, "Era un fanático del billar...", etc., de entrevista del autor con Ponce en Ciudad de México, 1/3/00.

Relato sobre el descubrimiento de la célula del cartel de Juárez en Argentina; cita "Me la dio Jorge, el mexicano....", de entrevista del autor con Ponce en Punta del Este, Uruguay, 4/1/00.

Capítulo 2

Transferencias de dinero del cartel de Juárez a través de Citibank a M.A. Casa de Cambio y M.A. Bank de Argentina, de la causa federal de Estados Unidos en la Operación Casablanca, Corte del Distrito Central de California.

Carta del Servicio de Aduanas a la SIDE; cita "no tenemos más información...", etc., de carta del 8 de julio de 1998, enviada por Roberto Fernández, del Servicio de Aduanas.

Relato sobre los primeros contactos del cartel de Juárez con Nicolás Di Tullio, de entrevistas con funcionarios de la SIDE, Interpol de México, y documento judicial "Complaint for Forfeiture, U.S. Customs Service" presentado el 14 de febrero de 2000 en la Corte del Distrito Central de California por el fiscal Alejandro N. Mayorkas.

Relato del encuentro de los traficantes mexicanos en la oficina de Aldo Ducler, del documento judicial "Complaint for Forfeiture, U.S. Customs Service" presentado el 14 de febrero de 2000 en la Corte del Distrito Central de California por el fiscal Alejandro N. Mayorkas.

Cita de Ponce, "No sé si fue por falta de recursos...", etc., de entrevista del autor con Ponce en Ciudad de México, 28/05/2000.

Cita de Hugo Anzorreguy, "Nosotros teníamos un pedido de colaboración...", etc., de entrevista del autor con Anzorreguy, en Buenos Aires, 11/4/00.

Cita de William F. Gately, "No querían sacar cosas a la luz...", etc., de entrevistas telefónicas del autor con Gately, 8/4/00 y 9/4/00.

Cita de Gately, "Hay por lo menos 15 cintas de audio y video...", de testimonio de Gately ante el Comité de Reforma Gubernamental, Justicia Criminal y Drogas de la Cámara de Diputados de Estados Unidos, 24/3/99.

Cita de Dean Boyd, "Nunca elevó quejas a nadie...", etc, de entrevista del autor con Boyd, 06/02/00.

Citas de John E. Hensley, ex jefe del Servicio de Aduanas en Los Ángeles, sobre la investigación del "General" mexicano, de entrevista del autor con Hensley en Miami, 6/3/00.

Relato de cómo se postergó la investigación por razones del calendario político argentino, de entrevista del autor con Hensley, en Miami el 7/4/00; y entrevista del autor con un alto funcionario del Departamento de Estado cuyas funciones incluían la embajada norteamericana en la Argentina, el 6/2/00.

Cita de Roberto Fernández, "Nunca nos pidió que detuviéramos las ruedas de la Justicia", de entrevista telefónica del autor con Fernández, marzo del 2000.

Citas de Ponce, "Ellos sabían perfectamente con quiénes estaban tratando...", etc., de entrevista del autor con Ponce, Ciudad de México, 14/3/00.

Citas de Aldo Ducler, "Mercado Abierto no lava dinero", etc., de aviso pago de Aldo Ducler en *La Nación*, el 3/12/99, y entrevista telefónica del autor con Ducler el 8/2/00.

Relato del interrogatorio de Di Tullio por agentes norteamericanos, de informe del agente del Servicio de Aduanas Stephen Perino, "Report of Investigation Nº 012, U.S. Customs Service", 25/06/99.

Relato sobre las contribuciones a la campaña de Duhalde-Ortega atribuidas a Ducler; cita de Ponce "Era una rendición de cuentas...", etc., de entrevistas del autor con Ponce en Uruguay, 4/1/00, y Ciudad de México, el 14/3/00, y declaración de testigo protegido del cartel de Juárez a la PGR de México, entregada al autor por autoridades mexicanas.

Preocupación del candidato presidencial Eduardo Duhalde por las drogas, de *El Otro*, de Hernán López Echagüe, págs. 123 y 124, Editorial Planeta, 1995.

Cita de Ramón Ortega: "Necesito descansar...", de "Ortega y su descanso", *La Nación*, 1/9/99.

Cita del presidente Fernando de la Rúa, "Me enteré cuando se hizo público...", de entrevista del autor con De la Rúa en Buenos Aires, 14/10/00.

Cita de Ducler, "Una cosa marginal," etc., de entrevista telefónica del autor con Ducler, 8/2/00.

Cita de Julio César Aráoz, jefe de la campaña de Duhalde, "Duhalde no sabía nada...", etc., de entrevista telefónica con Aráoz, en Buenos Aires, 11/4/00.

Cita de Alberto Fernández, ex director de la Fundación Duhalde, "Era un tipo muy cercano a Palito...", etc., de entrevista del autor con Fernández, en Buenos Aires, 19/10/00.

Cita de Ramón Ortega, "En mi campaña, los aportes ingresaban a la Fundación Ortega...", etc, de entrevista del autor con Ortega en Buenos Aires, 19/10/00.

Cita de los fiscales de Estados Unidos, "Tanto Ducler como Di Tullio e Iñíguez sabían que las cuentas...", etc., de documento judicial "Complaint for Forfeiture, U.S. Customs Service, U.S. District Court for the Central District of California, Western Division", emitido el 14 de febrero de 2000 por el fiscal Alejandro N. Mayorkas, página 13.

Detalles del acuerdo de los fiscales norteamericanos con Ducler, del documento judicial "Consent Judgement, United States District Court for the Central District of California, Western Division", emitido el 14 de junio de 2000.

Cita del fiscal Steven R. Welk, "Si la pregunta es si el gobierno de Estados Unidos cree...", de entrevista telefónica del autor con Welk, 23/6/00.

Capítulo 3

Relato del encuentro de Ponce y Roach en Ciudad de México, de entrevistas del autor con Ponce en Ciudad de México, 05/28/00, y Roach, en Washington D.C., 16/11/99.

Cita de Ponce, "Le conté de lo que sabía sobre el caso...", de entrevista del autor con Ponce, en Ciudad de México, 28/01/00.

Cita del juez Rodolfo Canicoba Corral, "eran los jefes y organizadores de la banda", de entrevista del autor con Canicoba Corral, en Buenos Aires, 19/10/00.

Artículo "El jefe de la Interpol de México, en apuros", de *La Nación*, 14/10/00, página 17.

Cita de Ponce, "No hay ningún problema...", etc., de entrevista del autor con Ponce en Buenos Aires, 18/10/00.

Relato de la reunión de Roach con los diputados argentinos Elisa Carrió y Gustavo Gutiérrez, de entrevistas del autor con Carrió y Gutiérrez, en Buenos Aires, 12/10/00.

Informe de Carrió y Gutiérrez al Subcomité del Senado de Estados Unidos, de copia del informe confidencial entregado a los miembros del Subcomité, obtenido por el autor el 05/05/00.

Relato de viaje de Luis Balaguer a Washington D.C., y de intercambio de información sobre posibles cuentas de políticos argentinos en Citibank, de entrevista del autor con Balaguer en Buenos Aires, 13/10/00, y entrevistas telefónicas el 28/10/00 y 10/11/00.

Cita de Carrió, "Evidentemente, estábamos frente a una organización criminal...", de entrevista telefónica del autor con Carrió, 01/12/00.

Citas del banquero argentino Raúl Moneta, "Nos trató de sacar dinero, y yo me negué rotundamente", etc., de entrevista telefónica del autor con Moneta, en Buenos Aires, 02/02/2001.

Citas del informe final del Subcomité del Senado, "Ninguno de estos cuatro bancos fantasmas tenía oficinas...", etc., del Informe del Subcomité Permanente de Investigaciones del Senado, "Corresponsalías bancarias y Lavado de dinero", del 5 de febrero de 2001.

Citas de Joseph "Joe" Petro, jefe de vigilancia mundial del Citibank contra el lavado de dinero, "Ésta es un área muy difícil, porque no estás hablando...", etc., de entrevista telefónica del autor con Petro en Nueva York, 02/07/00.

Citas del senador Carl Levin, "El sistema [de controles] no funciona...", etc., de entrevista telefónica del autor con Levin, en Washington D.C., 08/12/00.

Capítulo 4

Cita de Robert Sobel, "En los cincuenta y los sesenta existía algo así como una personalidad....", de entrevista telefónica del autor con Sobel, 22/12/98.

Relato de Kaveh Moussavi, de "60 Minutes", de la cadena televisiva CBWS, 08/05/94; "In México, scandal taints a contract", *The Miami Herald*, 04/04/1993 y entrevista telefónica del autor con Moussavi, en Londres, 01/09/00.

Cita de Roger Boyd, "Estoy casi seguro de que la cancelación...", de "In México, scandal taints a contract", de Jane Bussey, *The Miami Herald*, 04/04/93.

Cita de Robeli Libero, "podría haber sucedido como una conversación privada...", de la entrevista de "60 Minutes" a Libero, puesta en el aire el 08/05/94.

Relato de las negociaciones de Samuel del Villar con IBM, de entrevista del autor con Del Villar, en Ciudad de México, 29/03/99, y entrevista telefónica del autor con Gastón Villegas, director jurídico de la procuraduría de la Ciudad de México, 7/4/99.

Cita de Del Villar: "Es nuestra obligación como servidores públicos...", de entrevista del autor con Del Villar en Ciudad de México, 20/03/99.

Relato de golpizas al periodista Santiago Pinetta, de entrevista del autor con Pinetta en el Bar Oromi, Almagro, Buenos Aires, 04/07/99.

Capítulo 5

Citas de Soriani, "La idea era darle apoyo moral al personal...", etc., de entrevistas del autor con Soriani en Buenos Aires, 08/01/98 y 03/07/99.

Relato del plan de modernización para el Banco Nación del ministro de Economía Domingo Cavallo, del libro *El Peso de la Verdad*, de Cavallo, Editorial Planeta, págs. 157-159, y entrevista del autor con Cavallo en Miami, 16/09/00.

Cita de Cavallo, "Los costos operativos...", etc., del libro *El Peso de la Verdad*, de Cavallo, Editorial Planeta, págs. 157-159, y entrevista del autor con Cavallo, 16/09/00.

Cita de Gustavo Soriani, "Habíamos preparado ese viaje con gran cuidado", etc., del libro *La Corporación*, de Soriani, página 72, y entrevistas del autor con Soriani 08/01/98 y 03/07/99.

Cita de la revista *Apertura*, "En el ambiente de la informática se decía...", de *Apertura*, noviembre de 1995, pág. 66.

Cita de Richard Murray, "Deloitte no sólo niega....", etc., de entrevista telefónica del autor con Murray, en Nueva York, 21/03/00.

Citas de auditoría interna de IBM Argentina, incluyendo referencia a memorándum "que incluían el contrato con CCR", de "Informe de Auditoría Interna-CCR/BNA", firmada por Oscar D. Girón, el 15/4/95.

Cita de Steve Lew, "en ningún momento con anterioridad...", de Declaración Jurada de Steven B. Lew en México, sin fecha.

Cita de Lew, "Lo siento...", de entrevista del autor con Lew, en White Plains, Nueva York, 26/09/00.

Cita de Ricardo Martorana, "Si el país central envía a su mejor inspector...", de entrevista del autor con Martorana, en el café Doney's, Buenos Aires, 02/09/99.

Capítulo 6

Cita de Soriani, "Cuando vio que la mancha no salía...", de entrevista del autor con Soriani, en su casa de Buenos Aires, 03/06/99.

Cita de Víctor L. Savanti, "hombres brillantes, muy ambiciosos...", de entrevista del autor con Savanti, en Buenos Aires, 06/09/99.

Cita de Martorana, "El mío era uno de los mercados más pequeños...", de entrevista del autor con Martorana, 02/09/99.

Relato del discurso de Gerstner, distinción a Martorana, de entrevistas del autor a Martorana, 02/09/99 y a Soriani, 03/06/99.

Diálogo entre Ricardo Martorana y Ricardo Cossio, de entrevistas del autor con Martorana, en Buenos Aires, 30/4/99, y Cossio, en Buenos Aires, 07/09/99 y 01/12/99.

Cita de Cossio, "Mientras analizábamos el rol de IBM...", etc., de entrevista del autor con Cossio, en Buenos Aires, 01/12/99.

Cita de Soriani, "Mira, por lo que sé, fue una operación....", de entrevista del autor con Soriani, en Buenos Aires, 03/06/99.

Relato de la lucha interna entre los funcionarios de la Dirección General Impositiva, de entrevistas del autor con Cossio y *Los Intocables*, de Daniel Santoro, pág. 222.

Cita de Cossio, "La empresa que había evadido impuestos era CCR...", de entrevista del autor con Cossio, en su oficina de Buenos Aires, 07/09/99.

Cita de Adolfo Bagnasco, "Considerando los nombres de los implicados...", de entrevista telefónica del autor con Bagnasco, 02/12/99.

Relato de presentación de Cavallo en televisión, denuncia del cheque de 8 millones de dólares, cita de Cavallo, "El funcionario del Banco General de Negocios me dio la salida...", etc., de entrevista del autor con Cavallo en Miami, 16/09/00.

Cita de Bagnasco, "A los dos meses de la firma del contrato de IBM...", de entrevista del autor con Bagnasco, en Buenos Aires, 26/04/99.

Sospechas del fiscal Carlos Cearras, de entrevistas del autor con Cearras y miembros de su equipo, en Buenos Aires, 02/07/99.

Cita de Cearras, "Creemos que alguien fue a IBM con esa información...", de entrevista del autor con Cearras, en Buenos Aires, 02/07/99.

Cita de Murray, "Hubo un pequeño número de consultores...", de entrevista telefónica del autor con Murray, en Nueva York, 22/3/00.

Cita de Martorana, "Fue una auditoría muy delicada...", etc., y relato de llegada de los ejecutivos de Nueva York, diálogos con Rowley, de entrevista del autor con Martorana, en Buenos Aires, 02/09/99.

Relato del despido de Martorana, del testimonio de Martorana ante la Comisión Especial Investigadora del caso IBM de la Cámara de Diputados, versión taquigráfica del 10/04/97, y entrevista del autor con Martorana en Buenos Aires, 02/09/99.

Cita de Jesús Rodríguez, "El despido de Martorana...", de entrevista del autor con Rodríguez, en Buenos Aires, 29/08/99.

Cita de Ricardo Yoffre, "Había una sola cosa que les preocupaba...", de entrevista del autor con Yoffre, en su estudio de Buenos Aires, 29/04/99.

Capítulo 7

Titular de *Clarín*, "El juez investiga en Manhattan", de *Clarín*, 08/07/96, pág. 14.

Reunión del presidente Carlos Menem con Wilmer Gueicamburu en la Casa de Gobierno, de "IBM pide celeridad", *La Nación*, 11/07/96.

Cita de *La Nación*, "fuentes gubernamentales reconocieron que el directivo le aclaró...", de "IBM pide celeridad", *La Nación*, 11/07/96.

Cita de Gueicamburu, "La empresa que represento no se siente presionada para nada...", de "IBM pide celeridad", *La Nación*, 11/07/96.

Cita de Bagnasco, "Lo que sí denota esa documentación evidentemente...", de entrevista telefónica del autor con Bagnasco, 19/12/00.

Relato de la historia de Alfredo Aldaco, de "Carta Abierta a un Futuro Coimero", revista *Noticias*, 15/5/99, y entrevista del autor con Aldaco, en el bar Gazebo, Buenos Aires, 06/09/99.

Citas de Aldaco, "Fue sólo un momento, hermano, un momento. Me pusieron la plata delante...", etc., de "Carta Abierta a un Futuro Coimero", revista *Noticias*, 15/5/99, y entrevista del autor con Aldaco, en el bar Gazebo, Buenos Aires, 06/09/99.

Citas de Genaro Contartese, "un regalo", "una manera de compartir su alegría...", del testimonio de Contartese ante el juez Bagnasco, 28/04/

98, y entrevista el autor con Contartese, en su oficina de Buenos Aires, 01/07/99.

Cita de Contartese, "Para mantenernos contentos...", de entrevista del autor con Contartese, en Buenos Aires, 01/07/99.

Cita del fiscal Cearras, "Todo estaba arreglado de antemano...", de entrevista del autor con Cearras, en su despacho en Buenos Aires, 02/07/99.

Cita de Guillermo Francos, "Tengo grandes sospechas de que fue un homicidio...", de entrevista del autor con Francos, en su despacho de Buenos Aires, 07/10/98.

Relato de las últimas horas de Marcelo Cattáneo, de "Hallan muerto a hombre clave del caso IBM-Banco Nación", *La Nación*, 05/10/98, y "Apareció ahorcado un hombre clave en el caso IBM-Banco Nación", *Clarín* 05/10/98; "No tengo por qué mentir, afirmó el ciruja testigo", *La Nación*, 08/11/98; "Las incógnitas que se llevó Cattáneo", *La Nación*, 06/10/98.

Relato de los cables de la Embajada de Estados Unidos al Departamento de Estado, de funcionarios de la embajada y entrevista telefónica del autor con Payton Howard, de la Sección Libertad de Información del Departamento de Estado, 29/03/00.

Relato de la historia profesional de Juan Carlos Cattáneo, de entrevista del autor con Juan Carlos Cattáneo, en su casa en Buenos Aires, 01/09/99.

Cita de Gloria de Rodrigué, "El emisario vino dos veces...", de entrevista telefónica del autor con Gloria de Rodrigué, 05/05/99.

Cita de Francos, "A Cattáneo lo mataron porque iba a hablar...", de entrevista del autor con Francos, en Buenos Aires, 07/10/98.

Cita de Silvina de la Rúa, "Mi marido no se suicidó", de entrevista del autor con De la Rúa, en Buenos Aires, 29/04/99.

Capítulo 8

Cita del investigador de la Comisión de Valores de Estados Unidos, SEC, "¿Conoce usted la ley que en Estados Unidos...", del interrogatorio de la SEC a Marcio Kaiser, Asunto, International Business Machines Corp., Expediente HO-3111, 30/07/98, transcripción de Bayley Reporting Inc., obtenida por el autor.

Citas de Kaiser, "Si...", etc., del interrogatorio de la SEC a Marcio Kaiser, Asunto, International Business Machines Corp., Expediente HO-3111, 30/07/98, transcripción de Bayley Reporting Inc., obtenida por el autor.

Cita de Cavallo, asunto "instalado", de entrevista del autor con Cavallo, en Miami, 16/09/00.

Citas de entrevista de la SEC con Peter Rowley, "Si...", etc., del interrogatorio de la SEC a Peter Rowley, Asunto, International Business Machines Corp., Expediente 40-3111, 10/07/98, transcripción de Bayley Reporting Inc., obtenida por el autor.

Cita de Bagnasco, "los ejecutivos de la casa matriz de IBM...", de petición del juez Bagnasco para la extradición de los ejecutivos de IBM de Estados Unidos, el 23/09/98, copia obtenida por el autor.

Citas de Bagnasco, "participaron activamente", etc., de petición del juez Bagnasco para la extradición de los ejecutivos de IBM de Estados Unidos, el 23/09/98, copia obtenida por el autor.

Cita de Oscar D. Girón, "El 31 de diciembre de 1993, el equipo...",
de "Informe de Auditoría Interna", firmado por Girón el 15/4/95, presentado por el gobierno argentino como Anexo "P" en su pedido de extradición de los ejecutivos de IBM, 23/08/98.

Cita de Héctor Neira, "Toda la documentación referente a la lista...",
etc., del testimonio de Neira ante el juez Bagnasco el 16/09/98, incluida en la petición del juez Bagnasco para la extradición de los ejecutivos de IBM de Estados Unidos, el 23/09/98, copia obtenida por el autor.

Cita de Martorana, "Los directivos del departamento internacional de IBM...", de testimonio de Martorana ante la comisión investigadora del caso IBM de la Cámara de Diputados, 10/04/97, copia obtenida por el autor.

Relato de las auditorías internas negativas de IBM, del interrogatorio de la SEC a Kaiser y Rowley, el 30/07/98 y 10/07/98.

Cita de Rowley, "Notamos un leve aumento de auditorías negativas...", del interrogatorio de la SEC a Rowley, 10/07/98.

Citas de Kaiser, "No sé...", etc., del interrogatorio de la SEC a Kaiser, 30/07/98.

Citas de Rowley, "No...", etc., del interrogatorio de la SEC a Rowley, 10/07/98.

Cita de Lew, "La principal responsabilidad...", etc., del testimonio de Lew ante el fiscal del Distrito Sur del estado de Nueva York, en White Plains, 26/09/00, versión taquigráfica de Veritext obtenida por el autor.

Cita de Rowley, "No, no había..", etc., del testimonio de Rowley ante el fiscal del Distrito Sur del estado de Nueva York, en White Plains, 26/09/00, versión taquigráfica de Veritext obtenida por el autor.

Cita de Bagnasco, "Le echaron la culpa de todo a IBM Argentina...", de entrevista del autor con Bagnasco en White Plains, Nueva York, 26/09/00.

Cita de Martorana, "Lo dudo seriamente...", etc., de entrevista del autor con Martorana, en Buenos Aires, 02/09/99.

Cita de Bagnasco, "O que Lew y sus jefes en la casa matriz...", de entrevista del autor con Bagnasco, 02/12/99.

Capítulo 9

Relato de cómo se conoció en las oficinas del FBI en Washington D.C. el caso IBM-Banco Nación, de entrevistas del autor con Frank Quijada, en Ciudad de México, 19/10/99.

Relato de cómo se conoció el caso en el despacho de la secretaria de Justicia Janet Reno, de entrevistas del autor con la diputada María Cristina Guzmán, en Buenos Aires, 07/10/99; Kerry Lawrence, en White Plains, Nueva York, 26/10/99, y entrevista telefónica con Peter B. Clark, en Washington D.C., 03/11/99.

Citas de correspondencia entre diputada Guzmán y Clark, "He leído su misiva...", etc., carta de Clark fechada el 20/11/95, obtenida por el autor.

Cita de Lawrence, "Era un arreglo informal..", de entrevista del autor con Lawrence, en White Plains, Nueva York, 26/10/99.

Relato del viaje de Braceras y Lawrence a Buenos Aires, de entrevista del autor con Lawrence, 26/10/99, y otros dos funcionarios de agencias federales de Estados Unidos que participaron en la investigación del caso.

Citas de la diputada Guzmán, "Cuando salimos de su oficina, ya estaba oscuro...", etc., de entrevistas del autor con la diputada Guzmán, en Buenos Aires, 07/10/99 y 08/10/99.

Relato de filtración de la lista enviada por la secretaria de Justicia Janet Reno, enojo de Alberto Kohan, etc., de entrevista telefónica del autor con el ex embajador de Estados Unidos en Argentina, James Cheek, en Little Rock, Arkansas, 28/10/99.

Cita de Cheek, "Se suponía que la solicitud del Departamento de Justicia fuese confidencial", etc, de entrevista telefónica del autor con Cheek, 28/10/99.

Cita del encargado de negocios de Estados Unidos Manuel Rocha, "Hemos tratado sin descanso en un esfuerzo...", de entrevista del autor con Rocha, en Miami, 11/05/00.

Cita del embajador Diego Guelar, "Al presidente Menem le había gustado la idea...", de entrevista del autor con Guelar en Miami, 14/09/00.

Reacción de Bagnasco a opiniones sobre él en Estados Unidos; cita de Bagnasco, "El FBI no hizo una petición formal...", etc., de entrevista del autor con Bagnasco, 02/12/99.

Citas de carta confidencial del Departamento de Justicia al gobierno argentino, "El pedido de extradición no provee ninguna evidencia...", etc., de carta de John Harris, del Departamento de Justicia, enviada por correo diplomático del Departamento de Estado el 30/03/99, copia obtenida por el autor.

Cita de Bagnasco, "Yo creo que ellos [en la casa matriz] se manejan así...", de entrevista del autor con Bagnasco en Nueva York, 26/09/00.

Fallo de la SEC, multa de 300 mil dólares a IBM, citas del fallo de la SEC, "sin el conocimiento o aprobación de ningún empleado...", de Fallo de la SEC Nº 16.839, de 21/12/00, "Acuerdo de la SEC con International Business Machines Corp."

Cita de Linda Thomsen, "Esto envía un mensaje a todas las corporaciones....", de entrevista telefónica del autor con Thomsen, en Washington D.C., 22/12/00.

Citas de Clark, "Al contrario, ahora es más estricta...", etc., de entrevista telefónica de 80 minutos con Clark, 03/11/99.

Citas de Lawrence, "La sección fraudes del departamento de Justicia y la fiscalía consideraron que...", de entrevista del autor con Lawrence, en White Plains, Nueva York, 26/10/99.

Cita de Kathy Davis, "La oficina legal del FBI", etc., de entrevista telefónica del autor con Davis, 17/02/99.

Citas de Stephen Potts, director del Departamento de Éticas Gubernamentales de Estados Unidos: "Sin embargo, podría no tratarse de la idea más brillante...", de entrevista telefónica del autor con Potts, en Washington D.C., 11/08/00.

Cita de Robert Rosen, profesor de la Universidad de Miami: "Ciertamente, podría dar una apariencia de comportamiento improcedente...", de entrevista telefónica del autor con Rosen, en Miami, 11/08/00.

Citas de Jack Blum, "No es una coincidencia que tan pocos casos antisoborno hayan llegado a ....", de entrevista del autor con Blum, en su despacho en Washington D.C., 12/12/99.

Citas de Marcos Rada, "IBM y Steve Lew no están interesados en hablar...", de entrevista telefónica del autor con Rada, en Nueva York, 14/08/00.

Capítulo 10

Relato de la conversación telefónica de Amy Elliott con Sarah Bevan, de "Banca Privada y Lavado de Dinero: Un caso de estudio sobre oportunidades y vulnerabilidades", del Subcomité Permanente de Investigaciones del Senado de Estados Unidos, Comité de Asuntos Gubernamentales, audiencias públicas celebradas el 09/11/99 y 10/11/99, Publicación del Comité de Asuntos Gubernamentales, pág. 294.

Citas de Elliott, Bevan, "Hola, mi amor...", etc., ídem, pág. 294-302.

Citas de Pedro Homem, Bevan y Elliott, "¿Llenaste alguna vez el formulario...?", etc., ídem., pág. 298-301.

Citas de conversación telefónica de Hubertus Rukavina con Homem, ídem, "Hubertus...", etc., ídem., pág. 303-307.

Citas de nueva conversación entre Elliott y Bevan, "Hola, Amy, soy Sarah...", ídem, pág. 308-310.

Relato de la primera reacción de los encargados del Departamento de Banca Privada de Citibank; cita, "La reacción inicial...", etc., del informe final del Subcomité de Investigaciones del Senado, en las audiencias del 09/11/00.

Cita del Senador Levin, "La conclusión a la que he llegado...", etc., del informe final del Subcomité de Investigaciones del Senado, audiencia del 09/11/00.

Cita de Bevan, "Amy está bien...", de "Banca Privada y Lavado de Dinero: Un caso de estudio sobre oportunidades y vulnerabilidades", del Subcomité Permanente de Investigaciones del Senado de Estados Unidos, pág. 318.

Relato del encuentro de Elliott con Alberto Misan en un corredor del Citibank, cita, "Pierde los documentos...", etc., ídem, pág. 31.

Relato del cambio del formulario "Perfil del Cliente", ídem., pág. 18-36.

Relato de informaciones públicas sobre presunta corrupción de Raúl Salinas antes de su arresto, de "Banco Alega No Estar al Tanto de Fraudes", por Andrés Oppenheimer, *The Miami Herald*, 11/11/96.

Memo de la DEA sobre posibles lazos criminales de Raúl Salinas, de "Alegaciones de la DEA contra Salinas", por Andrés Oppenheimer, *The Miami Herald*, 01/11/97, y copia del memo de Mike Vigil obtenida por el autor.

Cita de Stanley A. Pimentel, "Al principio, había gran entusiasmo por la investigación", de entrevista del autor con Pimentel, en Washington D.C., 25/02/00.

Cita de Elliott, "El presidente Salinas era un héroe...", etc., de "Banca Privada y Lavado de Dinero: Un caso de estudio sobre oportunidades y vulnerabilidades", del Subcomité Permanente de Investigaciones del Senado de Estados Unidos, pág. 18-20.

Cita del presidente Clinton, proclamando "enorme admiración por el presidente Salinas y lo que está haciendo", conferencia de prensa en la Casa Blanca, 23/3/93.

En 1993 la revista *Time* proclamó a Salinas como el "Personaje de Tapa Más Importante del Año para América Latina": *Time*, 04/01/93.

Cita de Bernard Aronson, "Nunca supe siquiera su nombre..", de "Banco Alega No Estar al Tanto de Fraudes", por Andrés Oppenheimer, *The Miami Herald*, 11/11/96.

Memo de Elliott, "Esta cuenta está resultando ser super lucrativa...", etc., de "Banca Privada y Lavado de Dinero: Un caso de estudio sobre oportunidades y vulnerabilidades", del Subcomité Permanente de Investigaciones del Senado de Estados Unidos, pág. 21.

Relato sobre las relaciones de Elliott con Raúl Salinas y Paulina Castañón, encuentros en Nueva York y México, ídem., pág. 243 y 421-423, y entrevistas del autor con dos colegas de Elliott en Citibank, en Nueva York y Miami.

Cita de Elliott, "Nos mantenemos en contacto permanente...", de "El Escándalo de Raúl Salinas: Interrogatorio a los Banqueros", The Miami Herald, Andrés Oppenheimer, 16/09/96.

Relato del descubrimiento de las cuentas de Raúl Salinas, de entrevista del autor con Antonio Lozano Gracia, en Ciudad de México, 15/12/00; y entrevistas del autor con Juan Miguel Ponce y dos otros investigadores mexicanos en Ciudad de México, 1999 y 2000.

Cita de Ponce, "En ese momento, nadie sabía...", etc., de entrevista del autor con Ponce en Ciudad de México, 19/11/99.

Cita de Lozano Gracia, "Eran declaraciones patrimoniales muy sui generis...", etc., de entrevista del autor con Lozano Gracia, en Ciudad de México, 15/12/00.

Relato de las transferencias de Arsenio Farell Campa, de memorando interno de la PGR, obtenido por el autor, y entrevista del autor con tres funcionarios de la PGR que participaron en la investigación.

Cita de Ponce, "Los suizos me preguntaron...", de entrevista del autor con Ponce, en Ciudad de México, 14/12/00.

Cita del diputado Felipe Calderón, "Era un hombre dispuesto a castigar...", de entrevista telefónica del autor con Calderón, en Ciudad de México, 19/12/00.

Cita de Arsenio Farell Campa, "sabiendo que yo tenía amistad con los Salinas...", de entrevista telefónica del autor con Farell Campa, desde Acapulco, México, 21/12/00.

Cita de Lozano Gracia, "En una comida a la que me invitó...", de entrevista del autor con Lozano Gracia, en Ciudad de México, 15/12/00.

Cita de Raúl Salinas, Citibank había "orquestado toda la estrategia..", etc., de la declaración de Raúl Salinas de Gortari a las autoridades suizas, 06/12/95.

Capítulo 11

Cita de Susan Weeks, "Desde hace mucho tiempo...", de "Los depósitos del hermano de Salinas son la 'punta del iceberg'", por Andrés Oppenheimer, *The Miami Herald*, 29/11/95.

Cita de Richard Howe, "Nuestra política fue siempre la de no discutir...", de "El Escándalo de Raúl Salinas: ¿Miraron los bancos hacia el otro lado?", por Andrés Oppenheimer, *The Miami Herald*, 25/03/96.

Reglamentos internos de Citibank; citas, "Realizar un frío análisis...", etc., de "Banca Privada y Lavado de Dinero: Un caso de estudio sobre oportunidades y vulnerabilidades", del Subcomité Permanente de Investigaciones del Senado de Estados Unidos, Comité de Asuntos Gubernamentales, audiencias públicas celebradas el 09/11/99 y 10/11/99, Publicación del Comité de Asuntos Gubernamentales, pág. 231-239.

Memo de Edward Montero; citas, "Es de importancia...", etc., ídem, pág. 116-128.

Auditorías internas del Departamento de Banca Privada de Citibank, de "Banca Privada y Lavado de Dinero: Un caso de estudio sobre oportunidades y vulnerabilidades", del Subcomité Permanente de Investigaciones del Senado de Estados Unidos, pág. 10-443.

Cita de Howe, "no hemos encontrado razón...", de "El Escándalo de Raúl Salinas: ¿Miraron los bancos hacia el otro lado?", por Andrés Oppenheimer, *The Miami Herald*, 25/03/96.

Cita de Carla del Ponte, Raúl Salinas había "recibido enormes sumas de dinero por su ayuda...", de "Raúl Salinas recibió dinero del narcotráfico, dice Suiza", por Andrés Oppenheimer, *The Miami Herald*, 03/04/97.

Cita de John Reed, "me he pasado el día siendo entrevistado por el Departamento de Justicia...", etc., de "Banca Privada y Lavado de Dinero: Un caso de estudio sobre oportunidades y vulnerabilidades", del Subcomité Permanente de Investigaciones del Senado de Estados Unidos, pág. 266.

Cita de la Contaduría General del Congreso, "Las acciones de Citibank ayudaron al señor Salinas a...", de "Lavado de Dinero: Raúl Salinas, Citibank y alegaciones de lavado de dinero", informe de la Contaduría General del Congreso (GAO), octubre de 1998.

Cita de Roach, Levin "se interesó aun más después de la publicación...", etc., de entrevista telefónica del autor con Roach, en Washington D.C., 16/11/99.

Cita de Levin, "a una colección de malhechores...", etc., de "Banca Privada y Lavado de Dinero: Un caso de estudio sobre oportunidades y vulnerabilidades", del Subcomité Permanente de Investigaciones del Senado de Estados Unidos, pág. 4-70.

Capítulo 12

Cita de Amy Elliott, "La cuenta de Raúl Salinas era sólo...", etc., de Banca Privada y Lavado de Dinero: Un caso de estudio sobre oportunidades y vulnerabilidades", del Subcomité Permanente de Investigaciones del Senado de Estados Unidos, Comité de Asuntos Gubernamentales, audiencias públicas celebradas el 09/11/99 y 10/11/99. Publicación del Comité de Asuntos Gubernamentales, pág. 20.

Cita del Subcomité, "Otros bancos privados han establecido...", etc., ídem., pág. 1-18.

Relato del dinero del dictador nigeriano Sani Abasha en Citibank, de "Banca Privada y Lavado de Dinero: Un caso de estudio sobre oportunidades y vulnerabilidades", del Subcomité Permanente de Investigaciones del Senado, pág. 610-716; y "Siguiéndole el Rastro a la Fortuna de Abasha", *Newsweek*, 13/03/00.

E-Mail de Alain Ober, "a diferencia de otros nigerianos...", ídem., pág. 633.

Relato del dinero del dictador de Gabón, El Hadj Omar Bongo, de "Banca Privada y Lavado de Dinero: Un caso de estudio sobre oportunidades y vulnerabilidades", pág. 478-610.

Relato de las cuentas del ex ministro paquistaní Asif Ali Zardari, de "Banca Privada y Lavado de Dinero: Un caso de estudio sobre oportunidades y vulnerabilidades", pág. 443-478.

Cita de Abel Reynoso, "la operación fue abortada por razones políticas...", de entrevistas telefónicas del autor con Reynoso, 18/04/00, y 01/05/00.

Cita de Clyde Taylor, "Cuando llegué a mi puesto de Asunción...", etc., de entrevista telefónica del autor con Taylor, en Washington D.C., 02/06/00.

Relato de los depósitos del ex presidente venezolano Jaime Lusinchi, "Banca Privada y Lavado de Dinero: Un caso de estudio sobre oportunidades y vulnerabilidades", pág. 760-776.

Cita de Pedro Homem, "El otro problema está relacionado...", etc., de "Banca Privada y Lavado de Dinero: Un caso de estudio sobre oportunidades y vulnerabilidades", pág. 305.

Cita de Carlos Hank González, "Cuando yo era muy joven...", etc., de entrevista del autor con Hank González, citada en "México: En la Frontera del Caos", por Andrés Oppenheimer, Javier Vergara Editor, pág. 190-192.

Citas de conversación telefónica entre Sarah Bevan y Peter Carruthers, "Viste que el FT [Financial Times] está lleno...", de "Banca Privada y Lavado de Dinero: Un caso de estudio sobre oportunidades y vulnerabilidades", pág. 333.

Relato de los depósitos de Gerardo de Prevoisin, de "Director de Aerolínea Declara que 8 Millones de Dólares Fueron Desviados a un Partido Mexicano", por Sam Dillon, *The New York Times*, 08/08/95; "Aerolínea Habría Colaborado en Fondos para Campaña", por Juanita Darling, *Los Angeles Times*, 08/08/99; y "El ex empresario aceptó haber hecho aportaciones irregulares", *La Jornada*, 19/09/99.

Capítulo 13

Citas de Amy Elliott, "Sola a este país..", etc., de "Banca Privada y Lavado de Dinero: Un caso de estudio sobre oportunidades y vulnerabilidades", del Subcomité Permanente de Investigaciones del Senado de Estados Unidos, Comité de Asuntos Gubernamentales, audiencias públicas celebradas el 09/11/99 y 10/11/99, Publicación del Comité de Asuntos Gubernamentales, pág. 18-20.

Citas del senador Carl Levin, "Pero Raúl Salinas posteriormente depositó...", etc., ídem, pág. 23-35.

Citas de John Reed, "Senador, con respecto a ese tema...", ídem., pág. 54-70.

Citas de Jack Blum, "Es siempre lo mismo...", de entrevista del autor con Blum, en su despacho en Washington D.C., 12/12/99.

Cita de Joseph Petro, "En general, tratamos de evitar aceptar como clientes a figuras públicas...", de entrevista telefónica del autor con Joseph Petro, en Nueva York, el 02/07/2000.

Caso del peruano Víctor A. Venero, citas del agente del FBI Frank Figliuzzi, de "Ayudante del ex jefe de espías del Perú arrestado en Miami", *The Miami Herald*, 30/01/2001, pág. 1.

Cita de Stanley Pimentel: "No me entra en la cabeza cómo...", de entrevista del autor con Pimentel, en Washington, D.C., 25/02/00.

Datos de contribuciones políticas de Citibank, de "Política de bolsillo: cómo el dinero de intereses creados lastima al consumidor norteamericano", Causa Común, 1999.

Relato del ex secretario del Tesoro Robert Rubin y su aparición con Al Gore en las primarias de New Hampshire: "En Bancarrota", *Time Magazine*, 07/02/00, pág. 35.

Relato del peritaje de la PGR sobre cinta grabada de conversación de Raúl Salinas con su hermana, etc., de "Cuatro Años en la Procuraduría General de la República", Libro Blanco de la PGR, noviembre 2000, pág. 420-421.

Cita de Charles Intriago, "Si Raúl Salinas pudo hacer lo que hizo...", de entrevista del autor con Intriago, en Miami, 12/12/00.

ÍNDICE

LIBRO II

Esta edición de 13.000 ejemplares
se terminó de imprimir en
Indugraf S.A.,
Sánchez de Loria 2251, Bs. As.,
en el mes de marzo de 2001.